PUBLIC SERVANT

公務員制度の持続可能性と「働き方改革」

あなたに
公共サービスを
届け続けるために

晴山一穂・早津裕貴 編著

旬報社

まえがき

　いま、国民の間で、公務員のあり方にさまざまな角度から大きな関心が寄せられています。

　そのひとつは、公務員の働き方をめぐる問題です。国家公務員についていえば、「ブラック霞が関」（千正康裕『ブラック霞が関』新潮新書、2020年）という象徴的な言葉に示されるように、過酷な労働環境のもとで、公務員としての誇りとやりがいを失い、心身の疲労のために長期休暇や休職までも余儀なくされるといった実態が明るみに出て、世間の大きな注目を集めています。こうした実態は、なにも霞が関（中央省庁）に限ったことではなく、国民により身近な存在である国の出先機関でも同様であり、さらには、国家公務員よりもはるかに数の多い自治体現場で働く地方公務員についても、同じような状況が生れています。

　また、こうした公務員が置かれた過酷な状況は、一般の公務員よりも身分保障が弱く、賃金など労働条件も劣悪な「非正規公務員」に集中的に現れているという現実があります。これらの非正規公務員の労働条件の改善は、当人にとってはいうまでもありませんが、公務・公共サービスの受け手である国民・住民にとっても、緊急で不可欠の課題といわなければなりません。

　他方で、これとはまた違った角度から多くの国民の関心を呼んでいるのが、第二次安倍政権のもとで起こった森友学園問題、加計学園問題など一連の問題に示された政権と官僚の関係のあり方です。これら一連の事件では、政権の私的利益のために、官邸や各省庁の官僚が本来の行政権限を濫用し、さらにはそれを隠蔽するために国民の貴重な共有財産である公文書さえ改ざんするという、あってはならない事態まで発生しました。これらの事実は、憲法が定める公務員の「全体の奉仕者」性とはそもそも何なのかという問題を、正面から国民に問うものといわなければなりません。

＊

　こうした厳しい状況のもとにありながらも、一部の官僚を除く国と地方の多くの公務員は、文字どおり「全体の奉仕者」として国民・住民のために誠実に仕事を行い、国民・住民の権利の実現と福祉の増進のために奮闘しています。

最近の例でいえば、その象徴的な姿を、新型コロナの蔓延という未曽有の事態のもとで、自己犠牲を顧みることなく献身的に住民の命と健康を守るために働いている保健所や公的医療機関の職員に見ることができます。また、同じくコロナ禍で苦しむ国民や中小企業の支援のために努力している国の出先機関の公務員についても、同様です。

　もっとも、公務員が日々取り組んでいる具体的な仕事内容については、現実にはあまり知られていないかもしれません。本書は、普段の生活からは「見えにくい」、けれども、国民・住民にとって大切な役割を担う、さまざまな公務・公共サービスの「中身」をお伝えしつつ、現場で働く公務員が置かれた状況と公務員が直面しているさまざまな課題について明らかにしていきます。

　もし、こういう実態が広く知られ、公務員の本来の役割に正当な評価が与えられるようになるならば、充実した公務・公共サービスの実現に本来必要となる人員確保をはじめ、その労働環境の改善にもつながり、「全体の奉仕者」としての公務員の役割は大きく実を結ぶことになるでしょう。

＊

　本書の企画の中心を担っている国公労連（国家公務員労働組合連合会）は、国の行政機関、具体的にいえば、1府7省（内閣府、総務省、法務省、財務省、文部科学省、厚生労働省、経済産業省、国土交通省）と人事院、そして司法権の担い手である裁判所、さらには関係する独立行政法人などで働く国家公務員と公務関連労働者で組織する産業別労働組合です。

　この間、国公労連は、そのもとに公務員制度研究会を設置し、研究者、弁護士、組合関係者、そして、実際に行政の現場で働いている国家公務員労働者を交えて、公務員が置かれた問題状況をふまえて、職場の現状が具体的にどうなっているのか、そしてそれをふまえて今後国家公務員として、あるいは国家公務員の労働組合としてどのように取り組んでいくべきかについて、率直な意見交換を行ってきました。

　本書は、そこでの議論の成果をふまえてとりまとめたものです。

＊

　本書の構成は、以下のようになっています。

　第Ⅰ部では、そもそも公務員とはどういう人をいうのか、本書でとりあげる国家公務員が働いている国の行政機関と裁判所の仕組みはどうなっているのか、

公務員は憲法上どのように位置づけられているのか、ということをとりあげます。いわば本書の総論に当たる部分です。

第Ⅱ部は、本書の中心部分に当たるもので、国公労連に結集する各省庁と裁判所の労働組合が、それぞれの職場の実態をふまえて、そこで働く公務員が国民のために果たしている役割と課題を描いています。さまざまな制約のもとに置かれながらも、少しでも国民に奉仕する公務と公共サービスの実現をめざして奮闘している姿を読み取っていただけたら幸いです。

もっとも、国公労連の組合が存在しない省庁や、組合が存在する省でも組合員が省内の一部門に限られている場合もあります。このため、第Ⅱ部の検討は、国の機構の全体にわたっているわけではないこと、また、それぞれの組合が置かれた状況も一様ではないことから、叙述内容に一定の違いがみられることをお断りしておきたいと思います。この意味で、掘り下げ不足の点や不十分な点が残っていることは否定できません。しかし、多くの省庁にわたって労働組合の観点から現状と問題点、そして国民のための行政と裁判の実現に向けた今後の課題を率直に提示している点で、類書のない企画と考えています。

第Ⅲ部では、公務員と公務関連労働者が担っている公務・公共サービスに関わる重要なテーマを扱っています。そのひとつは、冒頭でふれた非常勤職員（非正規公務員）の問題であり、もうひとつは、前世紀の末頃からわが国の公共部門のあり方を大きく変えてきた公務の市場化・民間化の問題です。この二つのテーマを軸にして、研究者、実際に事件に関わった弁護士、そして現に運動に取り組んでいる労働組合の担当者が、それぞれの立場から問題点と今後の方向を論じています。そして、公務労働の問題は、行政のあり方、国家機構のあり方の問題であると同時に、民間労働者のあり方とも密接に関わる問題であることから、第Ⅲ部の最後を、本書全体のまとめを兼ねて、労働法の観点をふまえたまとめ的論述で締めくくっています。

＊

本書が、公務員と公務・公共サービスのあり方に少しでも関心を抱いている多くの方々に読んでいただけることを切に願っています。

2023 年 8 月

編者を代表して　晴山一穂

公務員制度の持続可能性と「働き方改革」
―あなたに公共サービスを届け続けるために◎目次

第Ⅰ部　公務員とはなにか

第1章　公務員の全体像

第2章　日本国憲法と公務員

日本の情報通信インフラを担う 全情報通信労働組合

国民のための「人権の砦」を担う 全司法労働組合

安全・安心な社会の実現を担う　全法務省労働組合

国民のいのちを守る医療体制を担う　全日本国立医療労働組合

第Ⅲ部　公務員の働き方・あり方を考える

公務・公共サービスの現在　221

第1章　非正規公務員をめぐる現状と課題

第4章　多様な公務・公共サービス、
また、その担い手の持続可能な発展に向けて

図表一覧

第Ⅰ部
公務員とはなにか

第1章　公務員の全体像

はじめに

　多くの人は、なんとなく公務員に悪いイメージを持っているのではないだろうか。社会で必要な存在であるはずなのだが、身近に感じることが少ないこともあり、具体的なイメージを持てないまま、報道を通じて、税金を無駄遣いする存在、国会では質問にまともに答えず真実を隠し悪いことをしている印象を強く持っているのではないだろうか。

　しかし、はたして本当に公務員とはそういう存在なのだろうか。公務員に対する誤解はそれだけではない。どのような人々が公務員となるのか。政府の統計で示されている範囲だけで「公務員」をイメージしていいのだろうか……。

　ところで、以前あるコマーシャルで、道路作業員が休憩中に道路を通過する輸送車を見て、そこから製造者や販売者などを想像し、自分の仕事が社会とのつながりのなかで役に立っていることに思い至るシーンがあった。そのつながりで言えば、道路整備に税金が使われているので、道路作業員を公務員と同列に扱うことが可能かもしれない。公務員とは、社会全体のために働く人たちであるからだ。働くことで社会の一員であることを多くの人は認識する。公務員でなくても、社会に欠かせない仕事に就いている人たちが大多数だ。その意味では、誰しも公務員といえるかもしれない。しかし現実には、公務員として定義されている人々の範囲はもっと狭い。

　ここでは、「公務員とは何か」を解き明かしていきたい。他者との関わりを避けて通れない現代社会では、公務員の存在なしに社会は語れない。そうだとすれば、公務員とは、いったいどういった働き方の人たちを指すのだろうか。税金から給与をもらっている人だという定義ができるようにも思われるが、社会に不可欠な仕事だと考えると、税金から直接給与をもらっているだけとは限らない。

　本書では、法的に定められている公務員を概説し、国から直接的に給与が支払われてはいないが、公務に携わる人たちについてもできるだけ触れていきた

い。また、社会的に公務員と言われる人たちがどのような思いで働いているのかを伝え、公務員の存在意義を再確認したい。

1　公務員とは

　一般的に公務員とは、国や自治体で勤務している人を指している。具体的には、国家公務員法と地方公務員法で定義されており、詳しくは後述するが、国の機関や自治体で働いている人が公務員だ。しかし現代社会では、国や自治体で働く人のなかに、委託労働者や派遣労働者が存在している。

　働く場所は国や自治体だが、雇用主は委託業者や派遣会社であることから、公務員ではない。また、税金から賃金が支払われていると考えた場合、公共工事で働く人や指定管理者などで働く人も公務員といえるかもしれない。そう考えるなら、収入の大部分が政党交付金と立法事務費となっている政党で働く人も公務員といえるだろう。だが、公務員として一般的に扱われているのは、国や自治体に直接雇用されている人だ。しかし、「官から民へ」を合言葉に民営化が進行した現代において、はたして単純にそう規定できるのだろうか。

　一方で直接雇用されているからといって、ひとくくりに論じることもできない。非常勤という不安定な雇用環境のもとで働く公務員も増大しているからだ。国の機関や自治体の中には、半数程度が非常勤となっている機関もある。出先機関のなかには、非常勤しか勤務していないところさえある。

　このような問題が起きているのは、新自由主義経済体制を強固に推し進めてきた政策の影響がある。国民に「自助」を強調し、税による再分配を弱めて民間による投資中心の社会に変えられ、国境を簡単に越えるグローバリズムが席巻するなか、弱肉強食の社会が必然となり格差が拡大してきた。是正には、税による再分配が必要なはずだが、グローバリズムがこれを困難にしている。

　公務員を減らしてきたことの弊害がコロナ感染拡大で明らかとなったいま、新自由主義経済社会の見直しが求められている。それだけではなく、大量消費社会が前提では、資源が枯渇するだけでなく、気候危機を増幅させているとの批判も強まっている。

　いずれの問題も、公務員が果たすべき役割が大きい。だからこそ、政策に関するさまざまな情報を持つ公務員の側から問題発信を行なうことが必要であろう。

図表Ⅰ-1-1　国家公務員の種類と数（内閣人事局資料より作成）

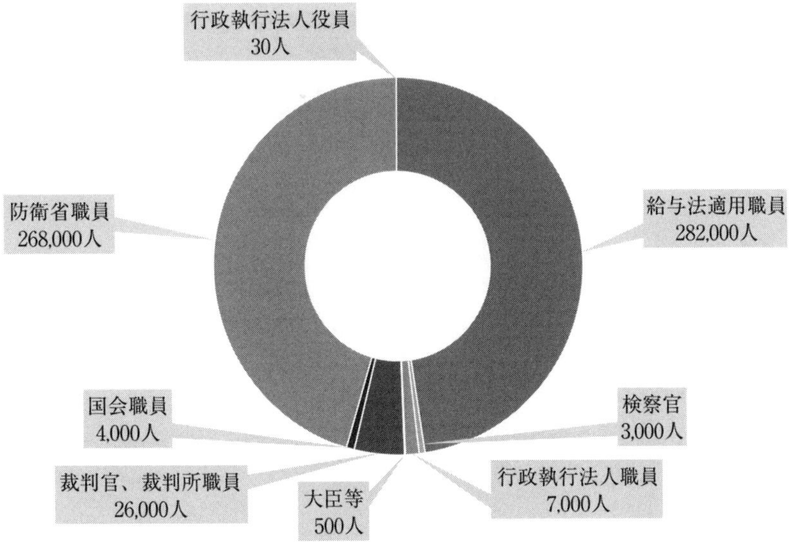

行政執行法人役員
30人

防衛省職員
268,000人

給与法適用職員
282,000人

国会職員
4,000人

検察官
3,000人

裁判官、裁判所職員
26,000人

大臣等
500人

行政執行法人職員
7,000人

2　国家公務員は霞が関の官僚だけではない

(1) 国家公務員と人員数

　政府は、「国家公務員法」という法律で国家公務員を一般職と特別職に分類している。大雑把に言えば、霞が関などの本省や地方出先機関といった行政機関で働く人々が一般職の国家公務員で、国会、裁判所などで働く職員と国会議員が特別職の国家公務員となる。

　では、国家公務員の人数はどの程度であろうか。内閣人事局は、行政機関の人事管理を統括する組織として、国家公務員の全体像を公表している。それによると一般職約29.2万人、特別職が約29.8万人となっている（**図表Ⅰ-1-1**）。一般職は、毎年7月1日現在、「国家公務員在職状況統計表」で人員数が公表されている。人事院は、毎年1月15日現在、民間企業の給与と比較をする基礎資料として、国家公務員のうち給与法の適用を受ける常勤職員の給与を調査しており、その資料との関係で人員を把握している。

　では、特別職の国家公務員はどの程度いるのか。特別職のうち裁判所職員については、最高裁判所が作成している「裁判所データブック」で予算定員を公

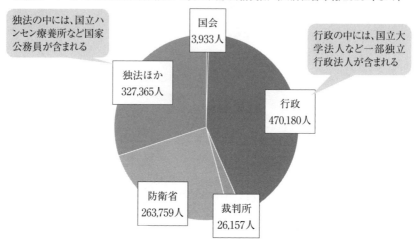

図表Ⅰ-1-2　共済組合組合員数から見た国家公務員数（共済組合年報2020年より）

独法の中には、国立ハンセン療養所など国家公務員が含まれる

国会
3,933人

行政の中には、国立大学法人など一部独立行政法人が含まれる

独法ほか
327,365人

行政
470,180人

防衛省
263,759人

裁判所
26,157人

表しているが、実人員は示されていない。国会職員は人員数に関するデータの公開がされておらず、人員数を見る手がかりは財務省の予算定員ぐらいしかない。なお、財務省が作成する予算書には、予算上の定員数がすべて明記されている。ただし省庁によっては特別会計で職員を雇用する経費を支出しているため、一般会計と特別会計の予算書を合算することが必要となる。しかし予算上の人員であるため実人員ではない。自衛隊員については、防衛白書で確認することができる。

　国家公務員の実人員を探る手がかりとして、共済組合における組合員数を確認する方法も考えられる。共済組合は、国家公務員共済組合連合会のもとに単位共済会が置かれている。単位共済組合には、参議院、衆議院をはじめ、内閣など省庁別に20の単位共済組合がある。ただし、行政改革によって公務員ではなくなった日本郵政で働く職員も共済組合の組合員となっている。郵便局で働く職員ももともとは国家公務員であったが行政改革によって国家公務員ではなくなった。

　いずれにしても、国家公務員の実人員を示すことは困難だが、さまざまな分野で国民のいのちとくらしを守るために国家公務員が活動していることはおわかりいただけるだろう（**図表Ⅰ-1-2**）。

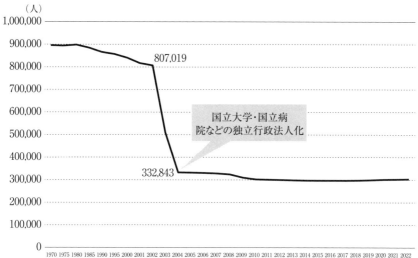

図表Ⅰ-1-3　国の行政機関の定員の推移

（人）

807,019

国立大学・国立病院などの独立行政法人化

332,843

（2）一般行政機構で働く人々

マスコミをはじめ多くの場面で登場してくるのは、一般職の国家公務員である。そして、国民生活に関わるさまざまな仕事をしている。霞が関の本省庁で働く職員は、法律の作成をはじめとする国会と関係する仕事をすることも多いが、公正取引委員会や特許庁のように地方に出先機関を持たずに直接的な仕事を行う省庁もある。また、会計検査院のように国の機関などが正しく税の支出を行っているのかを監査する機関もある。こうした中央省庁だけでなく、全国各地に国の出先機関が存在し、多くの国家公務員が働いているが、**図表Ⅰ-1-3**のとおり減らされてきた。

人事院は、給与法が適用される職員について民間企業と給与を比較するため、毎年1月15日現在で給与の実態を調査している。毎年8月上旬に行われる人事院勧告で調査結果が公表されている。2023年8月7日に行われた人事院勧告では、給与法の適用対象となる人員は25万2790人、平均年齢42.3歳、平均経験年数20.4年となっている。

職員は、専門性に応じた俸給表が適用されており、全部で20種類ある（**図表Ⅰ-1-4**）。一番多いのは行政職（一）が適用される職員だ。この俸給表が適用されるのは、他の俸給表が適用されないすべての職員となる。本省庁の課長

図表 I - 1 - 4　俸給表の種類と適用範囲

俸給表	適用範囲	俸給表	適用範囲
行政職（一）	ほかの俸給表の適用を受けないすべての職員	研究職	試験所、研究所等に勤務し、試験研究又は調査研究業務に従事する職員
行政職（二）	機器の運転操作、庁舎の監視その他の庁務及びこれらに準ずる業務に従事する職員	医療職（一）	病院、療養所、診療所等に勤務する医師及び歯科医師
専門行政職	植物防疫官、特許庁の審査官及び審判官、航空管制官等	医療職（二）	病院、療養所、診療所等に勤務する薬剤師、栄養士等
税務職	国税庁に勤務し、租税の賦課及び徴収に関する事務等に従事する職員	医療職（三）	病院、療養所、診療所等に勤務する保健師、助産師、看護師、准看護師等
公安職（一）	警察官、皇宮護衛官、入国警備官及び刑務所等に勤務する職員	福祉職	障害者支援施設、児童福祉施設等に勤務し、入所者の指導、保育、介護等の業務に従事する職員
公安職（二）	検察庁、公安調査庁、少年院、海上保安庁等に勤務する職員	専門スタッフ職	行政の特定の分野における高度の専門的な知識経験に基づく調査、研究、情報の分析等を行うことにより、政策の企画及び立案等を支援する業務に従事する職員
海事職（一）	遠洋区域又は近海区域を航行区域とする船舶に乗り組む船長、航海士、機関長、機関士等	指定職	事務次官、外局の長、本省の局長、規模の大きい試験所、研究所、病院又は療養所の長等の官職を占める職員
海事職（二）	船舶に乗り組む職員で海事職（一）の適用を受けないもの	特定任期付職員	高度の専門的な知識経験又は優れた識見を一定の期間活用して遂行することが特に必要とされる業務に従事する職員
教育職（一）	大学に準ずる教育施設に勤務し、学生の教育、学生の研究の指導及び研究に係る業務に従事する職員等	第一号任期付研究員	招へいされて高度の専門的な知識経験を必要とする研究業務に従事する職員
教育職（二）	高等専門学校に準ずる教育施設に勤務し、職業に必要な技術の教授を行う職員等	第二号任期付研究員	先導的役割を担う有為な研究者となるために必要な能力のかん養に資する研究業務に従事する職員

などから地方出先機関の係員まで幅広い仕事をしている。次に多いのは税務職であることから国税庁の職員だ。

　図表 I - 1 - 2 で行政に分類した文部科学省共済組合は、国立大学法人や文部科学省所管の独立行政法人の職員も加入している。そのため、現在では国家公務員ではない人も含まれている。厚生労働第二共済組合は、独法に分類され

図表 I－1－5　特別職一覧

役　職　名			
内閣総理大臣	国務大臣	人事官	検査官
内閣法制局長官	内閣官房副長官	内閣危機管理監	国家安全保障局長
内閣官房副長官補	内閣広報官	内閣情報官	内閣総理大臣補佐官
副大臣	大臣政務官	大臣補佐官	デジタル監
内閣総理大臣秘書官	国務大臣秘書官	特別職たる機関の長の秘書官のうち人事院規則で指定するもの	
就任について選挙によることを必要とし、あるいは国会の両院又は一院の議決又は同意によることを必要とする職員			
宮内庁長官、侍従長、東宮大夫、式部官長及び侍従次長並びに法律又は人事院規則で指定する宮内庁のその他の職員			
特命全権大使、特命全権公使、特派大使、政府代表、全権委員、政府代表又は全権委員の代理並びに特派大使、政府代表又は全権委員の顧問及び随員			
日本ユネスコ国内委員会の委員	日本学士院会員	日本学術会議会員	裁判官及びその他の裁判所職員
国会職員	国会議員の秘書	防衛省の職員	行政執行法人の役員

ているが、国立病院の職員が加盟する共済組合で、大部分が独立行政法人となった。ただし、国立ハンセン病療養所など一部の国立病院は、独立行政法人ではなく、国の機関のままとなっている。

　なお、独立行政法人については後ほど詳しく論じる。

　国の機関では、多様な専門職が存在しており、行政職（一）が適用される職員であっても、事務職員とは限らない。たとえば、労働基準監督官や気象台の予報官、特許庁の審査官、宮内庁の職員など、民間にはない仕事をしている人が多い。一方で、人事管理や総務など、国の機関で働く人々のサポートをする人々も存在する。

（3）大臣などの特別職

　国家公務員法で特別職とされているのは、大臣をはじめ**図表 I－1－5**のとおりとなっている。特別職は政務官や秘書官のように政治任用される職員だけでなく、常時勤務を要しない職員等も含まれている。さらに国会議員、国会職員、裁判官など裁判所職員も特別職だ。なお、宮内庁の職員は侍従長など一部が特別職とされているが、大多数は一般職の国家公務員となっている。

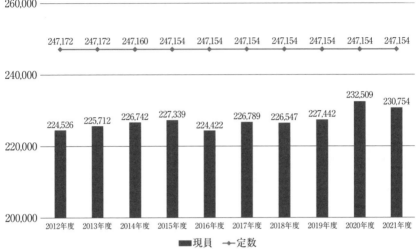

図表Ⅰ-1-6 自衛官の定数と現員の推移（防衛白書より）

特別職のなかで最大の人員を有しているのは防衛省の職員である。内閣人事局の一般職国家公務員在職統計表によると、常勤職員24人、非常勤職員88人（2022年7月1日現在）が一般職として防衛省に在職している。2022年版防衛白書によると、2022年3月31日現在、陸上自衛隊13万9620人、海上自衛隊4万3435人、航空自衛隊4万3720人、統合幕僚監部等3979人の合計23万754人とされ、実人員は予算定員の93.4%となっている（**図表Ⅰ-1-6**）。

なお、特別職の国家公務員に支払われる給与は、それぞれ特別法によって規定されているが、一般職の給与法を参照して決められており、大きな差異があるわけではない。

（4）裁判官などの裁判所職員と検察官

裁判官と裁判所職員は、司法に関わる職員として国家公務員だが、行政職とは区分されている。裁判所には、最高裁判所、高等裁判所（14）、地方裁判所（253）、家庭裁判所（330）、簡易裁判所（438）がある。そこで働くのは、裁判官以外に法廷に立つ書記官や家庭裁判所の調査官など多くの職種があり、裁判官は3841人、その他の職員は2万1775人となっている（**図表Ⅰ-1-7**）。なお、あくまでも予算定員であり、実人員とは相違する。

図表Ⅰ－1－7 裁判所職員の予算定員（2022年度）

	官職名等	定員（人）
裁判官	最高裁判所長官・最高裁判所判事・高等裁判所長官	23
	判事	2,155
	判事補	857
	簡易裁判所判事	806
	計	3,841
一般職	書記官	9,878
	速記官	205
	家庭裁判所調査官	1,598
	事務官	9,384
	その他	710
	計	21,775
合　計		25,616

図表Ⅰ－1－8 検察官の数（2022年7月1日現在）

組織名	検事総長等	検事	副検事
検察庁	10	1,782	800
法務省		107	
その他省庁		55	

　裁判所では、こうした職員以外に「執行官」「調停官」「民事調停委員」「家事調停委員」「司法委員」「参与員」「鑑定委員」「専門委員」「労働審判員」「裁判員」などの人々が裁判に関わって仕事についている。こうした人々の多くは、政府の審議会委員のように支払われる報酬が日当制となっている。

　検察官は、国家公務員法で特例が定められ、俸給表も別で定められている。検察庁法によって裁判所組織にあわせて組織が置かれることとされているため、最高裁に対応する最高検察庁、高等裁判所に対応する高等検察庁、地方裁判所に対応する地方検察庁、簡易裁判所に対応する区検察庁が存在し、それぞれに検事総長以下の検事が配置されている（図表Ⅰ－1－8）。なお、検察庁以外にも159名の検事が配置されている。

(5) 国会と会計検査院の職員

　国会は、衆議院と参議院のそれぞれが独立して存在するため、採用なども

別々に行われている。国会職員は、衆議院事務局と参議院事務局に所属し、議会運営をサポートするための部門をはじめ、職員に関する庶務・管理部門のほか、議会の警護担当部門や調査部門などがある。職員数は衆議院が約1650名、参議院が約1200名となっている。国立国会図書

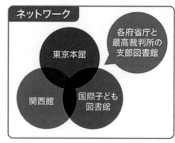

図表Ⅰ-1-9　国立国会図書館ネットワーク図

館は、国会に属する組織として878名の職員が働いている。

国内で発行されるすべての出版物などは、国立国会図書館に納入することが義務づけられている。それらを整理・保管し、すべての国民が利用できるようにしているだけでなく、国会議員などからの依頼を受けた調査に回答するほか、国政課題に対する調査研究をとりまとめている。なお、国立国会図書館は、**図表Ⅰ-1-9**のように東京本館を中心に、関西館、国際子ども図書館、各府省庁の支部図書館で構成されている。

会計検査院は、国の収入支出の決算、政府関係機関・独立行政法人等の会計、国が補助金等の財政援助を与えているものの会計などの検査を行う憲法上の独立した機関として存在する。意思決定を行う3人の検査官と検査を実施する約1250名の職員で構成されており、霞が関の事務所にすべての職員が在籍している。検査は実地検査が主であり、年間で1万人日実施していることから、単純計算で毎日約40人が出張していることになる。

(6) 期間業務職員など非常勤職員

国の行政機関で働く職員には、常時勤務を要しない職員として非常勤職員が存在している。常時勤務を要しないといいながらも、4月1日から翌年の3月31日まで常勤職員と同じように働いている職員も存在するが、委員等顧問参与などのように、出勤が義務づけられていない非常勤職員も存在する。

内閣人事局の在職状況統計表によると非常勤職員は2022年7月1日現在で15万8554人となっており、職名別で**図表Ⅰ-1-10**のとおりとなっている。

人事院規則8‐12第42条では、「任命権者は、臨時的任用及び併任の場合を除き、恒常的に置く必要がある官職に充てるべき常勤の職員を任期を定めて任

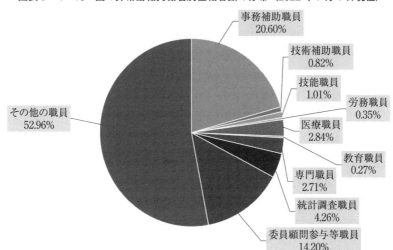

図表Ⅰ－1－10　国の非常勤職員職名別在職者数の分布（2022年7月1日現在）

事務補助職員
20.60%

技術補助職員
0.82%

技能職員
1.01%

労務職員
0.35%

その他の職員
52.96%

医療職員
2.84%

教育職員
0.27%

専門職員
2.71%

統計調査職員
4.26%

委員顧問参与等職員
14.20%

命してはならない」と定め、46条の2で「当該採用の日から同日の属する会計
年度の末日までの期間の範囲内で任期を定める」としている。ただし、人事院
通知により「公募によらない採用について2回を限度として行うことができ
る」とされている。

　国家公務員の定員が厳しく抑制されてきたため、現在では多くの省庁で非常
勤職員が欠かすことができない職員として働いている。

3　住民に身近な地方公務員

（1）地方公務員とは

　地方公務員は、地方公共団体のすべての職員のことを指す。国家公務員と同
じく、地方公務員法で一般職と特別職の地方公務員が定義されており、一般職
は特別職を除くとされている。特別職は、選挙で選ばれるものや議会での同意
が必要な職、非常勤の消防団員および水防団員などとなっている。

　総務省の地方公共団体定員管理調査によると、2022年4月1日現在で総数は
280万3664人となっており、内訳は**図表Ⅰ－1－11**のとおりとなっている。

　大雑把に言えば、国家公務員は、国民生活に大きな影響を与え、国会との関
係が強い仕事を担っている。一方、地方公務員は、より国民、というよりも住

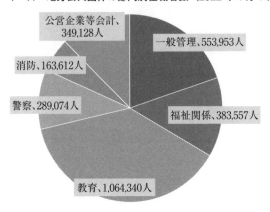

図表Ⅰ−1−11　地方公共団体の部門別在職者数（2022 年 4 月 1 日現在）

（円グラフ内）
公営企業等会計、349,128人
一般管理、553,953人
消防、163,612人
福祉関係、383,557人
警察、289,074人
教育、1,064,340人

民との距離が近く、教育や警察、消防など住民と日常的に接しながら仕事をしているといえる。以下、部門ごとに概観したい。

(2) 一般行政職

　地方公務員における一般行政職は、大きく管理部門と福祉部門に分かれている。そのうち、管理部門は議会、総務企画、税務、労働、農林水産、商工、土木の各部門で構成されている。福祉部門は民生と衛生部門で構成されている。一般行政職における部門別の構成比は、**図表Ⅰ−1−11** のとおりとなっている。

　新型コロナウイルスの感染拡大により注目された衛生部門は全体の 15% の職員だが、感染症対策だけでなく、狂犬病対策、食品衛生対策、鳥インフルなどの獣疫対策、理美容や建築物の衛生対策、水道対策、薬事法や毒劇物の取扱いに関すること、廃棄物処理に関することなど幅広い業務を担っている。

　また地方自治体の民生部門は、民生一般、福祉事務所（6 万 0009 人）、児童相談所等、保育所、老人保健施設、その他の社会福祉施設などとなっている。

(3) 教育職

　地方自治体の教育職は、義務教育である小中学校をはじめ、公立幼稚園や高等学校などで働く教員が大部分を占めている。ほかにも、社会教育として、教育研究所や文化財保護などで働く職員も教育部門の職員だ。

　教育部門を細かく見ると、大多数は「義務教育」に携わる教員で 72 万 6521

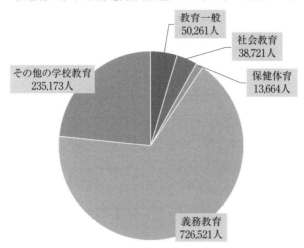

図表Ⅰ-1-12　教育部門における部門別職員数
（総務省地方公共団体定員管理調査 2022 年 4 月 1 日現在より）

教育一般
50,261人

社会教育
38,721人

保健体育
13,664人

その他の学校教育
235,173人

義務教育
726,521人

人だが、次に多いのは「その他の学校教育」となっている。これは、高等学校、大学、特別支援学校（高等部）、幼稚園などで、23 万 5173 人となっている（図表Ⅰ-1-12）。

　文部科学省の「2022 年度学校基本調査」によると、公立小学校学級数は 27 万 73 クラス、在学者数は 603 万 5384 人、教員数は 41 万 6225 人となっている。単純平均で 1 クラスあたり小学生は 22.7 人、教員一人あたり 14.7 人の小学生を担当していることとなる。ただし、約 27 万クラスのうち 5 万あまりのクラスは特別支援学級であり、教員数には校長や教頭、養護教員や栄養教諭、講師などを含んでいるため、決して教員が多いわけではない。

(4) 警察・消防

　警察と消防職員は、行政改革のなかでも増員が図られてきた組織である。**図表Ⅰ-1-13** にもあるとおり、警察の人員の伸びが大きく、次いで消防となり、それ以外の部門はすべてマイナスとなっている。

　警察庁の警察白書によると警察組織は、国の機関である警察庁のもとに管区警察局が置かれ、47 都道府県に警察本部、警察学校などのほか警察署が 1149 署おかれている。警察庁は国家公務員で、都道府県警察は地方公務員となる。

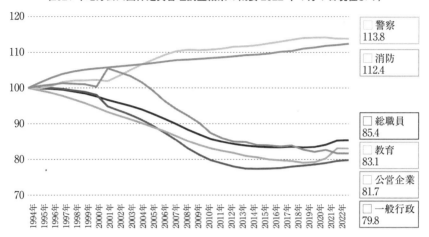

図表 I-1-13　1994年からの部門別職員数の推移（1994年＝100）
（2021年地方公共団体定員管理調査結果の概要 2022年4月1日現在より）

警察 113.8
消防 112.4
総職員 85.4
教育 83.1
公営企業 81.7
一般行政 79.8

　職種別職員数によると、警察官の職員数は26万1214人となっており、警察部門職員数2万8941人とわずかな差が生じている。その差は警察官以外の職員であり、警視庁の採用サイトでは、警察行政職員として警視庁本部や警察署での警察事務を担う事務職、通訳、建築、機械、電気、化学といった専門的な職務を担う技術職などさまざまな職種が存在している。

　市町村に設置された消防本部と消防署は、2022年4月1日現在で全国に723消防本部1714消防署があり、16万7510人の職員が働いている（2022年消防白書より）。消防署が常備されていない町村が全国で29町村あるが、そのうち21町村は東京都の小笠原村や沖縄県の竹富町などの離島となっている。

　日本では、政府が警察に準ずるとして消防職員の労働基本権を制約しているが、ILOから繰り返し改善勧告がなされているものの、見直しが進められていない。なお、消防職員による委員会制度が存在しているが、自主的な組織とはいえず、労働基本権制約の代償機関ともなっていない。

(5) 公営企業等

　地方公共団体が経営する企業組織には、水道事業（簡易水道事業を除く）、工業用水道事業、軌道事業、自動車運送事業、鉄道事業、電気事業、ガス事業がある。地方公営企業年鑑によると、事業数は2021年3月31日現在で8165事業

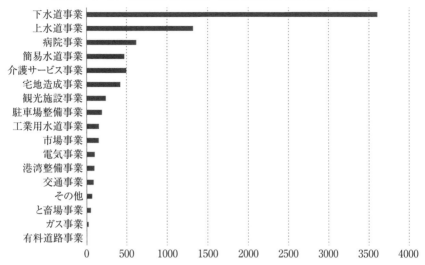

図表Ⅰ-1-14　経営主体別事業数（地方公営企業年鑑2020年度より）

となっている（建設中を含む）。**図表Ⅰ-1-14**のとおり、地方公営企業の大多数は下水道事業で、次いで上水道事業である。なお、病院事業は公営企業から地方独立行政法人に移行するところが増えつつあり、地方独立行政法人の事業数が増加している。

　地方独立行政法人は、2022年4月1日現在で大学が82と半数を占め、公営企業型が65となっている。その他試験研究機関が11、社会福祉が1、博物館1、動物園1で合計が161事業となっている。

(6) 会計年度任用職員

　会計年度任用職員は、2017年の地方公務員法および地方自治法の改正により創設され、2020年4月1日現在で62万2306人となっている。そのうちパートタイムが55万2695人と88.8%を占めている。これは、フルタイムとして区分されているのが正規職員と勤務時間が同一の場合に限定されていることに大きな原因がある。地方公共団体のなかには、フルタイム扱いとしないために勤務時間を15分短くしたところがある。

　また会計年度任用職員は、女性が47万6403人と76.6%を占めており、ジェンダー平等の観点からも大きな問題があるといわざるをえない。

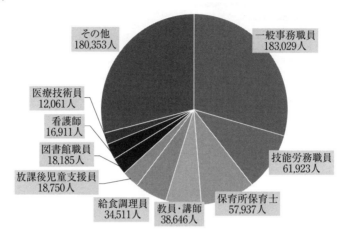

図表Ⅰ−1−15　地方公務員の会計年度任用職員の職種別人員割合
（総務省「地方公務員の会計年度任用職員等の臨時・非常勤職員に対する調査結果」2020年4月1日現在より）

会計年度任用職員は、任用・勤務条件に関して統一的な取扱いが可能とされ、期末手当の支給を可能としたが、勤勉手当の支給は行われていない。制度導入後、人事院勧告にもとづく給与法の改正により、正規職員の期末手当が2年連続で引き下げられた。また、2022年の人事院勧告で一時金が引上げとなったが、勤勉手当の引上げとされたため、会計年度任用職員の処遇は改善されていない。一時金の支給について、国では正規職員と同じく勤勉手当の支給がされているが、地方自治体で働く会計年度任用職員は勤勉手当の支給がされないため、あまりにも不当な状態におかれている（2023年5月8日公布の地方自治法の一部を改正する法律により、勤勉手当の支給が可能となった）。

4　公務員ではない公務関連労働者

（1）独立行政法人と行政執行法人

独立行政法人は、国の政策の実施部門のうち一定の事務・事業を担当する機関に独立の法人格を与えられ、自律的な運営が行われている機関をいう。

2022年11月14日現在、87の独立行政法人があり、うち7法人は国家公務員の身分を有する行政執行法人だが、その他の法人は公務員ではない。このなか

図表Ⅰ-1-16　行政執行法人常勤職員数（2022年1月1日現在）

行政執行法人名	常勤職員数
国立公文書館	62
統計センター	645
造幣局	846
国立印刷局	4,166
農林水産消費安全技術センター	641
製品評価技術基盤機構	416
駐留軍等労働者労務管理機構	281

には研究開発法人が27あり、うち3法人は特定国立研究開発法人となっている。

　独立行政法人は、それぞれ役職員の給与水準の公表が義務づけられている。

　たとえば、独立行政法人都市再生機構の常勤職員は2914人、平均年齢は44.4歳、年間給与額（平均）は827万円となっている。また、再任用職員はそれぞれ168人、63.2歳、589.3万円となっている。

　独立行政法人学生支援機構では、常勤職員343人、45.6歳、701.3万円、再任用職員は10人、63.8歳、486.7万円、非常勤職員は26人、44.6歳、414.1万円となっている（すべて2020年度）。

　国家公務員の身分を有する法人は「行政執行法人」と言われる。行政執行法人は、法律で常勤職員数の報告が義務づけられ、総務省でとりまとめ公表されている（**図表Ⅰ-1-16**）。

(2) 特殊法人

　特殊法人は、業務の性質が企業的経営になじみ、各種の制度上の制約から能率的な経営を期待できないとき等、特別の法律によって国家的責任を担保するに足る特別の監督を行うとともに、できる限り経営の自主性と弾力性を認めて能率的経営を行わせようとする法人とされている。

　その設立と目的の変更、その他当該法律の定める制度の改正および廃止については総務省が審査を行っている。2022年4月1日現在、特殊法人は33法人あり、いずれの特殊法人も株式が発行されている（**図表Ⅰ-1-17**）。財務省の政府保有株式の概要によると2022年11月18日現在で特殊法人を含む特殊会社の株式32.8兆円（政府保有義務分は29.2兆円）を政府が保有している。

図表 I−1−17　特殊法人一覧（2022年4月1日現在）

沖縄振興開発金融公庫	沖縄科学技術大学院大学学園
日本電信電話株式会社	東日本電信電話株式会社
西日本電信電話株式会社	日本放送協会
日本郵政株式会社	日本郵便株式会社
日本たばこ産業株式会社	株式会社日本政策金融公庫
株式会社日本政策投資銀行	輸出入・港湾関連情報処理センター株式会社
株式会社国際協力銀行	日本私立学校振興・共済事業団
放送大学学園	日本年金機構
日本中央競馬会	日本アルコール産業株式会社
株式会社商工組合中央金庫	株式会社日本貿易保険
新関西国際空港株式会社	北海道旅客鉄道株式会社
四国旅客鉄道株式会社	日本貨物鉄道株式会社
東京地下鉄株式会社	成田国際空港株式会社
東日本高速道路株式会社	中日本高速道路株式会社
西日本高速道路株式会社	首都高速道路式会社
阪神高速道路株式会社	本州四国連絡道路株式会社
中間貯蔵・環境安全事業株式会社	

(3) 委託・派遣労働者など間接雇用

　公務職場には、委託・派遣で働く労働者も数多く働いている。事業場が独立している委託業務の場合は公務員という意識を持つ労働者は少ないと思うが、公務員と同じ庁舎で働く労働者はどうだろうか。

　警備、清掃などの業務は、ほぼ100%委託となっている。霞が関の本庁舎では、公務員である警備員が存在しており、委託労働者と分担して業務を行っている。公用車の運転業務でも、公務員である運転手が行う一方、自動車運行管理業務として委託労働者が働いている。自治体では、証明書の発行業務、ゴミ収集など幅広い業務が委託されている。また、指定管理者制度も委託の一種だ。

　こうした仕事に従事する労働者は、公務員ではないが、公務で働いている意識は強く、誇りを持って働いている。しかし処遇の点では、正規の公務員と大きな開きがある。

　業務委託は、発注者である国や自治体に雇用責任が発生しない（**図表 I−1−18**）。雇用責任は委託業者となるため、契約終了は委託業者の労働者の失

業につながる。仮に別の業者に雇用が引き継がれたとしても、労働条件は引き継がれず、低下することも多い。こう考えるなら、委託の範囲は狭くすることが必要だ。

派遣労働者に関しては、行政機関で働いている人数などの統計データが存在しない。しかし、インターネットで検索を行うと派遣会社の求人が見受けられ、少なくない数の派遣労働者が働いていると思われる。

図表Ⅰ-1-18　国・自治体における業務委託のイメージ図

おわりに——国民の権利を保障するために

国や自治体の公務員がどのような仕事を行い、どれだけの人が働いているのかなど公務員の全体像を示してきた。こうしてみると、公務員の範囲は非常に狭い。

日本は、多くの島々で構成され、急峻な山々が多く平地が少ないという地政学上の問題だけでなく、台風や地震などの自然災害が多発する国だ。そのため、先進諸国のなかでも際立って、防災などのインフラ整備や災害からの復旧・復興に人員も費用も必要となっている。それだけでなく、公務には、教育を受ける権利や勤労の権利を保障するための役割が十分に発揮できる体制も必要だ。

しかし、後述するようにその体制は不十分といわざるをえない。国は政策として効率化を追求し、長きにわたる行財政改革によって、公務の範囲を縮小してきた。公務員が担っているからこそ、国会などを通じて国民は監視できるが、民間企業が行っている場合は限定的となる。

改めて公務員が担うべき範囲を広く捉え直し、国民の権利を保障することができるように検討すべきだ。そして、公務に関するすべての記録が残され、情報が公開されることも必要だ。そのための人員を確保することも忘れてはならない。

いずれにしても、公務員の労働条件や身分を保障し、国民のために力を発揮してもらえるように人員を確保することが重要となっている。

〔秋山正臣〕

第2章　日本国憲法と公務員

はじめに

　本章では、日本国憲法が公務員についてどのように規定しているか、そして、それが、公務員にとってはもとよりのこと、国民にとってどのような意味をもっているのかについて考えてみたい。

　国と地方自治体で働く公務員は、国と地方の公務の担い手である。そして、国と地方の公務（そこには行政機関だけでなく議会や裁判所の公務も含まれる）のあり方、および公務の担い手である公務員のあり方は憲法によって定められているので、憲法が公務員についてどのような定めを置いているかは、当の公務員にとってはもとよりのこと、すべての国民にとってもきわめて重要な意味をもつことになる。

　ここで公務員という場合には、いま述べたように公務の担い手としての公務員を念頭に置いているが、当の公務員は、同時に、公務という労働（公務労働）に従事するという観点から見ると一人の「労働者」でもあり、また、公務という仕事を離れて見れば、一人の「市民」でもあり、一人の「人間」でもある。つまり、公務員は、①公務担当者、②労働者、③市民、④人間という四つの性格ないし側面を兼ね備えていることになる。一般に公務員という場合には、①を念頭に置いていわれるのが通常であるが、その公務員は、同時に②③④の側面も兼ね備えており、この側面もまた、①と切り離されたものではなく、以下に見るように、公務員の権利や公務員制度のあり方を考えるうえで欠かすことのできない重要な要素をなしている。

　そこで、本章では、この公務員の四つの側面のうち、1で②、③、④の側面をとりあげ、それについて日本国憲法がどのような定めを置いているか、そこから見て現在の公務員制度がどのような問題をはらんでおり、どのようにそれを改革していったらよいのか、ということについて見ておくこととしたい。そして、それをふまえたうえで、2以下では、公務員を公務員たらしめるもっとも重要な要素である①の「公務の担い手としての公務員」のあり方に焦点を当

てて、憲法の規定とその意味、現行法上の問題点、憲法にもとづく今後の改革
方向について考えてみることとしたい。

1 「労働者」、「市民」、「人間」としての公務員

(1)「労働者」としての公務員

1) 憲法の規定
労働者としての公務員に関わる憲法の規定は、以下のとおりである。

憲法 27 条 1 項 「すべて国民は、勤労の権利を有し、義務を負ふ。」
　　　　　 2 項 「賃金、就業時間、休息その他の勤務条件に関する基準は、
　　　　　　　　 法律でこれを定める。」
憲法 28 条 「勤労者の団結する権利及び団体交渉その他の団体行動をする権
　　　　　　 利は、これを保障する。」

憲法 27 条は、1 項で、すべての国民に対して、「勤労の権利」（勤労権＝労働
権）を保障している。これをうけて、2 項では、勤務条件（労働条件）の基準は
法律で定めなければならないことを求めている。

ここでいう勤労の権利とは、単に働く場の保障という意味ではなく、人間の
尊厳にふさわしい労働条件のもとで働く権利という意味であり、このことは、
同条 2 項をうけて定められた労働基準法の 1 条 1 項が、「労働条件は、労働者が
人たるに値する生活を営むための必要を充たすものでなければならない」（傍
点は晴山。以下同様）と定めていることからも明らかである。

つぎに、憲法 28 条は、労働者に対して、団結権、団体交渉権（労働協約締結
権を含む）、団体行動権（その中心をなす争議権＝ストライキ権）からなる労働三
権＝労働基本権[1] を保障している。ここでいう勤労者は労働者と同じ意味であ
り、そこに公務員が含まれることに異論はない。すなわち、公務員も、一般の
労働者と同様に、憲法上の労働基本権が完全に保障されていることになる。

---

1)　労働基本権という語は、憲法 27 条の勤労権（労働権）と 28 条の労働三権を含めた広い
　　意味で使われる場合と、労働三権だけを指して使われる場合とがあるが、通常は労働三権
　　だけを指して使われることが多い。本章でも、後者の意味で用いることとする。

このように、公務員も労働者である以上、憲法27条と28条が定める労働者の権利は完全に保障されなければならず、公務員であるという理由だけでこれらの権利に制限を加えることは、憲法上許されないことになる。

2) 現状

ところが、公務員の労働者のとしての権利には、現行法によって大きな制限が加えられているのが現実である。とくに重大なことは、労働基本権に対する制限であり、労働三権のうち、団結権は認められているものの、団体交渉権の核心をなす労働協約締結権が認められていないこと（行政執行法人と地方公営企業・特定地方独立行政法人の公務員を除く）、争議行為が禁止され、その違反は懲戒処分の対象になるだけでなく、争議行為のあおり等の行為を行った者（組合指導部など）については刑罰まで規定されていることである。公務員も労働者である以上、このことは、明らかに憲法28条に違反するものといわなければならない。

また、勤労権についても、国家公務員に対しては、「人たるに値する」労働条件を定めた労働基準法が全面的に適用除外されており（地方公務員に対しては原則的に適用）、一般の労働者との際立った違いのもとに置かれている。

3) 今後の課題

公務員も労働者である以上、憲法27条の労働権と28条の労働基本権が全面的に保障されなければならないことは当然である。

とくに、現行法による労働基本権の制限は早急に撤廃されなければならず、公務員に対しても労働三権を原則的に保障したうえで、争議権については職務の公共性をふまえた部分的制約の是非が検討されるべきである[2]。

また、勤労権についても、戦後当初国家公務員を含むすべての公務員に対して労基法が適用されていたことをふまえるならば、同法を全面適用除外としている現在の国公法のあり方は、一般の労働者との違いを必要以上に際立たせるものであり、今後は、労基法の原則的適用の観点から見直すことが求められる。

---

2) 民間企業であっても、国民の日常生活に不可欠の事業の場合には、争議行為に一定の制限が加えられることになっているが（労働関係調整法36条以下）、公務員の争議行為にも、同様の観点から一定の制限が課せられることは認められよう。しかし、これはあくまでも事業の公益性の観点から加えられる制限であって、公務員であるからそもそも争議権の制約は当然であるという考えは、時代錯誤の思考といわなければならない。

コラム：団結権さえ認められていない公務員

　本文2）で述べたように公務員には原則として団結権が保障されているが、例外として、一部の公務員に対しては、法律によって団結権が否認されているという問題がある。自衛隊員、警察職員、海上保安庁の職員、刑事施設（刑務所・少年刑務所・拘置所）の職員、入国警備官、消防職員がそれである。この現状は、諸外国と比較しても、わが国における公務員の人権保障の立ち遅れを象徴するものといってよいが、それにとどまらず、自らの権利が保障されていないことが、行政の受け手である相手方国民の人権を軽視する傾向を生み出すという問題もはらんでいる。ここでは、自らの人権が保障されていないという現状と、相手方の人権に対する軽視とが、いわば裏腹の関係にあるということができる。

　このことを象徴する最近の例が、名古屋入管（出入国在留管理局）で起こったウィシュマ・サンダマリンさん死亡事件である。この事件について、2022年9月22日付けのしんぶん赤旗に、元入管職員で現在弁護士をしている渡邊祐樹さんがコメントを寄せており、問題の所在を的確に指摘しているので、以下に紹介しておきたい。

殴る人を「熱心」と評価

入管 低い人権感覚

元職員の渡邉祐樹弁護士語る

渡邉祐樹弁護士
（本人提供）

スリランカ人のウィシュマ・サンダマリンさんが名古屋出入国在留管理局の収容施設で死亡してから1年半が過ぎました。遺族は真相解明を求め続けていますが、入管庁は事実を明らかにしていません。入管の元職員でもある渡邉祐樹弁護士は「30年前のこと」と断りつつ入管の実態を語り、「外国籍の人に対する人権意識が低かったんじゃないか」と振り返ります。（小椋花恵）

私は1995年に入管に就職し、成田空港の入国審査部門で働きました。同僚のほとんどはそうではありませんでしたが、一部に、外国人に暴行したり怒鳴ったりする職員がいました。

「なめられるな」

私が学生時代のバイトで接客に慣れており、審査相手に愛想良く接していたなどとは、複数の先輩から「だからなめられるんだ」と怒られました。そのため、相手に対して「早く来い、何やってんだよ」と言いました。相手に言葉が通じないのをいいことに、攻撃的な態度をとる職員もいました。現場で外国人が増えて忙しくて余裕がなかったと思います。

入管職員による問題のある言動の背景にある官庁の役所の多くが占めるため身分が上がらないため、入管のイメージは「法に反している人」「犯罪者」で、不安を乱している人でした。

別室に連れていかれて特別審理官が審査するので、相手の態度が悪いと、何やってんだよと怒られました。「だからなめられるんだよ」と言い、最近は職場環境も良くなってきていて、暴行は絶対えるチャンスです。

るよう雰囲気でした。殴られて腫れている外国人の顔が雑誌に載ったこともよく、ここは日本なんだよと怒鳴ったこともあり殴りました。全裸にして調べたり、勝手に荷物検査をしたりでした。

私も強制退去させる外国人に唾をかけられ、言葉をかけられました。先輩の職員が連れて行ったとき、「やってくれ」と思います。昔の同僚は「入管は中からは変わらない」と言いますが、市民の関心と運動が集まっている今は、変えるチャンスです。

れた人権の擁護者であることを知らない現場の職員もいたと思います。人権に関する研修は当時はありませんでした。

変えるチャンス

彼女の前にも多くの被収容者が亡くなっています。職員の許せない態度を持ってよく見ていました。ところがウィシュマさんの事件で、弱っている彼女を見て笑う職員の姿が監視カメラ映像にあったと報じられました。私は職場環境の体験を公表しようと思いました。

図表Ⅰ－2－1　しんぶん赤旗2022年9月22日付記事

(2)「市民」としての公務員

1) 憲法の規定

「市民」としての公務員に関わる主な規定は、以下のとおりである。

憲法 19 条　思想及び良心の自由は、これを侵してはならない。
　　　20 条 1 項　信教の自由は、何人に対してもこれを保障する。（以下略）
　　　21 条 1 項　集会、結社及び言論、出版その他一切の表現の自由は、これを保障する。
　　23 条　学問の自由は、これを保障する。

　憲法第 3 章は「国民の権利及び義務」というタイトルのもとで、「侵すことのできない永久の権利」（11 条）として、一連の基本的人権を国民に対して保障している。このうち、上にあげた 19 条から 23 条までの権利は精神的自由権と呼ばれ、近代的市民を権利主体とする権利であり、権利の性質上、社会権や参政権と区別されている。
　そして、公務員も、公務担当者という立場を離れれば、他の市民と同じ一人の市民であり、これら一連の市民的権利は、市民としての公務員に対しても、当然に保障されなければならない。

2) 現状

　これら一連の市民的権利のなかでもっとも重要な権利は、憲法 21 条の表現の自由、とりわけ政治活動の自由を中心とする政治的表現の自由にほかならない。なぜならば、政治活動の自由は、民主主義の不可欠の前提条件であり、それなしには民主主義国家は成り立たないからである。
　ところが、公務員が市民の立場で行う政治活動の自由に対しては、法律によって重大な制限が加えられているのが現状である。とくに、国家公務員については、政治的行為がきわめて広範囲に禁止さてれており（国公法102条・人事院規則 14-7）、その違反に対しては、3 年以下の禁固または 100 万円以下の罰金という重い刑罰さえ定められている。また、地方公務員についても、禁止される行為が国家公務員の場合よりも限定され、刑罰規定もない点で国家公務員よ

りは緩やかではあるものの、選挙での投票の勧誘や署名の企画などの重要な政治的行為が禁止され（地公法 36 条）、その違反は懲戒処分の対象になるなど、表現の自由への重大な侵害であることは国家公務員の場合と変わりはない。

　かつて最高裁は、猿払事件判決（1974 年 11 月 6 日）において、国家公務員が勤務時間外に選挙用ポスターを公営掲示場に掲示した行為を、限定解釈を加えることなしに全面的に合憲としたが、最近になって、勤務時間外に政党機関紙を住宅の郵便受けに配布した行為が国公法違反で起訴された二つの刑事事件において、非管理職の職員が行った事件については無罪としたものの、他方の事件については、行為者が管理職の地位にあったことを理由に有罪判決を下している（2012 年 12 月 7 日判決）。このように、猿払判決に対する学説と世論の強い批判を前にして、最近の最高裁には一定の姿勢の変化は見られるものの、刑罰を背景とする政治的行為の禁止自体を合憲としている点では、猿払判決と基本的に異なるところはない。

3）今後の課題

　公務員が、公務員の立場を離れて、勤務時間外に、一市民として行う政治活動に対する現行法による制限が、表現の自由を保障した憲法 21 条に違反することは明らかである。今後は、現行法による制限を撤廃し一般の市民と同様に政治的行為の自由を保障したうえで、勤務時間内の政治活動や、公務員の地位・職権を利用した政治活動のように、一般市民としての政治活動の限度を超える政治活動だけを例外的に制限する方向での法改正が求められる。

(3)「人間」としての公務員

1）憲法の規定

　公務員は、公務員（公務担当者）という立場を離れた一国民という立場では、他の国民と同じ立場で、憲法に規定された基本的人権を享有する。この意味では、これまで見てきた労働者としての権利と市民としての権利もその一環であるが、そのほか、憲法で規定された各種の基本的人権もまた、「国民」としての公務員にも当然保障されることになる。

　そのことを前提としたうえで、ここであえて「人間」としての公務員をとりあげようとするのは、公務員が、人間として尊重され、「人間の尊厳」にふさ

わしい生活と職場環境が保障されなければならないということを強調したいからである。

このことに直接関わる憲法の規定は、生存権を保障した以下の規定である。

憲法25条1項　「すべて国民は、健康で文化的な最低限度の生活を営む権利を有する。」
　　　　2項　「国は、すべての生活部面について、社会福祉、社会保障及び公衆衛生の向上及び増進に努めなければならない。」

2) 現状

憲法25条1項にいう「最低限度の生活」とは、その前に「健康で文化的な」の限定がついていることからもわかるように、生物としての人間がぎりぎり生きていくために必要な最低限度の生活のことではなく、人たるに値する生活、人間の尊厳を維持しうる生活でなければならない。先に見た労基法1条1項が、「労働条件は、労働者が人たるに値する生活を営むための必要を充たすものでなければならない」と定めているのも、その基礎に生存権の理念が据えられているからにほかならない。

このことをふまえると、これまで生存権とは無縁と考えられてきた公務員の世界でも、きわめて深刻な形で生存権保障のあり方が問われる事態が最近現れてきている。

そのひとつは、いわゆる非正規公務員の劣悪な労働条件である。最低賃金ぎりぎりの賃金で働きながら、正規職員と同等の手当や休暇も保障されず、常に雇止めの脅威にさらされている現状は、およそ「全体の奉仕者」としての公務員のあり方とは無縁の状況にあるといってよい（非常勤職員について詳しくは**第Ⅲ部第1章**を参照）。

もうひとつは、過労死の危険を伴う長時間過密労働と職場におけるパワハラ・セクハラなど、非人間的な職場環境の実態である。国家公務員の過密長時間労働の深刻な実態は、なによりも公務員の人間としての尊厳を脅かす深刻な事態を引き起こしているだけでなく、政府自身も認めるように、公務の持続可能性自体を危うくさせる結果を招いている。その原因は、定員と予算の決定的な少なさ、勤務時間管理のずさんさ、権威的な人事管理と非民主的な職場環境

などさまざまであるが、こうした職場の実態は、生存権の理念的基礎にある「人間の尊厳」の対極に位置するものといわなければならない。また、地方公務員が置かれた状況も、基本的に大きく異なるものではない。

3) 今後の課題

なによりも、公務員も一人の人間であり、人間の尊厳にふさわしい労働条件と公務員としての役割が尊重される職場環境を保障することが重要となる。これまであまり意識されることのなかった公務員制度における生存権保障の重要さを、ここで改めて確認しておきたい。

そのうえで、当面は、①労働基本権の回復とあわせて、公務員に対しても、労基法はもとより、無期転換を初めとする労働法制の原則的適用が認められるべきこと、②非正規公務員については、長期的にはその身分を正規職員に切り換えるべきであるが、当面は、給与を初めとする労働条件の抜本的改善が図られるべきこと、③すべての公務職場において公務員が「全体の奉仕者」として生き生きと働くことのできる職場環境を構築すること、の三点をここではあげておきたい。

2 「公務の担い手」＝「全体の奉仕者」としての公務員

以上に見た「労働者」、「市民」、「人間」としての公務員の三つの側面をふまえたうえで、以下では、公務員の第一の側面である「公務の担い手」としての公務員をとりあげることとしたい。公務員が自らを公務員と意識し、周囲からも公務員として認められるのは、まさに公務の担い手であるからにほかならない。日本国憲法も、この意味での公務員に関する重要な規定を置いて、公務員の憲法上の地位を明らかにしている。

(1) 公務員に関する憲法の規定

1) 憲法の規定

憲法は公務員に関する規定をいくつかの条文で定めているが、公務員の位置づけに関わるもっとも基本的な規定は、以下の規定である。

憲法15条1項　「公務員を選定し、及びこれを罷免することは、国民固有の
　　　　　　　　権利である。」
　　　　　2項　「すべて公務員は、全体の奉仕者であつて、一部の奉仕者で
　　　　　　　　はない。」

　ここには、公務員の憲法上の地位に関する二つの重要な規定が並んでいるが、最初に確認しておきたいことは、この二つの条文が、国民主権を基礎に置いて相互に一体の関係にあるということである。

　戦前の明治憲法は、「大日本帝国ハ万世一系ノ天皇コレヲ統治ス」（1条）、「天皇ハ神聖ニシテ侵スヘカラス」（3条）、「天皇ハ国ノ元首ニシテ統治権ヲ総攬（ス）」（4条）と規定し、天皇主権（君主主権）の原理を定めていた。これにもとづいて、官吏（今でいう国家公務員）制度を定めること、そして官吏を任免することは、天皇固有の権限（天皇大権）とされていた（前者を官制大権、後者を任官大権という）。そこでは、官吏は、臣民（天皇に服従する地位にある国民を指す言葉）のために奉仕する存在ではなく、もっぱら天皇のみに奉仕する存在、すなわち文字どおりの「天皇の官吏」であった。

　これに対して、日本国憲法は、前文で、「そもそも国政は、国民の厳粛な信託によるものであつて、その権威は国民に由来し、その権力は国民の代表者がこれを行使し、その福利は国民がこれを享受する。これは、人類普遍の原理であり、この憲法は、かかる原理に基くものである」とうたい、1条で、「天皇は、日本国の象徴であり日本国民統合の象徴であつて、この地位は、主権の存する日本国民の総意に基く」と定め、国民主権の原理に立つことを明言している。

　上にあげた15条の1項と2項の二つの条文は、いずれも、こうした天皇主権から国民主権への転換をうけて、現行憲法における公務員の地位が、国民主権にもとづくものであることを明らかにした規定ということになる。

2）1項の意味すること

　1項は、文字どおりに読むと、個々の公務員を選定し罷免する権利が国民にあるように読めるが、現実にすべての公務員を直接国民が選定し罷免することができないことはいうまでもない。1項の真の意味は、公務員の選定・罷免権が国民にあると定めることによって、公務員という地位が、究極的に国民主権

に依拠するものであることを宣言することにあり、戦前の官吏の地位が天皇主権と一体であったこととは正反対に、公務員と国民主権が一体不可分の関係にあることを示している。

このことは、1項のもとになったGHQ憲法草案が、現在の1項の条文のすぐ前に、「国民は、政治及び皇位の最終的判定者である」という規定が置かれていたことからも明らかである。この部分は、天皇の地位は「主権の存する日本国民の総意に基く」と定める憲法1条の規定と重複するという理由で、日本政府とGHQの折衝の過程で削除されることになったが、このこと自体、1項が、公務員の地位と国民主権の原理とが密接不可分の関係にあることを定めた規定であることを示している。

3）2項の意味すること

2項の「全体の奉仕者」規定は、公務員の地位を説明するためにもっとも多くとりあげられる規定である。2項も、1項と同様に、天皇主権から国民主権への転換に伴って、公務員が、「天皇の官吏」から「国民の公務員」へと変化を遂げたことを明らかにした規定である。ここで注目されるのは、「全体の奉仕者」にあたる語が、GHQ憲法草案では "servants of the whole community" とされていたことである。ここでいう whole community とは、国家でもなく、また抽象的な全体でもなく、社会を構成するすべての人々、社会の全構成員といった意味あいの英語であり、社会で生活する具体的人間を想定させる語である。

ところが、この語は、日本語に翻訳される過程で、いくつかの変遷を経たうえで、最終的に「全体の奉仕者」と訳されて、現在の15条2項の条文とされることになった。もともとの英文のニュアンスは薄れてしまい、具体性を欠いた「国家」や「全体」がイメージされる余地を生み出したといえる。

このこともあって、「全体の奉仕者」規定は、これまで、最高裁も含めて、公務員の権利制限の根拠として用いられることもあった。たとえば、公務員は「全体の奉仕者」だから労働基本権や政治活動の権利が制限されても違憲ではない、という具合に。

しかし、これは、上に見たように、「全体の奉仕者」の本来の意味を大きく歪めるものといわなければならない。本来の趣旨は、国家や抽象的な全体ではなく、具体的な国民を念頭に置いた国民全体の奉仕者、あるいは社会全体の奉

仕者と解さなければならない[3]。国家公務員法が、単なる「全体の奉仕者」ではなく、「国民全体の奉仕者」という語を使っているのも（国公法82条1項3号、96条1項など）、その趣旨をふまえてのことと考えられる。

(2) 憲法が求める公務員の役割

このように、公務員の地位が国民主権にもとづくものであり、公務員が国民全体の奉仕者であるということは、日本国憲法全体のなかに位置づけて見ると、次のように整理することができる。

日本国憲法は、1）で見たように、前文と1条で国民主権の原理を定め、第2章で、「国民は、すべての基本的人権の享有を妨げられない。この憲法が国民に保障する基本的人権は、侵すことのできない永久の権利として、現在及び将来の国民に対して与へられる」（11条）としたうえで、自由権、参政権、社会権など各種の基本的人権の保障を定めている。そして、第3章～第6章で立法・行政・司法に関する基本原則を、第8章で地方自治の保障を定めたうえで、第10章で、憲法が国の最高法規であること（98条）、およびすべての公務員が憲法尊重擁護義務を負うこと（99条）を定めている。

以上の日本国憲法の全体構造から導き出される公務員のもっとも重要な役割は、国民主権の原理にもとづいて、国民の基本的人権を保障することに求められることになる。

(3) 公務員の憲法擁護義務

「全体の奉仕者」規定と密接に結びついた憲法の規定が、「天皇又は摂政及び国会議員、裁判官その他の公務員は、この憲法を尊重し擁護する義務を負ふ」とする憲法99条の規定である[4]。公務員が、最高法規たる憲法を尊重擁護しなければならないこと自体はしごく当然のことであるが、日本国憲法は、あえてこれを単独の条文として明記することによって、公務員が、その職務を遂行するにあたって、憲法を最大限尊重し擁護すべき義務を負うことを強調したもの

---

3)　the whole community の翻訳の過程では、「全社会」の語が当てられた時期もあったが、本文で述べた原語の意味あいを表す語としては、「全体」よりも「全社会」のほうがはるかにふさわしい語ということになる。

4)　公務員の憲法擁護義務については、晴山一穂「自治体職員の憲法擁護義務」自治と分権72号（2018年）を参照されたい。

と考えられる。

この規定をうけて、国家公務員は、「私は、国民全体の奉仕者として公共の利益のために勤務すべき責務を深く自覚し、日本国憲法を遵守し、並びに法令及び上司の職務上の命令に従い、不偏不党かつ公正に職務の遂行に当たることをかたく誓います」、また、地方公務員は、「私は、ここに、主権が国民に存することを認める日本国憲法を尊重し、且つ擁護することをかたく誓います」という宣誓を行う義務を負っている[5]。憲法尊重擁護義務が公務員にとっていかに重要な義務であるかが、ここに示されているといえよう。

3 「政治主導」の名による「全体の奉仕者」性の否定の動き

(1) 憲法にもとづく公務員の役割の定着

1) 国民の権利保障という公務員の役割

前節で見たように、公務員の基本的な役割は、主権者である国民の基本的人権を保障することにあり、公務員のこうした役割は、国と地方の行政の場では、より具体的な形をとって現れることになる。

まず、国について見ると、各省庁は、それぞれの行政領域に即して、国民の具体的権利の実現のために存在するということになる。たとえば、旧労働省であれば、先に見た憲法 27 条の労働権と憲法 28 条の労働基本権を、また旧厚生省であれば憲法 25 条の生存権を、さらに旧文部省であれば憲法 26 条の教育を受ける権利をそれぞれ保障するために存在する、という具合にである。現在は、2001 年の中央省庁改革によって、旧労働省は、旧厚生省と統合されて厚生労働省に、また、旧文部省は旧科学技術庁と統合され文部科学省になっているが、上にあげたこと自体は統合後もなんら変わるものではない。また、憲法に明文では規定されていないものの、解釈上憲法上の権利と見ることもできるものとして、環境省であれば環境権を、消費者庁であれば消費者権（消費者の権利）を保障するために存在することになる。そして、各省庁の公務員は、各省庁の一員として、これらの権利の保障のために、その職務の遂行にあたることになる。

---

5) 国家公務員の宣誓文は「職員の服務の宣誓に関する政令」において本文で紹介したように定められているが、地方公務員の宣誓文の内容は条例に委ねられている。本文にあげたのは、1951 年に当時の自治省が示した条例案によるものである。

もっとも、行政領域によっては、憲法上の権利と直接結びつかない省庁も少なくない。しかし、先に見たように、国家行政の憲法上の存在理由が国民の権利保障にある以上、各省庁の行政は、直接であれ間接であれ、なんらかの仕方で国民の権利と結びついていると考えるべきであり、そこで働く公務員の職務もまた同様である。

　また、以上に述べたことは、国と地方の違いはあれ、地方自治体とそこに働く地方公務員についても基本的に異なるものではない。

2）公務員の役割の一定の定着

　もちろん、以上のことは憲法から導かれる公務員のあ̇る̇べ̇き̇姿であって、それが実際に本来の姿で実現されているというわけでは必ずしもない。現実を直視すれば、各省庁の行政とそれを担う公務員に対しては、省益優先の縦割行政の弊害、組織の閉鎖性と官僚的・独善的な体質、業界と官庁との癒着等々、自民党を中心とする長い間の政治支配とも結びついたさまざまな問題が指摘されてきたことも事実である。

　しかし、これらの問題を抱えながらも、国家行政とそれを担う公務員の役割が国民の権利保障にあるという理念そのものは、政府も含めて否定することはできず、それにもとづく公務員の本来の役割が一定程度ではあれ実際に発揮され、そのことが国民の公務員に対する信頼を生み出してきたこともまた、否定できない事実である。

　同様に、地方自治体においても、憲法による地方自治の保障のもとで、地方行政とそれを担う地方公務員が、住民の権利保障のために大きな役割を発揮してきたことは、国の場合と同様である。むしろ、1960年代から1980年代にかけて進められた革新自治体による先進的施策を見れば、むしろ国を先導する役割さえ果たしてきたということができる。

　以上に述べたように、国であれ地方であれ、国民の権利保障という公務員の憲法上の役割が、一定程度とはいえ、憲法制定から1980年代に至るまでのほぼ40年近くにわたって定着してきたことを、いま改めて思い起こすことが重要になっている。

(2)「政治改革」と 2001 年中央省庁改革

　こうした公務員のあり方を大きく変えることになったのが、「政治主導」の実現を目的として行われた 1994 年の「政治改革」とそれに続く 2001 年の中央省庁改革である。これによって、憲法にもとづいて主権者たる国民の権利保障のために働くという「全体の奉仕者」としての公務員のあり方は、大きな変貌を強いられることとなる。

1)「政治改革」とその帰結
　1994 年に細川内閣のもとで行われた「政治改革」は、①衆議院への小選挙区制の導入を基本に据えた小選挙区比例代表並立制の導入と、②政党助成金制度の創設、という二つの柱からなっている。
　①は、従来の中選挙区制では政党本位・政策中心の選挙にならないとの理由のもとに、1 選挙区から 1 人しか当選しない小選挙区制を採用することによって、政党本位・政策中心の選挙を実現し、政権交代が可能となる政治システムを作ろうとするものである。また、②は、金権腐敗政治の温床である企業・団体献金を規制し、税金から政党に交付する政党助成金制度を新設するというものである。
　しかし、それから 30 年近く経った現在、「政治改革」がもたらしたものは、当初掲げられた目的とはまったく逆の現実である。すなわち、小選挙区制は、必然的に民意と議席の著しい乖離を生み出すこととなり、長期にわたる自民党の一党支配を可能とさせることになった（民主党政権時代の一時期を除く）。また、政党助成金制度は、形を変えて存続させられた企業・団体献金とあいまって、カネまみれの選挙と前例のない金権腐敗政治を生み出すことになる。

2) 2001 年中央省庁改革
　「政治改革」の延長線上で行われたのが、1997 年の行政改革会議の最終報告にもとづく行政改革（いわゆる「橋本行革」）とそれを法制化した 2001 年の「中央省庁改革」である。
　この「改革」の最大の眼目は、「内閣機能の強化」にあった。すなわち、「政治主導」を実現するためには、内閣、とくにその長である内閣総理大臣の権限

の強化が不可欠となり、あわせて内閣総理大臣を支えるための強力な補佐体制が必要となる、という論理である。これにもとづいて、内閣法が改正され、内閣総理大臣と内閣官房の権限の強化が図られることになる。

また、同時に行われた中央省庁の再編においても、その中心をなしたのは、内閣補佐機関としての内閣府の創設であった。内閣府は、従来の総理府とは異なり、内閣総理大臣を長とする内閣直属の機関であり、内閣の重要政策について内閣を補助することを主な任務とするものである。内閣府の創設は、内閣官房の強化とあいまって、内閣総理大臣の強力な補佐体制が作られたことを意味する。

各省庁が、それぞれ対等の立場に立って国民の権利保障に向けた行政を執行するという従来の行政組織のあり方、そしてそこにおいて「全体の奉仕者」の観点に立って職務遂行にあたるという公務員のあり方は、2001年中央省庁改革によって大きく変えられることになる。

3) 内閣人事局の設置

「政治主導」の論理は、政治部門である内閣（具体的には内閣の長たる内閣総理大臣と各省大臣）の公務員に対する支配の強化を伴うことになる。この動きは、2001年中央省庁改革の時点では、人事院の強い抵抗もあって具体的な制度改正には結びつかなかったものの、2014年になって、国公法の改正という形をとって実現されることになった。

この改正は、①各省の幹部職員（本省の事務次官・局長・部長級）の人事について内閣総理大臣（内閣官房長官に権限委任）との協議（任免協議）を義務づけ、幹部人事の一元管理を図る、②人事制度の企画立案・方針決定・運用を一体的に担う組織として、内閣官房に内閣人事局を設置する、という二つの柱からなるものである。

これによって、中立第三者機関である人事院の権限の多くが内閣人事局に移されるとともに、各府省の幹部人事が、事実上内閣総理大臣と内閣官房長官に掌握されることになり、官僚人事を通した「政治主導」体制が確立されることになった。政と官はそれぞれ独自の役割を担いながら国民の権利保障のために協力し合う、という従来の政官関係のあり方は大きく変えられ、「政」の「官」に対する一方的支配が強められることになる。このことがどのような結果を生

み出すことになるかは、第二次安倍政権のもとで起こった一連の恣意的な官僚人事に象徴的に示されている。

4)「政治主導」の目的

　上記のように、「政治改革」は、政党本位・政策中心の選挙の実現、金権政治の一掃、政権交代可能な政治の実現という美名のもとで進められた。しかし、「政治改革」に始まる「政治主導」の真の目的とは、そもそも何であったのか。この点については、行政改革会議の最終報告の以下のくだりがそれをよく表している。

　　「今回の行政改革の基本理念は、制度疲労のおびただしい戦後型行政システムを改め、自律的な個人を基礎としつつ、より自由かつ公正な社会を形成するにふさわしい21世紀型行政システムへと転換することである。」
　　「まず何よりも、国民の統治客体意識、行政への過度の依存体質を背景に、行政が国民生活の様々な分野に過剰に介入していなかったかに、根本的な反省を加える必要がある。徹底的な規制の撤廃と緩和を断行し、民間にゆだねるべきものはゆだね、また、地方公共団体の行う地方自治への国の関与を減らさなければならない。」

　要するに、ここでいわれている「自由かつ公正な社会」とは、不十分ながらも戦後蓄積されてきた「福祉国家」的な要素を縮小し、憲法の定める生存権や社会権を保障するという国の役割を軽視し、自己責任と民間活動の自由に委ねようとする社会、市場原理と自由競争が支配する“新自由主義的な社会”のことにほかならない。

　わが国の新自由主義に向けた動きは1980年代初頭の第二次臨調に始まり、90年代へと引き継がれることになるが、1990年代半ばから2000年代初頭にかけて行われた「政治改革」と2001年中央省庁改革は、この新自由主義の動きをさらに大規模に推進させることを目的とするものであったといってよい。2000年代初めに小泉内閣のもとで大々的に行われた構造改革（小泉構造改革）から第二次安倍政権のもとでのアベノミックスに至るまで、新自由主義政策が21世紀に入って以降加速度的な勢いで進められてきたことが、これを裏づけている。

4 「全体の奉仕者」性の実現に向けて

　公務員を取り巻く状況はおおよそ以上のとおりであるが、以下では、憲法の要請からかけ離れた現状を打開し、「国民全体の奉仕者」としての公務員の役割とそれを支える公務員制度を実現していくために何が求められているかについて考えてみたい。

(1) 公務員に対する基本的人権の保障

　1で述べたことと重なるが、まずなによりも憲法で定められた基本的人権が、公務員に対しても全面的に保障されなければならない。1では、労働者としての権利、市民としての権利、人間としての権利をあげたが、それ以外の権利も含めて、憲法第3章に定められた基本的人権は、公務員であること自体を理由に制限することは許されない。かりに制限が許される場合であっても、それは公務員であるからという理由ではなく、他の人権との調整や職務の公共性といった理由にもとづくべきであり、このこと自体は、公務員であると否とで異なるものではない。

　公務員に対する基本的人権の保障は、公務員が「全体の奉仕者」としてその職務を全うするうえでの不可欠の前提条件であることを、改めて確認しておきたい。

(2)「政」と「官」のあるべき関係の構築

1)「政治主導」論の一面性

　これまで見てきたように、憲法にもとづく戦後の行政組織と公務員のあり方を大きく変えることとなった「政治主導」の論理とは、以下のように要約することができる。

　　"憲法が定める国民主権と議院内閣制にのっとり、選挙で国民の信を得た国会の多数派によって構成された内閣が、国益よりも省益を追求しようとする既存の官僚体制を打破し、内閣総理大臣の強力なリーダーシップのもとで国民によって負託された公約を実現することが、憲法の定める国民主権の要

請である。"

　一見常識的に見えるこの論理に潜む最大の問題は、国民主権と議院内閣制から短絡的に内閣総理大臣の権限強化を導き出し、選挙で勝利した多数派（＝それによって構成された内閣）の政策こそ国民の声だとして、それ以外の意見を封じ、行政組織と公務員がもつ独自の役割を否定し、結果的に一党独裁体制を導くことにある。このことは、森友学園問題や加計学園問題をはじめとする第二次安倍政権のもとで明るみに出た一連の事態に象徴的に示されている。

　長い歴史を経て形成されてきた現代民主主義のもとでは、少数意見を含む国民の多様な声をいかに政治・行政過程に反映させるかが必須の要請となる。そのためには、国会の場では、少数政党を含む与野党間の徹底した論議と内閣に対する監視・統制が求められるし、国会以外の政治・行政の場においては、徹底した情報公開と行政手続の適正化、国民の多様な意見の反映を保障するための仕組みの整備と拡充（審議会制度の民主的拡充、各種市民参加の制度化など）が不可欠となる。憲法で定められた議院内閣制も、以上のことを前提として、その本来のあり方が理解されなければならない[6]。

　もうひとつ見逃してはならないのは、「官僚主導から政治主導へ」のスローガンに象徴されるように、「政治主導論」が官僚（制）批判と一体の関係にあるということである。戦後長い間にわたって自民党政権を支えてきた日本の官僚制は、「政治主導」論が大きな流れになるなかで、一転して「政治主導」の敵対物とみなされ、官僚（制）に対する批判は、「政」による「官」の支配の正当化の有力な根拠とされることになった。

　しかし、このことは、見方を変えれば、3（1）で見たように、公務員が、国民全体の奉仕者として、政治部門とは相対的に独自の立場に立って国民の権利保障のために一定の役割を果たしてきたこと裏づけるものでもある。「政治改革」に始まる「政治主導」の目的が、新自由主義改革の推進にあることはすでに見たとおりであるが、国民の権利保障に一定に役割を果たしてきた公務員の存在がその障害になることへの危惧が、「政治主導」論における官僚批判に示

6)　民主主義の研究者として名高い宇野重規氏は、「民主主義とは多数決だ」ということは、「多数派によって抑圧されないように、少数派の意見を尊重しなければならない」という条件を満たす限りで正しいと指摘している。宇野重規『民主主義とは何か』（講談社現代新書、2020 年）244-247 頁。

されているということができる。

2) 政官関係のあるべき姿

「政治改革」に始まる「政治主導」の流れが、「政」による「官」に対する恣意的支配を生み出したことはすでに見たとおりであるが、この流れを転換させ、「政」と「官」の本来あるべき関係を構築することは、当面の公務員制度改革の重要な課題である。

憲法にいう「公務員」には、「政」と「官」の双方を含んでおり、いずれも「全体の奉仕者」であることに変わりはないが、両者の役割は相対的に異なり、それぞれ独自の役割を担っている。すなわち、「政」は、国会での議論を経て民主的に決定された政策を実行し、その結果に政治責任を負うのに対して、「官」は、「政」が決定した政策をうけて、自らの職務の専門性をふまえて、何が国民全体に奉仕することになるかを具体的に判断しながら職務の遂行にあたる役割を負っている。

最終的決定権をもつのは「政」であるが、両者の関係は、単なる支配・服従の関係ではなく、相互の役割を尊重しあいながらそれぞれの職務の遂行にあたるという、役割分担をふまえた協力共同の関係と捉えるべきである。「政治改革」以前まではある程度こうした関係が成り立っていたが、それを大きく転換させたのが「政治改革」以降の動きであったことはすでに見たとおりである。

「政」と「官」の本来あるべき関係を取り戻すためには、「政治改革」以降の「政治主導」の流れを変え、憲法にもとづく「政」と「官」の本来あるべき関係を確立することが求められる。

(3) 公務員の意見を職務に反映させる仕組みの構築

1) 職務命令に意見を述べる権利の確立

上記のような本来の政官関係を構築していくうえでもっとも重要なことは、「政」に対して「官」＝公務員の意見をできるだけ反映させる仕組みを作り、それを日常的に機能させることである。

「政」の方針は、具体的には各省事務次官を頂点とする上級機関から下級機関へと伝えられ、一般の公務員にとっては、上司の職務上の命令（職務命令）という形をとって現れることになる。この点について法律は、「上司の職務命

令に忠実に従わなければならない」（国公法98条1項、地公法32条では「職務上の命令」の語が使われている）と定めているので、具体的には、この上司の職務命令に対して部下たる公務員が自分の意見や考えをどこまで反映できるかが、決定的に重要になる。

　この点について注目すべきことは、戦前の「天皇の官吏」でさえ、官吏は「（本属長官ノ）命令ニ対シ意見ヲ述ルコトヲ得」（官吏服務紀律2条）として、上司の職務命令に意見を述べることが保障されていたことである。この規定は、制定時（1947年）の国公法にも引き継がれることになったが、不当にも、マッカーサー指令にもとづき労働基本権に重大な制限を加えた1948年の国公法改正の際に削除され、その後1950年に制定された地公法にも盛り込まれることはなかった。

　戦前の官吏服務紀律にさえ規定されていたということは、上司の命令に意見を述べることは、行政組織のあり方として当然のことであるからにほかならない。ましてや、民主主義国家においては、明文規定の有無にかかわらず、公務員が上司に意見を述べることができることは、行政組織のあり方として当然の理といわなければならない[7]。

　なお、職務命令への意見の申出は、単に意見を述べるだけでなく、職務命令の適法性・妥当性に疑義があるときは、そのことを糺し、上司に再検討を求めることも含まれている。この意味で、意見申出権の保障は、違法・不当な行政執行を未然に防ぐという点でも重要な意義をもっていることをここであわせて確認しておきたい。

2) 集団的討議にもとづく職務遂行

　以上は、職務命令を受けた個々の公務員が職務命令に関して自分の意見を述べる権利の問題であるが、それとあわせて、職場単位で、上司の職務命令について——さらにいえば個別の職務命令を超えて日常的な行政執行について——

---

7)　人事院関係者の手になる吉田耕三・尾西雅博編『逐条国家公務員法〔第2次全訂版〕』（学陽書房、2023年）904頁は、現在の国公法には戦前の官吏服務紀律2条のような規定は存在しないが、「公務の公正かつ能率的な運営の観点からは職員が積極的に意見を具申すべきことは当然である」とし、また、旧自治省出身者によって書かれた橋本勇『新版・逐条地方公務員法〔第5次改訂版〕』681頁（学陽書房、2018年）も、「上司が発した職務命令に疑義がある職員は、上司に意見を具申することができる」としたうえで、現行法には規定はないが「これは自明の理である」としている。

集団的に議論し、その結果をふまえて職務の遂行にあたる仕組みを作ることも必要になる。

　現実には職場会議などの場を通して行われることも少なくないと思われるが、それを単に上司の命令を伝達する場としてではなく、個々の職員が、自らの専門性をふまえて、「国民全体の奉仕者」の観点に立って、よりよい行政の実現をめざして集団的に議論する場として確立することが必要になる。これまでの議論と職場の実態をふまえて、「全体の奉仕者」の観点に立って、望ましい仕組みを構築していくことが求められる。

3)　職場の不正を正すための方策

　「政治主導」下での政官関係の歪曲の結果、森友学園・加計学園問題や桜を見る会など、一連の国政政私物化事件が発生し、森友学園問題では、政権への忖度によって、公文書の書き換えという重大な不正行為が行われ、書き換えを強いられた近畿財務局の職員が、公務員としての良心の呵責にさいなまれ自ら命を絶つという、あってはならない事件まで発生した。

　こうした事態を未然に防ぐためにも、上に述べた職務命令への意見申出権の確立や職場での集団的議論の制度化が必要になるが、それとあわせて、職場の不正行為に直面した場合に、それを外部に通報して不正行為を正すための制度が整えられなければならない。この場合、通報したことを理由に、守秘義務違反による懲戒処分など、通報者が不利益を被ることのない保証もあわせて制度化する必要がある。

　現在の公益通報者保護制度は、公務員も適用対象となっているが、主な対象として想定されているのは民間事業者であり、通報先など制度の仕組みも民間事業者を対象に作られていることから、事実上、この制度を利用して公務員が上司や職場の不正を通報することは困難と思われる。

　公務における不正は、食品偽装など民間事業者の不正とは異なり、公文書改ざんに象徴されるように、国民全体の奉仕者としての職務のあり方に反する行為が対象となり、それを防ぐことは国民にとって重要な意義をもっている。

　したがって、現在の公益通報制度の枠内ではなく、公務の不正を正すための独自の制度として確立し、通報先も、独立した第三者機関にするなど、公務内の不正を効果的に正すための独自の仕組みが作られる必要がある。

4) 職務に対する労働組合の関与

最後に、これらの課題に労働組合がどのように関わるべきかについて触れておきたい。

労働組合は、いうまでもなく、労働条件の維持改善を目的として存在する。労働組合法も、労働組合を、「労働者が主体となって自主的に労働条件の維持改善その他経済的地位の向上を図ることを主たる目的として組織する団体」(2条) と定義している。

しかし、労組法が労働条件の維持改善を「主たる目的」と定めているように、労働条件の維持改善のほかに、「労働組合が、付随的に、政治活動、ボランティア活動などを行うことには何の問題もない」[8]とされている。したがって、国公労連が、「公務労働者とその家族の生活や労働条件の維持向上」とあわせて、「憲法と民主主義を守る」こと、「公務・公共サービスをになう労働者として、その専門的知識と能力や条件をいかし、国民のための行政・司法の確立をめざして、国民といっしょにとりくむ」(国公労連 HP より) ことを掲げていることは、法的に許容されるものであると同時に、「全体の奉仕者」である国家公務員の労働組合としてしごく当然のことということができる。**第Ⅱ部**で描かれているように、各省庁の労働組合が、担当する行政領域に即して、行政のあり方を問い、国民のための民主的行政の実現のために取り組んでいるのも、まさにこうした観点からにほかならない。

公務員労働組合が、憲法にもとづく民主的行政の実現のための諸課題に取り組むことは、「政治主導」論にもとづく政官関係の歪みを正し、憲法にもとづく本来の政官関係を確立するうえできわめて重要な意味をもっているのである。

おわりに

1と2では、公務員に関する日本国憲法の規定とその意味を考察し、3では、憲法にもとづく「全体の奉仕者」としての公務員の役割が「政治改革」に始まる「政治主導」の動きのなかで歪められてきた経緯を、そして、4では、このような現状を打開して、公務員の「全体の奉仕者」性が本来の意味で発揮されるために必要となる課題と方策を考えてきた。今後、これらの課題の実現に向

---

8) 西谷敏『労働法〔第3版〕』(日本評論社、2020年) 599頁。

けて、政治、行政、各職場、労働組合などさまざまな場で努力することが重要になることはいうまでもない。

　同時に、これらの諸課題を実現するためには、30年近くにわたって進められてきた「政治主導」の流れに歯止めをかけ、憲法の定める国民主権と民主主義を本来の姿で実現することが不可欠になる。

　この点に関わって注目されるのは、「政治主導」の出発点をなした「政治改革」に対して、それを推進した当事者も含めて、最近、さまざまな角度からの批判や反省の声が寄せられているということである。

　最後に、これらの声の紹介を通して、憲法にもとづく「全体の奉仕者」としての公務員の役割の実現の可能性を展望しておくこととしたい。

　まず、細川護熙首相（肩書は当時、以下同じ）とともに自民党総裁として「政治改革」を推進した河野洋平氏は、「政治改革のつまづき」と題する2019年3月5日の朝日新聞のインタヴューで、当初は「必ずしも小選挙区制を胸の中に持っていたわけではなかった」、「定数3の100選挙区がいいと思っていた」、「（自民）党を割らないためにも妥協は必要」だったため小選挙区制に合意した、と述べている。また、2021年1月21日の日経新聞のインタヴューでは、さらにふみ込んで、「小選挙区制の導入で政治は劣化した」、「（自民党）執行部の権限集中が進（み）……自制心や謙虚さがなくなり新たな政治不信を生んでいる」と述べて小選挙区制がもたらす弊害を厳しく批判している。

　他方で、「政治改革」法案を成立させた当の細川首相は、「私はもともと定数が2以上の選挙区で有権者が複数の候補者に投票する中選挙区連記制みたいな形がいいのではないかということを言ってきました。しかし、8党派で一致したから小選挙区比例代表並立制で旗を振ったし、法案成立までの過程で、定数配分も譲歩した」[9] と述べ、小選挙区制がそもそも本位ではなかったことを吐露している。

　また、かつて事務方から歴代政権を支えてきた官僚の側からも、以下のような声があがっている。

　まず、8年以上にわたって事務方の官房副長官を務めた古川貞次郎氏は、自らの体験をふまえて、「『政と官』は車の両輪であって上下関係にはない。また

9)　細川護熙『内訟録』（日経新聞出版、2010年）512頁。

行政官である官僚は政治家の手足では決してない」[10]、「政治と行政は基本的に……役割分担の関係」にあり、「政治と行政は互いの役割と存在を尊重し、国家・国民のために最善を尽くす、そうした基本理念を形にしてより良い結果を残せるような法律なり制度でなければなりません」[11]と述べて、「政治主導」の名のもとで行われた内閣人事局の設置に対して厳しい批判を加えている。

さらに、同じく7年以上にわたって内閣官房副長官を務めた石原信雄氏は、「問う長期政権」と題する2019年11月23日付けの朝日新聞のインタヴューで、「(橋本行革で)決まった形は私の想定以上に首相官邸の力が強くなった」、「小選挙区制になると、選挙の公認権を持つ総理総裁や党幹事長の力が圧倒的に強くなり、派閥が力を持つ余地が少なくなった。権限の一極集中は選挙制度の帰結(である)」、「官邸の力が非常に強くなると、一つの心配は、政権のやり方に不満を持つ国民の声が政権中枢に伝わりにくくなることだ」、「『内閣が気を悪くするようなことは言わない方が無難』となり、忖度が起こる」と述べて「政治改革」以降生じた弊害に警鐘を鳴らしている。

最後にもうひとつだけ紹介しておくと、2021年の衆議院選挙で12選を果たした自民党の重鎮、村上誠一郎氏は、『自民党ひとり良識派』(講談社現代新書、2016年)において、第二次安倍政権発足以来かつての良き自民党の姿は消えつつあり、議論を許さない雰囲気が広がってきた(5頁)として、自民党が変質した理由の一番に小選挙区比例代表並立制をあげ(19頁)、この制度の導入を決めた当時の自民党総裁河野洋平が同制度の導入が間違いであったと陳謝したこと、導入時の首相細川護熙も導入が本意でなかったと記していることを紹介している(98-99頁)。ここでは、「政治改革」が従来の自民党のあり方に対しても劇的な変化をもたらしたことが率直に語られている。

以上のように、小選挙区制を導入した「政治改革」以降現在に至るまでの一連の「政治主導」の動きに対しては、自民党政権に批判的な人々からだけでなく、「政治改革」を主導した当の本人からも、そして長い間自民党政権を支えてきた官僚トップ層からも、軽視できない批判の声があがっているという事実に注目する必要がある。

---

10)『文芸春秋』2021年5月号107頁。
11)『時評』2013年6月号55頁。

このことは、政治的立場の違いを超えて、憲法擁護を願う広範な国民の声が合流するならば、これまでの「政治主導」の流れを断ち切り、憲法にもとづく本来の国民主権と民主主義を実現し、公務員が「全体の奉仕者」としての役割を十分に発揮できる状況を作り出すことが可能であることを示している。

【注記】

　本章の原稿をおおよそ準備し終えたころ、学習の友社から憲法にもとづく公務員の役割に関する本の執筆依頼があり、おおよそ本章の叙述内容をふまえながら『日本国憲法と公務員──「全体の奉仕者」とは何か』（学習の友社、2023 年 1 月）を刊行することになった。こうした事情から、本稿と上記書物は内容的に重複するところが少なくないことをお断りしておきたい。また、本章で簡潔な叙述にとどまった点を含め、全体の奉仕者性を中心とする日本国憲法と公務員の関係については上記書物でより踏み込んだ検討を試みているので、関心のある方はあわせて参照いただけたら幸いである。

〔晴山一穂〕

第3章　国の行政のしくみと国家公務員

はじめに——国家行政組織の概要

(1) 統治機構の概要

　日本の統治機構は、日本国憲法により「国会」「内閣」「裁判所」に分立され、それぞれ立法、行政、司法を担当することとされている。

　その一つである行政は、内閣の統括のもとで中央省庁などの行政機構で構成されている。内閣は、内閣法によって14人以内とされ、特別の必要がある場合は3人を限度に増加させることができる。ただし、附則によって復興庁が存在する間は1名が、国際博覧会推進本部が置かれている間は1名の増員が定められている。

　2001年に行われた中央省庁再編は、内閣総理大臣の権限を強化し、国務大臣との分担管理の原則を変更した。省庁再編により創設された内閣府は、内閣

図表 I‐3‐1　日本の統治機構

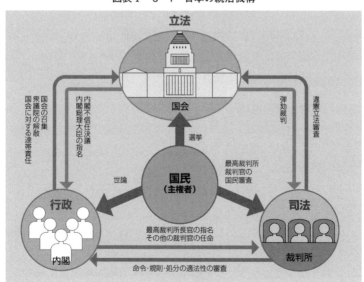

出所：衆議院ホームページより

総理大臣と官房長官、特命担当大臣が主管する中央省庁となり、再編以前の総理府とは大きな権限の変更が行われた。さらに、2021年に発足したデジタル庁も内閣総理大臣を長とする機関として設置され、各省庁に対する強い指導権限を有することとなった。

2014年に成立した「国家公務員法等の一部を改正する法律」で設置されることとなった内閣人事局が各省庁の人事管理に大きな影響力を持つこととなった。内閣人事局は、発足とともに人事管理に関連する制度について、企画立案、方針決定、運用を一体的に担う組織としての役割を有するとともに、国家公務員法第61条の2で幹部職員の適格性審査を行うこととなった。これ以降、各省庁の幹部人事が差し替えられることが行われたため、官邸の意向と政策方向が違う官僚は左遷されるとの認識が霞が関で広まった。

国務大臣は、総務省、厚生労働省、財務省、国家公安委員会などの中央省庁を統治するものとして14名が分担管理している。なお、2022年に発足した第二次岸田政権では、復興大臣と国際博覧会担当大臣も任命されているほか、特命大臣が3名任命されており、内閣法で定められている限度人数である19名が国務大臣として任命されている。

行政を統治する内閣は、19名の国務大臣によって分担管理されているが、なんといっても内閣総理大臣の権限は大きい。内閣総理大臣は、中央省庁再編以前においても、国務大臣の任命権を背景として指揮権を有しているとされていたが、2001年の中央省庁改革後、発議権の明記や内閣補助機関たる内閣府の設置などによってより強い権限を保有することとなった。

(2) 議院内閣制と行政機構

日本国憲法は、内閣の構成員について国会議員であることを基本としている。具体的には、67条で内閣総理大臣について国会議員のなかから国会の議決で指名するとし、国務大臣については68条で過半数を国会議員のなかから選ばれなければならないと定めている。

また、内閣は、行政権の行使について、国会に対し連帯して責任を負うものとされており、衆議院で不信任を議決されたときは、衆議院を解散するか、あるいは総辞職をしなければならない。このように内閣の組織と存続の基礎を国会に置く制度が議院内閣制度と呼ばれる。

図表 I - 3 - 2　国の行政機関の組織図（2022 年 7 月 1 日時点）

内　　閣		
内閣官房	内閣府	宮内庁
内閣法制局		公正取引委員会
○○本部等		国家公安委員会
・国家安全保障会議		個人情報保護委員会
・都市再生本部		カジノ管理委員会
・構造改革特別区域推進本部	デジタル庁	金融庁
・知的財産戦略本部		消費者庁
・地球温暖化対策推進本部	復興庁	
・地域再生本部	総務省	公害等調整委員会
・郵政民営化推進本部		消防庁
・中心市街地活性化本部	法務省	出入国在留管理庁
・道州制特別区域推進本部		公安審査委員会
・総合海洋政策本部	外務省	公安調査庁
・宇宙開発戦略本部	財務省	国税庁
・総合特別区域推進本部	文部科学省	スポーツ庁
・原子力防災会議		文化庁
・国土強靱化推進本部	厚生労働省	中央労働委員会
・健康・医療戦略推進本部	農林水産省	林野庁
・水循環政策本部		水産庁
・まち・ひと・しごと創生本部	経済産業省	資源エネルギー庁
・サイバーセキュリティ戦略本部		特許庁
・特定複合観光施設区域整備推進本部		中小企業庁
・ギャンブル等依存症対策推進本部	国土交通省	観光庁
・アイヌ政策推進本部		気象庁
・新型コロナウイルス感染症対策本部		運輸安全委員会
・国際博覧会推進本部		海上保安庁
・新型インフルエンザ等対策推進会議	環境省	原子力規制委員会
人事院	防衛省	防衛装備庁
会計検査院		

出所：内閣官房ホームページ「行政機構図」より

　行政は、国家行政組織法 2 条にもとづき、「内閣の統轄の下に、内閣府及びデジタル庁の組織と共に、任務及びこれを達成するため必要となる明確な範囲の所掌事務を有する行政機関の全体によって、系統的に構成されなければならない」と定められている。3 条では、「国の行政機関の組織は、この法律でこれを定める」とされ、5 条で「各省の長は、それぞれ各省大臣とし、内閣法（昭和二十二年法律第五号）にいう主任の大臣として、それぞれ行政事務を分担管理する」と定められている。

　問題となるのは、政策を遂行する行政と政治の関係性をどう理解すべきかということになる。アメリカでは、行政の中核的ポストまで政治任用されているが、一方で、公職任命に対する汚職や専門的能力を欠いた者が任命されること

図表 I-3-3　国家行政組織法　別表第3

省	副大臣の定数	大臣政務官の定数
総務省	2人	3人
法務省	1人	1人
外務省	2人	3人
財務省	2人	2人
文部科学省	2人	2人
厚生労働省	2人	2人
農林水産省	2人	2人
経済産業省	2人	2人
国土交通省	2人	3人
環境省	2人	2人
防衛省	1人	2人

による行政の非効率が問題[1]となった。

　政治と行政の関係は、国の統治原理や政党制のあり方などと密接に関係しており、国によってその概念や理解は異なる。諸外国においても、行政機構と政治任用の関係性について行政の専門性と政治的中立との調和が問題となってきた。

　日本では、縦割り行政の打破や行政改革の流れのなかで、政治によるコントロールを高めることが必要との認識が広がり、中央省庁再編などの際、副大臣と大臣政務官の任用が拡大することとなった。なお、副大臣および大臣政務官については、国家行政組織法別表第3（**図表 I-3-3**）により定数が定められている。

(3) 多様な行政機関

　行政は、政策を実行する機関であり、憲法にもとづく基本的人権を保障するための機関でもある。国家によって政策目的や歴史的な経過によって統治機構の一つである行政機関の形は相違する。

　日本では、明治維新による天皇制をもとにした行政機構が現在の行政機関に強い影響を与えている。そのため、第二次世界大戦の敗戦により日本国憲法が施行され、新しい省庁が設置されてきたが、戦前の影響を強く残してきた。戦

1)　人事院『平成16年度年次報告書』「第1編　特別寄稿　政治任用」参照。

後の高度経済成長期には経済発展によって問題が表面化しなかったが、オイルショックを契機として経済が低成長に移行するとともに、急速な高齢化の進行によって行政に対する批判の声が強まった。

はじめに進められたのは、国鉄をはじめとする現業職場の民営化であった。その後、縦割り行政への強い批判が起こり、政治の中心課題として中央省庁体制を見直す方向に大きく舵を切ることとなった。そして2001年に中央省庁が再編され、官邸による政策決定権が強められることとなった。

行政機関は、国家として行使する権限行使と密接に関わり、また、主権者である国民の基本的人権を擁護するために多様な形で存在している。

(4) 内閣府・内閣官房と省庁組織

内閣府は、内閣府4条で行政各部の施策の統一を図るとされており、複数の省庁に関する事項について調整を行う。中央省庁再編以前は、各府省庁の政策について府省庁間で調整を行ったうえ、政府の政策として決定されていたため、ボトム・アップ型の政策決定が基本であった。

しかし中央省庁再編以降は、内閣府の特別の機関である経済財政諮問会議と総合科学技術・イノベーション会議などの権限が強められ、複数の省庁にまたがる事項について内閣の決定にもとづき、各府省庁が政策に落とし込むトップ・ダウン型に変化した。

内閣府を除く通常の行政組織は、国家行政組織法3条により「国の行政機関の組織は、この法律でこれを定める」とされ、別表第1（**図表Ⅰ-3-4**）により省・委員会・庁の別に明示されている。また、7条により内部部局が定められ、官房および局が置かれる。なお、特別の場合に部の設置が認められる。

官房と局は、各省によって置かれる数が違うが、行政の肥大化を防止する観点から、内閣府に置かれる官房および局とあわせて、97以内とすることが定められている（国家行政組織法23条）。府省ごとに置かれている局は、（**図表Ⅰ-3-5**）のとおり合計で91となっており、内閣府の内部部局は大臣官房と賞勲局、男女共同参画局、沖縄振興局の4局となるため、総合計で95となっている。

各省庁が組織の新増設を行うには、内閣官房内閣人事局による審査をうけなければならない。毎年度、政府の政策などに応じて組織の改編が行われるが、

図表Ⅰ-3-4　国家行政組織法　別表第1

省	委員会	庁
総務省	公害等調整委員会	消防庁
法務省	公安審査委員会	出入国在留管理庁・公安調査庁
外務省		
財務省		国税庁
文部科学省		スポーツ庁・文化庁
厚生労働省	中央労働委員会	
農林水産省		林野庁・水産庁
経済産業省		資源エネルギー庁・特許庁・中小企業庁
国土交通省	運輸安全委員会	観光庁・気象庁・海上保安庁
環境省	原子力規制委員会	
防衛省		防衛装備庁

図表Ⅰ-3-5　各省の局一覧

省	局（91）
総務省（10）	大臣官房・行政管理局・行政評価局・自治行政局・自治財政局・自治税務局・国際戦略局・情報流通行政局・総合通信基盤局・統計局
法務省（7）	大臣官房・民事局・刑事局・矯正局・保護局・人権擁護局・訟務局
外務省（11）	大臣官房・総合外交政策局・アジア大洋州局・北米局・中南米局・欧州局・中東アフリカ局・経済局・国際協力局・国際法局・領事局
財務省（6）	大臣官房・主計局・主税局・関税局・理財局・国際局
文部科学省（7）	大臣官房・総合教育政策局・初等中等教育局・高等教育局・科学技術・学術政策局・研究振興局・研究開発局
厚生労働省（12）	大臣官房・医政局・健康局・医薬・生活衛生局・労働基準局・職業安定局・雇用環境・均等局・子ども家庭局・社会・援護局・老健局・保険局・年金局
農林水産省（7）	大臣官房・消費・安全局・輸出・国際局・農産局・畜産局・経営局・農村振興局
経済産業省（7）	大臣官房・経済産業政策局・通商政策局・貿易経済協力局・産業技術環境局・製造産業局・商務情報政策局
国土交通省（14）	大臣官房・総合政策局・国土政策局・不動産・建設経済局・都市局・水管理・国土保全局・道路局・住宅局・鉄道局・自動車局・海事局・港湾局・航空局・北海道局
環境省（5）	大臣官房・地球環境局・水・大気環境局・自然環境局・環境再生・資源循環局
防衛省（5）	大臣官房・防衛政策局・・整備計画局・人事教育局・地方協力局

行政のスリム化が基本とされてきた。一方で、行政需要に応えるため、組織を整備する必要に迫られ、局を設置するのではなく、局長相当の役職者をトップとする専門職集団を置くことが多用されている。現に、内閣府では政策統括官をトップとする政策担当部門が置かれており、各府省庁でも同様のことが行われている。

2001年に行われた中央省庁再編以降、新しく設置された組織として、観光庁（2008年）出入国在留管理庁（2019年）、デジタル庁（2021年）、こども家庭庁（2023年）がある。これらの庁は、内閣府に置かれていた政策統括官による担当部門を格上げするなどによって設置されている。

1 中央人事行政機関の概要と役割

(1) 中央人事行政機関とその役割

国家公務員の人事を司る機関が中央人事行政機関である。国家公務員法3条では、中央人事行政機関として人事院が規定されており、国家公務員の労働基本権を制約していることとの関係で、基本権制約の代償機関としての人事院が主たる任務を持っている。しかし、公務員制度改革によって18条の2から7までが追加され、内閣総理大臣などが一部の事務を司ることとされてきた。

そもそも公務員の勤務条件は法定主義とされている。このことについて人事院は、2011年の年次報告書において、公務員の給与決定過程について、諸外国の実態とわが国の課題として次のとおり示した。

日本国憲法第73条第4号は、内閣は「法律の定める基準に従ひ、官吏に関する事務を掌理する」（勤務条件法定主義）と定めており、これにより、給与等の国家公務員の勤務条件は法律によって定められている。（略）あわせて、憲法第83条では「国の財政を処理する権限は、国会の議決に基いて、これを行使しなければならない」という財政民主主義の原則が定められている。このことから、国家公務員の勤務条件についての決定は、法律と予算という国会の民主的コントロールの下で行われるため、新たな労使交渉の仕組みが出来上がった後も内閣に勤務条件について最終的な決定権はなく、内閣は責任ある交渉当事者たり得ない。

これでは労働条件の決定について、当事者性を持たない政府と当事者である

公務員労働者の間でなんらの決定もできないこととなる。一方で、法律を提出する権限を有する内閣は、労働条件を決定し、国会の採決に委ねることができる。議院内閣制の日本では、内閣が提出する法案はほぼ100%可決されるため、使用者が労働条件を一方的に決定できることと同義となる。

国家公務員法は108条の2で職員団体の結成を認め、108条の5で職員の給与、勤務時間その他の勤務条件などで適法な交渉の申入れがあつた場合、当局はその申入れに応ずべき地位に立つと定めている。

人事院は、中央人事行政機関として交渉に応ずべき地位にある。また、内閣総理大臣にも一部の事務権限が移されているため、交渉に応ずべき地位にある。

いずれも、各省庁に対し指導・助言を行うことができる地位にあり、公務全体のバランスをとる役割も果たしている。

(2) 人事院

国家公務員法28条1項は、「職員の給与、勤務時間その他勤務条件に関する基礎事項は、国会により社会一般の情勢に適応するように、随時これを変更することができる」としたうえで「その変更に関しては、人事院においてこれを勧告することを怠つてはならない」として人事院に強い勧告権を付与している。

また、同条項では「毎年、少なくとも一回、俸給表が適当であるかどうかについて国会及び内閣に同時に報告しなければならない」と定められているため、人事院は例年8月に内閣と国会に対し勧告と報告を行っている。

例年、勧告の中心は給与・手当に関することであるが、勤務時間や休暇制度などについても勧告している。また、新たな制度創設に関わって意見の申し出も行っている。2021年には「国家公務員の育児休業等に関する法律の改正についての意見の申出」が行われた。そのほかにも、意見の申し出の例として、2018年に行われた「定年を段階的に65歳に引き上げるための国家公務員法等の改正についての意見の申出」をはじめ、2013年の「一般職の職員の配偶者帯同休業に関する法律の制定についての意見の申出」などがある。

人事院は、こうした業務を行うために「民間給与実態調査」を行っている。この調査は「国家公務員法及び地方公務員法の規定の趣旨に基づき、国家公務員及び地方公務員の給与を民間の従業員の給与と比較検討するための基礎資料の作成を目的」とし、1948年より毎年実施されている。調査では「民間従業員

の4月分給与を個人別に給与総額、時間外手当、通勤手当等。事業所単位に、賞与支給額、その月にきまって支給する給与の支給総額、支給人員、その他諸手当の制度等」を確認するため、4月下旬から同年6月中旬まで実地調査を行っている。以上については、人事院の統計情報で説明されている。ただしコロナ禍では、実地調査が困難となったため、オンラインによる調査も一部取り入れられるようになった。また「民間企業の勤務条件制度等調査」も毎年行っている。

こうした役割以外にも、人事院は労働組合（職員団体）からの交渉（人事院は「会見」）に応じている。交渉の状況は公表されており、本院で年間72回（2022年実績）行われている。

(3) 内閣人事局

内閣人事局は、前述したとおり2014年に成立した「国家公務員法等の一部を改正する法律案」により同年の5月30日に発足した組織である。人事管理に関連する制度について、企画立案、方針決定、運用を一体的に担う組織としての役割を有し、国家公務員法61条の2で幹部職員の適格性審査も行う。

内閣人事局が担う業務の一つに人事評価制度がある。人事評価制度は、任用、給与、分限その他の人事管理の基礎となるため、労働条件とも密接に関わる。人事評価制度は、2001年の「公務員制度改革大綱」で導入が決定されたが、以前から存在していた「勤務評定」制度との整合性や労働基本権との関係などが問われ、導入はされなかった。

政府はその後も人事評価制度の導入に向け、閣議決定などを繰り返し行ってきた。2004年に行った「今後の行政改革の方針」の閣議決定も、労働基本権制約との関係などから導入が先送りされた。しかし2008年、国公法の改正によって人事評価制度が本格的に導入されることとなった。

こうして人事評価制度は、団体交渉によって労働条件決定に関与することができる制度を創設するという前提が成立しないまま導入された。2008年10月から全省庁でリハーサル試行が始められ、2009年10月から本格実施となった。

内閣人事局はそのほかにも、研修、能率、厚生、服務、退職管理等に関する事務を司っている。給与や勤務時間に関する権限は人事院が有しているが、中央人事行政機関として強い権限を有している。

2　国家行政組織の変遷

(1)　日本国憲法の制定と新たな行政組織の誕生

　第二次世界大戦の敗戦により、日本は連合国軍の占領下におかれた。占領下で開かれた帝国議会において、新しい憲法草案が議論され、現在の日本国憲法は 1946 年 11 月 3 日に公布され、翌 1947 年 5 月 3 日に施行された。

　明治憲法が天皇を主権者とするものであったことに対し、国民主権を宣言する憲法の制定は行政機構のあり方にも大きな影響を与えた。

　レファレンス（平成 27 年 9 月号）「日本の行政機構改革—中央省庁再編の史的変遷とその文脈—」[2] によれば、「昭和 24 年 6 月 1 日の国家行政組織法の施行時点では 2 府 11 省 39 庁・委員会だったが、昭和 27 年の行政機構改革で 1 府 11 省 29 庁・委員会となり、昭和 35 年に自治庁が自治省に昇格し、府省については 1 府 12 省となる。その後新たな行政需要の発生・増大に対し総理府に外局が設置され、更に昭和 59 年に総務庁の設置、昭和 63 年に中央労働委員会と国営企業労働委員会の統合が実施されるなどしたが、それ以降は、1 府 12 省 31 庁・委員会（うち国務大臣を長とする大臣庁 8、委員会 1）が続いた。この 1 府 12 省という体制は、昭和 35 年以降不変であり、省レベルの分担管理構造は安定的に推移してきた。」

　なお、日本国憲法が施行された時点の中央省庁は、外務省、内務省、大蔵省、司法省、文部省、厚生省、農林省、商工省、運輸省および逓信省の 10 省であった。その後、労働省が設置されたほか、戦前のドイツ型の行政機構と違ったアメリカ型の行政委員会が次々に設置された。その代表的な組織が公正取引委員会である。

　上述したとおり、敗戦後の省庁体制改編以降、細かな変動がなされたものの、1957 年に 1 府 12 省庁という体制が固まり、2001 年の再編まで 41 年間不動であった。

---

2)　執筆者は、国立国会図書館調査および立法考査局行政法務課長の田中嘉彦で、大森彌
　　『官のシステム（行政学叢書 4）』（東京大学出版会、2006 年）85-86 頁から引用。

(2) 行政組織の民営化をはじめとする行政のスリム化

　行政組織の変化として注目すべきことに民営化がある。民営化は、1981年3月16日、第一臨調をモデルとして、「臨時行政調査会設置法」[3]にもとづき、総理府の附属機関として第二臨調が設置されたことにある。

　第二臨調の会長には、土光敏夫経済団体連合会名誉会長が就任し、9名の委員のうち、日本労働組合総評議会（総評）系と全国労働組合同盟（全労）系の2名の労働界代表が加えられ、多数の顧問・専門委員・参与・調査員が委嘱された。第二臨調は、当初から「増税なき財政再建」を基本方針と定め、大蔵省（当時）の予算編成にたがをはめた。

　一貫して「小さな政府」が第二臨調の目標とされ、日本国有鉄道、日本電信電話公社、日本専売公社の三公社が民営化されることとなった。

　公務員の定員管理について政府は、1968年8月30日に行った閣議決定で「総合予算主義」をたてにして、人事院勧告を前年と同様に8月実施とすることとあわせて「第一次定員削減計画」を閣議決定[4]した。これを受けて政府は、給与法改正法案と総定員法[5]を臨時国会に提出したが、総定員法は廃案とされた。

　本法案は、1968年の通常国会にも提出されたが、公務員労働組合と野党の強い反対により成立をみなかった。そもそも法の狙いは、それまで各省の設置法で決められていた行政機関の定員を総枠で決めておき、政令で各省の具体的な定員を定める方法にすることによって、省庁間の定員配分を柔軟に行うことにあった。これにより、特定の省庁で合理化した人員を他省庁に振り分けることで合理化を進めやすくなる。

　その後政府は、1969年の第61回通常国会に法案を提出した。国会では、5月16日に参議院本会議で可決され公布された。その前日の参議院内閣委員会では、附帯決議[6]がなされている。

---

3)　昭和55年法律第103号。
4)　日本国家公務員労働組合『国公労働運動50年史』326頁。
5)　行政機関の職員の定員に関する法律。
6)　一、本法律案審議の過程において政府の言明せるとおり、公務員の出血整理、本人の意
　　に反する配置転換を行なわないこと。
　　　二、各行政機関における職員の定員については、行政需要に応じた人員を確保し、職員
　　の労働が過重にならぬよう努めること。
　　　三、定員外職員については、その実態について速やかに検討し、定員化を含めて合理的

なお、総定員法が成立する前年に閣議決定された定員合理化計画により、5年ごとの定員削減目標が定められた。以後、現在まで、同様の手法による定員管理が行われているが、附帯決議によって公務員の出血整理は行わないとされていた。しかし、中央省庁再編で行われた社会保険庁の機構改革で分限免職[7]が強行された。

(3) 中央省庁再編

1999年に成立した中央省庁等改革基本法は、その目的を「平成九年十二月三日に行われた行政改革会議の最終報告の趣旨にのっとって行われる内閣機能の強化、国の行政機関の再編成並びに国の行政組織並びに事務及び事業の減量、効率化等の改革について、その基本的な理念及び方針その他の基本となる事項を定めるとともに、中央省庁等改革推進本部を設置すること等により、これを推進する」としている。

法の目的に書かれている行政改革会議は、橋本龍太郎元首相を会長とする当時の総理府に置かれた会議で、1996年11月28日の第1回から1997年12月3日の第42回まで開かれた。同法は、行政改革会議で議論されたことをまとめた最終報告をもとにつくられている。最終報告には、新たな中央省庁のあり方がまとめられ、省の編成に関する基本的な方針、行政組織の編成の柔軟化、具体的編成が書かれ、10省庁[8]とすることが明記された。

その後、基本法にもとづき設置された推進本部で各省設置法などの再編準備が進められ、2001年1月6日に新たな省庁体制が発足した。1960年から2001年まで41年間不動であった1府12省庁を1府10省に再編するものであった。

法の成立にあたり国公労連は、1999年7月8日に以下のとおり中央執行委員会声明を発表した。

成立した中央省庁等改革法の中心的な内容が、1) 国の役割を治安、防衛、外交や基本的な政策の企画立案などに「重点化」するために中央省庁組織を再編すること、2) 本来不可分の関係にある企画立案と実施部門を「分離」し、実施

な処遇の改善を図ること。

　　四、人事院勧告の完全実施を期すること。

7)　詳細は別稿。

8)　法に明記されたのは総務省、法務省、外務省、財務省、経済産業省、国土交通省、農林水産省、環境省、労働福祉省、教育科学技術省の10省。

部門については民営化、独立行政法人化、民間委託などの手法で行政「減量化」をおこなうこと、3)「重点化」した国の役割のもとで、首相に重要な政策の決定権限を集中させること、4) その首相を補佐する内閣官房、内閣府の中心的機関（経済財政諮問会議など）に「民間人を登用」して、財界のもとめる施策を速やかに決定し、行政に反映させる仕組みを作ること、5) それらの狙いを覆い隠すためにも「国家公務員の25% 削減」、「行政コストの30% 削減」などを行政改革の「中心課題として確定」させ、公務のリストラ「合理化」を遮二無二強行しようとしていること、にあることは短期間の国会審議でも明らかになった。

　今日の中央省庁の状況や政策決定の流れをみると、中央委員会声明が指摘したとおりとなっている。また中央省庁再編によって、それまでも十分ではなかった国民生活に密接に関わる事項や現場で生じている問題が政策に十分反映されないまま決定されることとなった。そのため、いわば机上の論理が先行し、国会での審議も十分になされないまま法の成立から施行までの短期間に現場との整合性をはかることが繰り返されている。

(4) 官邸権限を強化した国家公務員法改定

　中央省庁再編とともに進められたのが、公務員制度改革である。公務員制度には、数々の問題があることは知られている。そもそも、第二次大戦以前の官僚機構を引きずる形で占領軍による新たな制度が導入されたが、法とは別に慣例による人事慣行が強い影響[9]を与えていた。

　1990 年代は、バブルが崩壊したことによる日本経済の低迷、1995 年の阪神淡路大震災に対する対応が縦割りで不十分と批判されてきた。また、官僚による特定企業との癒着発覚や不祥事が相次ぎ、公務員制度改革が必要との声が高まった。中央省庁再編などの行政改革は、こうした国民の批判に応え、政治主導型に転換することをめざしたものである。

　とくに強い批判がなされたのが省庁別人事であるが、それだけではなく、内部組織問題も抱えているという指摘[10]もなされていた。また、省庁人事を分析

9)　飯尾潤『日本の統治構造』（中公新書、2007 年）42-50 頁参照。
10)　新藤宗幸『技術官僚』（岩波新書、2002 年）21 頁参照。

する新書[11]もだされるなど政官関係のあり方を含め、社会的に注目を浴びていた。しかし、公務員制度改革は労働基本権問題と密接に関わることでもあり、安易に導入することができない課題であった。

　公務員制度改革が大きく動いたのは、政権交代によるところが大きい。2009年に自民党から民主党に政権が交代したことにより、前年に成立していた公務員制度改革基本法にもとづく「自律的労使関係制度」を検討する労使関係制度検討委員会が政府部内に設置された。

　民主党政権は、公務員制度改革による基本権回復につながる「工程表」を含む改正法案を提出したが成立させることはできなかった。2012年、政権に返り咲いた安倍内閣は、自律的労使関係制度の創設を棚上げにし、内閣人事局の設置などを含む官邸権限を強化する法案を成立させた。

　そもそも自民党は、公務員に対する労働基本権付与に強く反対しており、公務員制度改革基本法を成立させたが、労働基本権を回復につながる議論は行うつもりはなかったと思われる。民主党政権の誕生により議論が開始されたが、うやむやのまま終わり、官僚人事に対する官邸権限の強化だけが図られた。

3　国家公務員をめぐる課題

(1) 厳然として存在する階級社会

　前述のとおり、国家公務員制度は第二次大戦前の官僚制度の影響を強く受けている。したがって、行政組織法による組織段階に対する権限付与においても強い階級性がある。

　行政組織法によって、組織が規定されていることにあわせ職員が配置されるが、職員は標準職務能力にもとづく役職に任用されている。国家公務員法は制定時において、アメリカモデルの導入をめざし、「職階制」を規定していた。しかし、戦前から続く官吏の制度が色濃く残る公務員制度を転換することはかなわなかった。その後に行われた公務員制度改革のなかで能力等級を基礎とする任用・給与制度への転換が閣議決定されたが、制度改革に関する法案の提出には至らなかった。その後に行われた人事院の「給与構造改革」を経たのちに

---

11) 岸宣仁『財務官僚の出世と人事』（文春新書、2010年）、戸部良一『外務省革新派』（中公新書、2010年）、中野雅至『財務省支配の裏側』（朝日新書、2012年）など参照。

行われた国家公務員法改正により「職階制」の規定が廃止[12]された。

　国家公務員の任用は、多様な業務の経験をさせながら昇任していくという人事管理が行われている。その昇任は、組織の長が決定権限を有しており、諸外国のように空席ポストに本人が応募して選考されるものではない。そのため、上司の意向によってポストが決まることから、必然的に上司の意向に沿って職務を遂行する姿勢が強くなる。

　給与などの労働条件からみても、昇任しない職員の給与は低く抑えられるなど、人事異動によって上司の意向を忖度する姿勢が強くなる。評価制度の導入によってますますその傾向が強まっており、上司の意にそぐわず人事で痛い目をみないためには、ヒラメのように職務を行う姿勢が強まる。そもそも国家公務員法には「上司の職務上の命令に忠実に従わなければならない」と規定されている。文部科学省の事務次官まで上り詰めた前川喜平氏が座右の銘として「面従腹背」を上げていたが、それほどに公務職場の階級制が強いことを示している。

(2) 強まるトップ・ダウンで生かされない現場の声

　中央省庁における政策は、再編以前、省庁ごとに部局で検討されたものが省内で調整されてからが基本であった。ここで考えられるメリットとしては、専

---

12) 人事院『平成20年度年次報告書』には、次のとおり経緯が記されている。
　　省庁再編の準備が進められる中、平成12年12月には行政改革大綱が閣議決定され、信賞必罰の人事制度、再就職の大臣承認制・行為規制の導入、事前規制型組織・人事管理システムからの転換など、これまでの議論とは異なる問題提起を含む国家公務員制度の抜本的な改革が掲げられた。そして、平成13年12月には公務員制度改革大綱が閣議決定され、内閣及び各府省が適切に人事・組織マネジメントを行うこと、内閣と第三者機関の機能の整理、職階制に替えて能力等級を基礎とする任用・給与制度の新設、官民交流や公募制の拡大、再就職の大臣承認制の導入・行為規制などが盛り込まれた。その後、これに基づく立案作業が進められたが、国会への法案提出には至らなかった。
　　平成16年には、与党から政府に対し、能力・実績主義の人事管理及び再就職の適正化について方針を取りまとめて法案を提出するよう要請がなされた。同年末には、今後の行政改革の方針が閣議決定され、改革関連法案の提出を検討するが、評価の試行などについては現行制度の枠内で早期実施を図ることとされた。人事院は、かねて検討を進めていた給与構造改革を5年間かけて実現することを平成17年の給与勧告で表明した。
　　平成18年9月には、行政改革担当大臣により、官民間の人材の異動の促進、再就職規制の見直しなどを内容とする試案がまとめられた。その後、政府・与党間での議論等も経て、平成19年4月24日に能力・実績主義の導入と再就職に関する規制を目的とした国家公務員法等の一部改正法案が閣議決定された。国会では様々な論議がなされ、延長された会期において、同年6月30日に同改正法案は成立した。

門的な検討が十分に行われながら同時に準備も行われるため、法の施行までの流れが明確であったことがある。

ただしこの進め方は、時間がかかることから、時代にそぐわないという強い批判がなされてきた。とりわけ、インターネットの発展による急速なデジタル化は、行政の対応の遅さを浮き彫りにさせた。

折しも、行政改革による官から民への流れが起きており、民間企業における経営方針の決定の早さとの比較がなされた。そのため進められたのが中央省庁再編であり公務員制度改革であった。

中央省庁再編と公務員制度改革のどちらも政策決定のあり方を転換させるものであり、その象徴的な舞台となったのが経済財政諮問会議であった。経済財政諮問会議は、財界のメンバーが委員となって会議を主導し、政策の方向性を決定した。各省庁は、経済財政諮問会議で決定された政策にしたがい、具体的な内容を検討して実施することに転換した。

これにより、政策の決定スピードが早まることとなったが、現場意見が反映される余地が奪われている。政策の実施にあたっては、現場の実態をふまえなければ混乱を来す。現場で施策を実施することができる人員がそろっているのかなど、体制やシステムなどがそろわなければ、政策の実施はおぼつかない。

トップ・ダウンによる政策決定の早さは一方で、現場の声が生かされない机上の論理に陥りやすい。トップの判断ミスによって、多額の税金が無駄に使われることにもなりかねないことから、法の施行までに現場の声が反映されるなど、慎重な対応が求められる。

(3) 改善されるのか長時間労働前提の「働き方」

公務員の労働時間については、労働基準法の適用が除外されているが、法律によって週38時間45分までとされている。労働基準法が規定する労働時間は限度時間を公務員の勤務時間法は所定労働時間を規定している。

時間外労働については、労働基準法36条により労使協定によって限度時間が定められる。ただし、時間外労働においても上限時間が定められており、特別の場合を除いて月45時間、年360時間が限度とされている。

公務労働者は、勤務時間法で「各省各庁の長は、公務のため臨時又は緊急の必要がある場合には、正規の勤務時間以外の時間において職員に前項に掲げる

勤務以外の勤務をすることを命ずることができる」と定められ、上限時間の定めがされていない。また、霞が関では国会の審議に対応するため、深夜まで勤務することが当然という状態が続いてきた。

過労死・過労自殺が社会問題となり、公務労働者も例外ではないとの認識が広がることによってようやく見直しの気運が高まった。過労死防止法の成立以降、公務労働者の時間外労働の状況もふまえた「過労死防止大綱」がだされるに至り、それまでまともに行われなかった勤務時間管理も行われるようになった。

2019年4月から上限時間については、「原則として1箇月について45時間かつ1年について360時間の範囲内」とされ、「他律的な業務の比重の高い部署に勤務する職員は、1箇月について100時間未満、1年について720時間かつ2〜6箇月平均80時間等の範囲内」と定められた。

公務労働者にも上限規制がかけられることとなり、他律的な業務の比重が高い部署に勤務する職員の勤務状態に対する検証も行われた。

しかし、依然として長時間労働がまん延している。2022年度予算では、超過勤務予算が前年度予算から大幅に増やされたが、政府は、ムダな残業をしてはならないと釘を刺している。現場では、予算がないことを理由に自主的な上限規制が行われてきた。これによって残業時間の調整が行われてきており、予算が増額されたとしても、真に必要な額が確保されたとはいえない。

そもそもの問題は、業務量が所定労働時間で終われるものではないことにある。本来は、公務員ひとり一人の職務範囲が明確にされている必要があるが、チームで対応することが基本であり、職務についてもマルチであることが求められてきたため、職務を限定することは、将来の幹部候補ではなくなることと同義でもあり曖昧なままにされてきた。

長時間労働を改善するには、職務範囲の明確化と所定労働時間で終わることができる業務量に調整することにつきる。業務量の調整にあたっては、個々人の能力に応じたものである必要がある。かなりの難しさがあるが、当事者である現場労働者の意見をふまえ、個々に決めることができるような体制にする必要がある。

図表Ⅰ-3-6　民間から国への受入者数の推移
（内閣人事局2022年10月1日現在「民間から国への職員の受入状況」より）

(4) 広がる民間登用で公平性が保たれるのか

　国家公務員と民間との人事交流については、1999年に公布された「官民人事交流法」により、その目的などが規定されている。民間企業からの交流採用については、常勤職員として採用（退職型と雇用継続型）され、期間は原則3年以内とされている。加えて、交流元企業に対する許認可を行う業務などへの従事を禁止している。

　内閣人事局は、民間から国への受け入れ状況についてとりまとめたものを毎年公表しており、2022年10月1日現在、8053人を受け入れていることを明らかにしている。なお、受入れ状況の推移をみると、**図表Ⅰ-3-6**のとおり年々増加し続けている。

　一定期間国家公務員として受け入れている者では、任期付常勤職員として任用されている者が一番多く、次に非常勤職員となっている。しかし、これよりも高い伸びを見せているのが、期間を限らずに国家公務員に雇用されている者である（**図表Ⅰ-3-7**）。とりわけ、経験者採用者数が大きく伸びている。2021年度の経験者採用試験では、198名が最終合格しており、制度導入時期に比し

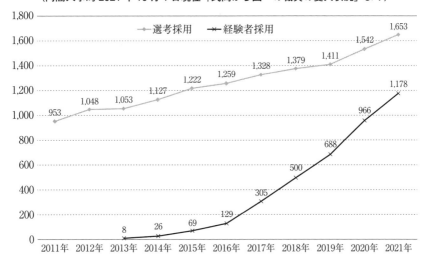

図表 I－3－7　期間を限らずに国家公務員に受け入れている者の推移
（内閣人事局 2021 年 10 月 1 日現在「民間から国への職員の受入状況」より）

て合格者数が格段に伸びている。

　この背景には、政府が 2014 年 6 月 24 日に閣議決定した「採用昇任等基本方針」で人事交流等の推進を掲げたことにある。民間から国に受け入れた者の経験が生かされ、公務部内の活性化につながることは望ましいとも考えられるが、公平・公正性の担保がなされるのか留意する必要がある。

　とくに、一定期間国家公務員として受け入れている者は、交流元に戻ることが原則であり、その後の職務との関係で全くの無関係な状態になるとは考えにくい。

　政府は、民間との人事交流や民間登用をさらに拡大する方向だが、学卒採用で公務をさせてきた者を飛び越して、民間登用が一段と進むことにより若手公務員の離職につながることも懸念される。民間登用は、公務の中立・公平性とともに、内部人材との公平性も問われている。

（5）厳しい定員管理が生んだ非常勤という名の常勤的労働者

　長く続けられている行政改革により、公務員の定員は減らされ続けてきた。新型コロナ感染症の感染拡大により、公務の役割が問い直され、この数年は全体として増員の方向となっているが、定員合理化計画によって増員されない行

政部門は多くある。

　一方で、行政需要の高まりや新たな政策にもとづく新規業務の導入により、一人あたりの業務量は増大する一方となっている。とくに、行政需要の高まりだけでは増員が認められないため、新規業務の創設と抱き合わせで臨時的に職員を雇用する予算を確保する手法がとられてきた。物件費の名目で職員が雇用されることも生じた。

　行政需要の高まりは一時的な場合もあるが、新規業務の場合は一時的ではなく、恒常的な業務となる。本来は、職員が担当すべきであるが、すでに飽和状態となっているため、新規業務を担当する非常勤職員が、恒常的に業務を担当しなければならない状態となる。

　つまり、公務の場合は、仕事に対し必要な人員を用意するのではなく、定員削減計画で減らされる人員を確保するために、毎年の政策立案で新規業務を生み出し、その業務に必要な人員を要求する手法がとられている。

　結局のところ、人員数は削減数と増員数とのプラスマイナスで決定されるが、実際の業務は減少することなく、立案された新規業務が増えていくだけとなる。あらかじめ政策立案に伴う予算要求に際して、非常勤職員の雇用が行える予算を確保し、新規業務を行える人員を雇用できるようにするほかない。

　このように、厳しい定員管理が恒常的にならざるをえない非常勤職員をつくりだしているというほかない。

(6) 求められる政策決定の透明性

　加計学園問題では、政策決定課程で首相と「腹心の友」との関係で「便宜を図ったのか」、前川氏の証言による「内閣府からの圧力があったのか」などの手続き問題が指摘された。この指摘に対して首相は「獣医学部新設を妨げてきた規制の是非が問題だ」「岩盤規制にドリルで穴を開けることが必要だ」などと、政策の正しさのみを力説して手続きについては「一点の曇りもない」「議事録を公開している」と繰り返して追及をかわしてきた。しかし、法治国家である以上、結論の正しさと手続きの正しさは、いずれも重要であり、きちんとした手続きを経た政策決定でなければ、民主的とはいえない。

　民主的な公務員制度は、可能な限り国民の意見を反映するために、政策決定過程において透明性をより高くして国民参加の仕組みを確立することが必要で

あり、そのことが、特権の濫用と公権力の腐敗を抑止し、行政の公正かつ適正な運営を可能とするものである。

そのためには、政策決定や予算編成等の課程で国民監視と職員の意見が反映できる制度を確立することが重要である。1948年の国家公務員法「改正」では、前述の「改正」とは別に98条の「職員は、その職務を遂行するについて、誠実に、法令に従い、且つ、上司の職務上の命令に従わなければならない。但し、上司の職務上の命令に對しては、意見を述べることができる」の但し書き部分（下線部分）が削除された。その理由は不明ではあるが、戦前でさえ官吏服務規律2条で「官吏は其の職務に付本属長官の命令を遵守すべし。但しその命令に対し意見を述べることを得」とされていたものをあえて削除していることから、この規定を復活するなど、職員が行政の専門家として経験を活かした意見を反映できる制度の保障も必要である。

なお、国家公務員として採用される際の宣誓文については、総理府人事局が設置され内閣総理大臣が中央人事行政機関となった際に、「職員の服務の宣誓に関する政令」（1966年施行）の別紙で「私は、国民全体の奉仕者として公共の利益のために勤務すべき責務を深く自覚し、日本国憲法を遵守し、並に法令及び上司の職務上の命令に従い、不偏不党且つ公正に職務の遂行に当たることを固く誓います」とされた。それ以前は、人事院規則14-6で「私は、ここに主権が国民に存することを認める日本国憲法に服従し、且つこれを擁護することを固く誓います。私は、国民全体の奉仕者として、公務を民主的且つ能率的に運営すべき責務を深く自覚し、国民の意思によって制定された法律を尊重し、誠実且つ公正に職務を遂行することを固く誓います」であった。

職場の民主化には、労働組合活動を通じて、自由にものが言える環境の整備も重要である。さらに、公正な評価が困難で短期の評価が直接給与や昇任・昇格に反映する人事評価制度も、上司に対する意見反映を困難にする側面があることから、抜本的に改めるべきである。

不正を告発できる内部告発権の確立も必要である。公益通報者保護法は、公務員にも適用されるが、現在の保護法は、具体的な保護措置がほとんど定められておらず告発者のリスクが高い。また、告発者の救済が認められたとしてもわずかな損害賠償がほとんどで、事業者への制裁が軽すぎる実態がある。公務員の内部告発は、公共性や公益性がきわめて高いことと、守秘義務との関係を

ふまえて、国民監視のもとで告発者を保護する制度の確立が必要である。

(7) 廃棄を前提とする公文書管理からの転換

　透明性の確保には、公文書管理も重要である。2000年来、行政手続法や情報公開法など、より公正な行政運営を目的とする立法が相次いだ。これらは、国民の知る権利をはじめとする権利保障を十全に行うために行政の意志決定過程や保有文書等の透明性を確保し、国民監視のもとで、公正かつ民主的な行政運営を目的とするものである。

　法制度が整備される一方で、公務現場では、文書管理業務が増加するとともに、個人情報のとりあつかいに過度な対応が求められるなど、電子データの保存規制による文書管理が職場に与えた影響は大きい。また、情報公開を要しない保存期間一年未満の文書の取扱基準や電子媒体データの取扱いが不透明であることから、行政の意思決定や職務遂行の過程を事後的に検証が困難な側面もある。このことが森友・加計問題で、一部の官僚が公文書の改ざんや文書の存在を秘匿するよう指示したことで職員が自殺する事件も発生した。しかし、政府は事実を認めようとせず、時には「怪文書」などと述べるなど、まともに向き合おうとしない。

　2022年2月7日、政府は「行政文書の管理に関するガイドライン」を改訂した。この改訂は、公文書等の管理に関する法律施行令が2022年1月26日に改訂されたことにある。施行令改訂の概要は、公文書管理法の施行から10年が経過したことから、急速なデジタル化の進展等に対応するため、行政文書の保存期間およびその起算日に関する規定の見直し等を行うとともに、廃棄協議に際しての内閣府公文書管理課の調整機能を強化するとしたものとされている。

　日本の公文書管理の最大の問題点は、①廃棄を前提としており、事後の検証が困難であること、②文書管理の判断が部内職員である文書管理者であること、③脆弱な公文書管理体制（内閣府の公文書管理課が職員19人、国立公文書館職員49人。アメリカは約3000人体制）などが、あげられる。

　今必要なのは情報を秘匿するのではなく、政府がどのような情報を得て、どのように対応するのかなどの情報を明らかにさせることである。アメリカ政府は、幹部公務員のメールをすべて自動的に保存する仕組みを導入している。日本も情報の透明性を高め、国民や国会が行政を監視できる体制を拡充すること

であり、このことは公務の公正・中立・民主的な運営を確保するために必要不可欠である。

　したがって、公文書管理のあり方や運用にあたっては、公正・中立な第三者が関わる仕組みが必要であると考える。

4　国家公務員制度の民主的改革の方向性

(1) 公正で民主的な政策決定のための仕組みの整備

①　各府省の自律性を弱め、政策決定を歪める内閣府については、所掌事務を関係府省に移管するとともに、総合調整機能や各府省に収まらない施策については新たな機関が担う仕組みを整備するなど、廃止を含めてそのあり方を抜本的に見直すこと。

②　幹部職員等の人事については、各府省共通の基準を設けるとともに、中立した第三者機関が担う制度とすること。

③　森友・加計問題などで指摘されている政策決定を歪めるような政治と官の関係についての疑惑については、国会の国政調査権を発動するとともに、第三者機関を設置して、真相解明と再発防止策を確立する仕組みを整備して、公務の公正・中立性を確保すること。

(2) 民主的な人事行政機関の設置と公務員の権利保障

①　内閣人事局を廃止するとともに、人事院を改組して、国民のための公正・中立、安定した行政を担保するための新たな人事行政機関を設置すること。新たな人事行政機関は、内閣から独立した中立の行政委員会とし、任免、分限、保障、服務、研修などを所掌する。賃金、労働時間、退職金などの労働条件は、団体交渉で決定することを基本に、その実務を所掌する使用者機関を設置すること。

②　争議権を保障し、争議行為に対する刑事および民事責任を課さないこと。ただし、国民の生存権との関わりで争議行為に一定の制約を課す必要がある場合は、労働関係調整法に準じて新たに措置すること。

　　労働協約締結権を含む団体交渉権を保障し、すべての労働条件は労使対等の原則にもとづき団体交渉で決定すること。労使協定の履行について財政措

置や法改正が必要な場合は、使用者の責任で措置すること。

　すべての公務員の団結権を保障し、団結自治に反する登録制度を廃止するとともに、非現業以外の労働者も加入できる単一組合の設立を可能とすること。また、管理職員の範囲については、労働組合法に順じた規定とし、労働組合が自主的に組合員の範囲を決定できるようにすること。

③　不当労働行為の禁止とその救済措置を確立すること。

　また、労使間の紛争に関し、斡旋、調停、仲裁および緊急調整を行うとともに、不当労働行為の救済、労働組合の資格審査を行う機関として、現行の労働委員会の構成、権限等を最低の基準とした「公務労働委員会（仮称）」を中央に設置すること。

④　公務員の政治的行為の制限を抜本的に見直し、憲法で保障された市民的・政治的権利を保障すること。

(3) 公正・中立・透明性の確保

①　行政の公正・中立・透明性の確保、行政と予算の私物化、不正・腐敗を防止するために、各官署に職員代表と当局代表による「行政運営委員会（仮称）」を設置し、政策決定、予算執行、行政運営、文書管理について職員の意見を反映する制度を確立すること。

　また、情報公開や公文書管理の運用にあたっては、調査権限を有する第三者機関を設置して、公正・中立・透明性を確保すること。

②　すべての職員が行政の専門家として政策決定や行政運営にあたって、自らの意見を主張する権利と上司の職務上の命令に対する意見を述べる権利を保障するとともに、不利益禁止規定を設けること。

　また、内部告発権を保障し、いっさいの不利益が課せられないよう国民監視の公正な制度を確立すること。

③　人事評価制度は、中・長期的な人材育成と適材適所の人事配置に活用する制度に改めるとともに、短期の評価を直接給与や昇任・昇格に反映しないこと。

④　分限・懲戒について、その基準について労使協議により明確にするとともに、手続きについて事前審査からあらゆる段階での職員と労働組合の参加を保障すること。

⑤　公務員制度として、公務の特殊性をふまえた退職手当や年金のあり方を見直すこと。

　　また、退職管理にあたっては、現役時代の公正・中立性の確保を前提に、職業選択の自由を十全に保障すること。

(4) 国民の権利保障機能の強化

①　国民の権利保障機能を十全に果たすために、役割と需要に応じた体制を確保すること。そのため、総人件費抑制方針を改めるとともに、総定員法の廃止と定員削減計画の中止・撤回すること。

②　非常勤職員制度を抜本的に見直し、雇用の安定、均等待遇をはかる法制度を整備すること。また、恒常的・専門的・継続的業務に従事する非常勤職員は、常勤化・定員化すること。

おわりに

　本章では、国の行政組織の概要から中央人事行政機関の概要と役割、国の行政組織の変遷を概観し、国家公務員をめぐる課題と国家公務員制度の民主的改革の方向性について述べてきた。

　時代とともに社会は変遷するが、日本国憲法がその前文で「国家の名誉にかけ、全力をあげてこの崇高な理想と目的を達成することを誓ふ」としているとおり、理念や目標を安易に変えるべきではない。

　今、国会では、改憲論議が進められているだけでなく、政府による解釈改憲も進められている。公務員は権力の手先ではあるが、同時に一人の国民でもある。憲法を遵守・尊重する立場からいっても、公務員一人ひとりに発言できる権利が保障されることが社会の発展には欠かせない。

　国家公務員制度を民主的なものとするためにも、多くの人々とともに、民主的改革の方向性をめざすことが求められている。

〔秋山正臣〕

第Ⅱ部

公務員の役割と公務労働の
あるべき姿

誰のためにどこを向いて仕事をしているのか

日本国家公務員労働組合連合会

はじめに――民主主義社会にとって必要な存在

　第Ⅰ部では、全体の奉仕者である公務員について解説がなされましたが、ひとことで「公務員」といってもさまざまな公務員が存在しています。ではそこで働く公務員は自らの役割やあるべき姿についてどのように考えているのでしょうか。

　財務省における公文書改ざん事件で自死した赤木さんの事件から、公務員としての役割や矜持がいま問われています。また、相次ぐ統計の改ざん事件や入国管理局におけるウイシュマさんの死亡事件など、公務員は「誰のために、どこを向いて仕事しているのか」と厳しい批判が沸き起こっています。こうした問題は批判されてしかるべきですが、ただ単に批判するだけでいいのでしょうか。公務員は民主主義社会にとって絶対に必要な存在であり、組織をなくせばいいというものではありません。そうであれば、問題点を抉り出し、公務員が本来の役割を発揮できるようにすべきではないでしょうか。

　この第Ⅱ部では、公務員の役割とあるべき姿について、現に働いている公務員労働者の立場からそれぞれの職場で、①どのような仕事をしているのか、②現代社会のなかで起きている役割や仕事の進め方の変化、③国民のいのちとくらしを守り、基本的人権を尊重するうえで抱えているジレンマや悩み、④労働組合としての問題意識を報告してもらうことにしました。

1　労働組合として公務員のあり方を問う

　第Ⅱ部では、公務員のなかでも国家公務員に焦点を当て、国の行政機関などで働く職員で構成する労働組合からそれぞれの職場の報告がなされています。しかし、すべての職場から報告がなされているわけではありません。

　それにはいくつかの理由があります。公務員も一人の国民であり、市民でも

あります。そうであれば市民的自由も存在しておかしくありません。しかし、警察職員や自衛隊員のように団結権が制約されているため、労働組合が存在できない職場があります。また、組合員がいない職場もあります。こうしたことから、すべての職場から報告がされていません。国家公務員にも団結権が認められており、多くの現職公務員が行政（自らの仕事や職場など）に関することを社会に発表することは問題ありませんが、労働組合として行政の現状などについて書くほうが大きな影響力をもちます。

　労働組合は、組合員とその家族の権利と生活を守るために活動することが基本です。そのため、賃金引き上げなどを求めて使用者当局と交渉を行い、労働条件に関わる職場の問題も交渉することができます。たとえば、庁舎の移転、統廃合、業務内容なども交渉事項といえますが、多くの場合、当局は管理運営事項として交渉に応じません。民間企業であれば労働条件に関わることとして交渉事項になることです。

　庁舎移転は、働くものにとって通勤場所の変更となることから、交渉事項であることは当然でしょう。またこの問題は、利用者である国民の利便に関わることでもあり、労働組合として社会に問題を投げかけ、地域に働きかけ、移転反対の運動をとりくむ活動なども行っています。公務労働組合は、その専門性を生かして常日頃から行政が果たす役割を検討し、社会的に発信していく必要があります。こうした点から、第Ⅱ部では各労働組合から率直な意見が述べられています。

2　国家公務員労働組合の変遷

　多くの労働組合が労働組合法の制定を機に組織されたように、公務員の労働組合も労働組合法が制定された時期に始まります。基本的に職場単位で組織されましたが、使用者の権限との関係で、省庁ごとに組織が統合されるなどの経過をたどってきました。加えて、勤務条件法定主義によって統一的な労働条件が設定されるため、省庁ごとの組織が共闘する形で組織がつくられ、政府との交渉を行うこととなりました。

　具体例として、全労働省労働組合は、全国職業安定所職員組合連合会、労働省職員労働組合、全国基準行政労働組合、中央労働委員会事務局職員組合が将

来の組織単一化をめざし、全労働省労働組合連合会を1949年4月に結成したことに始まります。

このうち全国職業安定所職員組合連合会は、全国各地に設置されていた勤労動員署の職員が各都道府県単位で設立していた労働組合の連合体が前身です。勤労動員署は、1947年3月に労政事務所と職業安定所に分離・改称されたため、労働組合も全国職業安定所職員組合連合会に改称して結成されました。1947年は、労働省が厚生省から分離する形で設置された年でもあります。1958年7月、単一の組織である全労働省労働組合が結成され、現在に至っています。

日本における労働組合のたたかいでは、1947年2月1日のゼネストを抜きにして語れません。ゼネストはGHQによって中止され、共闘組織が解散させられましたが、公務員の労働組合も1946年3月に結成された全国官公職員労働組合連絡協議会（全官公労協）の一員として行動に参加していました。

1947年8月11日には全官公庁労働組合連絡協議会（全官公）が結成され、各労働組合が労働協約を締結するなどの成果を上げることができました。当時の厚生省職員組合が締結した労働協約には、200名につき1名の組合専従者が認められたほか、「事務に重大な支障のない限り」勤務時間中の組合活動が保障されていました。

一方でゼネストを契機として国家公務員法の改悪が行われ、労働基本権が制約されるなど、レッド・パージとともに労働組合に対する政府の攻撃が強まり、公務員労働組合も変遷を繰り返すこととなりました。しかし、公務職場の民主化をめざし、1956年2月には「国家公務員労働組合共闘会議」が結成されたのち、1975年10月に現在の国公労連（日本国家公務員労働組合連合会）が結成されました。なお、国公労連に加盟していない労働組合のなかには、国公連合（国公関連労働組合連合会）に加盟している組織があります。

厚生労働省の主要労働組合名簿によれば、国公労連は15単組5万7762名を組織しており、総務省・厚生労働省・国土交通省・裁判所などで働く人々が加入しています。一方の国公連合には10単組7万2797名が組織され、財務省と農林水産省、政府関係法人で働く人たちが組織されています。

ここでは国公労連の加盟組合についてみていきます。まず国公労連は15単組で構成されており、その構成組織は**図表Ⅱ－1**のとおりとなっています。なお、多くの労働組合には本省庁の職員も加入していますが、地方出先機関で働

く職員を中心に組織されています。独立行政法人などで働く職員は、省庁ごとに組織されている労働組合の一員として加入しています。

3　執筆した労働組合の概要

さて**第Ⅱ部**は、多様な国家公務員を組織している国公労連に加盟する、厚生労働省、国土交通省、法務省、経済産業省、総務省、国税庁、内閣府、裁判所で働く職員を組織している労働組合から職場の状況とそこで働く公務員として、報告がなされています。

それぞれの省庁によって役割に大きな違いがあるのは当然ですが、専門性が高いこともあり、同じ公務員とは思えないと感じられるかもしれません。それらは職務の性質に由来します。

全労働省労働組合（全労働、後掲82頁）は、労働基準行政と職業安定行政で働く職員を中心に組織しています。そのうち労働基準監督官は、司法警察権を持つ職員として、働くものの権利を守る役割を担っています。職業安定行政では、失業した労働者の生活補償や転職を支援する役割を担っています。そのため、事業所に対する姿勢は、取締りの性格が強い監督官と失業者の雇用を要請する安定行政職員とで大きく違っています。

全厚生労働組合（全厚生、後掲196頁）は、厚生行政で働く職員を組織しています。その多くは年金を取り扱う日本年金機構で働いています。高齢者の生活を支える年金は公的なものであり、基本的人権に大きく関わる行政といえますが、取扱いを行う職員の身分は公務員ではありません。職員の身分が公務員ではないことに問題があります。

全日本国立医療労働組合（全医労、後掲164頁）は、国立病院で働く職員を中心に組織されています。2014年に非公務員の独立行政法人として採算が重視されるようになっていますが、採算性が重視されると難病治療や地域医療などの役割が果たせなくなります。また、国が最後まで責任を持たなければならないハンセン病療養所もあります。

国土交通労働組合（後掲99頁）は、国土交通省のさまざまな分野で働く職員を組織しています。防災官庁の側面だけでなく、交通運輸に関する監督、国土開発、気象予報など広範な行政を担っており、それぞれ専門性が高く、災害へ

図表Ⅱ－1　日本国家公務員労働組合連合会（国公労連）加盟組合一覧

組合名	略称	組合員が働いている職場	
		国の機関	独立行政法人等
総理府関係労働組合連絡会	総理府労連	総務省統計局	統計センター、放射線医学研究所、宇宙航空研究開発機構（総合技術研究本部）
全行管職員組合	全行管	総務省（行政管理局、行政評価局、管区行政評価局など）	
全法務省労働組合	全法務	法務省、地方法務局、保護観察所、出入国管理庁、少年院施設など	
全国税関労働組合	全税関	税関	
全国税労働組合	全国税	国税庁、国税局、税務署	
文部科学省関係労働組合協議会	文労	文部科学省、大学共同利用機関法人（国文学研究資料館など）	国立科学博物館、国立文化財機構など
全厚生労働組合	全厚生	厚生労働省、地方厚生局、試験研究機関、社会福祉施設（更生援護機関）など	医薬基盤・健康・栄養研究所、日本年金機構、全国健康保険協会
全日本国立医療労働組合	全医労	国立ハンセン病療養所	国立病院機構、国立高度医療研究センター
全経済産業労働組合	全経済	経済産業省、特許庁、資源エネルギー庁、中小企業庁、地方経済産業局	産業技術総合研究所、製品評価技術基盤機構、工業所有権情報・研修館など
国土交通労働組合		国土交通省、国土技術政策総合研究所、国土地理院、地方整備局、地方運輸局、地方航空局、国道・河川事務所、港湾空港事務所、気象庁、気象台など	海上・港湾・航空技術研究所、航空大学校、自動車技術総合機構、土木研究所、海技教育機構など
全情報通信労働組合	全通信	総務省（国際戦略局、情報流通行政局、総合通信基盤局、サイバーセキュリティ統括官、大臣官房など）、情報通信政策研究所、地方総合通信局、沖縄総合通信事務所	情報通信研究機構
全労働省労働組合	全労働	厚生労働省、都道府県労働局、労働基準監督署、公共職業安定所など	
人事院職員組合	人職	人事院	
全司法労働組合	全司法	最高裁判所、高等裁判所、地方裁判所、家庭裁判所、簡易裁判所、検察審査会	
沖縄総合事務局開発建設労働組合	開建労	内閣府（沖縄総合事務局開発建設部、事務所）	
外国人技能実習機構労働組合			認可法人外国人技能実習機構、地方事務所、支所
国家公務員一般労働組合	国公一般	内閣府、文部科学省、外務省など	公益法人など
国家公務員共済組合連合会病院労働組合	国共病組		KKRの病院
国家公務員共済組合連合会宿泊施設労働組合	宿泊労組		KKRの宿泊施設
全国大学高等教職員組合	全大教		国公立大学、大学共同利用機関、国立高等専門学校など

の対応を多く求められています。日本列島は、地震や大雨などの自然災害が多く発生します。東日本大震災で巨大な防潮堤が築かれましたが、その結果、住民の生活から海を遠ざけてしまいました。防災のあり方などは調整が難しい課題でもあります。

全情報通信労働組合（全通信、後掲117頁）は、総務省や総合通信局で勤務する職員で構成する労働組合です。テレビやラジオをはじめ、あらゆる無線に関する業務を行っています。いまやだれもが保有する携帯電話も無線を使用しますので、国が管理することにより、安全・安心に利用することができます。

全法務省労働組合（全法務、後掲153頁）は、法務省のさまざまな分野で働く職員を組織しています、多くは全国の法務局・地方法務局で働く職員となっています。法務局・地方法務局は、権利保護のために土地や法人などの登記を扱い、争いを未然に防ぐ役割を果たしています。入国管理業務、保護観察や少年院などで働く職員も組織していますが、これらで働く職員のなかには、休暇の行き先を届けなければならないなど、私生活まで制約されています。

全経済産業労働組合（全経済、後掲210頁）は、経済産業省で働く職員を組織しています。経済産業省は、経済官庁として企業活動の支援やエネルギー関係業務を扱っています。経済活動は、資本主義国家のなかで重要な役割を担っていますが、公正な取引が行われていることが基本になければなりません。また、特許庁など、権利保護として重要な役割を果たしている業務もあります。

全国税労働組合（全国税、186頁）は、国税庁で働く職員を組織しています。個々人の所得や保有する資産が課税対象です。高額な納税を求められる場合には、当該資産を売却しなければならないケースもあり、国民生活に大きな影響を与えることがあり公平・公正な事務が求められます。

沖縄総合事務局開発建設労働組合（開建労、後掲178頁）は、沖縄県における振興開発を行う行政として、内閣府におかれている組織で働く職員を組織しています。道路整備事業を始め、防災官庁としての役割も担っているなど、国土交通省の建設・港湾・空港部門と強い関係があります。

全司法労働組合（全司法、後掲136頁）は、裁判所で働く職員を組織しています。裁判所は、私人間の権利調整を判断する機関であり、刑事裁判では個人の権利を大きく制約する判断を行います。

おわりに——「二つの責任、一つの任務」

　すべての国家公務員が労働基本権を制約されており、自衛隊員と警察職員がその典型です。また、刑事施設で働く職員（いわゆる刑務所職員）は労働組合を結成することや加入することすらできません。

　公務職場において、労働組合がある職場は、本書でも報告しているように、その実状や率直な悩み、思いなどを伝えることができます。しかし、そもそも労働組合がない職場では、その実状や職場の問題点、思いなどをうかがい知ることはできません。そればかりか、労働組合を通じて他職場と交流することがないため、自らの職場の常識が社会では非常識であるとの気づきを得る機会も失っており、職場の問題を批判的に見る目を養うことも難しくなっています。

　公務員は、憲法にもとづき国民の基本的人権を保障するために存在しますが、公共の福祉や財政問題から国民のみなさんと衝突する場面が生じます。歴史的に見ても権力は、国民を抑圧する方向に走るため、チェック機能を有する機関が欠かせません。とくに、専門的な知識を有し、実態を知りうる立場にある公務員の発言は重要です。その発言を抑え込むために労働基本権の制約が行われているといっても過言ではありません。行政を民主的なものにするためにも、労働基本権を回復させることが求められています。

　国公労連は、「二つの責任、一つの任務」を果たすため日々奮闘しています。二つの責任の一つは、公務労働者と家族の生活や労働条件の維持向上、憲法と平和・民主主義を守る責任です。もう一つの責任は、公務・公共サービスを担う労働者として、その専門的知識と能力や条件を生かして、国民のための行財政・司法などの実現をめざし、国民・労働者とともにとり組むことです。この責任を果たすため、多くの人々とスクラムを組むという任務を持っていると考えています。

　民主主義社会では、公務員の労働条件がその社会の人権保障のバロメーターとなっています。現在の世界の状況や日本の状況は、新たな戦争が始まる、「新しい戦前」ともいわれています。そうであればなおさら、公務員を組織する労働組合の役割は非常に大きいものと言えるでしょう。ふたたび日本を戦火の下におかないためにも、公務員の労働基本権を回復させ、民主的な行政を確立することが求められているときではないでしょうか。

労働者の権利を守るため労働行政を担う

全労働省労働組合

はじめに――労働者・国民の権利保障を守る

日本国憲法は 27 条で勤労権、22 条で職業選択の自由を掲げており、その理念を実現するため、1947 年 9 月 1 日に旧労働省が設置されました。労働行政はもともと、旧厚生省や旧内務省の一部局的な位置づけであり、戦中には工場監督官の機能停止と国民勤労動員署としての戦争協力といった不遇な時代もありました。しかしながら、戦後には平和憲法のもと、「労働者の福祉と職業の確保とを図り、もって経済の興隆と国民生活の安定とに寄与すること」を任務として労働省が設置される（旧労働省設置法）とともに、「憲法が労働省の設置を要請した」（当時の朝日新聞社説）と期待をもって受け止められました。

その後、2001 年の省庁再編において現行の厚生労働省となりましたが、労働行政の役割はいささかも変わるものでなく、労働者・国民の権利保障をその旨としています。とりわけ、実務の上においては労働者の労働条件（労働時間や賃金など）を確保するとともに、労働者の安全と衛生の確保や労災事案が発生した場合の給付を行う「労働基準行政」、あらゆる労働者の差別やハラスメントを無くし、安心して勤務できる環境を確保する「雇用環境・均等行政」、失業者に対する雇用保険給付や職業相談・紹介を行う「職業安定行政」の 3 分野を中心に構成されています。あわせて、その実務を担う厚生労働本省および第一線機関（都道府県労働局、労働基準監督署、公共職業安定所（ハローワーク））では、これら 3 行政が専門性を発揮しつつ連携を図り、勤労権（憲法 27 条）や職業選択の自由（憲法 22 条）、そして生存権（憲法 25 条）を保障する役割を果たしています。

1　労働基準行政について

労働基準行政の組織としては厚生労働大臣のもとに労働基準局が置かれ、そ

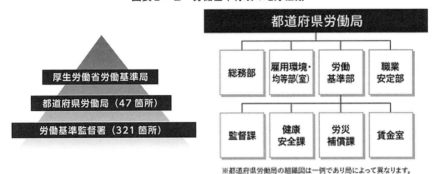

図表Ⅱ－2　労働基準行政の地方組織

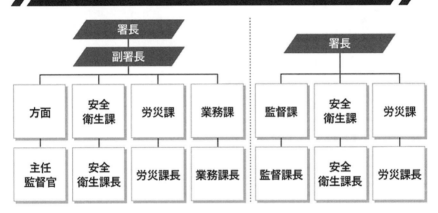

の下に都道府県労働局および労働基準監督署が設置されています。

　このなかで、労働基準監督署は労働基準行政の第一線を担う機関として全国321か所に設置され、労働基準法、労働安全衛生法、労働者災害補償保険法などの法令にもとづき、労働条件の履行確保（監督業務）、労働災害の防止・労働者の健康確保（安全衛生業務）、労災保険の適正給付（労災補償業務）等を行っています。ここでは、労働基準行政の地方組織が担う三つの主要な業務を紹介し、それぞれが所掌する法律の趣旨・目的に触れるとともに、労働基準行政のあるべき姿について考えたいと思います。

(1) 監督業務

監督業務では、労働条件の履行確保や安全衛生水準の確保に向けて必要な臨検（法規の遵守状況などの確認のため、立入検査すること）を行います。そのうえで、法違反が認められた場合には使用者に対して是正勧告などの行政指導を行うほか、使用停止命令や立入禁止命令などの行政処分を科します。所掌する主な法律は労働基準法および最低賃金法であり、その施行は労働基準監督官（以下、監督官）が担います。また、監督官には行政上の権限に加え、刑事訴訟法にもとづく司法警察員の権限も付与されており、取調べや強制捜査を通じて重大・悪質な事案を検察庁に送検します。

労働基準法

（労働条件の原則）

第一条 労働条件は、労働者が人たるに値する生活を営むための必要を充たすべきものでなければならない。

② この法律で定める労働条件の基準は最低のものであるから、労働関係の当事者は、この基準を理由として労働条件を低下させてはならないことはもとより、その向上を図るように努めなければならない。

最低賃金法

（目的）

第一条 この法律は、賃金の低廉な労働者について、賃金の最低額を保障することにより、労働条件の改善を図り、もつて、労働者の生活の安定、労働力の質的向上及び事業の公正な競争の確保に資するとともに、国民経済の健全な発展に寄与することを目的とする。

---

(2) 安全衛生業務

安全衛生業務では、労働者の安全と健康を守るため、安全衛生法令を中心に日本工業規格やクレーン・ボイラー等構造規格などの安全規格および粉じんマスクの規格などの衛生規格について、広範で専門的な知識・経験を活かし、事業者に対する指導・援助を行います。具体的には、工場や建設現場への立入り、

クレーンやボイラーの検査、建設工事計画届の審査ならびに実地調査、災害調査などを行い、労働災害や健康障害の防止、安全衛生管理体制の確立にとりくんでいます。所掌する主な法律は労働安全衛生法であり、厚生労働技官（以下、技官）が中心的な役割を担います。

労働安全衛生法

（目的）

第一条　この法律は、労働基準法（昭和二十二年法律第四十九号）と相まって、労働災害の防止のための危害防止基準の確立、責任体制の明確化及び自主的活動の促進の措置を講ずる等その防止に関する総合的計画的な対策を推進することにより職場における労働者の安全と健康を確保するとともに、快適な職場環境の形成を促進することを目的とする。

---

(3) 労災補償業務

労災補償業務では、業務上または通勤による負傷などに対して被災者または遺族の請求により必要な保険給付を行うほか、事業主から労働保険料を徴収します。所掌する主な法律は労働者災害補償保険法および労働保険の保険料の徴収等に関する法律であり、施行を担うのは厚生労働事務官（以下、事務官）です。

労働者災害補償保険法

（目的）

第一条　労働者災害補償保険は、業務上の事由、事業主が同一人でない二以上の事業に使用される労働者（以下「複数事業労働者」という。）の二以上の事業の業務を要因とする事由又は通勤による労働者の負傷、疾病、障害、死亡等に対して迅速かつ公正な保護をするため、必要な保険給付を行い、あわせて、業務上の事由、複数事業労働者の二以上の事業の業務を要因とする事由又は通勤により負傷し、又は疾病にかかった労働者の社会復帰の促進、当該労働者及びその遺族の援護、労働者の安全及び衛生の確保等を図り、もつて労働者の福祉の増進に寄与することを目的とする。

---

(4) あるべき労働基準行政とは

　労働基準行政に従事する職員は従来、①監督官、②技官、③事務官として採用され、それぞれ①監督業務、②安全衛生業務、③労災補償業務（労働保険適用・徴収業務を含む）を分担してきました。そして、それぞれの官職が各分野を専門的に担い、有機的な連携を図ることで質の高い行政運営を実現してきました。

　しかし、2008年10月に「新人事制度」と呼ばれる制度が省内において導入され、地方労働基準行政では技官および事務官の採用が停止されました。これにより、これまで各官職が専門的に担っていた監督業務、安全衛生業務および労災補償業務は監督官が横断的に担うことになり、監督官の採用枠も拡大されました。近年、200人を超える監督官の採用が続く背景には、新人事制度をめぐるこうした事情があります。そのうえで、新人事制度によって労働基準行政における主要な業務を監督官が一手に引き受けることになったため、各職域で専門人材の育成が進まず、行政水準の維持・向上に支障を来しています。とりわけ、安全衛生業務における専門性の維持・継承は焦眉の課題です。安全衛生分野は裾野が広く、業務が多岐にわたるため、幅広い知識と豊富な実務経験が不可欠です。クレーンや第一種圧力容器といった特定機械の構造・機能はもとより、有機溶剤を始めとする化学物質の特性や電離放射線の取扱いなど広範かつ高い専門性が求められます。労働者・国民のいのちと健康に直結する分野だからこそ、安全衛生行政を担う職員には長年の実務経験に裏打ちされた専門性と高い職業意識が必要です。しかしながら、技官の採用が停止されたことで、現場で培われてきた知識や経験が次世代に継承されず、民間企業の安全衛生水準に少なからず影響を及ぼしています。厚生労働省は技官に代わる新たな安全衛生業務の担い手として理工系の試験区分で採用された監督官を育成する方針を採っていますが、人員構成や組織改編の影響もあり、こうした監督官を安全衛生分野へ継続的に配置することが必ずしも実現できていません。

　一方、現場の若手監督官からも「監督官として採用されたにも関わらず、監督業務に就くことができない」「将来のキャリアパスが見えない」と不安や戸惑いの声が多く寄せられています。実際、監督官としての職業人生に展望を抱けず、若くして退職する職員が後を絶ちません。

その後、2018年10月に事務官の採用が再開されましたが、技官の門戸は依然として閉じられたままです。今こそ技官の採用再開に舵を切り、長期的かつ安定的に安全衛生業務に従事する有為の人材を育成すべきです。

　また、労災補償業務についても10年あまりの間、事務官の採用が凍結されていたため、安全衛生業務と同様、専門性の維持・継承に課題を残しています。加えて、労災補償業務の体制確保も喫緊の課題です。近年、労災部署では業務上の心理的負荷（ストレス）を原因とする精神疾患の労災請求事案が増加しています。具体的に、精神障害事案の労災請求件数は2019年度に初めて年間2000件を超え、2020年度も高い水準で推移しています。しかも、精神障害事案は請求者や同僚の聴き取りなど事実関係の特定に多大な時間と労力を要します。そのうえで、今後も請求件数の高止まりが予想されるなか、業務の負担軽減と体制の強化は待ったなしの課題です。さらに、新型コロナウイルス感染症に関する労災請求事案も急増しており、後遺症の取扱いを含めて迅速・適切な支給が求められます。もとより、事務官の採用が再開されたとはいえ、採用数は限定的であり、監督官を労災業務に配置せざるをえない状況が続いています。したがって、事務官の採用枠を大幅に拡大し、行政需要が高い労災部署に人員を振り分けることで、行政サービスの維持・向上をめざす必要があります。

　このように、新人事制度の導入に伴う監督官の業務範囲見直しにより、安全衛生業務および労災補償業務における専門性の低下が危惧されています。そして、監督業務にも同じ懸念が生じています。新規採用者を含めて若手の監督官を監督業務へ集中的に配置する運用のもと、中堅クラスの監督官は監督業務に就くことができず、司法事件や臨検監督といった実務経験を積めないまま年齢を重ねています。その結果、監督業務に関するキャリアを積むことができないまま管理職となり、知識や経験が十分でないなかで重責を担う状況となっています。このように、新人事制度による専門性の低下は、監督官の主軸業務にも影を落としています。

　今、働き方改革によって副業・兼業やテレワークなどの多様な働き方が広がりをみせるなか、労働基準行政が果たす役割はいっそう大きく、労働者・国民からの期待も高まりを見せています。長時間労働の是正や産業保健機能の強化、過労死等事案にかかる迅速かつ公正な労災保険給付など監督業務、安全衛生業務、労災補償業務が三位一体となって機動的に対応することが求められていま

す。働き方改革に向けた実効ある取組みを進め、労働者・国民の負託に応える
ためにも、新人事制度を抜本的に見直し、各職域の専門性を担保したうえで職
場体制を拡充することが不可欠です。労働基準行政のあり方が問われていると
考えます。

2 雇用環境・均等行政について

(1) 主な業務内容

　雇用環境・均等行政では、誰もがその能力を十分に発揮し、仕事と家庭を両
立させながら働くことができる社会をめざし、男女雇用機会均等の確保や多様
な働き方のニーズに対応した就業環境づくりを推進しています。

　その主要業務として、①セクシュアルハラスメントやパワーハラスメントの
防止、妊娠・出産を理由とする不利益取扱いなどに対処するための事業主への
指導、②同一労働同一賃金に向けた非正規雇用労働者の待遇改善、仕事と生活
の両立などの相談対応、③「くるみん」「えるぼし」など両立支援や女性の活
躍を推進する企業の認定、④個々の労働者と事業主との間の労働紛争に対する
解決援助サービス、⑤労働法制セミナーの開催、⑥企業の両立支援の取組、時
間外労働解消の取組み、最低賃金引上げの取組を支援するための助成金業務な
どを所掌しています。

　一方、政府の重要施策への対応も求められており、所掌業務は広がるばかり
です。たとえば 2021 年度は、①不妊治療のために利用できる休暇制度・両立
支援制度の利用促進のための環境整備に取り組む中小企業事業主に対する支援、
②適正な労務管理下における良質なテレワークの普及促進・支援のための業務
などを担うことになりました。不妊治療は当時の政権の目玉とされ、良質なテ
レワークはウィズコロナ・ポストコロナ政策として打ち出された施策です。

　さらに、社会問題化した多岐にわたる課題に対応するため、近年は法改正が
頻繁となっており、その対応も求められます。具体的に、2019 年には「女性の
職業生活における活躍の推進に関する法律等の一部を改正する法律案」(以下、
一括法案) が成立するとともに、これによって労働施策総合推進法が改正され、
職場におけるパワーハラスメント防止対策が事業主に義務付けられました
(2020 年 6 月 1 日より大企業のみ、2022 年 4 月 1 日より中小事業主にも適用)。

あわせて、男女雇用機会均等法および育児・介護休業法においてもセクシュアルハラスメントや妊娠・出産・育児等に関するハラスメントに係る規定が一部改正され、それまでのハラスメント防止対策に加え、相談したこと等を理由とする不利益取扱いの禁止や国、事業主および労働者の責務が明確化されるなど強化が図られています（2020年6月1日施行）。

　さらに、2019年の一括法案成立にあたって、あらゆるハラスメントの防止に関わるいくつかの附帯決議が付されました。具体的には、顧客や取引先からの暴力、悪質なクレーム等の著しい迷惑行為（いわゆるカスタマーハラスメント）や就職活動中またはインターンシップ中の学生に対するセクハラ被害に係る対策などであり、雇用環境・均等行政でその検討が進められています。

　また、一括法案によって女性活躍推進法が改正され、2022年4月より民間企業における行動計画策定の義務付け対象が常用労働者101人以上の企業に拡大されました。そして、行動計画の策定が義務とされる一方、行動計画にもとづく取組みの実施やその目標を達成することが努力義務となっており、加えて、女性活躍推進の取組みがとくに優良な事業主を認定する「プラチナえるぼし」認定制度（2020年6月施行）の活用や当該制度を含めた周知・啓発を実施しながら女性活躍の推進を図っています。なお、当該認定制度では、認定を受けた企業が認定マークを商品などに付することができ、企業イメージの向上につながるなどのメリットを付加価値としています。一方、女性活躍推進法の取組みに関わって、「2020年までに指導的地位に女性が占める割合が少なくとも30%程度となるよう期待する」とした政府目標は達成されておらず、「2020年代の可能な限り早期」へ先送りされた厳しい状況にあります。

　また、パートタイム・有期雇用労働法の改正に伴い、雇用形態に関わらない公正な待遇の確保（同一労働同一賃金）が2021年4月1日より中小事業主にも適用されています。これは、同一企業内における正社員と非正規雇用労働者との間の不合理な待遇差をなくし、どのような雇用形態を選択しても待遇に納得して働き続けられるようにするものであり、多様な働き方の実現をその目的とするものです。

　さらに、育児・介護休業法の改正に伴い、出生時育児休業制度の創設や育児休業を取得しやすい雇用環境の整備、育児休業に係る制度の個別周知・意向確認の措置義務化などが2022年4月1日以降、順次施行されます。

(2) 地方労働局雇用環境・均等部（室）の状況

　このような法改正が進むなか、2020年度に男女雇用機会均等法、労働施策総合推進法、パートタイム・有期雇用労働法および育児・介護休業法について、労働者や事業主等から労働局の雇用環境・均等部（室）に寄せられた相談件数は13万396件であり、対前年度比70.8％増と急増しています。

　さらに、個別労働紛争解決制度に係る相談件数も**図表Ⅱ-4**のとおり、高止まりの状況が続いています。なお、個別労働紛争解決制度とは、個々の労働者と事業主との間の労働条件や職場環境などをめぐるトラブルを未然に防止し、早期に解決を図るための制度であり、総合労働相談や都道府県労働局長による「助言・指導」、紛争調整委員会による「あっせん」の三つの方法があります。

　これら労働相談には懇切丁寧な対応が求められ、法令や制度の説明などで1件あたりの時間が必然的に長くなります。しかも、相談を端緒に企業指導等に移るので、相談件数の増加は全体業務量にも多大な影響を及ぼします。

　一方、助成金部署では、①業務改善や生産性向上を進めながら賃金引上げに取り組む中小事業主を支援する「業務改善助成金」、②生産性を高めながら労働時間の短縮などに取り組む中小事業主を支援する「働き方改革推進支援助成金」、③職業生活と家庭生活の両立支援や女性の活躍推進に取り組む事業主を支援する両立支援等助成金、④小学校休業等対応助成金などを担っています。もともと、①～③の助成金は働き方改革を推進する事業主を支援する助成金としても位置づけられ、年を追うごとに申請件数が急増し、時には当初予算が枯渇する事態が発生しています。これに加え、①～④ともに新型コロナウイルス感染症に対応するコースを創設したため、想像をはるかに上回る申請が殺到する事態となり、雇用環境・均等部（室）では過酷な超過勤務が続く状況に陥っています。

　こうした事態の根本原因は連年の定員削減によって職員を減らし過ぎたことにあり、非常時を見据えた体制になっていないと言わざるをえません。もとより、雇用環境・均等行政は民間企業に対して働き方改革を旗振りする役割を担っていますが、それを担当する当該行政の各部署ではそれに逆行する過密労働となっています。

　また、2008年10月に導入された新人事制度（既述参照）によって地方労働行

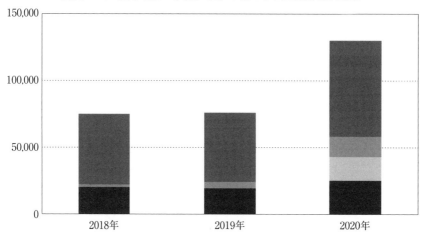

図表Ⅱ－3　雇用環境・均等部（室）に寄せられた相談件数の推移

150,000
100,000
50,000
0
2018年
2019年
2020年
育児・介護休業法
パートタイム・有期雇用労働法（旧パートタイム労働法含む）
労働施策総合推進法
男女雇用機会均等法

厚労省報道発表資料「令和２年度雇用環境・均等部（室）における法施行状況について」引用

図表Ⅱ－4　個別労働紛争解決制度に係る相談件数

1　総合労働相談件数は前年度より増加。助言・指導申出の件数、あっせん申請の件数は前年度より減少。
総合労働相談件数は129万782件で、13年連続で100万件を超え、高止まり

内容		件数	前年度比
総合労働相談		129万782件	8.6％増
	法制度の問い合わせ	87万5,468件	13.7％増
	労働基準法等の違反の疑いがあるもの	19万961件	2.7％減
	民事上の個別労働紛争※４相談件数	27万8,778件	0.2％減
助言・指導申出		9,130件	7.5％減
あっせん申請		4,255件	18.0％減

2　民事上の個別労働紛争の相談件数、助言・指導の申出件数、あっせんの申請件数の全項目で、「いじめ・嫌がらせ」の件数が引き続き最多
・民事上の個別労働紛争の相談件数では、79, 190件（前年度比9.6％減）て9年連続最多。
・助言・指導の申出では、1,831件（同29.4％減）で8年連続最多。
・あっせんの申請ては、1,261件（同31.4％減）て7年連続最多。

厚労省報道発表資料「令和２年度個別労働紛争解決制度の施行状況について」引用

政の系統別人事管理が廃止され、地方雇用環境・均等行政においても雇用均等籍職員の採用を停止し、専門人材の育成や行政水準の維持・向上に支障を来たしています。新人事制度導入以後、雇用環境・均等部（室）については新人事制度以前に採用された雇用均等籍職員を中心にしながら、共通採用事務官や系統間人事交流（異動）者が担ってきました。この間、共通採用事務官は入省10年目までに2年間、系統間人事交流（異動）者もおおむね2年間の配置となっており、中長期的なスパンで配置していません。そのため、行政の専門性に係る継承が進まず、長らく屋台骨を支えてきた雇用均等籍職員は次第に定年退職を迎えており、限界が来ています。

さらに、雇用環境・均等行政のニーズが高まり、次々に新規業務が増えるなか、職員の増員は認められず、代わりに非常勤職員を増やし、こうした状況下において雇用環境・均等部（室）における第一線業務の多くを非常勤職員が担っています。他方で非常勤職員は常に雇用不安にさらされており、職員の人事制度を含め、入れ替わりの多い組織形態は重大な問題です。

(3) あるべき雇用環境・均等行政について

雇用環境・均等部（室）の職員に尋ねると、多くは「この人数でこの業務の幅及び量をこなすのは無理である」と返答します。また、専門性の維持・向上に資する人事制度へ見直す必要もあります。つまり、まずは早急に足もとの体制を整えて行政ニーズに応えていかなければならない状況にあり、職員は理想像を描く段階にすら至っていません。

3　職業安定行政について

(1) 公共職業安定所（ハローワーク）とは

職業安定行政は第一線機関である公共職業安定所（ハローワーク）において、職業紹介、雇用保険、雇用対策（企業への指導と支援）などの業務を一体的に実施することで憲法に定められた職業選択の自由と勤労権を保障する役割を担っています。実際、全国には544の公共職業安定所（出張所、分室を含む。2022年4月時点（以下同））があるほか、特定の対象者への専門的な支援を実施する付属施設（マザーズハローワーク、新卒応援ハローワーク、わかものハロー

ワーク、外国人雇用サービスセンターなど）も設置されています。

　一方、諸外国と比較しても職員数は圧倒的に少なく、職業安定機関の職員１人当たり労働力人口および失業者数を比べると、欧州主要国の３分の１～10分の１程度にすぎません（厚生労働省職業安定局「公共職業安定所（ハローワーク）の主な取組と実績」）。こうしたなか、公共職業安定所では非常勤職員も大きな役割を果たしており、職員の２倍ほどの非常勤職員が職業相談や雇用保険などの業務に従事しています。

　そのうえで、こうした厳しい体制下にあっても、職業安定行政では第一線機関である公共職業安定所を中心に労働者・国民の権利保障を担うべく各種業務を遂行しており、以下にその概要を紹介します。

(2) 職業相談・紹介

　公共職業安定所（以下、安定所）では、働く希望を持つすべての国民の就職支援を実施しており、それぞれの求職者が置かれた状況に応じた取組みを進めています。

　具体的に、職業相談・紹介の窓口においては求職者が就職を希望する求人について、その内容を確認しながら求人者に連絡を取って紹介状を交付する流れになっていますが、それ以外にもさまざまな対応が図られています。そもそも、求職者の置かれている状況は一様でなく、求職者が抱えている課題を明らかにしながら関係機関（福祉行政、医療機関など）へつなぐこともあります。また、求職者に対しては本人が選択した求人の紹介のみならず、求人の選び方や履歴書・職務経歴書の書き方、面接の受け方などさまざまな助言・支援を行っています。あわせて、就職活動に役立つセミナーや就職面接会、企業説明会なども開催しており、全国ネットワークを活用した広域の職業紹介なども実施しています。さらに、対象者ごと（若年者、高齢者、障がい者など）に応じたきめ細かな支援メニューを用意しており、さらに詳しく解説します。

　まず、若年者について、大学や専門学校などの卒業予定者・卒業者に対する「新卒応援ハローワーク」を全国56か所に設置するとともに、担当者を決めての個別支援（就職活動の相談、エントリーシートや履歴書の作成相談、面接指導など）や職業適性検査、就職活動に役立つガイダンス・セミナーなどを実施しています。一方、高校生に関しては学校との連携のもとで巡回を含めた職業相談

を行っており、大学生等に関しても「新卒応援ハローワーク」のほか、大学のキャリアセンターと連携した対応も行っています。さらに、フリーターなどへの就職支援として「わかものハローワーク」（全国22か所）や安定所内の「わかもの支援コーナー」（同197か所）があり、マンツーマンでの個別支援やグループワークなどの支援メニューが展開されています。

次に、子育て中の女性などを対象とした就職支援について、これも付属施設である「マザーズハローワーク」（全国21か所）と安定所内にある「マザーズコーナー」（同185か所）が用意されています。そして、「マザーズハローワーク」や「マザーズコーナー」にはキッズコーナーや授乳スペース、ベビーチェアなどが用意されており、子ども連れでも職業相談が受けやすいようになっています。あわせて、仕事と子育てがしやすい求人情報の収集・提供や自治体と連携した保育関連情報の提供なども行います。

高齢化の進展に伴い、高齢者の就職促進も重要な課題となっています。とくに、高年齢者雇用安定法において65歳までの雇用確保措置（70歳までの就業確保措置）が規定されるなか、企業に対してはこうした措置の履行確保を指導しつつ、求職者に対しては「生涯現役支援窓口」（安定所内に設置、全国300か所）などで職業相談を行ったり、高齢者を対象とした就職面接会などを実施しています。

障がい者の就職支援も重要です。職業安定行政では、障がい者がその能力を最大限に発揮し、適性に応じて働くことのできる社会をめざしています。実際、障がい者の社会参加にあたってはさまざまな連携が必要であり、安定所を中心に福祉施設や生活支援機関などと「チーム支援」を行っています。あわせて、障がい者雇用に関しては障害者雇用促進法にもとづく法定雇用率が定められる一方、未達成企業や障がい者雇用ゼロ企業もあります。こうした企業に対しては法の趣旨を説くだけでは不十分であり、経験やノウハウが不足していることも多く、地域障害者職業センターなどと連携しながら雇入れ準備から採用後の定着までの一貫した支援を行っています。

この他、外国人の就職支援に関しては「外国人雇用サービスセンター」（全国4か所）や「外国人雇用サービスコーナー」（安定所内、138か所）、「留学生コーナー」（新卒応援ハローワーク内、21か所）での専門的な支援を行っています。さらに、生活保護受給者等（児童扶養手当受給者、生活困窮者など）に対しては

自治体内に安定所の常設窓口を設ける、あるいは自治体の福祉事務所を巡回するなどしてワンストップ型の就労支援体制を整備しています。加えて、近年では非正規雇用労働者や就職氷河期世代への支援も強めており、一人ひとりの不安や悩みに寄り添った職業相談を進めています。

(3) 雇用保険・職業訓練

雇用保険制度（雇用保険法）は労働者が失業した場合にその生活の安定と早期再就職を図るための給付を行うものであり、国による強制加入の社会保険制度です。実際、安定所では、労働者が入職・離職した際の事業所側の手続き（適用関係業務）と失業した本人による給付の手続き（給付関係業務）を行っています。とりわけ、急激な景気悪化時や自然災害時などには失業者が増大せざるをえず、セーフティネットとしての雇用保険制度とその実務を担う安定所の役割は重要です。

また、失業者への雇用保険給付は再就職支援と一体で行うことが欠かせず、安定所での職業相談と失業給付は不可分と言えます。この点、雇用保険制度は国（安定所）で行いつつ、職業相談業務を切り離して民営化・民間開放あるいは地方移管すべきとの議論が何度か巻き起こりました。しかしながら、これまで述べてきているように、雇用保険給付は失業者の再就職を支えるものである以上、これらを別々に運用することは困難です。実際、雇用保険受給者に対しては職業相談窓口で再就職の進捗状況を確認しており、先進主要国でも雇用保険と職業紹介を一体的に実施しています。

一方、職業相談に際し、再就職に向けた知識・技能を必要とする求職者も多く、安定所では職業訓練の相談およびあっせんを行っています。職業訓練の実地主体は国（ポリテクセンター・ポリテクカレッジ）や都道府県（職業能力開発校）、民間教育訓練機関（国・都道府県からの委託訓練）ですが、実際に受講するのは求職者であり（ただし、在職者でも受講できる職業訓練がある）、安定所での職業相談・あっせんを通じて職業訓練を受講しています。あわせて、雇用保険受給者には雇用保険制度からの給付が、雇用保険受給者以外であれば職業訓練受講給付金がそれぞれ支給され、その実務も安定所が担っています。

図表Ⅱ-5　職業安定行政の主な業務とスウェーデンとの比較

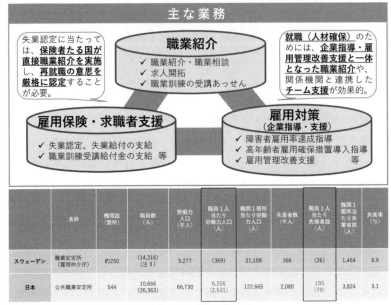

名称		機関数（箇所）	職員数（人）	労働力人口（千人）	職員1人当たり労働力人口（人）	機関1箇所当たり労働力人口（人）	失業者数（千人）	職員1人当たり失業者数（人）	機関1箇所当たり失業者数（人）	失業率（%）
スウェーデン	職業安定所（雇用仲介庁）	約250	(14,316)（注3）	5,277	(369)	21,108	366	(26)	1,464	6.9
日本	公共職業安定所	544	10,666 (26,363)	66,730	6,256 (2,531)	122,665	2,080	195 (79)	3,824	3.1

(注1)　職員数、職員1人当たり労働力人口及び失業者数欄の（）内の数字は、非常勤職員等を含む人数。
(注2)　各州単位で公共職業紹介機関の設置を行っているため、全体の職員数については不明。なお、1997年当時の職員数は約70,000人。
(注3)　職員と非常勤職員等の内訳は不明。
(資料出所)　各国ホームページ上の各種統計資料等をもとに、厚生労働省作成（2016年時点。なお、イギリスのみ職業紹介機関数を除き2018年時点）。

(4) 求人者支援・助成金

　安定所では、求人募集を行いたい企業からの求人を受け付け、求職者に公開しながら紹介を行っています。その際、安定所のなかだけでなく、「ハローワークインターネットサービス」を通じて全国の求職者に広く提供しており、当該サービスには多くの求職者（在職者を含む）からのアクセスがあります。

　また、企業が求人を提出するに際し、安定所では労働条件の確認はもとより、求人票の書き方にかかる助言なども行っています。あわせて、地域の労働市場に関するデータ（たとえば、募集する職種に関する平均賃金など）の提供や就職面接会・事業所説明会なども行っており、求人の充足に向けた様々な支援を展開しています。加えて、医療・福祉や建設、警備、運輸など人材確保のニーズが高い分野については「人材確保対策コーナー」（全国の安定所内に113か所）を設置し、求人者への支援と求職者への情報発信などを推進しています。

　一方、雇用の安定や雇用機会の増大を図るため、雇用保険財源（雇用保険二

事業）による雇用関係助成金が設けられています。近時では雇用維持にかかる雇用調整助成金が有名ですが、雇い入れや雇用管理改善などを行った際の助成金もあり、いずれにしても都道府県労働局または安定所が申請窓口となっています。なお、これらの助成金について、申請があれば単にそれを受け付けるというものでなく、とりわけ求人提出に際してはこうした制度を企業へ説明しながら、さまざまな求職者の採用に結びつけるよう助言を行っています。

(5) あるべき職業安定行政

　職業安定行政の第一線機関（安定所や労働局）では、上記に掲げた業務を遂行しながら、憲法に定める勤労権や職業選択の自由を保障しています。しかし、連年の定員削減による行政体制の逼迫は長時間過密労働を促し、実際にメンタル疾患などの健康破壊につながっています。そして、このことは、相談業務や能動業務に十分な時間を割けないなど行政サービスの低下にも直結しています。

　一方、政府を挙げたデジタル化・オンライン化の推進を受け、安定所の職業相談・求人受理業務や雇用保険業務などで幅広くオンライン化の試行が始まっています。もとより、遠隔地に住んでいる、あるいは障がいを持っているなど来所困難な行政利用者の利便性向上につながる側面があり、こうした機器・システムの活用は一定必要と考えます。しかし、すべての行政利用者がこうしたシステムを活用できる環境にあるわけでなく、それを希望する者ばかりでもなく、あくまで一手法との位置づけであるべきです。とくに、相談の場面では、相対することによってこそ求職者・求人者の言語化されない思いなどが伝わり、よりよい意思疎通につながります。したがって、対面業務の重要性はいささかも変わらず、行政としてこうした姿勢を貫くことが欠かせません。

おわりに——人員削減とともに遠のく労働者の権利保障

　以上、述べてきたように、労働行政では労働基準行政、雇用環境・均等行政、職業安定行政がそれぞれに専門性を高めながら、労働者の権利保障に尽力しています。しかし、労働行政全体としての課題も抱えており、詳細については各項でも触れられていますが、それらについてあらためて強調したいと思います。

　まず、他省庁と同様、政府の定員合理化計画による定員削減が行政体制をき

わめて脆弱なものにしています。実際、この 10 年間（2011〜2020 年度）におい
て、地方労働行政（労働局、監督署、安定所）では約 1600 人の削減が強行され
ました。これは中国地方 5 県の労働局職員数に匹敵する数字であり、いかに苛
烈な削減が行われたかがわかるのではないでしょうか。このため、労働強化が
加速的に進行し、メンタル疾患を始めとする健康被害につながっています（人
事院の調査によると、厚生労働省は精神疾患の発生率が全省庁平均より高く、なか
でも地方労働行政はいっそう高い）。また、自然災害や景気悪化時には一定の臨
時増員が図られたこともあります（リーマン・ショック（09 年度補正予算）、東
日本大震災（11 年度補正予算）、新型コロナウイルス感染症（20 年度補正予算））
が、いずれも任期に限りがあり、行政運営に深刻な影を落としています。

　一方、こうした状況下にあって、労働行政ではこれまで述べてきたように、
非常勤職員の存在が必要不可欠となっています。非常勤職員の雇用については
1 年更新が原則であるとともに、職員のような政府全体での定員管理でなく、
各省の予算によってその増減が決まります。したがって、増員となる年もあり
ますが、減員となる年もあり、非常勤職員は次年度も雇用が継続するか毎年不
安におびえざるを得ません。しかも、人事院は 2010 年に期間業務職員制度を
導入しましたが、これによって 3 年に一度、外部応募者を交えた公募にかけら
れることになりました。しかし、新規または欠員時に公募を行うならともかく、
現在勤務している非常勤職員の更新時に外部応募者と競わせるのは本人に精神
的な負荷をかけるものであり、応募者にも混乱をきたすものです。

　このように、労働行政においては職員・非常勤職員それぞれに困難な課題を
抱えながらも、労働者・国民が安心して働き暮らせるよう、日々の業務に邁進
しています。実際、労働行政利用者からの感謝の声も寄せられますが、そうし
た働く者の笑顔や喜びを励みにしながら行政としての役割を全うしたいと考え
ています。

国民の移動から災害対策までを担う

国土交通労働組合

はじめに——多岐にわたる国土交通行政

　2001年の中央省庁再編によって、旧4省庁（北海道開発庁、国土庁、運輸省、建設省）を母体とした国土交通省が設置されました。軌を一にして、政府の独立行政法人改革のもと、一部の組織は国から独立行政法人に組織移管が実施されています。

　国土交通省の組織は本省のほか、地方支分部局として、河川や道路などのインフラ整備等を担う「地方整備局」や「北海道開発局」、陸上および海上交通の許認可や監査指導等を担う「地方運輸局」、航空管制等を担う「地方航空局」や「航空交通管制部」があります。さらに、外局として、観光行政を担う「観光庁」、気象予報や観測等を担う「気象庁」、交通機関の重大事故の原因究明等を担う「運輸安全委員会」、海上の安全確保等を担う「海上保安庁」があります。このほか、航空保安職員の教育訓練等を行う「航空保安大学校」などの施設等機関があり、職員数は国土交通省全体で5万9178人（2022年度、国土交通省定員規則による）となっています。また、所管する独立行政法人には、車検や自動車・鉄道の安全基準の研究等を行う「自動車技術総合機構」、パイロットの養成等を行う「航空大学校」、船員の養成等を行う「海技教育機構」などがあるほか、橋梁や道路、建築物などの研究等を行う「国立研究開発法人土木研究所」・「国立研究開発法人建築研究所」、海上や空港等の利用にかかる研究等を行う「国立研究開発法人海上・港湾・航空技術研究所」があり、国と一体で国土交通行政を担っています。このように、国土交通行政が担っている業務は広範囲に及んでおり、国民生活に必要不可欠なインフラ整備や安全・安心の確保等のため、厳しい定員事情や高まる国民のニーズのなかで、全国各地で多くの職員が日々、懸命に業務を執行しています。

　一方、労働組合は、省庁再編前年（2000年）の12月に、全運輸労働組合、全建設省労働組合、全気象労働組合、全運輸省港湾建設労働組合の四つの組織が

国土交通共闘を結成し、将来の組織統一を念頭におきながら、共同行動を展開してきました。さらに、2007年には、海員学校職員組合および海技大学校職員組合も共闘に結集することとなりました。その後、自民党政権とその後に誕生した民主党政権によって、「道州制・地方分権」（地域主権改革）が推し進められ、地方出先機関の廃止など、国民生活に直結するほか、職員の雇用にもかかわる重大な課題が浮上するなどの厳しい情勢のもとで、2011年9月に共闘内の六つの労働組合が国民本位の国土交通行政の確立をめざし、大同団結して、国土交通労働組合を結成し、現在に至っています。

　取組みの一端については後述しますが、各職場では、国民生活にかかわる重大かつ多くの課題を抱えており、それらについて、職場実態を交えて、お伝えします。

1　運輸関係職場

(1) 相次ぐバス事故などを未然に防止できない体制

　地方運輸局は、全国各地で陸上や海上での交通運輸分野における国民の安全・安心を確保する業務を担っています。物流や公共交通機関は、国民の安定した生活に欠かせないことから、安全・安心を重視する規制の強化や、事業者等に対する指導・監督を確実に行う必要があります。

　その一方で、交通運輸では、1990年に施行された物流二法（「貨物自動車運送事業法」および「貨物運送取扱事業法」）を皮切りに規制緩和が実施されました。その後、規制緩和は各分野に拡大されることとなりましたが、当時の運輸省（現国土交通省）は、従来の事前規制型の行政を事後チェック型に転換することによって、輸送サービスの向上や交通の安全を確保するとしました。しかし、新規参入が容易となったことで事業者間の過当競争が激化するとともに運賃のダンピングや法令違反が横行し、そのことが交通運輸労働者の労働条件悪化につながり、重大事故や労働災害の増加を招く結果となっています。この数年間でも、関越自動車道での高速ツアーバス事故（2012年）や軽井沢スキーバス事故（2016年）などの重大事故が相次いで発生し、多くの尊いいのちが奪われる最悪の事態となっています。

　国土交通省は、そのつど有識者らで構成する検討会等を設置し、事故の再発

防止にむけた議論をすすめたうえで、一定の対策を講じていますが、制度改正が矢継ぎ早に出されるなかで、現場では負担と混乱が生じています。一方、本来、強化すべき地方運輸局などの監査・監督体制については、重大事故後、一定の増員はなされたものの、バス、タクシー、トラック事業者数（約12万社）に対し、職員が450人（2022年現在、国土交通労組調べ）にとどまっており、「事後チェック型行政」が十分に機能しているとは言い難いものとなっています。事故を未然に防止するためにも、地方運輸局の体制拡充や安全規制強化に向けた抜本的な対策を講ずることが求められています。

(2) 厳しい勤務条件が業務に影響を及ぼす

わが国では、多くの物資を輸入に頼っており、国際貨物輸送の99.7％を海運が占めています。（2022年版交通政策白書）また、400余の島嶼に人々が暮らすなかで、船舶は離島を結ぶ交通手段として、欠かすことはできません。このように、国民生活にとって必要不可欠な船舶の検査や、船舶の運航にたずさわる船員の確保・育成などの業務は、地方運輸局が担っています。しかし、船舶を検査する職員は、限られた要員のなか、厳しい業務遂行が課せられる一方で、処遇が低く抑えられているほか、全国ベースの異動とされ、多くの職員が将来設計に不安を抱えています。そのため、新規採用の募集をしても、募集枠が埋まらず、この10年で約40人の定員削減にくわえて、20人を超える欠員（2022年4月現在、国土交通労組調べ）が生じています。こうした状況は職場環境をさらに悪化させることにつながることから、早急に必要な要員を確保するための処遇改善と執行体制の強化が必要となっています。また、船舶や事業場（約7000社）に立ち入り、運航管理体制等を監査する運航労務監理官は、180人（2021年度、国土交通省資料）にとどまっており、監査体制の強化が必要不可欠です。さらに、船舶の安全運航を確保するための資格を保有させる試験を担当する海技試験官は、船長・機関長としての経験や高度な専門知識が求められているものの、処遇が低く、なり手が少ないのが現状となっており、待遇等の改善が重要となっています。

いうまでもなく、交通運輸の安全確保に向けた対応は、陸上、海上を問わず求められており、職員は事故対応として、連絡用の携帯電話を持たされています。そのため、ひとたび事故や災害等が発生すれば、夜間・休日を問わず、国

土交通本省への報告等が求められており、とくに官邸への報告が必要となる案件などは急を要します。実際、2022年4月に発生した知床遊覧船事故の際には、担当者は月に100時間、管理職で200時間の超過勤務が続きました。国民の安全を守るうえで、必要な業務ではあるものの、ただでさえ、慢性的な要員不足と業務過多のもとで、十分な休養も取れず、精神的にも肉体的にも疲労している状況のなかで、こうした業務は多くの場合、その対応にはなんの手当等もなされていません。

(3) 政府の施策のもとで職場が疲弊

　国土交通省の運輸行政では、観光行政も担っています。近年、政府の施策のもとで、交通政策基本法（2013年）の施行や、地域公共交通活性化・再生法の改正（2014年）、交通政策部および観光部の設置（2015年）などがなされ、職員は日々その対応に追われています。観光行政では、政府が2020年に訪日外国人を4000万人に増やす目標を掲げ、コロナ禍の影響で達成できなかったものの、引き続き2030年に6000万人を達成することとしており、今後、業務対応が求められます。

　また、2020年7月から実施されたGoToトラベル事業については、感染拡大に従い2020年12月に一時中断されましたが、その間、事業事務局のコールセンターの設置の遅れや、同センターにつながらない利用者からの苦情や問い合わせが殺到しました。担当者は、制度を円滑に運用するための業務等で多忙を極めてきたことに加えて、罵声や制度について詰問を受けるなど、精神的にも肉体的にも追い込まれました。さらに、担当部署だけでは対応しきれず、観光庁のすべての部署で対応し、通常業務に影響が出ました。

　総じて、地方運輸局においては、業務に必要な予算、とくに旅費や庁費等が著しく不足しています。そのうえで、厳格な運用等により、旅費や出張先で必要となる諸経費の一部は職員の持ち出しとなる事例も発生しています。また、2010年から2018年までの間に423人もの定員削減が実施されており、これは、地方運輸局が一か所廃止されるに等しい大規模なものとなっています。2019年度以降、4年間で60人の定員純増がなされたとはいえ、いずれの職場も相次ぐ定員削減による一人あたりの業務量が増加するなかで、必要な要員が確保できておらず、超過勤務が蔓延していることから、業務量に見合った要員および予

算の確保等を早急にはかる必要があります。

　さらに、運輸行政において大きな課題となっているのが、従来、国が実施していた自動車検査や自動車登録業務の一部独立行政法人化です。これによって、業務が非効率となっているほか、さまざまな弊害が出ています。この点については、独立行政法人職場の項で触れたいと思います。

2　航空関係職場——航空交通量は増大、現場は訓練に追われる

　航空局は、航空管制業務や空港等の施設の維持管理、法律にもとづいた許認可など、国内・国際を問わず「空の安全運航」を支えています。航空機の運航は、国内のみならず、海外とのネットワークを形成してはじめて安全や公共性が維持できるものであり、そのためにも、国による均一・高質な航空行政の確立が不可欠です。

　航空をとりまく情勢は、コロナ禍の長期化や不安定な世界情勢の影響を受け、多くの航空会社は打撃を受けたものの、航空需要については急激に回復傾向にあります。日本国内においても、首都圏空港を中心に国際線の復便は顕著であり、地方空港おいてもコロナ禍で運休されていた路線が順次再開しつつありますし、国内線においてはすでにコロナ以前にまで復便しています。

　今後も、2025年大阪・関西万博の開催や、政府が定める「観光ビジョン実現プログラム2019」により2030年の訪日外国人旅行者数6000万人の目標達成に向け、航空交通量はさらに増大していく見込みです。

　こうしたなか、航空労働者の状況は、航空機の運航を支える地上業務職員や保安検査員の人手不足が常態化しています。コロナ禍で離職が相次ぎ、その後の需要の回復に採用が追いついていないためです。検査員などには国家資格が必要な業務が多く、人員不足解消には政府、地方自治体また空港運営会社の協力支援体制が重要です。

　また、航空職場においては、増大する航空交通量に対応し、航空保安業務を堅持するため、「空域再編」の整備が着々と進められています。同時に現場では、通常業務に加えて緊急対応訓練も行うなか、「空域再編」に係る新たな訓練にも追われており、超過勤務にて対応せざるをえない職場もあります。安全・安心な航空行政を実現するためには、11時間の勤務間インターバルを確保

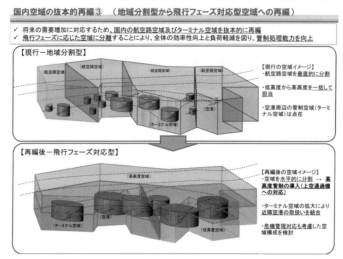

国土交通省「航空交通量の増大に対応した管制空域のあり方」（2013 年 10 月 30 日）10 頁より

させるなど、航空局が責任をもって疲労管理を着実に実行する必要があります。

くわえて、急激に拡大した無人航空機（ドローン）については、2022 年にその登録や機体認証・技能証明制度等が義務化されました。これにより技能証明を有する者が機体認証を受けた無人航空機を飛行させる場合には、国の許可・承認を受けたうえでレベル 4 による飛行（有人地帯上空での補助者なし目視外飛行）が可能となります。今後、さらなる利活用が期待される一方、航空法改正に関する問い合わせや申請数の急増による超過勤務が常態化していることからも十分な要員確保が必要です。また、「空飛ぶクルマ」については、2025 年大阪・関西万博を目標として、技術開発や機体の安全基準をはじめとする制度の整備が進められています。空飛ぶクルマは無人航空機（ドローン）とは異なり、航空機と同様の扱いとなるため、他の航空機との安全をはかりつつ、さらには飛行する地域住民の安全・安心をどのように担保していくのかなど、しっかりとしたルールづくりが求められています。

さらには、カーボンニュートラルの実現にむけ、空港分野において、太陽光発電の整備や走行距離短縮のための誘導路新設、航空灯火のLED化等、空港における再エネ・省エネの取組みを推進していくこととしています。また、航空会社や空港管理者などの関係者が一体となり、取組みを推進していくため、

「空港脱炭素化推進協議会」制度を創設することが定められています。今後、航空行政におけるカーボンニュートラル実現のためには、政・官・財の連携が重要です。

　航空需要が増すなか「空域再編」だけではなく、ドローンやカーボンニュートラルなど、航空行政は国民にとってより身近なものになり、国民の期待も高いところです。また、新たな航空イノベーションなど、航空行政のすそ野はさらに拡大していく一方で、人員削減が強行されており、現在、業務に見合った要員は確保されていません。しかし、この先も「ほとんど余裕がない要員」のままで業務を継続していくことは、航空機の安全運航にとって大きな影響があることは明白であり、必要な要員確保が必須となっています。

3　建設関係職場——国民の安全・安心を守るための三つの大きな課題

　地方整備局では、国民の安全・安心に欠かせない道路や一級河川、ダムなどの点検や修繕等の仕事を行っており、職員は、自ら道路や河川堤防のパトロールをはじめ、工事の監督業務までのすべてのプロセスにかかわっています。近年では、静岡県熱海市伊豆山の土石流災害など全国各地で発生している大雨、地震などによる自然災害に対して、地方整備局の職員が緊急災害対策派遣隊（TEC-FORCE）として、決壊した河川堤防や通行不能な道路の復旧などの緊急活動の最前線にあたる業務を行っています。

　しかし、国民の安全・安心を守る組織として、地方整備局は三つの大きな課題を抱えています。一つ目の課題は、地方整備局の人員・体制不足です。政府による国家公務員の定員削減により、地方整備局の人員はこの10年あまりで4000人以上削減され、とりわけ各地域にある地方整備局の出先である事務所、出張所に極端な削減のしわ寄せが行われました。その結果、現場の担当者が不在となり、管理職が一人しかいない「一人出張所」問題が近年急増しています。たとえ、現場に地方整備局の職員が不在となっても、災害対応など国民生活を守るさまざまな業務は無くなりません。そのため、いざ災害が発生した際、一人出張所の管理職は、交代要員も無く、たった一人で災害対応に取り組まなければならない脆弱な体制となっています。これは現場で働く職員の業務負荷が増えるだけではなく、ひいては、国民生活をまもる役割が十分に果たすことが

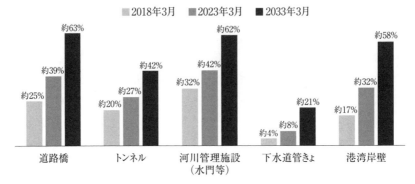

図表Ⅱ-7　建設後 50 年以上経過する施設

○今後、建設後50年以上経過する社会資本の施設の割合が加速度的に増加。

■2018年3月　■2023年3月　■2033年3月

道路橋：約25%／約39%／約63%
トンネル：約20%／約27%／約42%
河川管理施設（水門等）：約32%／約42%／約62%
下水道管きょ：約4%／約8%／約21%
港湾岸壁：約17%／約32%／約58%

資料）国土交通省

できない状況となっています。

　二つ目の課題は、点検や修繕などを行うための予算不足の問題が挙げられます。老朽化する橋梁や水門などのインフラの多くは、完成後50年以上経過し、その老朽化が進んでいます。

　たとえば、2021年9月に発生した、和歌山県の紀の川における水管橋の脱落などは、老朽化したインフラの典型的な事例であり、それらを放置することは、国民生活を脅かす重大事案につながることを再認識される事案となっています。国土交通省では、老朽化するインフラの対応として、「国土交通省インフラ長寿命化計画（行動計画）」を策定し、2023年度予算では、インフラ老朽化対策等の予算として7204億円を計上しています。しかし、年々増大する点検・修理費用を賄えるほどの予算規模にはなっておらず実際、個々の現場でも、点検・修理費用は十分でなく、必要な点検や修理などが困難になっています。維持管理予算が厳しい一方で、リニア工事などの大規模新設改築事業には、補助金等で膨大な予算が優先的に配分されています。国民の生命・財産を守るためには、大規模新設改築事業ではなく、インフラの維持管理予算の拡充は急務であると考えます。

　三つ目の課題は、現場で働く建設労働者や地方整備局の職員などの劣悪な労働環境が挙げられます。国民の安全を守り安心できる社会を実現するためには、災害対応の第一線で奮闘し、また、インフラの点検などの維持管理などに従事

している建設労働者の力は欠かすことはできません。しかし、現場で働く建設労働者は、低賃金、長時間労働、十分ではない休暇制度など、その処遇は低く抑えられており、その結果、建設業界での慢性的な人員不足が大きな課題となっています。国土交通省は、建設労働者の長時間労働の是正や週休2日の促進などさまざまな対応をとっていますが、実効性が乏しい状態となっています。

　また、地方整備局の職員は、公共工事だけではなく、防災対応やデジタル技術などを活用した公共工事の推進など、その業務内容は複雑・困難化し、そして膨大になる一方です。しかし、業務を担う職員数が公務員を削減する政府方針により絶対的に不足しており、一人ひとりの職員にかかる負担は精神的、肉体的に大きくなっています。その結果、深夜で日付が変わるまで業務に追われる状況になっています。そのようななか、国土交通省も「女性職員の活躍と職員のワークライフバランスの推進・障害者雇用の推進に関する取り組み」を掲げ、職員全体の働き方改革を進めようとしていますが、まだまだ実効性に乏しく、職員の長時間過密労働の実態はほとんど是正されていません。そのため、毎年、多くの職員が心身に不調を訴えたり、休職に追い込まれたり、職場を辞職したりしています。また近年では、そのような職場環境が学生の間でも話題になり、地方整備局を希望する学生が年々少なくなっており、人材確保も課題となっています。

　以上のことから、政府による公務員の定員削減や維持管理費用の不足、そして、実効性に乏しい働き方改革などにより、国民の安全・安心に欠かせないインフラの維持管理や防災対応、建設業界の人員不足が大きな課題となっています。いまこそ、国民生活を守るため公務・公共サービスの拡充が必要です。

4　港湾空港職場

(1) 地方整備局における港湾空港行政が果たす役割

　島国日本における港湾は、諸外国からのエネルギー資源や穀物・食料等物資の輸出入拠点として国民生活と日本経済を支えています。また、北前船航路など歴史的な海上輸送の発展によって、太平洋沿岸にくわえ日本海沿岸など全国各地、津々浦々において、地域の発展を支える港湾が築かれてきました。現在も、港湾は物流機能に限らず地域における歴史・文化・経済・観光などの多様

な社会活動を担う拠点として発展を続けています。

　現在、日本国内には、国際戦略港湾は京浜・阪神エリアの5港、国際拠点港湾18港、重要港湾102港、地方港湾807港が存在しており、国土交通省や地方公共団体（港湾管理者等）などで港湾施設の整備や維持管理を実施しています。国土交通省では、港湾政策を担う港湾局をはじめ、港湾行政を担うため各地方整備局に港湾空港部が、郡府県ごとなど地域の港湾行政を担うため50を超える港湾事務所（または港湾・空港整備事務所）が全国に配置されています。

　近年は、港湾政策として港湾局が発表した「PORT2030」にもとづき、港湾整備のデジタル技術の導入、港湾物流のデータベースの連携、コンテナ荷役のAI自動化、洋上風力発電の推進、環境対策のカーボンニュートラル・ポート（二酸化炭素排出量実質ゼロをめざす港湾）など、新たな政策の加速も同時に進められています。

　こうした政策推進にくわえ、防災・減災、国土強靱化による地震・津波・高潮など災害に強い港湾施設整備、老朽化が進む施設の予防的な長寿命化対策、物流機能を高めるための物流施設の更新など、補正予算を含めた予算執行の早期実施とともに、業務の多様化に対応する責務を担っています。

(2) 地域港湾における港湾行政を担う事務所の体制不足

　このように港湾政策の多様化・複雑化が進むなか、港湾行政を担う職員は、2001年の省庁再編以降、政府による定員削減が進められ、省庁再編時の実配置の人員3114人から2022年は2456人（658人減、約21.1%減）にまで減少しています。現在も、2020〜2024年度まで5年間の合理化目標数として、定員数294人、10.49%を削減する方針が掲げられています。

　地方整備局では、年々要員が減少するなかで、港湾政策にもとづく多様なプロジェクト推進や多発する災害対応の増加もあり、どの機関も個々の職員への負担増が強いられています。また、これらに伴う長時間労働の常態化など慢性的な過密労働の実態は、政府が推進すると喧伝する「働き方改革」には逆行しているのが職場の現状です。

　とりわけ全国各地域の事務所に配置されている職員は、定員削減によって最小限の人員・体制のもとで、今後の持続的な業務遂行・存続への懸念が高まっています。当時の政府方針による新規採用抑制が数年間にわたり実施され、30

歳前後の職員不足が顕著となり、いびつな年齢構成を余儀なくされ、係長不足、係員不足が明らかとなっています。こうした体制不足といびつな年齢構成による体制の脆弱化が現在も進んでいます。このため、専門的な技能伝承ができないことや、経験を得ないままで肉体的、精神的な負担が増えるなど、災害など突発的な対応だけでなく、通常業務の港湾行政の運営にも支障が出かねない実態となっています。

国民生活と安全・安心をまもるため、国の責務や役割をしっかり発揮するためにも、業務量に見合った定員配置と体制拡充・強化が求められており、とりわけ全国の現場をかかえる事務所の体制拡充・強化は緊急的に必要であり、地域港湾における港湾行政を担う責務とともに災害対応力を強化することが重要となっています。

(3) 相次ぐ大規模災害等の対応増加で現場は疲弊

一方で、国土交通省は、平時から非常時、復旧・復興時にわたり現場力を活かし、国・県・市、企業・住民連携を強化する方針を示しています。しかし、港湾分野では港湾 BCP（事業継続計画）強化や災害に強い道路ネットワーク構築など激甚化する災害に備えた対策が示されるものの、現場力を活かす地方整備局・事務所の定員確保、体制拡充には不十分な状況が続いています。地方整備局が行っている TEC-FORCE の体制強化（隊員任命者数の増加）は、緊急臨時の措置でしかなく見せ掛けの対応策でしかありません。

災害対応力や現場力を高めるためには、体制拡充・強化が必要不可欠であり、同時に、港湾施設の老朽化対策を含めた日常的な維持管理の適正な実施が重要です。さらに、大規模災害など緊急対応を実施できるように、隊員のスキルアップをはじめ、本局・事務所での交替可能な体制確保、被災地や支援先での災害対応方法等のルール決め、行き届いた実践的な訓練、事前準備など抜本的、総合的な強化が必要です。

近年の相次ぐ大規模災害での港湾行政の対応では、TEC-FORCE の被災地派遣にくわえ、地方整備局・事務所所有の船舶が、船舶の航行の安全を確保するため、船舶事故での油回収作業や、台風・豪雨時の流木等の障害物除去作業等の緊急対応も増加しています。直近では、海底火山による漂流軽石への緊急対応で、沖縄県各港湾等への TEC-FORCE 派遣にくわえ、東京湾沿岸での軽石

予防対策など緊急事態の対応が続き、船舶乗組員などの現場職員とともに、派遣者の代行業務を担う事務所職員も含めて職場の疲弊はますます高まっています。

　しかしながら、全国各地での大規模災害に対応する TEC-FORCE 派遣など緊急・迅速な活動を実施するうえでも、体制拡充・強化はまったく不十分な状況が続いています。国民の安全・安心を守るための体制拡充の必要性は年々、国民・地域の期待と要請は高まっており、全国津々浦々の地域港湾が持続的に発展するために、港湾行政の責務を果たしていく必要があります。

5　気象職場

(1) 高まる気象行政に対する期待に要員・予算が追い付かず

　気象庁は的確な気象情報を提供することによって、自然災害による被害の軽減、国民生活の向上、交通安全の確保、産業の発展などを実現することを任務としており、その基盤ともなる気象観測データや的確な防災気象情報は防災・減災にとって第一義的なものです。

　しかし、1968 年以降、14 次にわたる削減計画の強行により、予算定員は 2022 年 4 月で 5030 人となり、ピーク時に比べ 1559 人の純減となっています。この削減数を実行するために気象庁当局はさまざまな業務の切り捨てだけでなく、気象官署の数も減らしています。具体的には、全国 82 か所に設置された気象通報所の廃止にはじまり、全国 97 測候所のうち 2 測候所を残して原則廃止、全国 43 か所の空港出張所や 2 か所の航空測候所の民間委託化などにより、自らの職場を縮小してきました。さらに、地震業務や通信業務の東西 2 中枢化をはじめ、地方業務の管区気象台や本庁への集約を進め、2019 年から 2022 年にかけて、地方気象台の予報業務を予報中枢官署へ集約し、地上気象観測業務の目視観測を廃止しています。

　集約された地方気象台では、集約前は予報当番者と観測当番者の 2 人で 24 時間体制の交替制勤務をしていましたが、集約後は夜勤を宿直勤務に変更し、予報業務を専門としていた職員 7 人を削減しています。宿直勤務は「特別宿日直勤務」のうち、災害等に関する情報の収集、連絡等を主として行う「情報連絡当直」に位置づけられており、新規採用されて間もない職員や専門スキルのな

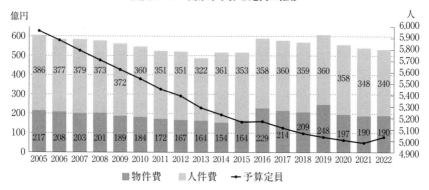

図表Ⅱ-8　気象庁予算と定員の推移

国土交通労働組合調べ

い職員も宿直業務に就いていることから、天気の急変や地震発生時、機器障害などの異常時の即時的な対応がきわめて困難となっています。そのため、夜間に防災気象情報が必要な悪天候が予想される場合は、経験不足の職員に代わって経験のある職員を配置して対応するなど、本来求められるスキルと異なる運用をしている実態があります。

　一方で、悪天候が長期化した場合、遠隔で管区気象台等から応援をしなければ対応が困難ということになり、定員削減の弊害がこういった場面でも顕在化しています。災害発生時などは全国からの応援を基本として対応するとしており、2018年に気象庁防災対応支援チーム（JETT）を創設して、年間のべ1000人程度派遣しています。気象庁のこうした対応は、地元気象台が迅速に災害の対応ができず、2次災害の発生も含めてさらなる被害の拡大につながるおそれがあることなどから、労働組合は体制拡充の必要性を訴えてきました。増員は国民の期待であって、2022年度には福岡管区内の各地方気象台において、JETT派遣等の増員が認められましたが、他管区では業務に支障を来たすほど職場は疲弊しています。

　また、気象の職場の最前線ともいえる地方気象台では住民や防災関係機関からの問い合わせも多数あり、それに応えるべく職員が奮闘しています。あわせて、地方気象台では従来都道府県を対象としていた業務を市町村単位に変更して、よりきめ細かい情報の提供を始めています。しかし、地方気象台が対応する自治体数は、もっとも多い長野県では77市町村となっており、長野地方気

象台では4人の増員で自治体対応を行っているものの、十分な自治体支援ができていない状況となっており、早急に先のJETT派遣等の増員が求められています。

(2) 問われる気象庁の情報発信のあり方

気象警報や注意報が市町村ごとの発表となったほか、特別警報が発表されるようになり、さらには、土砂災害警戒情報や指定河川洪水予報をはじめ、竜巻注意情報や短時間記録雨情報といった新しい情報の提供など、気象台が発信する情報は年々増えています。

近年では、自然災害の激甚化が進んでおり、「線状降水帯」がクローズアップされています。2018年8月に交通政策審議会気象分科会が提言した「2030年の科学技術を見据えた気象業務のあり方」のなかで「2030年には、既存の数値予報技術の大幅な高度化にくわえ、最新のAI技術も活用することにより、半日程度前から線状降水帯の発生・停滞等に伴う集中豪雨をより高い精度で、地域を絞って予測できるようにすることとし、こうした半日程度先までの雨量予測を加味することによって大雨・洪水警報の『危険度分布』のさらなる高度化をめざす」としており、線状降水帯の予測は技術的に現時点では困難といわれています。しかし、2021年7月の熱海市での大規模土砂災害を受けて、菅前総理大臣からは「線状降水帯については解明されていないため、研究開発等を前倒しですすめ、1年後には対応することができるようにしたい」と政府方針が示され、2022年6月から「九州北部」など大まかな地域を対象に半日前から可能性を言及した情報提供を開始しています。ところが、的中率が地方単位で25%、見逃し率が67%と精度が担保できていないなど、問題のある運用を行っており、強引な導入の背景には、政府与党の結果を求める姿勢があって、不十分な体制でそれに応える気象庁の姿勢は、問題があるといわざるをえません。その他、気象庁の情報発信に関しては、気象庁ホームページおけるWEB広告掲載などの混乱も生じており、国民が求める気象情報発信にむけ、現場実態をふまえた適切な情報発信が出来る体制や予算の拡充を行うべきです。

「線状降水帯」の予測やJETT派遣等による定員が増えたといえ、業務は複雑化・高度化し、業務量は増えています。本来なら定員を増やして対応すべきところ、定員合理化計画の政府方針により、定員が削減させられてきたため、

長時間過密労働が増え、心身ともに不調をきたす職員も増えています。このように、余裕がない職場では、いい仕事ができるはずもありません。

　自然の脅威から生命と財産をまもり、国民生活の安全・安心に寄与するという、気象行政が果たすべき役割を発揮するためにも、必要な定員措置をはじめ、職員が働きやすく、いい仕事ができる職場環境をつくることが必要となっています。

6　国土交通省所管の独立行政法人職場

(1) 国土交通行政を支える独立行政法人が果たす役割

　独立行政法人（以下、独法）は、政府が進める行政改革・公務リストラの一環で1999年に国の事務・事業を独法に移管する方針が強行され、2004年4月、国の行政機関を統廃合して設立されました。従来、国の役割として行われていた国立研究機関や国立教育機関、自動車検査機関（当時は地方運輸局）など、いくつかの行政機関では合併・統廃合を繰り返し、現在も、独法として国土交通行政を支えています。

　国土交通省が所管する独法は、自動車産業、交通運輸産業、建設産業、住宅産業など各産業に関わる15法人にも及んでいます。それぞれの独法は、自動車の審査やリコール、検査業務など自動車の安全確保や環境保全をはじめ、建設関係の土木構造物や建築物、船舶・航空・港湾施設などの専門的な技能を有する研究機関、そして、日本産業を支える物流や人流には欠かせない航空機パイロットの養成、航海士や機関士といった船員育成の教育機関など、多種多様な独法が、私たちの生活に密接な分野でありながら、法人化されるなかで、国の行政機関とともに各産業分野の安全・安心を支えています。

　一方、各独法は、自主的・自律的運営を保障しつつ、「国民生活及び社会経済の安定などの公共上の見地から確実に実施されることが必要な事務及び事業」（独法通則法2条）を担うことから、国からの財源措置が必要であり、運営費交付金として予算措置がされています。しかし、「中期目標・中期計画」において、5年など一定期間に組織体制の見直しや一律機械的な経費削減が求められており、予算は減らされ続け、慢性的な体制不足や予算不足を余儀なくされています。予算面では、2008年度当時の総額355億8000万円から、2020年

度は総額 316 億 1000 万円と約 11% 減となっています。とりわけ「独法改革」で 100 独法が 87 独法に統廃合された 2014 年度には、約 278 億円（08 年比：約 22% 減）にまで予算減少するなど、各法人の運営に必要な予算が、いとも簡単に切り捨てられてきました。

(2)「教育や研究機関」における課題

独法現場の実態として、たとえば教育機関では、航空機のパイロット不足や船舶の船員不足を解消するため、学生を増やすことで航空産業や海事産業界からのニーズに応えています。しかし、教育現場の航空大学校では、予算不足が理由でフライト訓練を実施する教員増が難しいため、座学だけでなく実践訓練に遅れが生じ、多くの土曜日に休日フライト訓練を実施せざるをえないことや、訓練機など機材の更新ができないほか、近年は、受益者とされる学生側の学費・授業料が 2 倍に急増するなど、安定的なパイロット育成に支障が出ています。同様に、海員学校や海技大学校においても、教官不足、機材更新、学費増加などの問題が生じています。こうしたことは、航空輸送や船舶輸送における安定的な人流・物流の確保にも影響し、国民の生活にも直接影響する重大な課題を抱えていると指摘せざるをえない状況となっています。

同様に、国立研究開発法人として、公共インフラ等の技術革新を支える土木研究所、建築研究所、海上・港湾・航空技術研究所など、それぞれの研究所においても、予算不足の問題が顕著になっています。具体的には、研究者自らが、受託事業などで外部資金を獲得する業務や外部の研究協力に時間が割かれ、研究者が本来実施すべき基礎研究に支障が出ています。また、研究施設が老朽化して最先端技術の研究施設が整備できないことや、研究者を増やせないなかで体制不足が顕著になっています。とくに研究者の高齢化が進むなかで、次世代を担う研究者の人材確保が困難になっている現状は、高度な専門技術の伝承や、将来への独法運営にさえも悪影響があるものと考えられます。

(3)「自動車技術総合機構」における課題

独立行政法人自動車技術総合機構は、2016 年 4 月に独立行政法人交通安全環境研究所と自動車検査独立行政法人を組織統合して設立されました（前者は 2001 年 4 月、後者は 2002 年 7 月にそれぞれ国で実施していた業務を独法化して設立）。

その業務は幅広く、自動車の設計から使用段階までを総合的に対応し、国の施策立案・基準策定のための試験研究、自動車等の型式指定審査、使用過程車の基準適合性審査、自動車のリコールに係る技術的な検証等の業務、自動車基準の国際調和など国際的な視点での調査・研究のほか、鉄道車両の国際基準にもとづく認証や、交通システムや車両の技術評価等を行っています。

　近年は、自動運転をはじめ、新技術の進展が著しく、社会的要請が高まっていますが、これに相反して、独法の予算（運営費交付金）は一律機械的に削減されており、とくに研究所ではきわめて厳しい査定が行われるとともに、長年にわたる職員削減での体制不足と研究施設の老朽化などの問題が続いています。そのため、職場では、どこも業務に見合った要員が確保されておらず、慢性的な超過勤務となっています。自動車産業等の発展と合わせて、必要な予算と体制が求められます。

　一方、同機構における自動車検査や自動車登録業務は、今なお国の業務と密接に関係することから、同じ建物内で一体的に業務が進められていますが、独法化されたことにより、業務が非効率となっています。さらに、予算面では、2021年10月より自動車メーカーが提供する故障診断に必要な情報管理、全国の検査場（車検場）や整備工場が利用する情報システムを運用していくための費用として「技術情報管理手数料」（1台当たり一律400円）が追加され、新たな財源となったものの、これまでの施設整備費などは削減されており、老朽化した施設等の更新が進まないなどの影響が出ています。また、要員についても2021年10月の自動車の電子的な検査（OBD検査）の開始に伴う増員はあったものの、全体の業務量からみれば、圧倒的に不足しています。

　自動車検査の職場では、慢性的な予算・要員不足に加えて、近年は現場任せ等の組織的な問題を背景に、自動車検査業務の一部が不適切とされる事案が相次いで発生しています。過去の事案では、当局が組織として問題を解決するのではなく、職員の個人責任ばかりを追及するかのような姿勢に終始したことから、全国の職場からは「安心して自動車検査ができない」との声が広がりました。このように、厳しい職場環境のもとで、組織の将来展望が見えず、職員間で不安の声が広がり、若手職員の退職も相次いでいます。こうした状況を改善するためにも、真に国民が求める業務を執行するための組織体制の確立や運営費交付金の拡充、さらには職員が安心して業務を執行するための労働環境の整

備等が必要となっています。

おわりに──国土交通行政を担う組織・体制の拡充と職員の確保を

　国民の安全・安心を守るための体制拡充の必要性は年々、国民・地域の期待とともに高まっており、国の責務や役割をしっかり発揮するためにも、業務量に見合った定員配置と体制拡充・強化をはかることが求められます。とりわけ全国の現場を抱える事務所の体制拡充・強化は緊急的に必要であり、災害対応力を強化することが重要となっています。また、国土交通行政を支える各独立行政法人においても、予算削減による行政機関としての脆弱性も浮き彫りとなっており、重要な役割や責務を適切に遂行するためにも、運営費交付金をはじめとした十分な予算確保と体制の拡充が喫緊の課題となっています。

　国土交通労働組合はこれまで、「国土交通行政を担う組織・体制の拡充と職員の確保を求める国会請願署名」を軸とした対話や国会議員要請をはじめ、国土交通省や地方当局、さらには独法当局との交渉等において、体制拡充を強く求めてきました。こうした取組みのもとで、過去の国土交通委員会では、当時の国土交通大臣が「災害対応力のため体制を確保する」と言及するなど、国会議員への理解は広がり続けています。さらに、国土交通省としても、定員削減が続くなかで、新たな組織や定員確保として増員要求を強めており、地方整備局全体では、2020 年、2021 年と 2 年連続で 200 人を超える純増に転じています。しかしながら、全国各地での大規模災害に対応する TEC-FORCE 派遣など緊急・迅速な活動を実施するうえでも、体制拡充・強化はまだまだ不十分な状況が続いています。

　国土交通労働組合は、国民本位の行政の確立に向けて、引き続き、全国の広範な労働者、国民との共同を広げ、粘り強く運動を強めていく所存です。

日本の情報通信インフラを担う

全情報通信労働組合

はじめに——日本全国に「標準電波」を届ける

全情報通信労働組合（略称：全通信）は、総務省本省、全国の地方総合通信局（沖縄総合通信事務所を含む）と国立研究開発法人情報通信研究機構（NICT）に勤務する職員で構成する労働組合です。

私たちの職場では、情報通信分野に関する業務を実施しており、無線局（スマートフォンなどの携帯電話端末やテレビ・ラジオなどの放送局も無線局に該当します）で使用される電波の監理や不法無線局の監視、情報通信技術をくらしにいかす地域振興業務、サイバーセキュリティ対策など国民の皆さんにも密接に関わる行政を担っています。

NICT は、情報通信分野を専門とする国内唯一の公的研究機関であり、情報通信技術の発展に向けて日々研究を推進していますが、日本標準時の管理も担っています。国民の皆さんに身近な電波時計の時間を正確に保つための「標準電波」を日本全国津々浦々まで送り届けていることも NICT の重要な役割です。この NICT に勤務する職員も全通信の組合員となっています。

1 情報通信行政における国の役割——電波関係を中心に

(1) 電波利用の歴史（国独占から広く国民へ開放）

私たちの日常生活において、今や電波はなくてはならないものになっています。携帯電話（スマートフォン）のない生活は考えられず、日々の生活に関わる情報をテレビ・ラジオから得ています。また、警察、消防、救急といった人命に関わる緊急性の高い業務や、鉄道、バス、電気、ガス、船舶、航空機の安全運航といった公共性の高い業務においても数多くの電波が使用されています。

電波が私たちの社会に初めて登場したのは 19 世紀後半のことで、電波利用は 130 年程度の歴史を持っています。その草創期においては、海上における人

命の安全確保の手段として発展していきました。

1888年にドイツのヘルツが電磁波の存在を初めて実証し、1895年にはイタリアのマルコーニが電波でモールス信号を送信する実験に成功しています。日本における無線通信の研究は、1896年に逓信省電気試験所に設置された無線電信研究部が、翌1897年に東京湾内で1海里（1852 m）の無線電信実験に成功したことが端緒となっています。

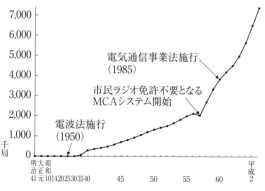

図表Ⅱ-9　無線局数の推移（1991年12月まで）

電気通信事業法施行
（1985）

市民ラジオ免許不要となる
MCAシステム開始

電波法施行
（1950）

千局

明治41　大正元　昭和10 14 20 25 30 35 40　　45　　50　　55　　60　平成2

年度末
郵政省資料により作成
（注）平成3年の数値は3年12月末の数値である。
出所：1992年版通信白書

その後、無線の利用は船舶の安全航行を確保することを主眼に実用化が進められ、とくに1912年4月のタイタニック号の遭難事件を契機として、海上安全通信面での国際協力が進むこととなりました。国内においては、1915年に公布され、現在の電波法の前身となった「無線電信法」によって、政府が電波についてすべてを管掌するという考えのもと、電波利用は航空機および船舶の安全運航、国際通信、軍事利用やラジオ放送などの分野に限定されており、政府の占有を原則とすることが戦後に電波法が施行されるまで続きました。

電波法については、旧無線電信法2条で規定されていた「無線電信及無線電話ハ政府之ヲ管掌ス」という電波利用を国が統制するという考えを転換し、電波を広く国民に開放する目的で制定され、1950年6月1日に施行されました。施行当初、電波の利用は公共分野が中心であり、使用される周波数帯もVHF帯（30〜300MHz）などの低い周波数が中心でした。その後、1985年の電気通信事業法の施行による電気通信業務の民間開放を契機に、携帯電話を中心とする移動通信分野における利用が爆発的に拡大していきました（図表Ⅱ-9）。とくに、21世紀に入ってからは、民間分野での電波利用は、携帯電話などの移動通信を中心に、幅広く一般国民にも普及し、その通信の内容も音声通信を主体とするものからデータ通信、映像通信へとブロードバンド（高速・大容量のデー

タ通信回線）化が急速に進展し、私たちの生活には欠かすことのできない重要なインフラへと急成長していきます。

(2) 国内における電波監理体制

電波法が施行されるまでの期間（1943～1946 年の一部期間を除く）は、「逓信省」が電波行政を所管していましたが、1949 年 6 月の逓信省廃止後、新たに郵政省と電気通信省が新設され、電波行政は電気通信省の外局として設置された「電波庁」と、その管区機関として「地方電波管理局」（全国 10 局体制）が行うこととなりました。

その後、1950 年 6 月に電波庁が廃止となり、電波行政に関する業務は総理府に新設された「電波監理委員会」が引き継ぎ、管区機関は「地方電波監理局」に改称されました。さらに、1952 年 8 月、電波監理委員会の廃止に伴い、電波行政は「郵政省」に移管され（全国 10 局体制は変更なし）、1972 年 5 月の沖縄復帰に伴い、沖縄郵政管理事務所が新設され、管区機関が全国 10 局および 1 事務所体制に移行しました。

1985 年 4 月の電気通信事業法の施行に伴い、管区機関に電気通信事業の規律・監督等の事務が追加されたことから、名称を「地方電気通信監理局」（沖縄は変更なし）に変更、2001 年 1 月の省庁再編によって「総務省」が発足した際には、管区機関を「地方総合通信局」（沖縄は「沖縄総合通信事務所」）に改称して

図表Ⅱ－10　地方局の所在地と管轄区域

地方局名 （所在地）	管轄都道府県
北海道総合通信局 （札幌市）	北海道
東北総合通信局 （仙台市）	青森県、岩手県、宮城県、秋田県、山形県、福島県
関東総合通信局 （千代田区）	茨城県、栃木県、群馬県、埼玉県、千葉県、東京都、神奈川県、山梨県
信越総合通信局 （長野市）	新潟県、長野県
北陸総合通信局 （金沢市）	富山県、石川県、福井県
東海総合通信局 （名古屋市）	静岡県、岐阜県、愛知県、三重県
近畿総合通信局 （大阪市）	滋賀県、京都府、大阪府、兵庫県、奈良県、和歌山県
中国総合通信局 （広島市）	鳥取県、島根県、岡山県、広島県、山口県
四国総合通信局 （松山市）	徳島県、香川県、愛媛県、高知県
九州総合通信局 （熊本市）	福岡県、佐賀県、長崎県、熊本県、大分県、宮崎県、鹿児島県
沖縄総合通信事務所 （那覇市）	沖縄県

現在に至っており、国内の電波行政は、総務省本省と地方総合通信局および沖縄総合通信事務所がその役割を担っています（図表Ⅱ–10）。

(3) 電波の特性──周波数帯ごとの利用用途、広域性

日本国内においては、「電波の公平かつ能率的な利用を確保することによって、公共の福祉を増進する」（電波法1条）ことを目的として、電波法にもとづいて総務省が電波を監理しています。電波法において「電波」とは、300万MHz（＝3000GHz）以下の周波数の電磁波と規定（電波法2条1号）しており、これよりも高い周波数の電磁波は一般的に「光」と呼ばれ、赤外線、可視光線、紫外線等が含まれ、さらに高い周波数の電磁波は「放射線」と呼ばれるようになり、エックス線、ガンマ線等が含まれます。

私たちに身近なものとして、電波時計などで使用している標準電波（40kHz、60kHz）は「長波（LF）」、FMラジオ放送（76〜95MHz）は「超短波（VHF）」、地上デジタル放送（470〜710MHz）や携帯電話（700、800、900MHzや2GHzなど）、無線LAN（2.4GHz帯）は「極超短波（UHF）」の周波数帯に属しています。また、無線LAN（5GHz帯）や高速通信が可能な5G（3.7GHz帯、4.5GHz帯、28GHz帯）は「マイクロ波（SHF）」です。その他にも**図表Ⅱ–11**のように、周波数帯ごとにさまざまな用途で電波が利用されています。

(4) 本省と地方局の役割

1) 情報通信行政における総務本省の役割について

電波は、国境や地上・宇宙を問わずあらゆる方向に飛び交う性質を持つことから、国際的な調整が必要となります。国際電気通信連合（ITU：International Telecommunication Union）憲章に規定する無線通信規則によって、世界を三つの地域に分けて、それぞれの地域における周波数帯ごとの電波の使用用途などの国際分配が規律として定められており、総務本省において国際的な調整や施策に関する事務を担っています。世界的に電波利用の高度化・複雑化が目まぐるしい速さで進んでいるなか、とくに最近では5G（第5世代移動通信システム）や6G（第6世代同）などの最新システムの研究開発や無線LANで使用する新たな周波数の割り当ての調整が盛んに行われており、総務本省が国際的に果たす役割はますます高まっています。

図表Ⅱ-11 周波数帯域ごとの電波特性と主な利用例

障害物の後ろに回り込む ← 電波の伝わり方 → 直進する 降雨で弱められる

小さい ← 伝送できる情報量 → 大きい

易しい ← 利用技術の難易度 → 難しい

| 波長 周波数 | 100km 3kHz (3千ヘルツ) | 10km 30kHz (3万ヘルツ) | 1km 300kHz (30万ヘルツ) | 100m 3MHz (300万ヘルツ) | 10m 30MHz (3千万ヘルツ) | 1m 300MHz (3億ヘルツ) | 10cm 3GHz (30億ヘルツ) | 1cm 30GHz (300億ヘルツ) | 1mm 300GHz (3千億ヘルツ) | 0.1mm 3000GHz (3兆ヘルツ) |

超長波 VLF / 長波 LF / 中波 MF / 短波 HF / 超短波 VHF / 極超短波 UHF / マイクロ波 SHF / ミリ波 EHF / サブミリ波

国際電気通信連合(ITU)による周波数の国際分配の決定(無線通信規則等)

国際分配に基づく国内分配の決定(総務省・周波数割当計画等)

主な利用例

長波
標準電波、航空機用ビーコン

中波
中波放送(AMラジオ)、船舶・航空通信、アマチュア無線

短波
短波放送、船舶・航空通信、アマチュア無線

VHF
FM放送(コミュニティ放送)、防災行政無線、消防無線、警察無線、列車無線、航空管制通信、簡易無線、アマチュア無線、コードレス電話

UHF
TV放送、携帯電話、PHS、防災行政無線、警察無線、移動体衛星通信、MCAシステム、タクシー無線、簡易無線、レーダー、アマチュア無線、無線LAN(2.4GHz帯)、コードレス電話、電子タグ、ISM機器

マイクロ波
携帯電話、ローカル5G、衛星通信、衛星放送、固定間通信、放送番組中継、レーダー、電波天文・宇宙研究、無線LAN(5GHz帯)、無線アクセスシステム、ETC、ISM機器

ミリ波
衛星通信、レーダー、簡易無線、電波天文

出所:『情報通信白書2021年版』

こうした国際的な調整結果を日本国内の電波利用に反映するため、電波法をはじめとする関連法規の制定、改正等を行うことも総務本省の役割です。総務本省では法改正をはじめとする電波利用に関する総合的な政策に関する企画・立案を行っており、日本国内での基本的(制度的)な電波の「交通整理」を担っていると言えます。

2) 情報通信行政における地方局の役割について

地方総合通信局(以下、地方局)では、総務本省が策定する電波行政に関する制度(電波法規)や各種施策を具現化する役割を担っており、無線局の免許、監理(地域の実情に応じた電波の監督・管理(混信回避等))や電波監視等の電波利用環境の維持(電波監視機器を用いた違法電波の監視、排除)を主として業務を行っています。

地方局は、実際に電波を利用する者(無線局の免許人)が混信なく円滑に利用できるよう、「無線局の免許」という形で地域の実情に合わせたより具体的な電波の「交通整理」を行っています。当然、同じ周波数の電波を複数の者が同じような地域で使用すれば、電波が混信して皆使えなくなってしまうため、

「無線局の免許」による周波数の使用調整はきわめて重要な行政上の役割です。また、免許を受けていない者が電波を発射する「不法電波」や免許内容を逸脱する「違法電波」が正常な電波の使用に障害を与えるため、これらの「不法・違法電波」を迅速に探知し、排除することも良好な電波環境維持のために非常に重要です。

2 円滑な電波利用のために——地方局での業務を中心に

(1) 無線局免許、管理

1) 無線局免許、管理業務の実施体制など

無線局の免許、監理は、原則地方局で実施（一部は本省で実施）しています。無線局の設置場所や電波を利用する者の住所等に応じて、管轄する地方局が定められており、全国11管区（北海道、東北、関東、信越、北陸、東海、近畿、中国、四国、九州の各総合通信局および沖縄総合通信事務所）で業務を行っています（所在地や管轄区域は**図表Ⅱ−10**参照）。地方局は当該管内のすべての無線局の免許、監理に関する業務を担っており、国が行う情報通信行政においては都道府県単位機関が存在しないため、各地方局の管轄区域は広大なものとなっています。

実際の無線局免許、監理においては、電波は都道府県の行政区域とは無関係に伝搬・拡散するため、その特性をふまえた審査・管理が必要であり、電波を利用する者相互間での混信が発生しないよう、国が広域的な視点で免許を行う必要があります。時には、複数管区にまたがる調整が必要となることもあり、使用する電波の周波数や空中線電力（強さ）によって、混信発生の可能性のある周波数範囲（広さ）はさまざまとなり、無線局の諸元に応じた慎重かつ綿密な審査が求められることとなります。

電波は限りある資源であるため、混信等が発生しない範囲で同じ周波数を繰り返し利用して有効活用を図っています。この際、同じ周波数を使う無線局同士は必要な離隔距離を確保する必要があるため、広域的な視点からの無線局の免許審査が必要となります。たとえば、5都県に対して5波を割り当てた場合、すべて異なる周波数となるため混信は発生しませんが、「5波」必要となってしまいます。一方で、**図表Ⅱ−12**のように周波数「B」および「C」をそれぞ

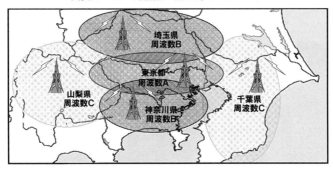

図表Ⅱ-12 周波数の割り当てのイメージ

※周波数の繰り返し利用により3波で5つの都県をカバー

・電波は混信すると通信ができない。
・電波利用の拡大を背景に周波数は逼迫。
・多くの者が電波の恩恵を享受するためには、電波法に基づく無線局の運用と周波数の有効利用の促進が必要不可欠。
・国は周波数や空中線電力を指定した上で無線局に免許。

出所：2010年5月総務省作成「総合通信局説明資料」

れ2県で利用（繰り返し利用）する場合、当該5都県を「3波」でカバーできることとなり、限りある電波の有効利用（2波の節約）が可能となります。

　このように、無線局の免許については、可能な限り一つの周波数を多くの地域で繰り返し利用ができるように周波数を割り当てていくことが電波の有効利用の観点から原則であり、専門的知識と経験を併せ持った人材の育成が重要です。

2）無線局数の推移

　2021年度末現在、電波法にもとづき免許を受けて開設された無線局数は、約2億9200万局に達し、ここ10年の間に2倍以上（2011年度末比約2.2倍）に増加しています（**図表Ⅱ-13**）。このうち約98.8%（2億8859万局）は携帯電話などの陸上移動局が占めており、2006年以降一貫して増加が続いています。加えて、電波利用の多様化により、発射する電波が著しく微弱な無線局や無線LANなどの小電力無線局といった免許を必要としない無線局も増加していま

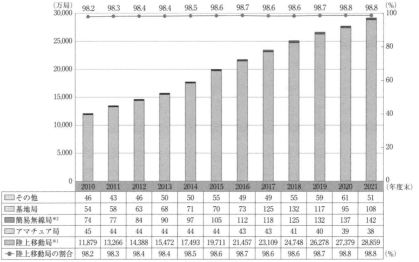

図表Ⅱ-13　急増する携帯電話

	2010	2011	2012	2013	2014	2015	2016	2017	2018	2019	2020	2021
▨その他	46	43	46	50	50	55	49	49	55	59	61	51
▢基地局	54	58	63	68	71	70	73	125	132	117	95	108
▨簡易無線局*2	74	77	84	90	97	105	112	118	125	132	137	142
▨アマチュア局	45	44	44	44	44	44	43	43	41	40	39	38
▨陸上移動局*1	11,879	13,266	14,388	15,472	17,493	19,711	21,457	23,109	24,748	26,278	27,379	28,859
●陸上移動局の割合（%）	98.2	98.3	98.4	98.4	98.5	98.6	98.7	98.6	98.6	98.7	98.8	98.8

※1　陸上移動局：陸上を移動中又はその特定しない地点に停止中運用する無線局（携帯電話端末など）。
※2　簡易無線局：簡易な無線通信を行う無線局。

出所：『情報通信白書 2022 年版』

す。

(2) 良好な電波利用環境の維持（電波監視等）──電波監視業務の実施体制など

　私たちの生活は、携帯電話やラジオ・テレビなどの放送、警察、消防、救急無線といった人命に関わる緊急性の高い業務、鉄道、バス、電気、ガス、船舶、航空機の安全運航のための業務などで電波を利用するシステム（以下、重要無線通信システム）によって、支えられていると言っても過言ではありません。ひとたび、重要無線通信システムで使用する電波に障害が発生すると、私たちの日常生活に多大な支障を来すこととなるため、電波はきわめて重要な社会インフラと位置づけられています。

　総務省では、電波の混信・妨害の排除とともに良好で快適な電波利用環境を構築するため、全国11管区の地方局職員が、全国の主要都市の鉄塔やビルの屋上等に設置したセンサ局施設や不法無線局探索車等を用いて、不法・違法電波の発射源を発見し、排除する業務を行っており、電波の利用環境を乱す不法・違法電波を迅速に見つけ出すための施設として「DEURAS（デューラス）」

図表Ⅱ-14 電波監視システムのイメージ

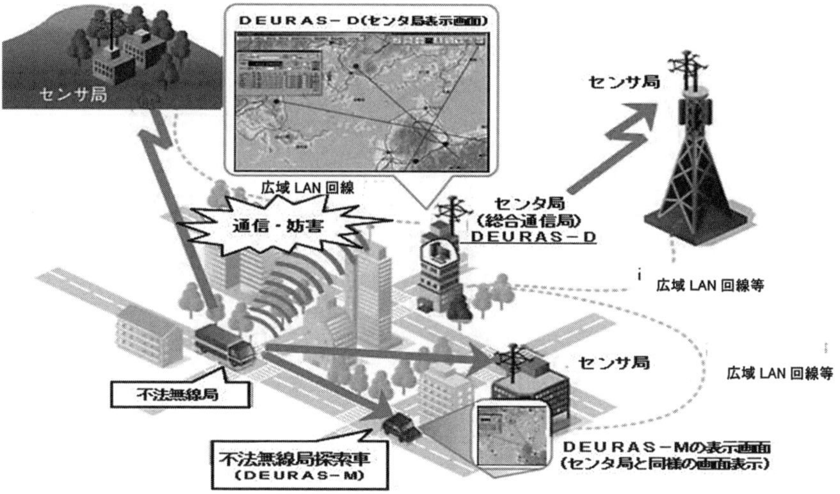

出所：総務省電波利用ホームページ

を全国各地に整備して、電波の監視業務を日夜行っています。とくに、重要無線通信システムに対する妨害については、2010年度から妨害の申告に対する24時間受付体制を構築し、その迅速な排除に取り組んでいます（**図表Ⅱ-14**）。

　妨害電波の発射源を迅速に捕捉し、妨害電波を排除するためには、「DEURAS」や特殊な電波監視機器を駆使することから、専門性の高い知識と技術が必要です。

　無線局への混信・妨害申告件数は、直近の2021年度は2419件（うち重要無線通信妨害：298件）であり、2010〜2019年度の10年間平均2333件（同：577件）と比較すると増加しており、2018年度以降の混信・妨害申告件数は漸増の傾向も見られます（**図表Ⅱ-15**）。混信・妨害の原因を突き止め、排除するためには、無線局の免許内容の把握や多角的な電波の調査測定等が必要となり、複数名の職員がチームを構成して対応しています。時には、同じ案件に対して、何度も現地に足を運ぶなど粘り強く対応する必要があり、混信・妨害の解消まで1年以上の長期に渡って取り組むこともあるため、引き続き電波監視に関する専門知識や技術を有する職員の安定的な確保が重要です。

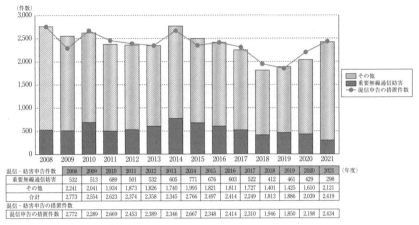

混信・妨害申告件数	2008	2009	2010	2011	2012	2013	2014	2015	2016	2017	2018	2019	2020	2021	(年度)
重要無線通信妨害	532	513	689	501	532	605	771	676	603	522	412	461	429	298	
その他	2,241	2,041	1,934	1,873	1,826	1,740	1,995	1,821	1,811	1,727	1,401	1,425	1,610	2,121	
合計	2,773	2,554	2,623	2,374	2,358	2,345	2,766	2,497	2,414	2,249	1,813	1,886	2,039	2,419	
混信・妨害申告の措置件数															
混信申告の措置件数	2,772	2,289	2,669	2,453	2,389	2,346	2,667	2,348	2,414	2,310	1,946	1,850	2,198	2,434	

出所：『情報通信白書2022年版』

(3) 国立研究開発法人情報通信研究機構（NICT）の役割

　国立研究開発法人情報通信研究機構（NICT）は、情報通信分野を専門とするわが国唯一の国立研究開発法人です。情報通信技術の研究開発を推進し、国内外問わずさまざまな外部の研究機関等と連携して、その研究成果を社会に還元することをめざしています。

　NICTの歴史は、1896年に無線電信の研究を開始した逓信省電気通信研究所まで遡ります。その後、1952年に発足した郵政省電波研究所で引き続き電気通信の研究を進め、1988年4月に「郵政省通信総合研究所（CRL）」に名称変更しました。2001年1月の省庁再編に伴い、「総務省通信総合研究所」となり、同年4月には国の大学、病院、研究機関の独立行政法人化に伴い、「独立行政法人通信総合研究所」となりました。2004年4月には通信・放送機構との統合で「独立行政法人情報通信研究機構（NICT）」となり、2015年に「国立研究開発法人情報通信研究機構」に名称変更し、現在に至っています。

　NICTでは、日本標準時および標準周波数を決定・維持・供給するという国民生活に直結する業務も行っています。私たちの生活に身近な電波時計に対して標準電波を供給し、電波時計はその標準電波を受信することによって、いつでも日本標準時を示すことができます。この標準電波については、国内の2か

図表Ⅱ－16　NICTによる標準電波の送出

1,500km
40〜50dBμV/m

1,000km
50〜60dBμV/m

1,500km
43〜53dBμV/m

500km
>60dBμV/m

1,000km
53〜63dBμV/m

500km
>63dBμV/m

おおたかどや山標準電波送信所
平成11年6月運用開始
送信周波数40kHz

はがね山標準電波送信所
平成13年10月運用開始
送信周波数60kHz

NICT
東京都小金井市

距離(km)の下の数字は、想定される
電界強度の理論計算値を表します。

出所：国立研究開発法人情報通信研究機構ホームページより

　所から発射することで全国をカバーしており、「おおたかどや山標準電波送信所」（福島県田村市・双葉郡川内村）は40kHzの電波を、バックアップと西日本への安定供給を目的とした「はがね山標準電波送信所」（佐賀県佐賀市・福岡県糸島市）は60kHzの電波を発射しています（図表Ⅱ－16）。NICTは、これら送信所の電波が止まることがないよう、日々運用、保守管理を行っています。

　加えて、NICTは、市街地等において、携帯電話基地局や無線LAN等から発射される電波の強さが総務省の定める電波防護指針を満足しているかについて、実際に測定して確認する業務も実施しています。私たちの身の回りでは電波を利用したさまざまなシステムや機器があふれており、それぞれが人体に影響を及ぼさない電波の強度の範囲内で運用することが求められます。最近では海外で5G携帯電話が発する電波による健康不安を指摘する声もあります。電波は目に見えないことに加え、測定にも専用機器が必要であり、実際に電波の強度を測定したうえで安全性を確認することは国民の不安払しょくの観点からも重要な調査です。

また、無線・有線（光ファイバーなど）問わず、インターネットの普及により、サイバーセキュリティにも力を入れており、巧妙化・複雑化するサイバー攻撃から国を守るため、産学と緊密に連携し、サイバーセキュリティに関わる研究開発も行っています。

　以上のように、NICTでは国民生活に密接に関わる業務も行っていますが、独立行政法人化されたことにより、国から十分な運営費交付金が交付されていないため、研究開発などの遂行に支障が生じ、外部の競争的資金に頼らざるをえない状況となっています。また、有期雇用契約の研究者も数多く存在し、研究終了時や雇用期間終了時には雇止めとなる可能性もあるなど、雇用に関する問題も抱えています。

　十分な基礎研究や研究開発の遂行、雇用期間の定めのないパーマネント職員の雇用のためには、国からの運営費交付金の増額を強く求めていくことが必要不可欠です。

3　日本国内において開催される国際会議・イベントへの対応

　日本国内において無線を運用する場合は、「電波法」の適用を受けることとなります。国際的なイベントのために海外から持ち込まれる無線機器についても、電波法にもとづいた無線設備として「電波法」の基準に合致することを確認する必要があり、好き勝手な周波数を使用することはできません。

　国際的なイベントのために海外から持ち込まれる無線局に対する総務省の対応は、①イベント中に利用する無線設備で使用する周波数の割り当て、②イベントで使用する無線設備への電波障害・混信妨害（被干渉）の監視、③イベントで使用する無線による日本国内の重要無線通信システム（主に警察・救急・消防や電気通信事業者が利用する無線）への電波障害・混信妨害（与干渉）の監視、が主なものです。

　直近で国内開催された国際的なイベントは、2019年の「ラグビーワールドカップ」や開催が1年延期された「2021年オリンピック・パラリンピック東京大会」（以下、東京オリパラ）（**図表Ⅱ-17**）がありましたが、とくに東京オリパラにおける対応を中心に説明します。

図表Ⅱ－17　日本国内で行われた主な国際的な会議・イベント

開催年	名　称
1998 年	長野冬季オリンピック・パラリンピック
2002 年	サッカーワールドカップ
2008 年	北海道洞爺湖サミット
2016 年	伊勢志摩サミット
2019 年	ラグビーワールドカップ
2021 年	東京オリンピック・パラリンピック

（1）イベント中に利用する無線設備で使用する周波数の割り当て

　東京オリパラをはじめ、国際的な競技大会では、大会運営のための連絡用無線、テレビ・ラジオの中継のためのワイヤレスカメラやワイヤレスマイク、選手・器具の識別、各種競技の計測のためのテレメーターなど、多数の無線機器を使用します。海外から持ち込まれる無線機器の多くは、日本の電波法にもとづく免許を有していないため、電波障害、混信妨害が発生しないように、総務本省において国内の周波数割り当て状況をふまえた周波数等の割り当てを行っています。

　東京オリパラに対する総務省の準備としては、ラグビーワールドカップとの一体的な準備に配意しつつ、円滑な準備及び関連施策を着実に実施するため、「2020 年オリンピック・パラリンピック東京大会等総務省準備本部」が設置されイベント開催に向け準備が進められました。

　実際の周波数割り当ては、東京オリパラ組織委員会が取りまとめた参加各国からの周波数使用希望と無線設備の諸元を、本省において審査することで実施しました。地方局はその結果を受け、無線局運用前の無線局検査の際に、検査対象無線設備が本省の割り当てどおりの諸元であるかの確認を行い、合格した無線機器に対して免許を発給しました。

（2）電波監視による被干渉、与干渉の防止

　東京オリパラにおける電波監視は、2016 リオデジャネイロ大会組織委員会の対応をもとに、コーディネーター（競技会場における電波監視の責任者）を中心としたチームによる監視体制を構築して対応しました。各チームはコーディ

ネーター以下数名の監視要員で構成されており、大会開会前から公園等での監視訓練の実施や、テストイベントによる実際の競技会場における監視業務手法の確認等による技術の習得を図りました。大会期間中は競技会場において、競技開始前から、競技終了後まで電波監視を行っており、競技の所要時間が長い種目については、交代制勤務の体制もとりつつ対応しました。

　国際的なイベント対応のため、使用される無線局の許認可・検査や電波監視業務等を遂行するにあたっては、業務に対応する職員不足に常に直面しており、増員が望まれます。

(3) 大規模イベントなどでの人員不足

　無線局許認可・検査対応や電波監視業務で使用する監視機器の操作および不法無線局の探査には、蓄積された経験と熟練した技能が必要となっています。また、「通信の秘密」を厳密に取り扱う必要があり、公務でしか成し得ない側面もあることから、業務自体を請負や委託など民間会社に担わせることはできません。

　今回対応したラグビーワールドカップも東京オリパラも競技会場が一つではなく監視対象会場が多岐に渡っていることから、各会場において電波監視をするための要員が担当部署（電波監理部）だけでは不足することは準備段階から予測されており、担当部署以外からの応援や単一の地方局で対応しきれない場合には、他管区の地方局からも職員を派遣し対応しました。

　一方で、職員を派遣した地方局の職場は、通常より少ない出勤職員数で無線局許認可等の通常業務を行っており、加えてこれら通常業務が遅滞しないように対応することも求められました。

　イベント対応等のない通常時であっても、地方局の職場は慢性的な要員不足が顕在化しています。要員不足解消を図るため地方局では毎年増員要求をしているところですが、業務実態を無視した定員削減計画が推し進められています。

　今後も大規模イベント等と通常業務への同時対応は避けて通ることができないため、業務の改善を進めつつ、これらに必要な要員確保に努めることが重要です。

図表Ⅱ-18 無線設備の使用に伴って発射される不要電波のイメージ

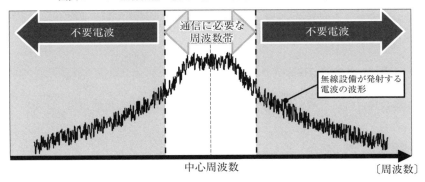

出所：総務省報道資料を基に作成

4 複雑化する不要電波

(1) 無線設備からの不要電波

　無線設備が電波を発射する際には、目的の周波数以外の不必要な電波（不要電波）を少なからず発しています（**図表Ⅱ-18**）。不要電波の発射は他の無線局に対する妨害の原因となるため、限られた資源である電波を有効に利用する観点から、不要電波をできる限り抑えることが重要です。

　電波法では、無線局免許発給の際に、その無線局で使用する無線設備の不要電波についても検査を行い、一定基準以下に抑えられていることも免許の条件としています。

　一方、近年急速に普及した携帯電話や家庭で利用する無線 LAN など、個人で使用する無線設備のほとんどは小出力で、かつ決められた設計により製造されており、このような無線局まで1台ごとに検査して免許することは不合理です。

　そこで、このような小出力な無線設備については、電波法で定める技術基準に適合する

図表Ⅱ-19 スマートフォンにおける認証表示の例

ことをあらかじめ証明することで免許不要としたり、免許に要する手続きを簡素化したりできる制度を設け、無線設備の不要電波レベルが基準内であることを担保しています（**図表Ⅱ－19**）。

(2) 増加する無線設備以外からの不要電波

無線設備以外にも不要電波を発射して混信の原因となる機器があります。

代表的なものとして、LED照明およびテレビ受信機器が不要電波の発射源となった妨害事例を紹介します。

1) LED照明からの不要電波

LED照明は近年の節約意識、環境意識の高まりにより公共施設から家庭まで広く普及しており、調光や調色といった高機能化も進んでいる一方で、内蔵されている制御回路等から多くの不要電波を発しています。

不要電波を抑える対策や発生した不要電波が漏れ出さないようにする対策が重要ですが、とくに海外から安価に輸入されるLED照明は、これらの対策が不十分である場合が多く見受けられ、LED照明に交換した結果、警察、消防、鉄道や航空管制といった重要無線通信システムに対する妨害も発生しています。

2) テレビ受信設備からの不要電波

2018年12月開始の4K・8K衛星放送では、既存の衛星放送と異なる新たな周波数を使用するため、新たな妨害が携帯電話や無線LANに対して発生した事例があります（**図表Ⅱ－20**）。

原因としては、シールド（遮へい）性能が不十分な古い分配器やブースター（増幅器）を使用していることや、宅内のアンテナ配線の不適切な施工が挙げられます。

受信専用機器であっても、機器や施工の不良によって不要電波が発生することがあり、本件4K・8K放送のように新たな電波利用形態のシステムを導入する際には注意が必要となっています。

総務省では、これらを原因とする妨害等の申告等があった場合、現地における電波計測も行いながら、妨害源の調査・特定を行い、妨害源を特定した場合は、原因機器の所有者、製造業者等と協力のうえ、不要電波対策済み機器に交

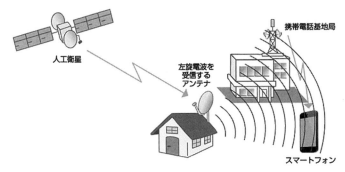

図表Ⅱ-20 衛星放送受信設備からの妨害イメージ

人工衛星

左旋電波を
受信する
アンテナ

携帯電話基地局

スマートフォン

出所：総務省電波利用ホームページ

換することを指導するなどの対応を行っています。

妨害源の特定までには地道な調査が必要であり、多くの時間と人的リソースが必要となっています。また、膨大な調査結果から妨害源を特定するためには、長年の経験と勘がものをいう場面も多く、若手の育成も急務となっています。

(3) 微弱無線設備と試買テスト

電波を利用する無線設備のうち、発射する電波が著しく微弱で、電波法令に規定するレベル以下である無線設備（以下、微弱無線設備）については、認証や免許不要で使用することができる特例が設けられています（**図表Ⅱ-21**）。

微弱無線設備は届出等がいっさい不要なため非常に使いやすい一方で、インターネット通販や実店舗等の市場に流通している「微弱無線設備」をうたう無線設備のなかには、電波法令に定める微弱無線設備の基準を逸脱する強い電波を発射する商品が流通しており、このような無線設備をそのまま使用すると、基準を守って正しく使用されている無線設備に対し妨害を与える原因となります。

とくにインターネットを利用した通販の普及により、個人でも気軽に海外の無線設備を購入できるようになっているため、総務省では、販売者が「微弱無線設備」を自称している無線設備についていくつかの商品を実際に購入し、発射される電波の強さが電波法の基準内であるか確認するための測定・テストを実施しています。

その結果、微弱無線設備の基準に適合しないことが判明した無線設備について結果を公表し、当該機器は微弱無線設備の基準に合致しないことや、使用に

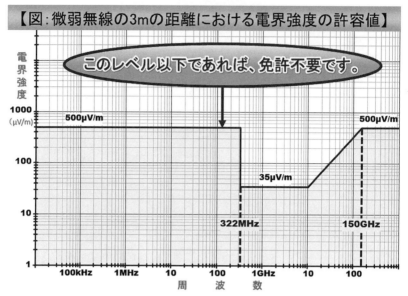

出所：総務省ホームページ

あたっては無線局免許が必要になることなどの注意喚起を行っています。

おわりに——情報通信行政の拡充・質の向上に向けて

　政府の定員合理化計画によって、総務省においても職員の削減が続いています。2020年度から2024年度までの5年間において、内閣人事局から示された定員合理化目標数（第14次定員合理化計画）は、省全体で約500名（うち自律的再配置約190名）、地方局では約160名（同約80名）です。2011〜2022年度までの12年間に150名が純減し、中規模（職員数：120〜140名）の地方局が丸ごと一か所消滅する規模での削減が強行されるなど、地方局の要員は減少の一途をたどっています（**図表Ⅱ‐22**）。

　また、政府の「行政改革」による組織見直しが推し進められたこともあり、かつて全国各地の港や空港に設置され、無線局検査や電波監視などの業務を担っていた出張所は、2002年7月時点で15か所ありましたが、2007年4月の下関出張所（山口県、中国局管内）および鹿児島出張所（鹿児島県、九州局管内）

図表Ⅱ-22　総合通信局の予算定員の推移

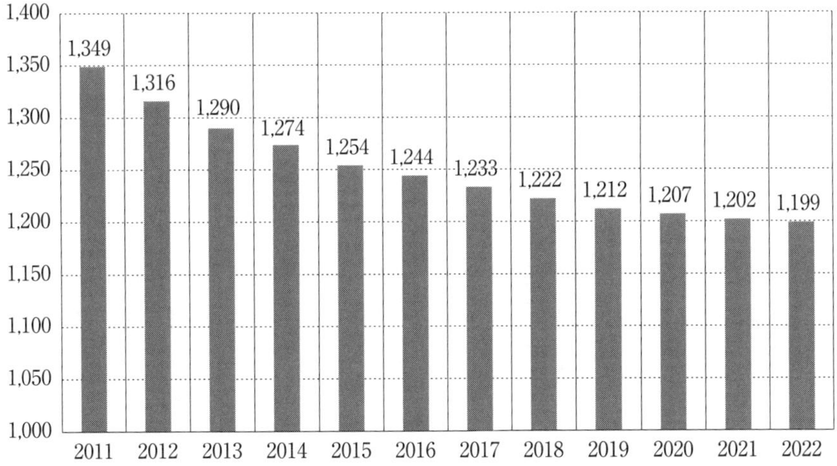

出所：総務省ホームページ「一般会計歳出予算各目明細書」の各年度の積算内訳から作成

の廃止をもって、全廃に至っています。

　度重なる職員数の削減によって、職員一人ひとりへの負担は増加し続けており、要員数の減少をカバーするために、個々の業務範囲や業務量の拡大によって、なんとか持ちこたえようとしていますが、自ずと限界を迎えることは明白です。その結果、超過勤務が増大かつ恒常化し、心身を故障して長期休職を余儀なくされることも少なくありません。

　加えて、地方局の職員の大半が50歳以上という事情もあり、新規採用者を継続的かつ確実に確保していくとともに、ベテラン職員から若年層職員へのノウハウの継承がきわめて重要となっています。しかし、要員減少に伴って多忙化に拍車がかかっており、ベテラン職員から新規採用者をはじめ若年層職員への指導を行うこともままならない状況となっています。将来の地方局を担う職員へバトンを渡していくことは重要かつ必要不可欠な課題であるとは認識していても、その時間を割くことができないというジレンマを抱えています。

　良好な電波利用環境をこれからも維持していくことに加え、日進月歩で進展し、複雑かつ高度化する情報通信行政に対応していくとともに、職員の健康破壊を食い止めていくためにも、真に業務実態に応じた要員増などの体制拡充が非常に重要となっています。

国民のための「人権の砦」を担う

全司法労働組合

はじめに──「裁判を受ける権利」

　憲法は76条で「すべて司法権は、最高裁判所及び法律の定めるところにより設置する下級裁判所に属する」と規定しています。一見、当たり前のようですが、戦前の大日本帝国憲法が「司法権ハ天皇ノ名ニ於テ法律ニ依リ裁判所之ヲ行フ」と定め、裁判所を「天皇の裁判を行う組織」だとしていたことに鑑みると、実は戦後の大きな民主的転換の一つでした。

　戦前の裁判所はそもそも「三権分立」ですらなく、政府の一機関である司法省の下に置かれ、軍に関する事項も、行政に関する事項も裁判する権限を持っておらず、時には国民の人権を抑圧する役割を果たしてきました。これに対して、司法権の独立を位置づけた条文が76条です。すべての争訟の最終的判断を裁判所に委ね、81条によって違憲立法審査権を与えることと合わせて、三権分立を確立しました。

　また、32条は「何人も、裁判所において裁判を受ける権利を奪はれない。」と規定しています。「裁判を受ける権利」は、それ自体が国民の基本的人権の一つであるとともに、この憲法が保障するあらゆる基本的人権を実現するために欠くことのできない権利です。こうした役割が期待されていることから、裁判所は国民の「人権の砦」と呼ばれているのです。

1　裁判所で働く職員

　職業を尋ねられて、裁判所で働いていると答えると、「裁判官ですか？」と聞き返される経験をしたことがある裁判所職員は少なくありません。

　たしかに、裁判所の機能は一言で言うと「裁判をする」ことであり、裁判を担う官職が裁判官なので、「裁判所＝裁判官」というイメージは理解できます。しかし、実際の裁判所では、裁判官以外にも、多様な職務を担う裁判所職員が

数多く働いています（「裁判官以外の裁判所の職員」については、裁判所法53条以下で規定）。2022(令和4)年度の裁判所職員を定員で見ると、最高裁判所長官から簡易裁判所判事までを含めた総数で裁判官が3841人に対し、その他の職員は2万1775人となっています。そして、全司法労働組合が組合員として組織する対象は、こうした裁判官以外の裁判所職員です。

　国家公務員は、一般職の国家公務員と特別職の国家公務員に分けられ、一般職の国家公務員には原則として国家公務員法が適用されるのに対し、特別職の国家公務員は、その性格から国家公務員法が適用されない、とされます。裁判所職員は「三権分立」の観点から、裁判官以外の職員もすべて特別職の国家公務員とされています。したがって、国家公務員法の適用はありませんが、裁判所職員臨時措置法によって、多くの規定が準用されている結果、基本的には国家公務員法が適用されているのと、あまり差がない実態となっています。

　一般職の国家公務員は、すべての府省で勤務する職員について人事院が実施する採用試験によって採用されますが、裁判所では最高裁判所が全国の裁判所職員の採用試験を実施しており、これによって職員が採用されます。

　裁判所職員の多くは、裁判所事務官（以下、事務官）として採用されます。事務官は本来、事務局における会計、人事、総務などの司法行政事務を担う官職として位置づけられています。また、裁判部に配置されて裁判所書記官の事務補助を行うこともあります。

　裁判所書記官（以下、書記官）は、裁判事務を行う官職です。もともとは、法廷に立ち会い、裁判記録をはじめとした書類を作成・保管することが中心業務であったところ、この他に各種法律や最高裁規則などで「書記官が行う業務」が定められたことにより、裁判官が行う法令・判例の調査の補助事務、手続の適正確保、進行促進、裁判官の判断補助等を目的とした事務を行っています。むしろ、近年はそうした事務のほうが比重が大きくなっており、「裁判官をサポートして、裁判事務全般を行うスタッフ」と理解するのが、実態に近いものとなっています。

　書記官の任官については、職員を対象とした内部試験があり、これに合格して、裁判所職員総合研修所で一定期間の研修を受けた者が書記官に任官します。試験を受けるかどうかは任意ですが、事務官として採用される者は書記官志望であることが多く、職員として採用された後、大多数の事務官が少なくとも一

度は受験する実態にあります。

　家庭裁判所調査官（以下、家裁調査官）は、事務官の採用試験とは別の家裁調査官補採用試験によって家裁調査官補として採用された後、所属庁と裁判所職員総合研修所における２年間の研修を経て、家裁調査官に任官します。家裁調査官は心理学、社会学、教育学などの専門的知識を身につけた官職で、家庭裁判所に配置され、そうした専門分野の知見を活用して、少年事件や家事事件の調査・調整を行います。

　家裁調査官の他に、家裁独自の官職として、医務室が設置され、そこに医師と看護師が技官として配置されています。事件関係者に精神的な障害や性格の著しい偏りが認められる場合などで、事件処理に必要であれば、医師が事件関係人の心身の状況について診断を行うことになっており、主に精神科の医師が配置されています。また、医師を補助し、医学的知識にもとづく業務を行うため、看護師が配置されています。かつては多くの庁で常勤の医師と看護師が配置されていましたが、2010 年以降、中小規模庁を中心に非常勤職員に置き換わっています。常勤配置がなくなったことで、事件へのきめ細かな対応ができているか、医務室の活用が抑制されていないか検証が必要です。

　裁判所速記官（以下、速記官）は、法廷に立会って、証言などを速記録にする官職です。戦後の裁判所に導入された当初は、書記官と並んで裁判記録作成事務を支える中心的な官職として、全国的な人的体制と高い処遇が構想されましたが、結局、それは果たされることなく、最高裁は 1997 年に録音反訳方式による逐語録作成方法を導入するとともに、速記官の養成停止を決定しました。その後は、新たに速記官を採用することなく、1997 年当時 935 人であった速記官は、2022 年には全国で 205 人（定員）となっていますが、養成停止から二十数年が経った現在も、弁護士会などを含めて養成再開を求める声が繰り返し出されています。

　技能・労務職員も年々減少しています。給与において行政職給料表（二）が適用されることから行（二）（ぎょうに）と呼ばれる技能・労務職員について、かつての裁判所は自前の職員を抱えることを重視し、多種多様な職員を配置していましたが、その業務がなくなるにつれて廃止されていき、現在配置があるのは、技能職として自動車運転手、電話交換手、汽かん士、労務職として守衛、庁務員の五つの職種となっています。また、2000 年代に入る頃から、最高裁は

政府の定員削減計画に協力する方策として、行（二）職員を定員削減の受け皿とし、退職後の補充を行わない方針をとりました。これによって二つの問題が生じています。一つは残された職員の処遇悪化です。行（二）職員の昇格は部下数を要件としていることから、人員が減少すると、必然的に処遇に影響してきます。もう一つは業務の問題です。自動車運転手であれば官用車の運転、守衛は庁舎の警備、庁務員は清掃と、その職種が担っている業務自体がなくなったわけではありません。最高裁は後補充を行わない代わりに、民間委託を進めるとし、官用車に替えてタクシーを利用し、守衛の替わりに民間警備会社と契約してガードマンを配置し、清掃は委託業者へと切り替えています。その一方で、厳しい財政状況のもとで、委託経費を削減していくことから、これまで行（二）職員が担っていた業務は結局、切り捨てられたり、従来の質を保てなくなっています。職場からは「庁舎の清掃が行き届かなくなった」「少年事件で身柄をタクシーで移送しているが、プライバシー保護や逃走防止の観点から大丈夫か」「官用車が廃止され、公共交通機関が発達していない地域の出張で苦労している」といった声が出ています。

　法廷警備員は、法廷警察権の行使のために設置された官職であり、八つの高等裁判所所在地の地方裁判所に配置されています。かつての「荒れる法廷」と呼ばれた時代とは異なり、法廷における退廷や拘束などが必要とされる事件は、きわめて稀であることから、現在は警備計画の策定や傍聴人等の誘導などの周辺業務を取り込む形で業務を行っています。また、警備課や警備係を設置している東京地裁、大阪地裁以外の庁では、普段は事務局や裁判部において他の事務官と同様の職務を行いながら、警備を要する事件の裁判期日がある時にだけ、法廷警備業務を行う兼務体制がとられています。

　営繕技官は建築、機械、電気の技師として、庁舎の新営や増改築を担っています。裁判所の庁舎は法廷などをはじめ、特殊な設備が必要になることから置かれた官職であり、事務官とは別の営繕技官採用試験で採用されます。

　この他、全司法の組織対象ではありませんが、民事裁判の執行に関する事務等を担う執行官、弁護士の中から任命されて調停手続を主宰する調停官といった官職があり、さらには、調停委員、司法委員、参与員など一般国民から選ばれた人々が司法の手続に参加しています。

2 増員、欠員補充、代替要員の確保などの人員配置が切実な要求

　裁判所の職場におけるもっとも強い要求は、増員、欠員補充、育児休業等を取得した職員の代替要員の確保など、人員配置に関わる要求です。裁判所の人的態勢整備は、国民の裁判を受ける権利を保障するうえでも、職員が健康でやりがいを持って仕事をするうえでも重要な課題になっています。

　全国的に超過勤務が常態化している部署があり、なかには持ち帰り仕事や休日出勤で業務をこなしたり、夜の10時、11時といった時間まで働いている実態もあります。

　メンタルヘルスの悪化で病気休暇を取得したり、休職する職員が全国的に増加していますが、もともとギリギリの人員で業務を処理しているために、そうした職員が出ると、残った職員に負担が重くのしかかっています。誰かが休職すると、同じ職場でメンタルヘルスを悪化させて休む職員が連鎖的に出るという例も珍しくありません。

　仕事と家庭生活の両立支援のための制度は整備・充実が図られ、育児休業などを取得する職員も増加していますが、その一方で、職場の忙しさが増しているために、休暇・休業制度を取得する職員にかわって事務を分担する職員の負担感が強く主張されるようになり、「休むと迷惑をかける」との職場への気遣いから両立支援制度が利用しにくくなったとの意見も多く聞かれます。

　そうした実態を背景に、全司法は最高裁当局に増員を要求していますが、当局は増員のための予算確保が厳しいとの回答を繰り返しています。その理由として挙げているのが、国家公務員の定員をめぐる情勢（「定員合理化計画」をはじめとする政府の方針）とともに、近時の裁判所の事件数が「一部の事件を除き減少または横ばいの状況が継続している」ことです。事件数が減っていることは客観的数字から明らかですが、それにもかかわらず職場は繁忙で、増員を求める声は全国の職場からあがっています。その理由について、いくつかあげておきたいと思います。

(1) 事件の複雑・困難化

　まず、最高裁自身も政府や国会に対して説明していますが、事件が複雑・困

難化している実態があります。民事事件で言えば、当事者間で争いがない事件や一方当事者が出頭せずに終わる事件も1件なら、複雑な契約関係があったり、背後にある人間関係が絡んだ事件、当事者の主張が食い違い、権利関係が激しく争われる事件も同じ1件です。社会情勢の変化を受けて、複雑な事件が裁判所に持ち込まれることが増えているというのが現場の感覚ですが、それを人員配置の根拠となる資料として数値化するのは難しいという問題があります。

社会情勢の変化のもとで、法改正や制度改正も続いています。ここ数年の動きを見ても、インターネットの発信者情報開示や、養育費の支払いなどを契機とした財産開示、児童虐待や連れ去り等に関連する手続などがあげられます。また、プライバシーの保護や相手方からの二次被害を避ける目的で訴訟関係者の個人情報等を秘匿する手続が重要になっており、さまざまな種類の事件で秘匿情報の取扱いが事務処理のうえでも、心理的な面でも職場の負担となっています。

事件そのものの複雑・困難化に加えて、事務処理が煩雑になっている問題があります。とりわけ、2015年頃から、最高裁が現場の事務処理に関して「コンプライアンス、ガバナンス、アカウンタビリティ」を強調し、もっぱら「過誤防止」「外部に対して説明可能な事務処理」を求めたことで、「失敗が許されない雰囲気」「石橋を叩いて渡る慎重さが求められる状況」が全国の職場に広がり、一気に事務が硬直化したことがあげられます。

もちろん、過誤を防ぐことは重要ですが、「過誤防止策」が不合理なまでに膨れ上がりました。たとえば、ファクシミリの誤送信が問題になると、1通の書面を送付するためにファクシミリの前に二、三人の書記官が集まり、全員で番号を確認しながら送付したり、簡易な文書でも謝罪のために誤送信先にわざわざ出向くというようなことが行われました。また、郵便切手の管理が問題になると、すべての事件記録の郵便切手を年に数回、券種も含めてすべて点検、記録したり、10円切手を両替するために往復の書留郵便でやりとりするということも行われました。全司法の追及に対して最高裁は「過誤防止策の検討にあたっては、事実を正確に把握し、的確に原因を分析した上で、法的な根拠および本来の目的は何かという視点から検討を行い、職場実態に合った事務の合理化の観点も踏まえつつ、当該原因に対応した合理的な改善策が策定されることが必要であり、このような検討を行わないでただ単に過剰な過誤防止策を構築

するようなことが求められているのではない」と回答するに至りましたが、これはそのような実態があったからです。その後、多少は修正されつつありますが、事務処理が煩雑になって硬直化し、事務量が増大する傾向は依然として続いています。これが、繁忙の原因になるとともに、職場の活力を奪い、ストレスを高めることにもつながっており、職場で病休者が増加している一因にもなっているのではないかと考えられます。

(2) 地方から大都市への「人員シフト」

また、「人員シフト」が大きな課題となっています。全国的に見れば事件数が減少しているとは言いながらも、事件数の多い東京およびその周辺を中心とした大都市の裁判所について、最高裁は毎年配置人員を増やしています。しかし、裁判所全体の定員は増えないか、むしろ減少していることから、地方の裁判所が「人員の給源」とされ、毎年のように減員が続いています。

しかし、国民の裁判を受ける権利を保障するためには、全国各地に裁判所を配置する必要があり、各庁で部門ごとの専門性も求められ、必要な人員は配置しなければなりません。事件数が減少しているからと言って安易に廃止、縮小することはできないことから、もともと配置人員が少ない中小規模庁において人員が減らされると、個々の職員の負担は一気に増すことになります。人員削減が続くもとで、地方の中小規模庁の職場はゆとりを失い、負担感や不満が大きくなっており、これが、地方職場の増員要求につながっています。

最高裁は「人員配置の見直しに際しては、個々の庁について、各種事件数の動向や事件処理状況等の種々の要素を考慮し、事務量等を見極め、人員配置の見直し後の事務処理態勢等についても、十分検討した上で実行してきている」としていますが、実際には毎年、下級裁に対して人員削減を求め、シフトのための定員を吐き出させている様子がうかがえます。

(3) 不十分な超過勤務の実態把握

職場の繁忙状況を裏付ける資料として、超過勤務の時間数が考えられますが、実際の数値を見ると、「超勤時間数」はけっして多くはありません。その最大の原因は、他の国公職場でも見られるとおり、サービス残業（隠れ残業）が日常化しているからです。

全司法は1990年代初めに超過勤務を重点課題として最高裁と交渉し、「サービス残業や持ち帰り仕事については、あってはならない」との回答を引き出しました。それ以降も、サービス残業がなくなったわけではありませんが、超勤縮減を進めつつ、超過勤務があった場合には必ず手当を支給することを軸に当局も誠実に努力していました。

　そうしたなかで、「働き方改革」の公務における具体化として人事院規則が改正され、2019年4月に公務員の超過勤務の上限規制が導入されました。その結果、職場では上限規制に合わせて、申告する超勤時間を自ら調整する傾向が強まるとともに、管理職が超勤抑制を強く指導するもとで、早朝や休日に出勤して事務を処理する職員が増えるなど、規則改正の本来の趣旨とは逆に、むしろ、全国でサービス残業が一般化し、「隠れ残業」として暗数化する結果となりました。また、上限規制のみが問題にされるなかで、管理職のマネジメントがきめ細かさを失い、育児等のために勤務時間短縮の措置を認められた職員が、日常的にその措置を取り消したり、取り消さないまま勤務を続けることで「サービス残業」化していることも珍しくありません。

　こうした状況に対応するためには、当局の責任による客観的な勤務時間把握が必要不可欠であり、行政府省では客観的な記録を基礎にした職員の超過勤務時間の把握や「見える化」が課題となり始めています。しかし、最高裁は超過勤務の事前申告等を通じて「的確かつ遅滞なく超過勤務の把握に努めているものと認識している」として、職員の自己申告任せの姿勢を変えていません。

　このように、超過勤務の正確な実態が把握されていないために、適正な人員配置がされているのかどうかを検証する術もないことから、結果として、超勤縮減のための真剣な努力が行われることもなく、本当は繁忙な職場実態があっても可視化されることなく、増員にも結びつかないのが実態です。

3　家庭裁判所が果たす役割

　民事、刑事の事件が減少しているのに対して、家庭裁判所が扱う家事事件は事件数が増加しています。1989年（令和元）年の新受件数は35万0542件であったところ、毎年のように増え続け、2016（平成28）年は102万2853件と百万件の大台にのり、2021（令和3）年は115万0500件となりました。

2000 年代に行われた司法制度改革のなかで、それまでは地方裁判所が担当していた離婚をはじめとする家庭関係事件（人事訴訟事件）を家庭裁判所の管轄に移すことで、国民にわかりやすくすることが打ち出され、2004（平成 16）年から人事訴訟事件が家裁に移管されています。

　また、認知症、知的障害、精神障害などによって判断能力が不十分になった場合等に、本人の判断を他の者が補うことによって法律的に保護するための手続として、成年後見制度が 2000（平成 12）年 4 月 1 日に施行されましたが、法定後見の場合の後見人等の選任やその監督を家庭裁判所が行うことになりました。

　近時、重大な社会問題となっている児童虐待に関しては、保護者が児童を虐待したり監護を怠った場合に児童を児童福祉施設に入所させるなどの措置をとる児童福祉法 28 条事件や、親権者による子の虐待を理由とする親権喪失宣告事件があり、とりわけ児童福祉法 28 条事件は近年急増しています。

　もともと家裁が担っていた家事審判には、子の氏の変更許可、相続放棄、名の変更の許可、後見人の選任、養子縁組の許可などの「別表第 1 事件」と親権者の変更、養育料の請求、婚姻費用の分担、遺産分割などの「別表第 2 事件」がありますが、こうして並べてみると、改めて家庭に関するさまざまな法的手続きを家庭裁判所が担っていることがわかります。

　社会の発展に伴って、国民の価値観や家族のあり方が多様化するもとで、家族間で生じるさまざまな法的問題を解決する家庭裁判所の役割はきわめて大きなものになっています。そこで、この間、家裁の人的・物的体制整備が課題となり、全司法としても重点要求としてその実現を求めてきました。

　最高裁当局も、家裁の充実強化を理由として財務省に人員要求を行い、書記官を中心に一定の定員上の措置を図ってきましたが、その数はけっして多くはなく、前記のような民事事件の減少などを背景に、現実の人的手当てとして行われたのは、地裁からの人員のシフト、とりわけ大都市以外の庁に配置された定員を家裁に付け替えるシフトでした。このことにより、家裁職場の繁忙状況はわずかに落ち着きましたが、全国的に各庁での人減らしが進み、地方職場の負担感は大きくなりました。

　司法分野でありながら、後見的、福祉的、教育的機能を持つとされる家庭裁判所の特徴を最もよく現す官職が家裁調査官です。裁判所事務官・書記官とは

別の試験で採用される心理学、社会学、教育学等の人間関係諸科学の知識を身につけた専門職種であり、ケースワーカー的な役割を持つとされます。少年事件においては、家裁に送致された少年と面談して、その成育歴や現在の状態を調査し、審判の基礎となる記録を作成するとともに、更生に向けた教育的措置を行う、まさに主役と言って良い官職です。家事事件においては、裁判官が個別に必要だと判断した事件について、その指示を受けて関係者の状況を調査する役割を担いますが、とりわけ、子どもが関わっている事件では大きな役割を果たしています。

　家裁の事件増への対応に加えて、家裁調査官は女性の比率が非常に高い職種であるため、妊娠・出産や、育児・介護等の家族的責任を負っていることも多く、増員や育児休業の際の代替要員の確保が強い要求になっています。また、家裁調査官が配置されていない庁に定期的に出張して事件を処理したり、少年事件における家庭訪問や面談などの出張の必要性からも増員要求が出されています。

　しかし、最高裁は人事訴訟の家裁への移管に合わせて2000年度から2006年度までに合計43人の増員を行った以降は、2009（平成21）年度に5人の増員を行ったのを最後に、事件処理のための家裁調査官の増員を財務省に要求すらしていません。その最大の理由が、少年事件が大幅に減少していることにあります。

　「増加・凶悪化」という世間一般の印象とは異なり、少年事件は一貫して減少し続けており、現在は、近年のピークとされた1983（昭和58）年に比べて約13分の1程度まで減少しています。一方で、近時の少年事件は、かつての「暴力的な不良少年が集団で……」という姿とは異なり、インターネットの影響とともに、バラバラになり孤立した少年たちがふとしたきっかけで犯罪に関わるといった特徴があると現場の家裁調査官たちは指摘します。虐待経験や発達障害を抱える少年も少なくなく、一人ひとりが抱える問題性の大きさや、面談で話を聞きだすことの困難さが増しており、「事件数が減ったから楽になったわけではない」と口を揃えます。さらには、2022年4月から改正少年法（全司法は反対した）が施行されましたが、その影響も注視する必要があります。

　日本国憲法の理念のもと「家庭の平和と少年の健全育成を図ることを目的に、家庭に関する事件を総合的かつ専門的に扱う裁判所」として1949年1月に設立

された家庭裁判所が果たす役割は、現代的な役割を加え、今後ますます大きくなっていくものと思われ、それに相応しい態勢整備が求められます。

4　裁判所予算の仕組み

2021（令和3）年度の裁判所予算は、3253億6800万円で国の予算の0.31%です。立法、行政と並んで三権の一つとされる司法の中心である裁判所の予算が国家予算のわずか0.3%程度であることを知って驚く人は多いのですが、この状況は昨今の特徴ではなく、過去一貫してこの水準です。日弁連をはじめ司法関係者からは長らく「国家予算のわずか0.4%」であることが批判の対象とされてきましたが、改善されることなく、むしろじりじりと目減りしているのが現状です。

最高裁が裁判所予算についてどのように認識しているのかという点について、最近の全司法との交渉のなかで、予算に触れて回答したものをいくつかあげておきます。

まず、裁判所の人員について「国の財政状況が逼迫している中、増員を取り巻く情勢が非常に厳しい」との認識を示し、「裁判所の人的態勢の整備を図っていく必要があることについて、財政当局の理解を得るべく説明を行っている」が、「増員をめぐる状況は、よりいっそう厳しいものとなっている」と増員のための予算確保が難しいことを強調します。そのうえで、「国家機関として、政府の総人件費抑制にむけた定員合理化に協力していく必要がある」との姿勢に立ち、本来、裁判所は対象外とされている政府の定員削減計画に一貫して協力しています。

裁判手続のIT化は、これからの裁判所にとってきわめて重要な課題となることから、全司法は機器や施設整備については、司法分野に関わる国民的基盤の整備として、十分な予算を確保することを要求していますが、最高裁は「裁判手続のIT化のために必要な予算の確保にむけては、最大限の努力を行いたい」と回答しながらも、前提として「現在の財政状況に照らすと、予算の確保は大変厳しい状況である」との認識を示しています。

庁舎管理に関する予算については「国の厳しい財政事情を踏まえ、効率的な予算執行という観点から、既存の経費であっても必要性を十分に吟味し、不断

の見直しを行う」とし、とりわけ近年、全国的に庁費等の予算について「節約執行」の姿勢を強めています。

　なお、職員の処遇については「国家公務員の人件費をめぐる情勢がこれまで以上に厳しいことを踏まえ、総人件費の増加を来す級別定数の改定にあたっては財政規律の確保を徹底するようこれまでと比較にならないほど強い姿勢を（財務省が）示している」とし、健康診断などの職員厚生経費についても「昨今の厳しい財政事情の下で、裁判所のみが職員厚生経費の大幅な増額を求めていくことは極めて困難な状況にあることは理解してもらいたい」と回答しています。

　すなわち、裁判所予算の確保について「国の財政状況が厳しい」ことを理由に、全般的にきわめて消極的な姿勢に終始しているのです。

　それでは、こうした裁判所の予算はどのように決まっていくのでしょうか。

　財政法は 17 条で、最高裁判所長官は「毎会計年度、その所掌に係る歳入、歳出、継続費、繰越明許費及び国庫債務負担行為の見積に関する書類を作製し、これを内閣における予算の統合調整に供するため、内閣に送付しなければならない。」としており、裁判所が単独で国会に予算案を提出するわけではなく、裁判所予算は財務省が策定する政府予算案のなかに組み込まれているのです。

　したがって、財務省との予算折衝が必要になり、裁判所組織の運営に関わる司法行政の分野では、実際上、最高裁は常に政府・財務省の意向を気にせざるをえなくなります。

　最高裁から概算要求の提出を受けた財務省は「必要な調整を行」うことになります（財政法 18 条）。つまり、裁判所の概算要求も財務省の「査定」（三権分立の建前から「折衝」「協議」「意見交換」という表現が使われることが多い）を受けるのです。権力分立の観点から三権の一つと位置づけられ、行政とはチェックアンドバランスの関係にある裁判所の予算を決める方法としてこれで良いのか、「財政面では司法が独立していない」「予算を政府に握られている」ということにならないのか、検討してみるべき課題だと考えます。

　この点について、財政法上は、裁判所が出した歳出見積を減額した場合には、「歳出見積について、その詳細を歳入歳出予算に附記する」とともに、国会が「歳出額を修正する場合における必要な財源についても明記しなければならない」（19 条）との規定があります。つまり、最高裁は減額された予算を復活す

るよう国会に求めることができ、これが「二重予算権」と言われる制度です。しかし、最高裁がこの権限を行使したことは一度もありません。実際、毎年末にとりまとめが行われる政府予算案は、例年のように裁判所が8月に提出した概算要求から減額されたものになっていますが、財務省との折衝を経て、最高裁は自ら減額を受け入れた形になっています。実際には、二重予算権を行使したとしても、与党が多数を占める国会で予算を成立させられる可能性は限りなく低く、さらには翌年度の予算編成で財務省から「睨まれる」ことを懸念しているのではないかと思わざるをえません。

おわりに──「国民のための裁判所」実現を掲げる裁判所内部の労働組合として

(1) 司法制度改革がめざしたものと、国民の裁判を受ける権利

2001年6月12日、内閣のもとに設置された司法制度改革審議会は最終意見書「司法制度改革審議会意見書−21世紀の日本を支える司法制度−」を出しました。

政府は、この意見書に則って司法制度の改革と基盤の整備を進めるために、翌年3月19日に司法制度改革推進計画を閣議決定し、司法制度改革推進本部を設置して取組みを行いました。これによって、法科大学院、裁判員裁判をはじめさまざまな制度が導入され、司法制度全般に渡って見直しが行われて、現在に至っています。いわゆる「平成の司法制度改革」です。

司法制度改革審議会の会長としてとりまとめに当たった憲法学者の佐藤幸治氏は、橋本龍太郎政権のもとで設置された行政改革会議の委員も務めていましたが、行政改革が実現しようとしたものについて、「地方分権や規制改革等を進める中で、国の行政の簡素・効率・透明化を図る」「政治主導・内閣主導の体制を確立する」という二つの目的をあげたうえで、「簡単にいうと、個人の自立（律）性ないし自己責任を基礎とする、より自由で公正な社会を作ろうということ」だと述べています。そのうえで、「同時にそのことに見合う社会的な基盤整備を行わなければなりません。そうでないと歪な社会になる危険があるわけです」として、そのなかでもっとも大事なこととして「司法・法曹のプレゼンス」を挙げ、それを司法制度改革の理論面での必要性だとしています（『シリーズ司法改革III』日本評論社、2002年）。

「改革」の時代から20年以上が過ぎ、はたして司法が行政改革に「見合う社会的な基盤」となりえたのか、格差と貧困の拡大が社会問題となり、2020年からの新型コロナウイルス感染症の拡大を契機として、新自由主義からの転換が求められている現時点に立って、改めてそのことを振り返ってみる必要があると考えます。

　また、佐藤氏は、「司法制度改革審議会を生み出した政治的・社会的な力」として、「より頼りがいのある司法・法曹を求める経済界の動向が大きく作用したということはよく指摘されることです」と紹介しています。1990年代に入ってバブル経済が崩壊し、不良債権処理が当面する大きな問題となる一方、経済のグローバル化が進展するもとで、経済界にとって使いやすい司法が求められたことは、司法制度改革の大きな推進力であったことは間違いありません。「経済界にとって利用しやすい司法」という要請は、今まさに課題となっている裁判手続IT化にもつながる流れとして押さえておきたいと思います。

　同時に佐藤氏は、「1980年代の終わりの頃から、いわゆる法曹三者自体が、司法・法曹は今のままではどうも国民の需要に応えていないのではないかという思いを持ち、改革の動きを始めている」ことを紹介し、「もともとそういう動きがあり、それに経済界の具体的な要請が加わって」司法制度改革審議会が設置されたとしています。

　日弁連は中坊公平氏が会長となった1990年の第41回定期総会で「司法改革に関する宣言」を発表していますが、そこでは「国民の権利を十分に保障し、豊かな民主主義社会を発展させるためには、充実した司法の存在が不可欠である」として、「司法を人的・物的に拡充するため、司法関係予算を大幅に増額することと、司法の組織・運営に生じている諸問題を国民の視点から是正していくことが何よりも重要である。さらに、国民の司法参加の観点から陪審や参審制度の導入を検討し、法曹一元制度の実現をめざすべきである」とする方向性を打ち出しました。こうした動きが司法制度改革に反映したということです。

　ちなみに、この1990年は日本に近代的な裁判制度ができて100年になる記念すべき年でしたが、最高裁などが期待した祝賀ムードではなく、むしろ、これを機に裁判所や司法制度に対する批判が噴出しました。朝日新聞が「孤高の王国」、毎日新聞が「検証・最高裁判所―法服の向こう」と題する連載を掲載したのは、それを象徴する出来事です。こうした日弁連の動きやマスコミ等も含

めた司法に対する批判にはさまざまな立場のものがありましたが、1960年代後半から70年代にかけての最高裁による司法反動化とこれに抵抗するたたかいに源流を持つものが含まれていたことも指摘しておきたいと思います。そして、全司法はそうしたすべての運動に関わってきました。

「国民のための裁判所」をつくるという視点に立った時、こうした国民・市民、在野法曹などが求めていた諸制度は、結局、採用されたのか否か、それは国民の裁判を受ける権利を拡充し、わが国の民主主義を確立するのに役立っているのかどうかという点を、司法制度改革から20年が経過した現時点で改めて分析・検討し、今後の課題を明らかにする必要があるものと考えます。

(2) 裁判所のデジタル化・裁判手続 IT 化について

現在、裁判所のデジタル化・裁判手続 IT 化が裁判所の最大の課題となっています。

裁判手続 IT 化の動きは、まず、民事訴訟の分野で始まりました。政府は2017年6月9日に「未来投資戦略2017」を閣議決定しましたが、そのなかで「迅速かつ効率的な裁判の実現を図るため、諸外国の状況も踏まえ、裁判における手続保障や情報セキュリティ面を含む総合的な観点から、関係機関等の協力を得て利用者目線で裁判に係る手続等の IT を推進する方策について速やかに検討し、本年度中に結論を得る」とされました。これを受けて、内閣官房に「裁判手続等の IT 化検討会」が設置され、翌年3月30日、「裁判手続等の IT 化に向けた取りまとめ」を行いました。その内容は、以下の「3つの e」の実現とされています。

① e 提出（e-filing）＝裁判書類の電子提出、手数料の電子決済、送達
② e 法廷（e-court）＝テレビ会議、ＷＥＢ会議による訴訟進行
③ e 事件管理（e-case management）＝電子記録へのオンラインアクセス、IT ツールを活用した期日調整、争点整理、計画審理

また、実現段階に応じて三つのフェーズに分け、現行法のもとでのウェブ会議・テレビ会議等の運用（フェーズ1）、新法にもとづく弁論・争点整理等の運用（フェーズ2）、オンラインでの申立て等の運用（フェーズ3）を順次、開始し

ていくアプローチをとることとされました。その後、2022年5月18日にはIT化のための民事訴訟法改正法案が可決成立し、2025年までの全面施行に向けて、取組みが進められています。

　政府の検討会においては、法律学者や裁判官経験者のみならず、経済界、企業法務やIT関連に精通する弁護士、消費者団体など、さまざまな立場からの議論が進められ、裁判手続の利用者からみてIT化のニーズがあることが示されました。こうしたニーズをふまえれば、IT技術の活用そのものは否定されるべきものではなく、推進されていくべきものと言えます。

　ただ、この検討がそもそも財界の意向を反映した政府の経済政策の一環として提起されたことには留意する必要があります。司法制度改革の時と同様、今回も第一に「経済界にとって利用しやすい司法」が求められているのです。それにとどまらずに「国民のための裁判所」の立場からのIT化を進めるには、広く国民一般の司法へのアクセスを向上させ、利用しやすい裁判所実現のための方策としてIT技術が活用されるようにすることが重要です。とりわけ、IT機器を使用する環境にない者の裁判を受ける権利が後退することがないよう、裁判所の窓口でのサポートも含めた整備が必要です。また、システムの安定的な運用やセキュリティの確保が大前提となることは、言うまでもありません。

　裁判手続のIT化については、民事訴訟に続いて、民事執行・民事保全・倒産および家事事件等のIT化、刑事事件のIT化が進められており、いずれ、すべての裁判分野に共通した考え方や仕組みがつくられるものと考えます。その内容は、電子的申立て、記録の電子化、オンラインを活用した裁判手続の推進です。

　また、最高裁は「情報通信技術の飛躍的な発展等を背景とした社会全体のデジタル化の動きが加速している昨今の情勢等を踏まえ、裁判所においても、デジタル技術の利活用を通じたより質の高い司法サービスの提供をめざす」として、2022年度から最高裁内の態勢整備を行い、裁判手続のIT化だけでなく、司法行政分野の事務処理も含めた「裁判所のデジタル化」を進めています。

　これに対して全司法は2022年9月に、①ウェブ会議等を定着させるための環境整備、②情報の集約と共有、③通信環境の基盤整備、④ユーザーフレンドリーなシステム開発、⑤デジタル化に伴う人員の五つの柱で構成した意見書を提出しました。全司法はこれまで、裁判所の人的・物的充実と司法予算の拡充

を求めてきましたが、国民の裁判を受ける権利を保障しながら、裁判所のデジタル化を進めていくうえでも、これは必要不可欠なものであると考えています。

　急ピッチで進むIT化・デジタル化の動きは、裁判所における事務処理方法や組織機構のあり方を大きく変えていく可能性が高いと考えられます。それは、職員への労働条件はもとより、国民に対する司法サービスの提供や裁判を受ける権利にも大きく影響することが考えられます。

　全司法は規約で「組合員の経済的、社会的地位の向上」とともに「部内の民主化」を目的として掲げています。これは全司法が結成された時に、職場の民主化と一体で「司法を民主化しよう！」という強い決意で書き込まれた言葉でした。それは「国民のための裁判所」実現という運動方針となって、今も引き継がれています。

　裁判所のことは多くの国民にとって馴染みの薄い分野ですが、その内部にあって「国民のための裁判所」実現を方針として掲げる全司法の役割は、裁判所をめぐる問題について、機会あるごとにわかりやすく国民に発信し、国民の裁判を受ける権利の実現を国民とともに考えていくことだと思います。

安全・安心な社会の実現を担う

全法務省労働組合

はじめに——国民の期待に応えられる法務行政をめざして

　法務省の所管する業務は、安全・安心な社会の実現、国民の基本的な権利の実現など、国民生活に密接した制度を運営しており、その業務の内容も多岐にわたっています。

　そのなかでも、私たちが働く法務局・更生保護官署・入国管理官署・少年院施設の職場は、これまで所有者不明土地の解消に向けた民事基本法制の見直し、少年院法・少年鑑別所法の施行、更生保護法や少年法の改正など、次々と法律が施行・改正されたことから、その業務内容は複雑・多様化し、業務量についても高水準で推移しています。また、いずれの業務も人的対応が欠かせない業務となっていることから、IT化などを含めた省力化にも限界があります。

　しかし、「国家公務員」の定員は、省庁再編や郵政民営化、社会保険庁解体民営化、独立行政法人化、定員合理化計画等の実施により、1984年の約89万人から、2021年には約30万人まで減少しています。政府は、2014年7月の「国家公務員の総人件費に関する基本方針」にもとづいて、さらなる定員合理化を推進しており、私たちが働く法務局・更生保護官署・入国管理官署・少年院施設の職場でも、人が減らされ続けているのが実態です。

　利用者・国民の期待に応えられる法務行政を実施するためには、これらの業務を実施できる要員確保が必要となっています。

1　更生保護

(1) 保護観察

　更生保護では、保護観察に関する事務を行うほか、恩赦や犯罪予防活動、犯罪被害者等施策に関する所掌事務などを行っています。

　なかでも中心となるのが保護観察になります。保護観察は、犯罪をした人や

非行のある少年に対し、生活の目標や指針を定めてそれを守るように指導し、時には就職の援助や宿泊の提供などの援助も行って、これらの人たちが再び社会で自立して生活できるように更生を促すことを主たる業務としています。

　成人の場合では、刑の執行を猶予され、かつ保護観察に付された人、懲役刑や禁固刑を科せられて刑務所に収容され仮釈放を許された人が、執行猶予の期間あるいは仮釈放後の残刑期間に、それぞれ保護観察の対象となっています。

　少年の場合は、非行があり、家庭裁判所に送られると、その決定の一つとして保護観察処分がなされるほか、少年院送致の処分を受けた少年にも、その多くは仮退院となって保護観察の対象となっています。

　更生保護官署に関わる職員は、全国で約2000人が働いていますが、実際に保護観察に関わっている保護観察官は、全国で約900人と少なく、更生保護制度発足時から慢性的な人手不足が続いています。

(2) 更生保護法の成立

　また、これまで保護観察を受けている者による重大・凶悪な事件が繰り返されたことで、保護観察による再犯防止機能の強化をめざした新たな基本法である更生保護法が2007年に成立しました。これによって、従来の保護観察制度の見直しが進められ、保護観察対象者への処遇の強化や自立更生促進センターの設立、専門的な処遇プログラムの実施、刑務所出所者の就労支援、高齢・障害のある者の社会復帰、緊急的住居確保、自立支援対策など、次々と新しい施策が導入されています。しかし、政府が進める定員合理化政策のあおりで、職場では要員も予算も確保されず、これまで以上に人員不足と労働強化が進んでいるのが実態です。

(3) 慢性的な超過勤務となり手不足

　とくに職員の超過勤務は慢性的になってきており、ある職員は毎日午後10時頃まで残業したうえに、休日出勤を余儀なくされるだけでなく、持ち帰って残業するなどして、なんとか業務を処理しています。また、全国で約4万6000人いる民間のボランティアである保護司に対して、約900人しかいない保護観察事件を担当する保護観察官が、緊密に連絡を取り合って業務を進めています。そのため、職員は、休日に開催する会議などに出席したとしても、業務繁忙に

よって、代休も取得できず、有給休暇の取得もほとんどできない職員が数多くいるのが実態です。また、保護司にしても、なり手不足が年々深刻になり、その充足率は88.3%まで低下しました。このため、保護観察官が保護司に依頼していたケースの一部を直接担当していることから、さらに保護観察官の負担が生じています。

そのような状況にあっても、政府は、2012年7月に、犯罪対策閣僚会議において「再犯防止に向けた総合対策」を決定し、策定後10年間の取組みにおける数値目標として「刑務所出所後2年以内に再び刑務所に入所する者の割合を今後10年間で20%減少させる」ことを設定し、新規施策を次々と現場に押しつけています。

(4) 執行猶予制度の導入

2016年6月からは刑の一部の執行猶予制度が導入されました。この制度では、主に薬物事件をおこした受刑者などを対象に、刑の執行を一部猶予し、猶予期間中に円滑な社会復帰につながる準備をさせて、再犯防止をめざすものとなっています。3年以下の懲役・禁固の判決のなかで、裁判所が判断し、刑の一部の執行を1年から5年の範囲で猶予されることになります。結果として、「3年以下の懲役・禁固」よりも長く最長で5年間保護観察に付される場合もあります。

その後、2016年12月に施行された「再犯の防止等の推進に関する法律」(再犯防止推進法)にもとづき、2017年12月に「再犯防止推進計画」が閣議決定されました。現在は、その計画をさらに加速させた「再犯防止推進計画加速プラン」により、新たに満期釈放者対策が推し進められていますが、予算を確保できるかどうかもわかっていません。

(5) 新たな施策を進めるも……

このような新たな施策をすすめるためには、「更生保護のあり方を考える有識者会議」が2006年6月の最終報告で、保護観察所の要員確保が急務であることを強調して報告しています。それに加え、少年法の一部改正や更生保護法の制定の際にも保護観察官の大幅増員を求める付帯決議もなされています。それにもかかわらず、保護観察所の増員の伸びは低調なままで、ようやく増員査定

されても定員合理化数と差し引きすると、ほとんど純増はないままになっています。地方更生保護委員会や保護観察所の配置定員は、2011年度から2021年度までの10年間で、1669人から1839人の170人しか増えておらず、2022年度は定員純減4人と、2002年度査定以来の削減となりました。

　また「医療観察制度」は、2003年に成立した「心神喪失等の状態で重大な他害行為を行った者の医療及び観察等に関する法律」にもとづき、心神喪失または心神耗弱の状態（精神の障害のために善悪の区別がつかないなど、通常の刑事責任を問えない状態のことをいう）で殺人、放火等の重大な他害行為を行った人の社会復帰を促進することを目的として新たに創設された処遇制度です。

　この制度の対象者には、厚生労働省所管の指定入院医療機関による専門的な医療が提供されます。そして、保護観察所は、通院決定を受けた人や退院を許可された人について、社会復帰を促進するため、生活環境の調査、生活環境の調整、精神保健観察等の業務を行っています。その業務には専門的な知識や経験が必要で、その専門スタッフとして、精神保健福祉士の資格を持つ有資格者が「社会復帰調整官」として配置され、本制度による処遇を実施しながら、地域社会における関係機関との相互の連携や調整を行っています。

　しかし、専門的な経験を要する社会復帰調整官は、現在約220名の定員しか配置されておらず、生活環境の調整や精神保健観察事件は年々増加（2005年の66件から2020年には2214件に増加）し、常に医療機関と連絡を取りつつ職務を進めているため、その業務は多忙を極めています。

　「再犯の防止等の推進に関する法律」では、その第1条で「再犯の防止等に関する施策を総合的かつ計画的に推進し、もって国民が犯罪による被害を受けることを防止し、安全で安心して暮らせる社会の実現」を目的として掲げており、その実現のためには、更生保護官署に、人的にも、物的にも十分な措置を行う必要があることから、現場の実態を無視した定員合理化を直ちに廃止し、業務量に見合った要員を速やかに確保する必要があります。

2　入国管理

(1) 出入国在留管理庁の発足

出入国管理官署では、「出入国管理及び難民認定法」（入管法）にもとづき、

日本に入国または出国するすべての人の出入国審査や在留管理、国際交流や経済の発展等のための外国人の円滑な受け入れなどの環境整備や調整、難民の認定手続や不法滞在者等に対する国外への退去強制の手続などの事務を行っています。

2019年4月1日には、外国人の出入国および在留の公正な管理に関する施策を総合的に推進するためとして、これまでの法務省入国管理局が廃止され、新たに法務省の外局として「出入国在留管理庁」が発足しました。発足当時（新型コロナウイルス感染症の拡大前）は、外国人の入国者数が、1980年と比べると約24倍以上の年間約3138万人となりました。また、日本人の出国者数も、1980年と比べると5倍以上となっており、年間約2000万人が海外へ出かけていました。日本の出入国者数でみると、1980年から2019年で約9倍に増えており、一定の職員の増員は措置されているものの、業務量の伸びにはまったく追いついておらず、出入国管理業務を所管している入国管理の労働条件は、劣悪極まりない状態となっています。

職場では慢性的な超過勤務が続き、長時間労働のなかで健康破壊が進んでおり、まさに現場の職員の懸命な努力によって、かろうじて出入国管理業務が維持されている実態となっています。また、新型コロナウイルス感染症の世界的な流行によって、出入国者数は減少したものの、変異株への対応など、十分な感染症対策の実施も求められていました。

(2) 外国人の受入れ行政

国際化時代のなかで、日本は、世界に向かって、できる限り扉を開くことにかわりありません。しかしながら、なんの制約もなく、外国人が自由に日本に入国し、仕事につき、生活してよいということにはなっていません。外国人がどのような目的で日本を訪れ、どのくらい滞在するか、それが日本人の生活をおびやかすことがないかどうかなどを判断し、入国の許否が決められています。

これを行う出入国管理の業務は、人の交流が活発になればなるほどいっそう重要になります。正当な目的をもって来日しようとする人がスムーズに入国し、安心して生活できるようにすることとともに、好ましくない外国人から日本の安全や利益を守ることも、出入国管理の業務となっています。

日本に在留する外国人は、入国時に決定された在留資格や在留期間にもとづ

いて活動することが認められています。2019年4月1日からは、新たな外国人の受入れなどが盛り込まれた「出入国管理及び難民認定法及び法務省設置法の一部を改正する法律」が成立しました。この法律にもとづいて、中小企業をはじめとした人手不足が深刻化している産業は、一定の専門性や技能を持ち、即戦力となる外国人を幅広く受入れられることとなりました。

　その仕組みとして、特定の産業分野で、相当程度の知識、経験を必要とする技能、熟練した技能を要する業務に従事する在留資格が創設されました。また、在留する外国人の増加を見据えて、日本人と外国人が安心して安全に暮らせる共生社会を実現するための環境整備などについて、関係行政機関と連携しながら、出入国在留管理庁が総合調整機能を果たすことになりました。けれども、在留管理体制の構築として、外国人の適正な受入れ等のために、在留状況や就労状況についても、より正確な情報にもとづいて審査をする必要があり、さらに職場は繁忙を極めることとなりました。

3　少年院施設

(1) 非行少年の社会復帰支援

　少年院では、家庭裁判所から保護処分として送致された少年らを収容し、法務教官が、生活指導、職業指導、教科指導、体育指導等を行って、一人ひとりの特性に応じた教育を行っています。また、少年院を出た後に自立した生活が行えるよう、修学・就労、帰住先の確保、医療・福祉機関との連携など、社会復帰支援を行っています。

　少年鑑別所では、主に家庭裁判所の決定によって送致された少年を収容するとともに、家庭裁判所が行う少年への審判のため、医学や心理学などの専門的な知識にもとづいて、鑑別を行っています。最近では、地域社会における非行や犯罪の防止のため、非行、いじめ、家庭内暴力など、保護者や学校の先生などからの相談にも、専門的知識を活用して助言や支援を行っています。

(2) 少年法の改正

　近年、少年院・少年鑑別所では、少子化の影響もあり、新しい収容者数は減少しています。しかし、その一方で、少年による世間の耳目を集めるような重

大な事件も発生しています。

　最近の少年犯罪の特徴としては、少年がささいなきっかけで凶悪、冷酷ともいえる犯行に走り、動機が不可解で、少年自身もなぜそのような事件を引き起こしたのか十分に説明できない場合があるなど、従来の少年犯罪との質的な違いが現れています。そのため、少年院・少年鑑別所では、教育や指導の難しい少年が急増しており、その少年の処遇に当たる多くの法務教官は、日々悩みながら職務を行っています。

　また、2007年5月に少年法が改正され、14歳未満の少年であっても少年院に送致できることとなり、とりわけ小学生の受入にあっては、低年齢の少年の発達段階に応じた個別の処遇が必要となり、その職務の複雑・困難・専門性がいっそう増しています。

　しかし、政府は、強引に定員合理化計画を推し進めていることから、少年院・少年鑑別所では、毎年、職員が減らされ、職場実態に見合った要員を確保できず、慢性的な要員不足となっています。少人数の職員で、多種多様な少年に対して、個人の特性に見合った処遇をすることが求められていることから、残業や夜勤回数を増やすことで、要員の不足をなんとかカバーしており、職員の疲労は限界に達しているのが実態です。休暇もほとんど取れず、過酷な職場環境から健康を害する職員も続出し、定年を待たずに退職することも珍しくありません。

　少年個々人へのきめ細やかな教育が行われてこそ、少年の不安やストレスが解消され、罪を深く反省し、健全な社会人として社会復帰することができます。しかし、現状では要員不足により、収容している少年の管理のみに追われ、教育が不十分のままで社会に戻らざるをえない状況も生じています。少年が少年院を退院した後、社会への適応がうまくできなければ、再度罪を犯してしまう可能性も大きくなり、その少年はもとより社会にとっても大きなマイナスといえます。

4　法務局

(1) 国民の基本的人権を守る

　法務局では、国民の財産や身分関係を保護する登記、戸籍、国籍、供託の民

事行政事務、国の利害に関係のある訴訟活動を行う訟務事務、感染症に関連する差別やインターネット上の人権侵害等の解消など、国民の基本的人権を守る人権擁護事務などの国民生活に密接に関わる基本的な法制度を所管し、安全・安心な社会の実現、国民の基本的な権利の実現のための業務を行っています。

(2) 登記事務

土地や建物など不動産は、国民の重要な財産です。法務局の主たる業務である登記事務では、これらの不動産の一つひとつについて、その所在・面積などの現況と所有者などの権利関係を明らかにした「登記情報」に記録し、国民に公示しています。たとえば、土地や建物を買って自分が所有者になったということを誰にでも主張できるようにするには、所有者になったことを登記することが必要で、また、土地や建物を担保にしてお金を借りるときには、抵当権などの登記が必要とされています。

また、登記には、株式会社や合名会社の商業登記、一般財団法人や労働組合などの法人登記もあり、たとえば、株式会社を設立した際には、それを登記する必要があります。その登記があるからこそ、設立された株式会社と安心して取引ができることにつながります。登記は、経済活動に必要不可欠なインフラとしての役割を果たしています。

このように、登記制度は日常ひんぱんに生じている不動産取引や各種の経済取引が、安全かつ円滑に行われるために欠かすことができない国が保証する信用制度になります。

経済が成長し国民の生活が向上するにつれて、不動産登記や商業法人登記の申請は増加し、経済活動のなかで登記制度が占める重要性はますます大きくなっています。

最近は、相続登記が未了のまま放置されている不動産が増加し、これがいわゆる所有者不明土地問題や空き家問題の一因になっていることが社会問題となっています。

法務局では、このような問題を解決する一方策として、2017年度以降、「法定相続情報証明制度」、「長期相続登記等未了土地解消作業」および「表題部所有者不明土地解消作業」などの所有者不明土地等対策の推進にかかる施策についても取組みを進めています。

2021年4月には、相続登記や住所変更等登記の申請の義務化、申請者の手続的負担を軽減する相続人申告登記の新設、相続等により取得した土地を一定の要件のもとで国庫に帰属可能とする制度の創設など、所有者が不明になる土地の発生を予防する仕組みを構築し、このような制度が円滑に施行できるよう準備を進めています。

(3) 登記所備付地図作成作業

また、法務局では、さまざまな「地図整備事業」を実施しており、一番大きな事業は全国の都市部を対象とした「登記所備付地図作成作業」になります。この地図作成作業では、法務局の職員や土地家屋調査士が連携し、現場調査や測量はもちろんのこと、地権者への説明から始まって、境界を確定するための立ち会い、簡易な所有者間のトラブルの解消、地図作成後の縦覧作業など、高度な知識と経験を活用して、地図を作成する作業を実施しています。

また、東日本大震災や熊本地震などの大規模災害の復興事業として、震災復興型登記所備付地図作成作業も実施されています。被災地の法務局では、職権による建物滅失登記などに続き、土地区画整理事業などの大型特殊登記事件、さらには被災者の住宅確保や復興事業の本格化に伴う登記申請、相続などに関する登記相談など、これらの膨大な業務に対応しています。

(4) 法律による行政

人権擁護の業務では、国民一人ひとりが他人の人権を尊重し合いながら、自らの人権を守ることはもちろんのこと、国においても国民の自由と権利を守っていくことが必要となっています。そのため、法務局では、全国の市区町村に配置されている人権擁護委員と協力して、国民に広く人権思想を知ってもらうための啓発活動を行うとともに、人権に関するさまざまな相談や、人権が侵された場合の調査・救済などの活動をしています。

また、訟務の業務では、私人と国との財産関係の争いや、行政処分に対する不服が訴訟に発展した事案について、国側の代理人となって法廷で訴訟活動を行っています。そのほか予防司法支援として、行政庁などから法律的な質問や相談に応じて、適切な助言、指導を与えるなど、紛争を未然に防ぐように努めています。このように訴訟を担当する職員は、裁判を通じて適正かつ迅速に紛

争を解決し、「法律による行政」を実現するため、きわめて重要な役割を果たしています。

(5) 国民の権利と財産を守る行政事務

法務局では、登記をはじめ戸籍・国籍・供託・訟務・人権擁護など、国民の権利と財産を守る行政事務を扱っており、地域住民の生活に密着した官庁の一つです。しかし、登記の審査業務や窓口業務などは省力化することもできず、慢性的な要員不足が続いています。とりわけ登記の業務は、1971年の約2億件から当時の日本列島改造やバブル景気等で2000年までには約4億件に増加しましたが、この間に職員わずか18%しか増えていません。さらに、近年では、政府による定員合理化によって、1998年度から3700人以上の職員が減らされています。

たとえば、登記所備付地図の作成後には、地権者の皆さんから「法務局の職員だから安心して任せられた」、「これで隣地所有者とのトラブルがなくなった」などの声をいただいています。また、正確な地図ができたことから下水道などの環境整備が早急に進むなど、地権者のみなさんがこれまで抱えていた不安や不満の解消も進んでいます。職員はこれらの声を糧にがんばっていますが、人的体制の確立がなされないままの状態では限界となっています。

(6) 市場化への流れ

法務局の登記事項証明書等の発行業務（乙号事務）については、「競争の導入による公共サービスの改革に関する法律（市場化テスト法）」にもとづき、2008年度から受託事業者へ包括的に委託されています。そして、この市場化テストによる入札では、落札できなかった場合に、従業員の雇用継続が危ぶまれるだけでなく、低価格競争によって、受託事業者の従業員の労働条件が悪化し続けています。このような不安定な労働環境によって、従業員の志気の低下、公共サービスの「質」の低下などが生じることのないよう、安定・継続的な雇用の確保や従業員の最低労働基準を定めるILO第94号条約にもとづく「公契約法（条例）」の制定を求める「公契約運動」および問題を多く含む「市場化テスト法」の見直しを求めていくことが必要になっています。

おわりに――国民の期待に応えられる法務行政

　私たち全法務省労働組合は、法務省に働くすべての職員の生活・権利・労働
条件などの改善のため、法務省当局との団体交渉を積み重ね、着実に要求の前
進をはかってきました。また、利用者・国民の期待に応えられる法務行政を実
現するため、「法務局、更生保護官署、入国管理官署及び少年院施設の増員に
関する請願署名」を国会に提出してきました。そして、この国会請願署名は、
1980年から今日まで40年以上にわたり、国会において採択されてきました。
　全法務は、公務員労働者と労働組合に求められる、国民のための行政の実現
と仲間の労働条件改善の二つの立場を結合させた労働運動を、これまで以上に
職場・地域から発展させていくことが重要と考えています。

国民のいのちを守る医療体制を担う

全日本国立医療労働組合

はじめに──国立病院が担う役割

　国立病院は、全国13園ある国立ハンセン病療養所、140病院ある独立行政法人国立病院機構（NHO）、国立高度専門医療研究センター（NC）の病院6法人（がん・循環器・成育・精神神経・国際・長寿）8病院らが該当します。

　ここでは主に国立病院機構（NHO）について触れたいと思います。

　国立病院機構（以下、機構）は、2004年、それまでの国立病院・療養所が一つの法人として、特定独立行政法人に移行し発足しました。

　機構は、国から5年ごとの中期目標期間が設定され、主な役割として民間に委ねれば医療事業の継続が見通せない国が指定する不採算の医療分野、筋ジストロフィーなどの神経筋難病、重症心身障害、結核、精神疾患およびエイズ医療など、いわゆる政策医療・セーフティーネット医療を担っていくこととあわせ、災害医療など国の緊急事態に備える医療機関としての役割があります。

　一方で、2012年からは診療事業にかかる運営費交付金は全廃、2015年から非特定独立行政法人に移行され、職員身分も民間と同様に変更、法人移行後は自収自弁での運営が至上課題とされています。

　全国140病院、5万2699床（2021年10月現在）、職員7万5000人（うち常勤6.2万人、非常勤1.3万人）がその事業を支えています。

1　公的医療機関の厳しい看護師配置

　国内の医療提供体制は、民間が提供する分野と公的医療機関が担う分野が相互に補完しながら地域医療を支えています。必要な病床数や医療従事者需給見通しなどは、国が基本策定したものを都道府県ごとに第一次から三次医療圏を設定し地域医療計画を策定し、計画の実践は各医療機関に委ねられています。

　そのため、民間で担わない、採算が見込めない分野が公的医療機関の役割と

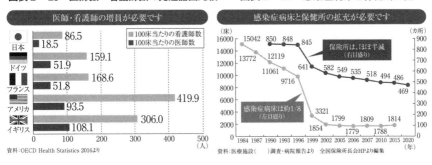

図表Ⅱ-23　医師数・看護師数の先進諸国比較　　図表Ⅱ-24　感染症病床と保健所の数

資料：OECD Health Statistics 2016より　　　　資料：医療施設（　）調査・病院報告より　全国保険所長会HPより編集

なり、その運営には補助金や交付金など診療報酬以外の収入がなければ成り立たず、自治体病院などの多くが赤字運営となっています。その影響は職員配置にも強く表れ、国内の公的医療機関の看護師配置は先進諸国と比較してもきわめて低い水準に据え置かれています（**図表Ⅱ-23**）。

　また、2020年からの世界的パンデミックとなった新型コロナウイルス感染症（以下、新型コロナ）では、国内の感染症対策の後退、保健所等公衆衛生政策の縮小（**図表Ⅱ-24**）により、医療崩壊を招く事態となったことは今後の大きな教訓です。

2　新型コロナで明らかとなった感染症対策の脆弱さ

　新型コロナ感染拡大は、世界で6億8000万人が罹患し、死者数は670万人、国内でも3300万人が罹患し、死亡者数も7万4000人を数えます。感染拡大の波も第8波まで及び、そのつど生活をはじめとする行動制限の規制が広がりました。感染者の増加に合わせ医療も逼迫し、治療が必要な患者が医療にたどり着けずいのちを落とすという痛ましい事例も相次ぎました。

　それまでの国内最大の感染症は「結核」であり、1950年代には国民病とよばれ死に至る不治の病でした。地域で当時の国立療養所が結核病床を有し、いのちの最後の砦として、その治療機関としての役割を担ってきました。

　1955年当時には結核病床は国立療養所で6万5500床あり、その後、治療薬の充実で入院期間は短縮化され、予防接種含めた公衆衛生の強化もあり、全国的に新規の結核患者は減少していきました。

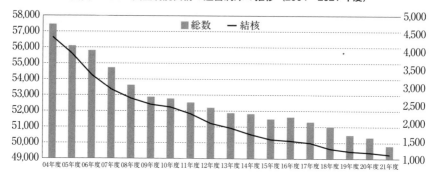

図表Ⅱ-25　国立病院機構の運営病床の推移（2004～2021年度）

それに伴い国立療養所の結核病床も削減が続き、1970年代以降には結核病棟から神経筋・難病病棟などへ転化されていくこととなります。

国立病院が独立行政法人化された2004年には、全国で4408床にまで減少し、その後、独法化後の運営でも削減が続き1/4程度まで減少します（**図表Ⅱ-25**）。

しかし、今も国内で新規結核感染者数は1万人を超え、学校や病院、オフィスなどでの集団感染事例の報告も続いています。そのため都道府県で策定する地域医療計画では、感染状況などを考慮したうえで必要病床数確保の対策が講じられています。

機構が独立行政法人化後は、自収自弁での運営、採算重視が顕著化され、結核病棟はさらに縮小されることとなり、単独での結核病棟から、呼吸器科などと混合化されるユニット病棟化（隔離機能を有する陰圧病床の整備など）の整備が進み1128床にまで減少しました。

感染症は過去の病気とみられるほど感染症対策は縮小していきましたが、2020年初頭より、国内での新型コロナ感染拡大が全国に広がりました。そうしたなか、機構病院においても、それまでの医療的役割に加えて、新型コロナ患者の受け入れ要請が国や都道府県から相次ぎ、新型コロナ専用病床を確保するため、結核病床や一般病床などを新型コロナ専用病床へ転化、新型コロナ病床の拡大が続きました。

機構病院では最大時、110病院で約3000床（国内コロナ病床3万9000床あまり、機構病院7.6%）で受け入れ態勢を整え、災害ともいえる新型コロナ患者の受け入れ対応を行ってきました。

一方で、新型コロナ患者で治療が必要な感染者の医療機関へつなぐ行政機関の対応、新型コロナ専用病床を用意しながらも医療従事者の不足等が重なり、医療への橋渡しが決してスムーズに進まなかったことは、今後の新興再興感染症対策の教訓とする必要があります。

　同時に一般病床などからの転化で新型コロナ病床を増床した影響は、他の疾病対応に大きく影響するなど、急場しのぎの対策がさまざまな問題を露呈させ、感染症対策の整備の重要性が明確となりました。

3　機構病院での新型コロナ対応で明らかになった問題点

　第8波までの国内での新型コロナ感染拡大のなか、機構病院の多くで新型コロナ専用病床の確保、感染拡大地域への職員派遣が続きました。

　機構病院の多くで結核病床の削減が続き、感染症対応できる隔離病床不足のハード問題、感染症医療に携わる医療従事者がもつ感染対策の不徹底などソフト面からくる問題など、機構病院でも新型コロナ対応は決して十分な状況にあったとはいえません。

　また、感染拡大が始まる2020年初頭には、国内での衛生資材枯渇、これは必要備品在庫を抱えない機構病院も同様で、N95マスクはもちろん不織布マスクやガウンやグローブなど、必要最低限の資材もそろわず、職員は感染リスクの最前線での対応が求められるも、衛生資材の使用制限が相次ぎ、その影響は今も続いています。

　また、感染拡大当初はPCR検査をはじめとする感染有無の検査体制も不十分な状況が続き、検査機器整備も機構病院が自前で準備し対応するまでにかなりの時間を要したため、感染もしくは濃厚接触での感染疑い時には出勤できない休務者が相次ぎ、提供すべき医療体制の縮小をはじめ、少なくないクラスターも発生しました。

　さらに感染拡大当初は未知のウイルスであったため、新型コロナ受け入れによる医療従事者をはじめ職員家族に対するバッシングが各地で起きるなど医療従事者の意欲を削ぐ点も多くみられました。

　同時に感染防止対策は医療従事者としての自覚のもとに、仕事以外の家庭生活への制限が厳しく求められ、国による緊急事態宣言や蔓延防止等重点措置の

有無にかかわらず、自粛が求められ続けています。身体的負担と共に精神的負担が職員一人ひとりに重くのしかかる状態が続きました。

　新型コロナウイルスは時間経過とともに変異し、アルファ株、デルタ株、オミクロン株に変異を続け、感染力の高まり、重症化対応でさらにひっ迫が続きました。くわえて、家庭内感染の拡がりを受け、それまでウイルス流入を防いでいたセーフティネット分野の病棟などでのクラスターも増大しました。

　感染拡大地域への医療従事者、職員派遣も余力のない病院運営に多くの影響を残しました。

　とくに人口の多い東京都は都が設置する臨時医療施設を機構病院である東京病院の敷地内に設置整備し、その運営を機構に委ねることとし、運営を求められた機構は、全国の機構病院から看護師をはじめとする医療従事者の派遣を要請し対応しました。その期間は2022年1月から2023年2月まで1年を超えました。

　にもかかわらず、機構は新型コロナ患者受け入れによる一般医療の縮小、患者の受療動向の変化による影響が病院収益を激減させ、経営に深刻な状況を招いているとして、2022年4月から看護師採用などの抑制指示を発しています。つまり、コロナ禍の3年間、現場人員増を求め、休む間もなく新型コロナ対応の奔走する現場実態を知りつつ、現場実態をさらに深刻化させる人件費抑制政策を進めたのです。

　その影響を受け、2022年度の中途退職者数は激増、2023年4月採用者も必要数の2割（4300人採用確保予定が3800人）が不足する事態となっています。

4　コロナ禍での経営悪化、医業収支赤字を上回る新型コロナ補助金

　2012年度から診療事業に係る運営費交付金は、いっさい見込まれなくなりました。診療報酬改定による影響を強く受けることとなり、2015年度より厳しい経営が続きました。2017年度からは経営改善と称し、職員配置の厳格化、建物・医療機器への投資制限など、徹底した合理化計画が続けられ、2018年度から経常収支で黒字に転じることとなりました。

　職員人件費でいえば配置人員の厳格化に加え、経営難を理由に賃金改善も抑制が続きました。国家公務員人事院勧告は2019年まで6年連続で月例給・賞与

図表Ⅱ-26　国立病院機構の経常収支の変遷（2004～2021年度）

経常収支　　　　　　　　　　　　　　　　　　　　　　　　　　　　　　　　　　　　　　　（単位：億円）

	04年度	12年度	13年度	14年度	15年度	16年度	17年度	18年度	19年度	20年度	21年度
経常収益	7,461	9,085	9,260	9,394	9,564	9,667	9,853	10,138	10,202	10,755	11,485
経常費用	7,459	8,586	8,944	9,245	9,557	9,735	9,875	10,054	10,179	10,179	10,578
経常収支	2	498	317	149	8	△68	△22	83	23	576	908
経常収支率	100.0%	105.8%	103.5%	101.6%	100.1%	99.3%	99.8%	100.8%	100.2%	105.7%	108.6%

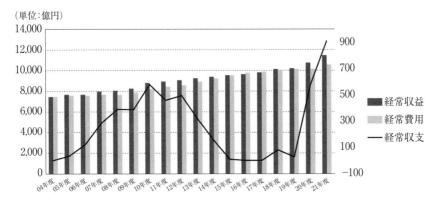

の引き上げが行われていますが、機構賃金は抑制が続き、2021年度水準で国家公務員賃金とのラスパイレス比較で機構看護師は98.2%の水準にとどまっています。

　2020年度以降のコロナ禍では、**図表Ⅱ-26**にあるとおり経常収支は大きな黒字に転じます。

　コロナ禍での一般病床の新型コロナ専用病床転化、患者の受療制限などの影響をうけ、機構病院全体での医業収支は2020年度435億円の赤字、2021年度354億円の赤字に転じましたが、新型コロナ病床確保補助金などの収益をうけ大きく黒字化に。2020年度は576億円、2021年度は908億円の黒字を積み上げることとなります。

　機構は現在も2040年の人口減少を見据え、ダウンサイジング政策を各機構病院に指示し、「SUREプロジェクト」と銘打った合理化計画を打ち出し、政府が進めようとする地域医療構想と相まって病床削減をすすめようとしています。

　3年を超える新型コロナ禍での教訓に逆行する策動であり、国に対し医療充

国民のいのちを守る医療体制を担う　169

実の進言もせず、国内最大の医療ネットワークを誇る国立病院が果たしてきた役割を自ら否定する考えと行動と言えます。

いま必要なことは、新型コロナによる教訓に学び、感染症対策の平時からの準備想定であり、いざというときに備える医療従事者の確保と考えますが、いま、機構が進める政策はそれに真っ向から逆行しています。

新型コロナはいずれ終息すると思われますが、これまでも SARS や MARS など世界的に新興感染症の発生報告は繰り返されています。また、必ず起こるといわれる南海トラフ地震や首都直下型地震などの大規模災害等に対応していくためには、平時からの余裕と体制づくりが国民の命を守る最大の防衛策になると考えます。

5　中期目標期間中での国庫返納

機構は中期目標型の独立行政法人であるため、厚生労働大臣が中期目標を作成し、中期計画（期間 5 年間）および年度計画を作成し、これにもとづき運営がなされます。各事業年度および中期目標期間ごとに評価委員会および厚労大臣が評価しています。

これまでに 3 期の中期目標期間が終了し、次期目標期間中に必要試算等が繰り越されてきました。

2022 年 12 月、政府は防衛財源確保の一環として、機構と地域医療機能推進機構（JCHO）の積立金から、中期目標期間中の前倒し返納を閣議決定しました。2021 年度経常収支における経常収支のほぼ全額が新型コロナ補助金であること、積立資金の余剰分が緊急の使用目的を要しない、ということが理由とされます。

しかし、新型コロナの教訓に学べば、感染者隔離ができる病棟などの建物整備をはじめ、築 39 年を超える老朽化した病院は 140 病院中 77 病院にもおよび、医療機器をはじめ必要な投資の財源は今ある資金でもとうてい足りず、前倒し返納する余裕などありません。

現に機構は、経営の厳しさから 2017 年度から 1 兆円必要といわれる投資財源を 3 分の 1 程度まで圧縮し、医療機器などは使用できるうちは更新しない、など徹底した合理化を実施してきました。

くわえて、必要な人材の確保、職責に見合う賃金処遇の改善もされないなか、2020年4月の基本給改定以降の賃金改善もなされず、職員のモチベーションの低下につながっています。

　2022年の国家公務員人事院勧告で3年ぶりに基本給・賞与の引き上げ勧告がなされましたが、機構では経常収支では黒字化が実現できているにもかかわらず、医業収支の赤字を理由に、2022年度中の基本給改定を含めた賃金改善は見送られ、2023年4月に若年層基本給改定のみにとどまりました。

　新型コロナ禍での賃上げは臨時特別一時金が支給されたのみで、コロナ禍における過酷な働き方、2022年秋からの急激な物価高騰に見合う賃金改善はいっさいなされていません。

　もはや医療従事者の使命感だけで働き続けることはできない状況まで追い込まれています。

6　変わらない働き方、増えない人員

　機構が独法化される際、厚労省からは、各病院長裁量が増え、（国家公務員）総定員法の制約もなく、医療提供に必要な人員体制の配置が充実できるということでした。しかし実際には、「総定員法」の枠が「機構本部」に置き変わっただけで病院長の裁量はほぼ認められませんでした。

　独法化後も、職員定数を決める権限は各病院に与えられず、増員の条件として増員効果（医業収益にプラス）が必要で、それ以外の増員は機構からいっさい認められていません。

　2006年4月、診療報酬改定で高位基準となる「7：1入院基本料」が新設され、基準取得に必要な看護師を見込むも、基準ギリギリの人員算定であるため、高い入院基本料に見合った医療・看護の提供ができないばかりか、看護師などは年次休暇取得も減少するなどの実態となりました。

　ワークライフバランスなどの制度改善がなされても、制度活用に必要な増員は認められないことから、育児制度がありながらも夜勤が強要される、60歳以降の再雇用職員にも夜勤が強いられるなどの状況が続き、職員が働き続けられる現状となっていません。

　また、一人当たりにかかる過重が数値化できる超過勤務時間数も自己研鑽に

図表Ⅱ-27 国立病院機構の夜勤体制の状況（2013～2020年度）

【三交替】（単位：病棟）準夜：深夜

区分	2：2	2：3	3：2	3：3	3人以上	合計
2013年度	265	36	78	308	137	824
2014年度	234	37	73	313	147	804
2015年度	204	38	77	306	145	770
2016年度	178	28	71	296	190	765
2017年度	164	30	69	293	193	751
2018年度	149	27	69	274	192	711
2019年度	157	27	51	259	184	678
2020年度	149	28	45	242	184	648

※三交替制夜勤導入病棟　648病棟（前年比▲30病棟）

【二交替】

区分	2人	3人	4人	5人以上	合計
2013年度	82	228	44	10	364
2014年度	73	250	47	11	381
2015年度	82	275	57	13	427
2016年度	76	316	80	22	494
2017年度	81	325	87	25	518
2018年度	79	338	93	27	537
2019年度	78	348	97	30	553
2020年度	93	362	102	32	589

※二交替制夜勤導入病棟　589病棟（前年比36病棟増）

【2人夜勤の体制の割合・医労連データとの比較】

2人夜勤		国立病院機構（2020年10月）	医労連夜勤実態調査（2020年6月）
三交替	（準夜2人）	27.5%	23.7%
	（深夜2人）	29.9%	28.6%
二交替2人		15.8%	14.6%

置き換えられ、機構全体で平均70時間程度、月6時間ほどの実績に留まっており、これらの人員抑制は24時間365日患者対応を行う夜勤帯に大きな影響を及ぼします。診療報酬上の基準を満たすギリギリの人員配置しか認められず、その人員は4月新採用者も含めた人数です。そのため、機構病院ではいまだ看護師2人夜勤の病棟が全体の2割を占める状況にあります（**図表Ⅱ-27**）。

　機構病院で担うセーフティネット医療である筋ジストロフィー、重症心身障

害医療、精神分野などでは人材不足は患者の療養環境に直結します。

　看護師以外にも生活援助を行う介護士などの療養介助職、看護助手などが生活支援に携わり日中活動の充実を図るとしていますが、こちらも圧倒的に不足している実態が続いています。日中活動の充実のほか、人の基本生活をつかさどる食事介助、入浴、排せつなどを支えるスタッフが足りないことは療養生活の質の低下につながります。

　これらの職種は機構が非常勤職員化を進め、非常勤職員の賃金、時給はその職種の初任給の割り返しで算定され、経験加算もありません。常勤職員の基本給改定が3年間行われなかったため、2020年以降、地域最低賃金が加重平均で2020年1円、2021年28円、2022年31円と3年で60円引き上げられるなか、機構非常勤職員の時給改定は見送られ続けました。結果、非常勤職員の欠員を抱える病院は、看護師で55%、看護助手などで70%、療養介助職では82%が定数を満たしていない実態となりました（2022年5月1日現在）。

　医療の高度化で長期療養しているセーフティネット系の患者は高齢化と、新型コロナ禍で外出はおろか家族の面会も制約され、介助や介護の身体的援助に加え、精神的なケアが高まっているにもかかわらずです。

　機構病院では看護師のみならず療養生活を支える全スタッフの人員不足が深刻化しています。

7　やむにやまれず立ち上がった──3/9ストライキ

　新型コロナ禍の前から厳しい職場実態であったところに、新型コロナ対応が加わったことで、人員不足の不満、賃金処遇改善が進まない実態は我慢の限界であったといっても過言ではありません。

　医療・看護の質をあげたい、患者の療養生活を充実させたい、そして働く私たちも人間らしい生活を送りたい、これらの思いを実現するには増員なくして実現はできません。

　日々、現場では患者に看護・介護の支障がでないように、人員不足のなかでも職員個々が能力以上に奮闘しています。しかし、常に余裕なくギリギリの状態で働き続けることは難しく、改善策が必要です。

　24時間病院運営を支える看護師をはじめとする医療従事者は夜勤を強いら

図表Ⅱ－28　国立病院機構における夜勤回数（人）

区分	三交替		二交替	
夜勤回数	8回以内	9回以上	4回以内	5回以上
2013年度	17,629	2,054	8,126	868
2014年度	18,561	1,793	9,235	744
2015年度	17,663	1,760	10,367	1,080
2016年度	17,009	1,736	11,166	1,147
2017年度	16,773	1,544	12,062	1,096
2018年度	16,415	1,404	12,036	1,456
2019年度	15,296	1,701	12,449	1,525
2020年度	14,997	1,324	12,776	1,943

①三交替の平均夜勤回数は0.1回減（2020年度平均6.6回、前年度平均6.7回）、二交替の平均夜勤回数は0.1回増（2020年度平均3.6回：前年度平均3.5回）
②二交替夜勤導入病棟の増加に伴い、二交替5回以上勤務の職員が2019年より418人増加している。

れます。「看護師の夜勤は複数以上で月8回以内」という全医労要求は、1965年に人事院に行政措置要求を行い、人事院が「夜勤は複数以上で月の勤務の3分の1にすべき」という判定を下したことから始まります。

　じつに半世紀以上前にできた基準です。

　しかし58年たった今も、夜勤に入る看護師の1割は9回以上の夜勤を強いられています（**図表Ⅱ－28**）。いまだ完全に夜勤8回以内が守られている実態にありません。人事院判定当時と比べると今の労働時間は短く、全勤務の3分の1とすれば、今は「月6回以下」となり、まったく遠い理想に感じてしまいます。

　病院スタッフは女性の比率がきわめて高く、世代交代も進み、妊娠・出産・育児を担う職員各自がもつ私生活と仕事の両立を支えることも重要です。

　子育てや介護を理由に夜勤免除申請している看護師への夜勤強要、妊娠中の職員が夜勤免除を申請すれば夜勤は禁止ですが、機構では労働基準法をも無視した対応が繰り返されています。制度無視の夜勤強要はパワハラ・マタハラです。加えて賃金改善も進みません。

　看護師賃金は一般的に高いと言われます。しかし、初任給こそ20万円に近い金額で設定されていますが、40年近く現場で働いても定年時の基本給最高額は33万円ほどです（**図表Ⅱ－29**）。40年働き続けても、わずか13万円しかあが

図表Ⅱ-29　国立病院機構における看護師の給与水準

	年齢	国立病院機構
医（三）看護師	21歳	197,900円
	22歳	207,200円
	35歳	259,960円
	50歳	308,947円
	59歳	327,445円

りません。あまりにも臨床経験の賃金加算が低すぎます。

　機構職員の給与は、民間給与の水準を参考に、中高年齢層の一般職員の給与カーブをフラット化する独自の判断がなされています。くわえて、基本給の調整額を廃止し特殊業務手当に変更し、賞与や退職金の算定基礎から除外しました。賃金・労働条件は、機構で決定できる仕組みとなりましたが、独立行政法人通則法により、機構の業績をふまえ、国家公務員給与や民間企業の従業員の給与などと適合したものでなければならず、近年の経営悪化を理由に賃金改善もなされていません。

　コロナ禍である2020年度、2021年度の賃金改善では、機構の経営悪化を理由に賃金改定なしの機構の姿勢を改善させ、一時金支給を勝ちとってきました。新型コロナ禍3年目となった2022年度の賃金改善は、コロナ禍の働きに見合う賃金改善、急激な物価高騰による生活改善につながる賃上げを求めてのぞみましたが、機構は前年、前々年同様に医業収支の赤字を理由に賃金改善できる状況にない、として若年層の初任給改定を1年先送りし2023年4月からとし、一時金支給の姿勢に終始しました。

　4回にわたる機構との賃金交渉において、全医労は新型コロナ禍の困窮する職場実態と人員不足の抜本改善を求めて追求を続けましたが、機構は2023年3月8日の団体交渉で前進回答をしないばかりか、いっさいの歩み寄りの姿勢をみせず継続交渉を拒否し交渉の打ち切りを強行しました。そのため、全医労は、3月9日、全医労結成以来、合法となったもとで、かつ賃金課題での初めてのストライキを始業時から1時間、各支部2名の指名ストライキを決行しました。

　病院の門前でスト指名者に加え、支部組合員はもちろん、退職者会、医労連・国公労連・地域労連など多くの支援を受け、職場実態を顧みない機構の姿勢を糾弾するためのアピール行動を展開しました。職場実態とストライキに立

ち上がった経緯を訴える記者会見も全国の県庁所在地を中心に実施しました。47都道府県すべての機構支部で立ち上がったストライキは多くのマスコミ、SNSなどで拡散もされ、ストライキ行動を通じて機構病院の職場実態を内外に発信することができました。

おわりに——新型コロナの教訓に学ぶ医療提供体制の実現へ

新型コロナ感染拡大の影響は、国民生活を一変させたことはもちろん、いのちを守る医療提供体制を根幹から見つめ直すことにつながったと考えます。にもかかわらず、国は「地域医療構想」方針をいまだ見直そうとせず、新型コロナ禍においても、「病床機能再編支援」と称し、病床削減に巨額の国費を補助金として投じ、医療機関の統廃合や病床削減を誘導しようとしています。

ベッドが不足して入院できない、自宅療養のままいのちを落とす、という痛ましい事例を防ぐための対策が急務です。いまの医療提供体制では、本当に国民のいのちと健康を守れないことが明白になりました。新型コロナ感染の波が起きるたび、政府はその場しのぎのコロナ病床拡大などに終始し、根本的な問題については検証も見直しも行われていません。

いまでも政府が進めようとしていることは、コロナ前の平時に策定した「医療介護総合確保推進法」にもとづいた、2025年・2040年を見据えた医療縮小路線です。都道府県ごとに病床必要量を四つの医療機能（高度急性期、急性期、回復期、慢性期）に分類したうえで、100万床にも及ぶ病床を削減する「地域医療構想」の推進です。厚労省調べで2020年度に約3400床が削減されたことも明らかになっています。

新型コロナ禍であらためて浮き彫りとなった事実は、日本の医師・看護師数が、いかに少なかったかということです。新型コロナ病床をいくら急場しのぎで増やしても、医師・看護師がいなければ患者を受け入れられません。政府は「地域医療構想」が進んだうえでの、医師・看護師需給推計を実現する、と強弁しますが、実際の医療現場の感覚とは大きなズレがあり、災害医療や感染症対策が平時から考慮されていない致命的欠陥があります。新型コロナ禍で多くの国民が感じた、世界に誇る病床数を持ちながら入院ができない状況を招いた要因が、圧倒的に少ない医師・看護師をはじめとする医療従事者が根本的に足

りないためであるというのが実態です。それらを見直していくためには、国立病院など公立・公的医療機関の役割を明確に、国民のいのちの砦としての運営にシフトすることが何よりも重要です。経営効率、採算がいのちより優先される今のままでは、いざという時に力を十分に発揮できません。なかでも機構病院は2020年1月から新型コロナ患者の受け入れをはじめ、感染拡大地域への医療従事者派遣要請にも応えてきました。同時にセーフティネット医療となる政策医療分野は1日たりとも空白をつくることはできません。

　国の医療政策、および実行医療機関として、臨床研究、教育発信の役割も担える運営が重要になります。いざというときに役割が果たせるよう平時からの備えも重要です。国民の要求に応え、本来の目的に沿った責任に応えられる体制づくりの実現に向けた改善を実現させることが必要と考えます。

県民のための沖縄開発を担う

沖縄総合事務局開発建設労働組合

はじめに——国土交通行政の役割を担う

　沖縄総合事務局開発建設労働組合（略称は「開建労」）は、1992年5月に内閣府沖縄総合事務局の開発建設部で働く労働者で結成された労働組合です。

　私たちの職場は、国土交通行政機関の役割を担う機関として、道路整備、ダム管理、港湾整備、公園整備を行っています。

　復帰直後は、別の労働組合が存在していましたが、次第に減少し労働組合としての活動がなくなり組合員も皆無の状態でした。そのため長時間労働が当たり前で、超過勤務手当も半分程度が当たり前の無権利状態の職場でした。心身の体調不良による休職者が増え始め、これ以上のサービス残業や長時間労働は健康管理の面からも大きな不満が蓄積していた時期に、組合結成など経験もないなか、国公労連の全面的な支援を受けて5か月ほどの超短期間で組合の結成を成功させました。

　職場環境や労働環境をよりよくしていくため、当局側と粘り強く交渉に当たり、サービス残業などをなくすことができました。

1　沖縄振興開発の経過

　2022年に沖縄が本土復帰50年の節目を迎えました。復帰と同時に始まった沖縄振興開発計画では、1972～2002年までは、主に「本土との格差是正」、2002年以降は「民間主導の自立経済の構築」とし国の責務としての沖縄振興が進められてきました。

　沖縄振興開発計画では、沖縄の置かれた特殊な諸事情に鑑み、沖縄の自主性を尊重しつつその総合的かつ計画的な振興を図り、もって沖縄の自立的発展に資するとともに、沖縄の豊かな住民生活の実現に寄与することを目的とされました。

歴史的事情：先の大戦における苛烈な戦禍。その後、四半世紀（27年間）に及ぶ米軍の占領・統治。

歴史的事情：先の大戦における苛烈な戦禍。その後、四半世紀（27年間）に及ぶ米軍の占領・統治。

地理的事情：本土から遠隔。広大な海域（東西1000km、南北400km）に多数の離島。

社会的事情：国土面積0.6%の県土に在日米軍専用施設・区域の70.3%が集中。脆弱な地域経済。

自然的事情：わが国でもまれな亜熱帯・海洋性気候の台風常襲・深刻な塩害等。

1972年5月15日の沖縄の本土復帰に伴い沖縄の経済・社会の各分野にわたる計画的な振興開発のため総理府の外局として沖縄開発庁が設置されました。

復帰と同時に沖縄県には、沖縄の振興開発を一元的に推進するため、沖縄開発庁の地方支分部局として「沖縄総合事務局」が設置され、各省庁の地方支分部局の仕事を担う組織が設置されました。

開発建設部は、沖縄における当時の建設省や運輸省港湾建設局等の役割を担う機関として社会資本整備のため、道路建設、ダム建設、港湾空港建設などを進めてきました。

また開発建設部の出先機関として「北部ダム事務所（2014年3月に閉所）」「北部ダム統合管理事務所」「北部国道事務所」「南部国道事務所」「那覇港湾空港事務所」「平良港湾事務所」「石垣港湾事務所」「国営沖縄記念公園事務所（1976年7月1日発足）」の8事務所（現在は7事務所）があります。

開発建設部へは、復帰に伴う発足時に琉球政府職員から国の職員へ配置換えが行われました。

同時に復帰後の早急な社会資本整備に必要な人材を確保するため全国の地方建設局等から200人を超える職員が沖縄へ出向配置され沖縄県出身職員とともに社会資本整備業務にあたりました。

しかしそれでも職員数が少ない状態のなか、業務委託として本土のコンサルタントなど多くの委託業者が入り、発注工事における工事施工監理や設計補助業務などに配置されてきました。

国として沖縄振興に責任を持って進めるにあたり、新しい技術なども既存の調査研究機関の協力体制や亜熱帯地域の沖縄に適した技術開発などの取組み等

が進められました。

　現在では、技術職員の少ない県内自治体などへも必要な技術要領などを公開し、技術協力体制を取ることも行っています。

　2011年1月6日の省庁再編時には、沖縄開発庁の廃止なども予見されましたが、内閣府の地方支分部局として再編がされました。

2　職員体制

　これまで政府が進めてきた定員削減により、沖縄総合事務局は、1054名から約874名の組織へ縮小、開発建設部は、465名から380名へ削減されましたが、削減と引き替えにいっそうの業務委託化が進んでいます。

　現在各事務所の職員体制は、全国の同じ事業費規模事務所の5割程度しかなく、一人当たり平均事業費は他の整備局事務所の2倍から4倍に当たり要員不足は深刻な状態となっています。これ以上の削減が続けば、安全で安心な社会資本整備と適正な公共サービス継続は困難な状況となることは明らかです。

　あわせて、現在の人員体制では、台風襲来も多い沖縄での防災体制も脆弱となっています。海水温が高い沖縄地域では台風の勢力が強い状態で長時間災害の危険にさらされることが多く、防災体制要員の確保や非常態勢時の人員がまったく不足しています。早急な大幅増員による防災体制の拡充も急がれるべきです。

3　沖縄の振興予算の仕組み（一括計上制度）

　沖縄振興予算は、各種振興策を実施するために内閣府沖縄担当部局に一括して計上される予算のことで、2021年度当初予算で3010億円となっています。

　沖縄振興予算は、振興策を総合的かつ計画的に推進するため、他県であれば各省庁が個別に計上する、道路や港湾、病院や学校の校舎等の施設の整備に要する費用等も内閣府沖縄担当部局が一括して計上する仕組みになっています（図表Ⅱ-30）。

　他県にはない独自の仕組みのため、しばしば誤解されることがありますが、他県と同様の交付金・補助金の枠組みに加えてさらに3000億円の予算が別途

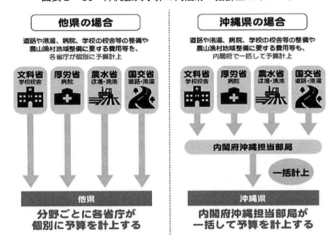

図表Ⅱ-30　沖縄振興予算の内閣府一括計上のイメージ

上乗せされているわけではありません。

　なお、2022年度当初予算は2684億円となっています。

4　沖縄振興交付金事業推進費（一括交付金）

　2012（平成24）年から、沖縄の実情に即してより的確かつ効果的に施策を展開するため、沖縄振興に資する事業を県が自主的な選択にもとづいて実施できる一括交付金（2012（平成24）年度創設、沖縄振興特別措置法に明記）が創設されました。「沖縄振興特別推進交付金」と「沖縄振興公共投資交付金」に区分されます。

　一括交付金は、創設時1574億円、2014（平成26）年ピーク時の1758億円から毎年削減され2021（令和3）年は891億円まで削減されています。

　県や市町村からの要望が強い使い勝手の良い一括交付金を削減し、国直轄事業で振興予算3000億円台の確保を行うなど、県へのあからさまな姿勢があらわとなっています。

5　政府の沖縄政策

　第二次安倍政権発足の2012（平成24）年に米軍基地問題で対立する沖縄側に

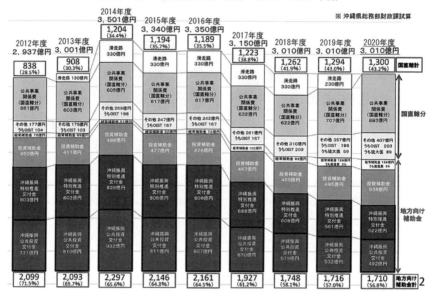

図表Ⅱ-31　沖縄振興予算の推移（2012～2020年度）

※ 沖縄県総務部財政課試算

対し、沖縄関係予算を減額するなどして事実上の「アメとムチ」政策を取りました。政権中枢が沖縄振興特別措置法の立法趣旨とは違う「基地と振興のリンク論」の容認発言など露骨な動きが続いています。

　2013年には当時の仲井真沖縄県知事から辺野古埋立承認を得る際に「第五次沖縄振興計画（12～21年度）実施期間の沖縄振興予算を毎年3000億円台を確保する」と閣議決定しましたが、新基地建設を明確に拒否する故翁長知事就任以降は、予算の減額を続けています（**図表Ⅱ-31**）。

　2019年には国が県を通さず直接市町村に交付する「沖縄振興特定事業推進費」が創設され、翁長県政を引き継ぎ基地問題で対立する玉城デニー県政が県内市町村に及ぼす影響力を減らしていくことが明らかです。とくに政権との繋がりのある自治体への交付は、公平性の確保が課題となります。

6　沖縄の特殊な対応

　沖縄における、道路やダム建設では、常に近接する米軍基地が支障となり、沖縄防衛局や在沖米軍との調整が不可欠となります。とくに重要な米軍基地の

施設にあっては、返還手続きに数年から10年単位での対応が必要となり、米軍から求められる返還条件の諸要求を満足することが必須条件であり、在沖米軍のみならず在日米軍への照会や米本国との調整が必要な事項も多く、日米合同委員会の了承を得たうえで初めて事業への着手が可能となります。とくに北部のダム建設では、ほとんどのダムが米軍北部訓練場等に隣接し、ダム湖や管理用道路は演習場との共同使用が前提で建設されています。何度かダム湖での訓練が計画されましたが、いのちの水を訓練場にさせない取組み等により30年以上訓練には使われていません。しかし周辺の訓練で使用した弾薬等が大量に遺棄されるなど環境への影響が懸念される事態が広がっています。

7　県民のための沖縄振興とは

　沖縄の8割以上の人口が集中する「中南部都市圏」において、広大かつ過密な米軍基地の存在は、沖縄の振興発展の阻害要因となっており、交通渋滞など困難な課題も山積しています。縦貫鉄道の計画や沖縄市を中心としたLRT計画でも、改めて米軍基地の存在が大きな阻害要因となり、街づくりと合わせて路線計画でも重大な支障となっています。米軍との交渉においても防衛省を通じての調整などが必要であり、県民のための沖縄振興を進めるうえでも早急な基地の返還・整理・縮小を行う必要があります。

8　大規模な基地返還とそれに伴う県土の再編

　沖縄県内の米軍基地は33の施設に軍人2万5843人、軍属1996人、家族1万9463人、計4万7300人（2011年以降未公表）駐留軍等労働者数8866人が所属しています。所属の多くは海兵隊、空軍、陸軍、海軍となっており、町村の人口と同等規模の施設も存在しています。

　また、1996年の沖縄に関する特別行動委員会（SACO）合意および2006年の日米合意により、嘉手納飛行場より南の6施設1000ha〜1500haの大規模な基地返還が予定されていますが、その内容は、一部返還または2024年度以降であり具体的にいつ返還されるのかわからないものばかりです。

　しかし、返還が早急に実現すれば、沖縄県全体の再編にもつながる大きなイ

図表Ⅱ-32　嘉手納飛行場以南の土地の返還（統合計画）

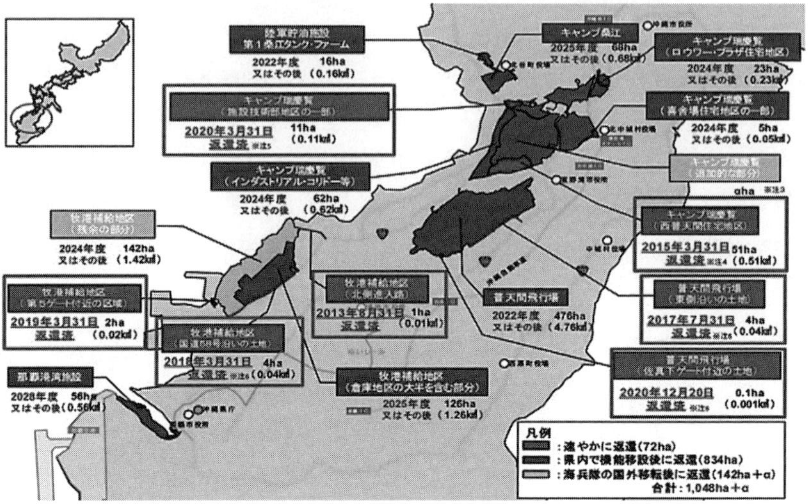

ンパクトを持つものであり、沖縄全体の発展を実現するうえでも大きな動きとなります。

　とくに中南部都市圏にある、返還予定の6施設は、①キャンプ桑江南側地区、②陸軍貯油施設第1桑江タンクファーム、③キャンプ瑞慶覧の一部、④普天間飛行場、⑤牧港補給地区、⑥那覇港湾施設です。

　那覇市の那覇軍港、浦添の（キャンプキンザー）牧港補給地区、普天間基地など市街地にもっとも近く膨大な基地が返還されれば、空港や港のゲートウェイとしての役割や県民のための大規模開発への期待が大きく膨らみます。

　県内では、これまで1万2000haあまりの軍用地が返還され、さまざまな跡地利用がなされてきました。なかでも、那覇新都心地区や小禄金城地区のように、都市の中核的施設を備え、市街地中心部を形成し、大きな経済効果を生み出しています。

　沖縄県では、2010（平成22）年3月に「沖縄21世紀ビジョン」を策定し、「戦後65年間置かれ続けている駐留軍用地の跡地利用の推進は、駐留軍用地を提供してきた国の責務において行われなければならない。」としました。戦後、県土の枢要部分が米軍に占有され、現在に至るまで歪んだ都市構造を余儀なくされてきたことから、「駐留軍用地跡地の有効利用」と「県土構造の再編」は、

沖縄の自立経済構築に不可欠な柱として位置づけ、その実現のためには「中南部都市圏の跡地利用を広域的な観点で検討し、都市機能等の役割分担を図りながら構想を策定するとともに、円滑な事業実施を可能とする新たな跡地整備の仕組みや法制度等の創設に向けた取組みを進めていく必要がある」としています。

しかし、実際に大規模な返還がされたとしても、軍用地であった土地を元の状態に戻すため、土壌汚染調査や不発弾探査など、返還規模によっては100ha当たり10〜15年、その後の街づくりなどにも相当な時間を要することになりますが、それでも返還されることで新たな展望が生まれてきます。

返還後の跡地には、新たな産業や経済発展の拠点として働ける環境も整うため将来の若者雇用や新たな街づくり等への期待が高まります。

おわりに——県民要求を利用した米軍のための政策と基地から派生する新たな問題

キャンプハンセンの朝晩の出入りのため国道329号が渋滞し、近隣からの苦情が増加しています。金武町は、米軍の国道利用ではなく基地の沿線にある自動車専用道路からインターチェンジをつくり直接基地への出入りを行うことで国道の渋滞を解消する事ができる事から政府への要望を強めてきました。

その結果キャンプハンセンへの自動車専用道路からの出入りするための事業が動き出しています。

県民への迷惑を逆手に取り、私たちの税金を活用した米軍への思いやり予算の配慮など表に出ない課題も明らかになっています。

新たな基地問題では、沖縄の米軍基地の周辺から人体に有害とされる有機フッ素化合物（PFAS）が高い値で検出されており、過去には、ベトナム戦争時代の枯葉剤などの投棄や汚染土壌の放置なども目撃され、米軍基地がさまざまな汚染物質の発生源となっている可能性が高まっています。汚染源の可能性がある基地内への立ち入り調査は、日米地位協定が壁となり実現していません。

浄水場の水道水からも検出されており、国が提供する米軍基地などから発生するのであれば、国の責任で調査をすべき事項です。基地の存在自体が沖縄の振興発展の阻害要因だけでなく、県民のいのちと健康を害するのであればただちに対策を講じる必要があるはずです。

税務行政の民主化をめざして

全国税労働組合

はじめに──全国税労働組合について

　全国税労働組合（略称は「全国税」）は、財務省の外局である国税庁の職員で組織される労働組合です。全国の税務署、国税局、国税庁や国税不服審判所、税務大学校など国税庁組織で働く税務職員（国税労働者）を組織対象にしています。

　地方組織は各国税局ごとに地方連合会、原則として都道府県単位に支部、税務署ごとに分会を組織しています。

　日本最初の国税職員の労働組合は、1946（昭和21）年2月に、東京財務局に結成された職員組合です。当時は大蔵省の出先機関である財務局の下に税務署がありました。組合結成の動きは、全国にひろがり、その3か月後の5月には全国組織である全国財務職員組合連合会（全財）が結成されました。1949（昭和24）年に国税庁が発足したのに伴い名称を「全国税労働組合」にしています。

　全国税は、全国財務職員組合連合会の運動を受け継いでいます。したがって、その運動には76年の歴史がありますが、同時に、財務省（大蔵省）・国税庁当局による激しい弾圧と組織破壊・分裂攻撃とたたかい続けた歴史でもあります。第2組合は、1962（昭和37）年5月の関東信越国税局を皮切りに、高松、金沢、札幌、仙台、大阪、名古屋の各国税局で次々と、権力と職制の総動員のなかで当局の組織ぐるみによって結成・育成が行われてきました。

　全国税は、職場内外の支持の拡がりのなかで、一つひとつ攻撃をはねかえし、職場全体の処遇など労働条件改善を勝ち取ってきました。全国税は、労働者の統一の旗を高く掲げ、一貫して、5万人の国税労働者の生活と権利を守ってたたかっています。また、税制と税務行政の民主化を追求し、平和と民主主義を守り発展させる運動に積極的に参加する方針を堅持しています。

1　国税庁について

　国税庁は、1949（昭和24）年6月1日に大蔵省（現在は「財務省」）の外局として設置されました。国税庁の下には、全国に12の国税局（沖縄国税事務所を含む）、524の税務署が設置されています。また、その他に、税務職員の研修機関である税務大学校や、特別の機関として、国税に関する行政処分について納税者の不服申立ての審査に当たる国税不服審判所があります。

　国税庁の任務は、「内国税の適正かつ公平な賦課及び徴収の実現」、「酒類業の健全な発達」および「税理士業務の適正な運営の確保」を図ることと定められています（財務省設置法第19条）。三つの任務のなかで一番ボリュームのある事務は「内国税の適正かつ公平な賦課及び徴収の実現」です。「内国税」とは財務省組織の内、関税局・税関で取り扱っている「関税[1]」、「トン税・特別トン税[2]」を除いた国税の総称です。国税のなかでも登録免許税のうち少額な納付や自動車重量税は納税者が印紙を購入して、それを納付用紙に貼り付けることにより納税を行うものがあり、登録機関である法務局、運輸支局で所定の印紙を貼り付けていることを確認し、消印することにより納税が行われ、税務署がほとんどかかわらない税金もあります。

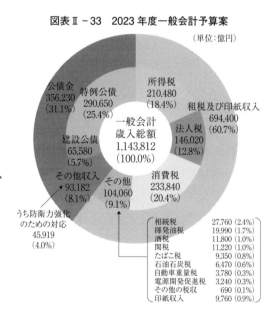

図表Ⅱ－33　2023年度一般会計予算案

（単位：億円）

一般会計
歳入総額
1,143,812
（100.0%）

公債金 356,230（31.1%）
特例公債 290,650（25.4%）
建設公債 65,580（5.7%）
その他収入 ▼93,182（8.1%）
うち防衛力強化のための対応 45,919（4.0%）

所得税 210,480（18.4%）
租税及び印紙収入 694,400（60.7%）
法人税 146,020（12.8%）
消費税 233,840（20.4%）
その他 104,060（9.1%）

相続税 27,760（2.4%）
揮発油税 19,990（1.7%）
酒税 11,800（1.0%）
関税 11,220（1.0%）
たばこ税 9,350（0.8%）
石油石炭税 6,470（0.6%）
自動車重量税 3,780（0.3%）
電源開発促進税 3,240（0.3%）
その他の税収 690（0.1%）
印紙収入 9,760（0.9%）

1）　関税は一般に「輸入される貨物に課される税」として定義されています。2013（令和5）年度予算では1兆1220億円を見込んでいます。
2）　トン税および特別トン税は外国貿易船の入港に対して船舶の総トン数に応じて税関により課される国税です。2013（令和5）年度予算では100億円を見込んでいます。

2 税について

　国が賦課・徴収する税を国税といい24種類[3]あります。都道府県・市区町村が賦課・徴収する税を地方税といい地方税法[4]では24種類の税目を定めているほか、都道府県税、市町村税として条例で普通税・目的税を課税できることとしています。

　国税のなかで主要な税目の直接税[5]では所得税、法人税、相続税があり、間接税[6]では消費税、酒税があげられます。2013（令和5）年度予算では所得税21兆480億円、法人税14兆6020億円、相続税2兆7760億円、消費税23兆3840億円、酒税1兆1800億円を見込んでいます。

　国税収入のうち最大の税目は消費税です。消費税は2019（令和1）年10月より標準税率が10％（消費税7.8％、地方消費税2.2％）、食料品などの軽減税率が8％（消費税6.24％、地方消費税1.76％）に引き上げられました。税率アップの翌年度から国税収入のトップになりました。次に多いのが所得税です。所得税は申告分と源泉分に分かれます。申告分とは税務署に確定申告書を提出して納税を行う方式を指します。その税収は3兆5330億円（2023年度予算）を見込み所得税収の16.8％しかありません。源泉分とは給与所得の所得税の納税方法にみられるように、給与等源泉徴収の対象となる所得の支払い者がその支払いの時に所得税を天引きして税務署に納税する方法です。源泉徴収による所得税収は17兆5150億円（2023年度予算）を見込み所得税収の83.2％を占めています。

---

3)　外に地価税がありますが、租税特別措置法71条により、1998年（平成10年）度より「当分の間」課税されないことになりました。特別法人事業税は国税ですが都道府県が事業税とともに賦課・徴収を行っています。

4)　地方税法は地方税に関する準則を定めたものであり、地方公共団体が租税を課すためには条例で賦課・徴収の要件を定める必要があります。地方消費税は都道府県税ですが国が消費税とともに賦課・徴収を行っています。

5)　直接税とは法律上の納税者と税を実際に負担する者とが立法上一致することが予定されている税です。

6)　間接税とは税相当額が価額に上乗せ（税負担の転嫁）され法律上の納税者と税を実際に負担する者とが立法上一致しないことが予定されている税です。

3　税務署の仕事

国税庁、国税局、税務署の機構は次のようになっています。

図表Ⅱ-34　国税庁の機構図

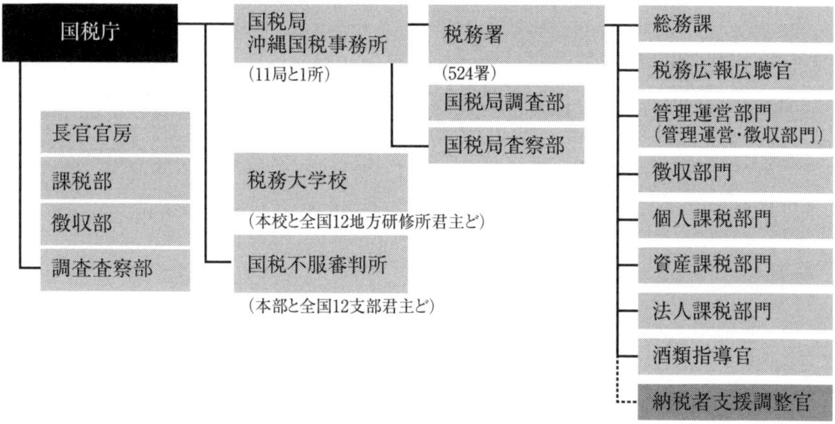

国税庁	国税局 沖縄国税事務所 （11局と1所）	税務署 （524署） 国税局調査部 国税局査察部	総務課

国税庁
- 長官官房
- 課税部
- 徴収部
- 調査査察部

税務大学校
（本校と全国12地方研修所君主ど）

国税不服審判所
（本部と全国12支部君主ど）

総務課
税務広報広聴官
管理運営部門
（管理運営・徴収部門）
徴収部門
個人課税部門
資産課税部門
法人課税部門
酒類指導官
納税者支援調整官

国税庁ホームページより

　税務署の総務課は、職員の福利厚生に関することや庁舎や物品管理、情報公開や個人情報の開示等の請求事務、税理士制度の運営等他の部門に属さないすべての事務を行っています。税務広報広聴官は、主要な税務署のみに設置されています。名前のとおり広報広聴事務を行っています。また、租税教育の推進も行っています。

　管理運営部門は、納税者の氏名・名称、住所・所在地の管理や提出された申告書の入力、租税債権の管理事務、租税の還付事務のほか、来署した納税者の窓口として各種申告書及び申請書等の受付、各種用紙の交付、納税証明書の発行、国税の領収、国税に係る制度や手続に関する一般的な相談への対応を行っています。

　徴収部門は、国税の納付の相談や滞納処分などを行っています。なお、小規模署では管理運営部門の事務と徴収部門の事務を行う、管理運営・徴収部門が置かれる税務署もあります。

　個人課税部門は、所得税や個人事業者の消費税等についての個別的な相談や調査を行っています。また、個人事業者向けの各種説明会や青色申告のための

記帳指導の担当をしています。

　資産課税部門は、相続税、贈与税、土地建物や株式等を譲渡したときの所得税についての個別的な相談や調査を行っています。また、相続税・贈与税を計算する際には時価を基に計算しますが、土地の時価を算出する際の路線価の算定も行っています。

　法人課税部門は、法人税、法人の消費税等、源泉所得税、印紙税および揮発油税等の個別的な相談や調査を行っています。

　酒類指導官は、主要な税務署に設置されており、複数の税務署を担当する広域運営を行っています。業務内容は酒税の個別的な相談や調査を行っています。また、酒類の製造免許、販売免許に係る事務や未成年者飲酒防止など酒類の適正な販売管理に関する事務を行っています。

　納税者支援調整官は、国税局に所属する職員で主要な税務署に派遣されています。業務内容は税務行政・税制その他税務一般に関する不平、不満などに対し、納税者の主張を聞いて必要な助言や手続の説明、調整を行っています。

　全国に11か所ある国税局と沖縄国税事務所は国税庁の指導監督のもとに税務署の指導監督を行うほか、自らも資本金1億円以上の大法人等の税務調査、重要事案の調査を自ら行います。また、犯則（脱税）事件の調査（査察）、大口滞納、日本年金機構からの委託を受けた年金保険料の徴収を行っています。国税庁は税務行政に関する企画立案を行っています。

4　税務行政の問題点

　税務署の個々の業務は多岐にわたります。いうまでもなく、納税の義務は憲法30条に定められた国民の義務であり、国民が自ら申告や納税を行えるようにするためにサポートすることはやりがいのある重要な任務です。

　総務課、広報公聴官を除く部門の共通的な業務に「相談」があります。2007（平成19）年度までは主要な税務署に国税局の相談室分室が設置されており「税務相談官」が配置されていました。納税者や税理士からの一般的な相談から専門的な相談までを面接や電話で行っていましたが、2008（平成20）年度からは国税局内の電話相談センターで集中的に配置され、一般的な電話相談のみ対応するようになりました。原則として税務署で行う相談は予約制になり、一

般的な相談は管理運営部門で、申告に直結するような個別取引に係る相談は管理運営部門以外の担当部門で行うようになり取引資料の提示を求められるため相談しづらくなりました。

　毎年、原則2月16日から3月15日までの1月間の所得税の確定申告（個人事業者の12月31日を含む課税期間の消費税の申告期限は3月31日）についても納税者からの相談に乗りながら申告書の作成のサポートを行っています。この時期は、多数の納税者の来署や大量の申告書の処理などを行う必要があり長時間の超過勤務を行う必要がありますが、相談業務に対しては納税者から感謝の言葉をいただく機会も多くあり税務職員がやりがいを感じる時期でもあります。

　徴収部門で行う滞納整理についても、「国税の最後の砦」といわれるように、正しい申告が行われても納税が行われて初めて歳入が実現できるものであり、高額な滞納を完結することや、詐害行為取消権などの訴訟提起により厳正な滞納処分を行うことにやりがいを感じる職員もいるでしょう。また、取引先の倒産などやむを得ない事情により国税を一括で納税できない納税者には法令に定められた納税の緩和措置の適用や分割納付の相談に応じることで納税者が安心して事業の継続と納付の履行を両立させることができます。

　税務調査により多額な不正所得の把握、租税回避スキームの解明にやりがいを感じる職員もいることでしょう。滞納処分や調査事務は対象となった納税者と税務署とは180度利害が異なりますが、滞納処分や調査が終わった後に適切な申告・納税を行うために担当した職員を信頼して相談をする納税者もいます。こうした場面でも仕事にやりがいを感じることができます。

　税務署の管理運営部門の事務は、その多くの事務を税務署内で行うことから「内部事務」と呼んでいます。内部事務は2008（平成20）年度までは個人に係る内部事務は個人課税部門、相続税に係る内部事務は資産課税部門、法人に係る内部事務は法人課税部門で行ってきました。これは、税務署の事務は法令に従って構築をされてきた経緯があり、個人の所得について納付すべき所得税は「所得税法」に、相続や贈与を契機とした財産に移転に係る相続税や贈与税については「相続税法[7]」、法人の所得について納付すべき法人税は「法人税法」で規定されており、その法令に従った納税者管理を行っていたためです。2009

---

7)　贈与税の計算方法は相続税法第2章第2節及び第3節で規定されています。これは、贈与税は相続税を補完する税と位置づけられているためです。

（平成21）年度からは、納税者の申告から納税までの一連の事務や納税者の異動に伴う事務などについて、「内部一元化」と称して、同種の事務を統合し、管理運営部門で一体的に処理することにより事務の「効率化」を行っています。

　さらに、2021（令和3）年度 [8] からは複数の税務署の内部事務を国税局内に設置した業務センター室やその分室で集約処理する「内部事務のセンター化」がはじまりました。現状では2署から6署の内部事務を各国税局に設けられた業務センター室（分室）で集中的に処理しており、全国すべての税務署がセンター化されているわけではありませんが、2026（令和8）年度にはすべての税務署のセンター化が完了して4署から最大で40署の内部事務を集約することが予定されています。

　このような事務の集中化はそのスケールメリットにより内部事務を「効率化」して、それにより生まれた余剰事務量を徴収事務や調査事務に振り向けようというものです。

　国税庁の主要な任務に「内国税の適正かつ公平な賦課及び徴収の実現」があることは前に述べましたが、国税庁はこの任務を果たすために、滞納処分や調査に人員を振り向けて達成しようと、内部事務をいかに圧縮するのかを考えているのです。このような考え方は国税庁の実績評価 [9] にも表れています。2021（令和3）年度の実績評価書および2022（令和4）年度の実績評価事前分析表によれば、2017（平成29）年度、2018（平成30）年度の調査関係事務の割合の目標について60％であったものが、2019（令和元）年度以降65％に引き上げられています。2019年度途中の2020年1月頃から新型コロナウイルス感染症の広がりにより、確定申告期限の延長を行い、また、納税の猶予制度の特例の創設により徴収事務の圧迫、調査事務や行政指導事務を抑制的に行わなければならない状況下にもかかわらず、調査関係事務の目標割合65％が維持されています。

　具体的な事務の事績についても、徴収関係では、年度当初から滞納残高がいくら減っているのか、または、増加しているのか。前年同月と比べて減っているのか、または、増加しているのか。調査担当部門では、調査計画件数に対し

---

8)　内部事務のセンター化は令和元年度より試行を行っていました。試行段階では国税局の組織ではなく職員を複数の署に併任発令を行うことで対応していました。

9)　財務大臣は、国税庁長官に権限を委任した事務（財務省設置法20条に定める事務）の実施基準および準則を定めるとともに、国税庁が達成すべき目標を設定し、その目標に対する実績を評価して、財務省ホームページ公表しています。

て何件の調査を行ったのか、増差所得、増差税額[10] はいくらか、重加算税[11] の賦課割合は何パーセント達成したか、などさまざまな指標でノルマが課されているのが実情です。

　日本の税制は、戦前は税務署が所得を査定し、税額を納税者に通知するという賦課課税制度が採られていました。しかし、1947（昭和22）年に、税制を民主化するために所得税、法人税、相続税の三税について、申告納税制度が採用され、その後、すべての国税に申告納税制度が採用されました。この申告納税制度が適正に機能するために誤りのある申告については調査で是正が必要としても、申告納税制度採用後65年もの間、調査事務に偏重した事務運営を行ってきました。2021（令和3）年度の調査事績[12] によると調査により誤りが把握された割合は所得税が85％、相続税は87％、法人税は75％とかなり高い割合で誤りや不正がありました。2021年度は法人に対する税務調査は全国で4万1000件行われています。全国の法人数は284万8000社ありますので、調査割合は1.5％にも満たないので調査を受けなかった98％以上の法人は正しい申告だったのかもしれません。しかし、65年間もの間、調査を行うことにより、納税者が法律に定められた納税義務を自発的に、適正に履行させる体制をつくろうとしましたが、いまだに実現できていないということではないでしょうか。

　税制が複雑で正しい理解ができなくて誤った申告を行ってしまったとか、帳簿の記帳状況が悪く正しい所得金額が算定できなかったということもあるかもしれません。そのような納税者に対しては、事後的な調査で是正を求めるのではなく、相談や記帳について指導を行うことが有効ではないでしょうか。

5　国税庁の定員について

　2023（令和5）年度末の財務省職員の定員は7万2879人でこのうち、国税庁職員は5万5985人です。一般職の国家公務員のなかでも最大規模になっていま

10）増差所得、増差税額とは税務調査により当初申告額より増加した所得金額、税額をさします。

11）加算税は、申告納税制度の担保するため、修正申告や期限後申告が提出さるなど当初の申告義務が適正に履行されない場合に課されるもので、一種の行政制裁的な性格を有します。なかでも重加算税は本税の原則として35％または40％の割合で課され大きな負担になります。

12）国税庁ホームページに掲載された報道発表資料。

図表Ⅱ-35　国税庁職員の定員と申告件数等

年　　　度	2000 年度	2010 年度	2020 年度
定　　　員	56,718 人	56,263 人	55,945 人
所得税の申告件数 上記の内納税のある申告	― 7,273 千人	23,150 千人 7,021 千件	22,479 千件 6,574 千人
相続税の申告件数	48 千件	50 千件	120 千件
法人数	2,859 千件	2,709 千件	2,946 千件

出所：国税庁統計年報より作成

す。2023 年度の定員査定では、消費税のインボイス制度への対応、消費税の不正還付や国際的な租税回避への対応などで 1178 人の増員が認められましたが、国の行政機関の機構・定員管理に関する方針（2014 年 7 月 25 日閣議決定）や業務改革により 1141 人の減員になり差引 37 名の純増になりました。国税庁職員の定員のピークは 1997（平成 9）年度で 5 万 7202 人でした。年度により増員や減員を繰り返しながらトータルでは 26 年間で 1217 人減少しました。

　図表Ⅱ-35 のとおり、2000 年から 2020 年の間に所得税の申告件数は減少しているものの、相続税の件数や法人数は増加しており、経済取引の国際化や複雑化に対応し職員数の増加も考えられなくはないのですが、前に述べたように、国税庁の考えは納税者サービスを行う部署は徹底的に合理化して調査事務など税務行政のなかでも権力的な事務を行う部署に人員を振り向けようとしており、このような考え方のなかでは人員を増加しても相談業務などの納税者サービスの向上は実現できませんし、また、超過勤務の縮減など労働環境の改善も見込まれません。全国税労働組合は、積極的に人員増加の要求を行い、調査事務の人員を内部事務の人員にシフトするよう要求しています。

おわりに──ノルマ主義の事務運営

　これまで、税務行政の問題点について述べてきました。税務署の行う仕事のなかでとくに徴収事務や調査事務は数字に端的に現れます。数字を基に職員が評価され、数字に表すことのできない内部事務や相談という事務が正当に評価されずに徴収事務や調査事務に偏重した行政が行われています。こうしたなかで調査件数や増差所得、増差税額、不正把握などの指標をもとにノルマ主義の

事務運営が行われれば、法令の解釈を税務署の都合のいいように解釈したり、強権的な調査が行われたりしないとも限りません。また、従順な納税者には厳しい課税処分を行い、不服申立てが予想されるような場合は課税処分を見合わせるなどもあるかもしれません。このようなことでは行政が歪んでしまいます。

　税務調査では、事前に納税者に連絡を行わないで突然、納税者の自宅・事務所等に調査を行うこともあります。また、現物確認調査と称して事務室等の机の中、金庫内、代表者等の所有するバッグの中を確認する調査が推奨されています。このような人権無視の強権的な税務行政を改めさせ、納税者の権利を守るために、手続規定の整備が求められるとともに納税者権利憲章の策定も急務であると言えます。

　税制の民主化の課題も重要です。所得税については税の不公平を助長する分離課税の廃止、特権的に税の減免を行う租税特別措置の廃止を求めるものです。法人税については、大企業に利用が偏っている研究開発減税の廃止・縮小が求められます。物価上昇のなかでは、消費税の税率引き下げも急務の課題です。所得の少ない人ほど負担が重くなる逆進性は、消費税の宿命的な害悪であり是正することはできません。また、「生計費非課税」の原則にも反します。税制についても憲法25条に保障された生存権を生かすような改革が必要です。

国民の人生に寄り添った公務・公共サービスを担う
——年金行政を中心に

全厚生労働組合

はじめに——国民のいのちとくらしを守る

　厚生行政は、公的医療と医療保険、介護保険、公衆衛生やそのための研究、福祉施策や福祉施設の運営など、多岐にわたっています。憲法25条にもとづき国民のいのちとくらしを守る、生活に密着した業務です。そういう意味では国民の身近にある非常に重要な役割を担っている行政、人生に寄り添った公務・公共サービスであるといえます。

1　年金行政の現状

(1) 日本年金機構という特殊法人による「民営化」

　ここからは厚生行政のなかでも、年金行政を中心に報告していきます。

　現在、日本の年金制度は日本年金機構という特殊法人によって運営され、「民営化」されたことになっています。しかし、公的年金制度の運営は明らかに行政の一部であるため、事業自体を、利益が必要となり不採算なら廃止するような民営化にすることは不可能と考えます。それにもかかわらず、あえて行政組織を解体し、無理な組織変更が行われた背景には、「年金記録問題」をピークとする一連の「社会保険庁の不祥事」とされる事件があります。国家公務員の大量解雇（分限免職）という異例の事態も生じたことはご存じの方も多いと思います。

　「年金制度への信頼回復」を謳って行われた「公務の民営化」。「公務の民営化」は国（政府）が責任を放棄したものですが、そうした政策でどうして信頼を取り戻せるのか疑問です。一見して矛盾としか見えないこの両者が、どのようにして結び付けられるに至ったのでしょうか。社会保険庁の解体民営化からすでに10年以上が経過していますが、まずはその経過を振り返り、それから

現状の問題点を検討していきます。

(2) 社会保険庁

1) 社会保険庁の解体の経過

国民年金保険料納付推進キャンペーンのCMに起用された女優の保険料未納が発覚したことをきっかけに、多くの政治家の年金未納・未加入問題が表面化しました。さらに、大規模保養施設（グリーンピア）に代表される年金保険料を流用した無駄遣いをはじめ、年金制度の運営に関するさまざまな問題がマスコミに取り上げられ、国民の批判は一斉に「社会保険庁」に向けられました。

政治家の年金未納問題は、福田官房長官の辞任に発展し、情報を漏らした「犯人探し」が行われました。その結果、非常勤職員を含む3273人の職員に対し、国家公務員法（懲戒処分）および社会保険庁内規（矯正措置）にもとづく処分が行われました。処分されたなかには、目的外と断定できないケースや、閲覧者が特定できず磁気カードの管理責任を問われるケースなども含まれ、不公平・事実誤認を含む処分もありました。

損保ジャパン副社長であった村瀬清司氏が、2004年7月に、民間からの初の長官として登用されました。村瀬長官のもとで、「国民年金の保険料の徴収」が組織の最重要課題に位置づけられるとともに、基幹業務の外部委託の足掛かりとなる「市場化テスト」がスタートしました。翌2005年からは、他省庁に先駆けて能力・実績主義を基本とする人事評価制度の試行が開始され、2007年に本格実施されました。2006年5月、全国の社会保険事務所で被保険者本人からの直接的な申請が行われていないにもかかわらず、国民年金保険料の免除承認をする処理が行われていた事実（いわゆる「不適正免除問題」）がマスコミ報道により明らかになりました。

この「不適正免除処理」に関して社会保険庁は2006年8月28日、関係した職員1752人に処分を行いました。これらの処理は、村瀬長官就任後、国民年金保険料収納率向上が至上命令とされ、保険料免除や強制徴収の強化が指示されるなかで、全国の社会保険事務局・社会保険事務所の幹部の指示によって組織的に行われたもので、長官をはじめとする本庁幹部からの黙示の承認があったとも言われています。

安倍内閣は2007年3月13日に新たな社会保険庁改革法案を国会に提出しま

した。法案の内容は社会保険庁を廃止し業務運営を6分割して、年金事業の運営のために非公務員型の公法人「日本年金機構」を設置するものでした。

2007年2月に民主党の追及で、5000万件に及ぶ、いわゆる「宙に浮いた年金記録」問題が発覚しました。

社会保険庁は、2007年12月から2008年3月にかけて、管理職経験者を中心に過去10年間における職員の服務違反実態調査を実施しました。そして、2008年9月3日に管理者及び服務違反該当者（労働組合の「無許可専従」）等41人に対し国家公務員法にもとづく懲戒処分を行いました。この調査と処分には、社会保険庁のさまざまな不祥事や記録問題の主要な原因が、あたかも労働組合にあったかのように描き出そうとする意図が窺われ、被懲戒処分者を日本年金機構から排除する意図を持ったものでもあると指摘されています。

政府は、2008年7月29日に「日本年金機構の当面の業務運営に関する基本計画」（以下、基本計画）を閣議決定しました。その際、懲戒処分を受けたことのある職員は、年金機構に一律不採用とする決定が行われました。

長妻厚生労働大臣は2009年10月8日、日本年金機構設立委員会の場において日本年金機構発足を決断し、2009年12月末に社会保険庁は廃止され、2010年1月1日に日本年金機構が発足することになりました。

2) 社会保険庁の解体民営化に関する問題点

こうした経過を振り返ったうえで、とくに主要な問題点をあげておきたいと思います。

第一に、社会保険庁の解体に至る経過は、常に政局と密接に絡み合っていて、とりわけ自民党の「ワーキンググループ」が一貫して介入を続けていることが特徴です。のちに、2013年11月13日付朝日新聞社説で、「長年にわたり蓄積されていた旧社保庁問題の責任を末端の職員に転嫁したのは『政治のパワハラ』と言わざるをえない」と評されたとおりです。

第二に、年金行政に関するさまざまな問題が2004年以降噴出しましたが、公務員への否定的な感情を背景にして、末端の社会保険庁職員へと転嫁されていったことです。国民の年金制度自体に対する不満、年金記録問題を生んだ政府の無為無策などが、「怠惰な公務員」というわかりやすい攻撃対象にすり替えられ、年金行政とその運営組織がいかにあるべきかという本質的な問題が

まったく議論されないままに、解体・民営化が進められることになりました。

　第三に、この激しいバッシングを一種の好機とし、公務の民営化・市場開放という、小泉政権以来の与党自民党の新自由主義的な政策が、またとない「実験場」を得たという側面も見逃せない点です。2004年の村瀬長官の就任以来、国民年金保険料の収納対策業務の外部委託（市場化テスト）がスタートし、また、民間型と称される能力・実績主義の評価制度が、すでに社会保険庁時代から他省庁に先駆けて実施されるようになりました。

　社会保険庁に対する激しい攻撃は、公務は悪であり、民営化がすべてを解決するというイデオロギーを強く後押しすることになったのです。

　こうしたさまざまな要因が結びついて、「年金制度への信頼回復」のために「国の組織を解体・民営化する」という非常識な理屈が、当然のこととしてまかり通ってしまう状況が生み出されました。

(3) 日本年金機構の実態と現在の年金行政

　「年金への国民の信頼を回復する」ことを大義名分とし、「日本一のサービス機関」をめざすことを謳って発足したのが日本年金機構です。すでに述べたとおり、強引でいびつな経過によってつくられたこの機構がどのような組織であり、現状がどうなっているのかを、以下では報告・検討します。

　日本年金機構の業務運営の枠組みを決定しているのは2008年に閣議決定された前述の「基本計画」ですが、実際の業務のあり方に大きく関わっているポイントとして、以下の3点が挙げられます。

　①　全国異動、能力・実績本位の評価、外部人材の採用推進などの人事方針
　②　民間企業への業務委託の推進
　③　システム刷新と定員削減計画

　年金機構の人事のあり方について、まず一つの象徴的な事例として、2019年の世田谷年金事務所長のヘイトツイート事件を取り上げたいと思います。ツイッター上で（とくに韓国人および在日外国人に対する）見るに堪えない差別発言を繰り返す匿名アカウントが、なんと年金事務所長のものであることが判明し、これらのツイートは勤務時間中にも頻繁に行われていたことが明らかに

なったという事案です。

　年金機構は発足当初、組織体質の刷新、民間の「マネジメント」手法の導入という名目で、多数の外部人材を管理職として採用しました。当該人物がまさにこの民間からの外部採用者にあたり、年金事務所の成績を向上させた手腕を買われ、事務所長になる前は年金機構本部の幹部職員として登用されていた時期もありました。

　もちろんこの事案自体は個人的な資質や思想の偏りに拠るところが大きく、民間企業からの採用者全般を否定するような性急な一般化をするつもりは毛頭ありませんが、この事例を取り上げたのは、ここに年金機構の人事施策の特徴が表れていると考えたからです。すなわち、行政実務や直接の対面サービスの経験が乏しい（または皆無の）者が、成績を向上させる「マネジメント」や「ガバナンス」を評価されて、出世街道に乗るというパターンです。成績の評価は、数字に反映される保険料徴収などの収奪的な部門に偏る傾向があり、また、実務を知らない上司が数字を上げるためにとる手段もおのずと限られているため、実態上は単なる「圧力」「恫喝」がガバナンスと呼ばれていることも少なくありません（人は説明できない命令を発する時ほど、高圧的になります）。

　こうして、公務・公共サービスという目線をまったく欠いた職員が、指導的地位について、パワーハラスメント（パワハラ）を連発するという事態が生じます。

　こうした人事のあり方は、組織内でのパワハラの蔓延をもたらすだけでなく、国民サービスに対する姿勢にも影響しているのではないかと危惧されます。たとえば、年金機構では年金相談に予約制を導入していて、国民サービスの向上を図っているとしていますが、実際には「予約しなければ相談できない」事態を生んでいます。

　トップに公務行政を担う自覚や意欲が失われるとともに、職員全体に点数稼ぎや事なかれ主義が広がっていくことにもなります。年金行政の信頼回復のために必要なのは、成績主義や民間の発想といったものではなく、現場の住民サービスを評価し、公務の精神を取り戻すことではないでしょうか。

　職員は、国民の老後の生活を支える仕事に携わることを誇りとして、この職場にやってきます。しかし、人材育成の余裕のない職場環境、国民のためのサービスとかけ離れた評価目標や人事評価制度などにより、ただひたすら自分

の業務のことだけに陥らざるをえません。そこには、業務に対するやりがいや誇りは見いだせません。その結果、優秀な人材は去って行ってしまいます。一部の職員の良心に頼った業務運営を続けている日本年金機構は、組織として衰退する道を進んでいるとしか思えません。これは、職員だけではなく、国民に対しても好ましい状況ではありません。

(4) 民間委託にかかる課題

民間委託に関しては、世間をにぎわせた「SAY 企画の再委託問題」(2018年) が記憶に新しいところです。年金から徴収される税金の額に影響する「扶養親族等申告書」の入力業務を日本年金機構が委託した「株式会社 SAY 企画」が、多数の入力誤りを発生させたことに加え、自社で捌けない業務を中国の業者に再委託していたことが判明した事案です。130 万人もの受給額に直接影響したこと、委託業務にマイナンバーの取り扱いが含まれていたこと、再委託先が中国であったことなど、多くの問題が重なったため、とりわけこの一件は大きく取り上げられることになりましたが、実際には、委託業者に関わる問題はこれ以前に何度も起きています。

扶養親族等申告書に限っても、2012 年にまったく同様に委託業者の処理もれにより、7 万人分の「過少支給」が生じています。2017 年には、国民年金の収納業務を委託された訪問員による保険料横領が発覚しています。同じ 2017 年には、各地の事務センターの入力業務を委託されていた北陸地方の業者が「夜逃げ」して、業務が別業者に「丸投げ」されていたことも同時に明らかになるという事案も発生しています。他にも、委託先業者の倒産、従業員の給与の不払いといった事例も複数起こっていて、そのつど年金業務の継続性・安定性が脅かされています。

さらに、あまり知られていないことですが、年金機構発足以来の最大の「不祥事」と言える「サイバー攻撃による年金個人情報 125 万件の流出」(2015 年) についても、業務の外部委託が間接的な要因となっています。流出した情報は、まさしく外部委託業者に提供するために、基幹システムから抽出され、LAN システム上に保存された年金個人情報だったからです。重要な点は、業務の信頼性・安定性の低下、個人情報流出の危険など、委託業務がもたらす問題とリスクがたびたびあらわになっていたにもかかわらず、年金機構（および厚労省）

がなんら抜本的な対策を取ってこなかったことであり、その結果がSAY企画事件であったと言わざるをえません。しかし、SAY企画事件をきっかけにはじめて「問題」として広く注目をされたものの、業務の外部委託の方針は結局温存され、「業者の選定基準を改める」「委託業務のインハウス化を進める」といった弥縫策に終始してしまいました。その結果、2021年10月には、圧着ハガキ形式の年金振込通知書の宛名と内容が食い違うという、およそ考えにくい「印刷誤り」がまたも発生するに至りました。

こうした経過は、「基本計画」がただただ硬直的に業務運営を拘束しており、業務委託がその目的や結果から評価されずに、「委託のための委託」になってしまっていることを示しています。信頼できる安定的な業務のためには、この間の重大な問題を真摯に反省し、業務委託については少なくとも縮小する方向に舵を切ることが是非とも必要です。

(5) システム刷新にかかる課題

さて、「基本計画」の硬直性がもっとも際立っているのは、システム刷新と定員削減計画に関してです。基本計画では、システムの刷新を発足から5年（2014年まで）と想定し、その2年後に定員削減を完了するとしていました（最終的な定員は、正職員1万770人、非正規職員3700人と想定）。

しかし、システム刷新は、14年目に入った現在でも「フェーズ1」と呼ばれる付加的なシステムが稼働しているだけで、「フェーズ2」と呼ばれる基幹システムの「刷新」は次々と先送りされて、まだ実現の目途すら立っていません。2019年時点で「令和8（2026）年1月稼働」となっていましたが、2022年には「令和11（2029）年1月稼働を目指す」となっています。3年経って3年延びているので、この3年間何も進んでいないことは明らかです。

このようにシステム刷新は実質上「頓挫」しているわけですが、それと連動しているはずの定員削減の計画は手つかずのままです。年金機構の職員の半数以上を占める非正規職員は現在でも多数が有期雇用であり、雇用期間の上限が5年と定められています。これは明らかに「無期雇用化」を回避するための脱法的な規定ですが、年金機構側は「最終3700人」という非正規職員の定数に縛られて、雇用期間の上限撤廃に頑強に抵抗し続けてきました。このことにより、実に1万人以上の職員が、機構発足以来、雇用期間の上限による雇止めで

職場を去っています。

　5年の経験を積んだ職員を機械的に雇止めするというこの仕組みが、労働者にとって死活問題なだけではなく、業務運営上、「究極の非効率」「税金の無駄遣い」であり、職場全体の経験の蓄積、対応能力の向上を阻害するものであることは、誰の目にも明らかです。

　やっとベテランとなった職員が雇止めされ、余裕のない職場に放り込まれた新規採用者は、まともなフォローもないままシビアな窓口・電話対応に駆り出され、すぐに職場を去ってしまう、こういった悪循環が毎年繰り返されています。

(6) マニュアルにかかる課題

　機構当局はマニュアル等で表面的な対応を整備することには熱心ですが、結果としてマニュアル外のことは受け付けない硬直的な対応がよしとされる風潮が広がっています。一方で、事務処理誤りを糾弾する圧力も強く、困難な案件には誰も手を出さない事なかれ主義が蔓延するという結果をもたらしています。「お客様にとってプラスとなる『もう一言』を」という年金機構のモットーは、今やブラックジョークにしか聞こえないというのが実態です。

　「日本一のサービス機関」「相手のためになるもう一言」「事務処理誤りの根絶」、すべては、知識と経験を備えた職員が、余裕をもって、自信をもって、一人ひとりの相談に対応できる体制をつくることに尽きるのではないでしょうか。もはやとっくに無効となった基本計画の内容に縛られて、国民に損害を与えるのはただちにやめるべきと言わざるをえません。

(7) 採用差別にかかる課題

　基本計画にはもう一つ、「社会保険庁で懲戒処分を受けたものは年金機構に採用しない」という、憲法に反する人権無視の条項が含まれていることを忘れるわけにはいきません。

　10年以上が経過した今も、日本年金機構の職員募集要項には「社会保険庁での勤務経験がある方のうち、懲戒処分を受けたことがある方は採用しません」と記載されています。

　日本年金機構を信頼できる年金行政を担える機関とするため、また、不当な

処分を受けた仲間たちの名誉を回復し、その力を職場のために発揮してもらうためにも、とうに有効期限の切れた「基本計画」をただちに撤廃することを求めていかなければなりません。

(8) 組織再編にかかる課題

日本年金機構では組織再編で職場を混乱させている実態があります。日本年金機構発足当初は地方ごと（東北や近畿、九州など）にブロック組織が存在していました。それが廃止されて、今は、年金機構本部に地域部が設置されています。もともとブロックはそれぞれの地方の指導に当たる目的で設置されていました。その目的は地域部になっても同じです。指導のほかに業務の支援も行っていました。それが、地域部が年金機構本部のなかにあることで地域とのつながりがなくなり、本来必要な対応ができなくなっています。そして指導ではなく単なる指示や報告を求めるだけの部署になってしまいました。

発足当初は、各県に事務センターがあり、各種届出書の審査、入力等を集約して行っていました。それが、統合を進めることにより、ほぼ当初のブロック単位と同じになっています。統合により効率的な業務運営となったのかは検証が必要です。集約により事務センターがなくなった県では、他県への転勤を余儀なくされました。もともと単身赴任をされていた方にとっては、地元に戻るための職場が減ったことにもなり、大きな影響を受けました。

2022年5月には、年金記録調査業務が中央年金センターに集約されました。この際にも、経験者不足のために処理が滞り、年金の新規裁定や再裁定の業務遅延が発生し、事務センターや年金事務所の支援が必要になりました。そのことにより通常の業務にも影響がありました。年金機構本部の認識と現場の認識に乖離があることがこうした混乱の原因と考えます。組織再編が現場の職員の負担となり、結果として国民サービスの低下を招いています。

(9) 組織目標と評価にかかる課題

日本年金機構の組織目標が職員にとって大きな問題となっています。年金機構本部から示される組織目標は事務所等の各拠点や部署の評価項目になっています。たとえば、年金事務所の予約率や超過勤務時間などですが、こうした項目は年金事務所の特性もあり一律に比較できることではないと思います。予約

率が高いことが国民サービス的に評価される面もあれば、予約なしでも相談してほしいというニーズもあると思います。また、超過勤務時間は働き方改革の名のもとに縮減を求められますが、事務所によっては欠員が生じていることもあり、超過勤務せざるをえない部署もあります。ほかにも有給休暇の取得率があります。有給休暇を上半期で5日取得していることが求められます。個人の自由であるはずの有給休暇の取得がなぜ組織の評価になるのか不思議です。みんな、いつ病気や不慮の事故があるかわからないので、なるべく残しておきたいと思っているのではないでしょうか。それを組織の目標なので迷惑をかけられないので無理やり取得しているのが実態です。これは組織的なパワハラではないでしょうか。同等で公平な条件となる評価項目になっていないことや、組織目標として設定するがふさわしくないことで評価されるのは職員にとってモチベーションの低下につながりますし、ハラスメントにつながりかねない状況を生んでいます。

(10)「足枷」となっている「基本計画」

このように、人事方針においても、外部委託推進においても、定員削減計画においても、今や「基本計画」は日本年金機構の運営を阻害する「足枷」でしかないことが明らかになっています。逆に言えば、「年金制度への国民の信頼回復」を使命とし、「日本一のサービス機関」をめざすという建前に嘘がないのであれば、まさに基本計画のまさに「逆」の方針こそが必要になっていると言えます。

人事においては「現場における公務サービスの向上を評価の中心とすべき」であり、信頼できる安定した業務のためには「外部委託は可能な限り縮小すべき」であり、年金機構を優れたサービス提供機関とするためには「必要な定員の確保と雇用の安定とを図るべき」です。そうすることで、職員が国民の役に立っていると感じるやりがいや働きがいのある職場になり、国民サービスの向上や信頼回復につながるのではないでしょうか。

2 厚生科学研究の現状

年金行政に続いて厚生科学研究について報告します。厚生行政研究は私たち

のいのちや健康にかかる研究・試験・検定などの業務になります。そうした試験・研究機関で働く職員について紹介していきます。みなさんがよく知っているところですと、国立感染症研究所（以下、感染研）があります。ここ数年で大変な問題となった新型コロナウイルスなどの感染症（ウイルスや病原菌）に関する基礎、応用研究や試験または抗生物質やワクチン等の開発および品質管理のための国家検定を行っています。感染研はもともと国立予防衛生研究所という名称でした。名称からもわかるように、病気の予防と公衆衛生の向上を目的とした研究所でした。終戦直後、衛生状態は極度に悪化し、感染症が蔓延したことから設立されました。こうした私たちのいのちと健康を守るために必要な業務を行っている重要な研究所です。

(1) 予算の問題

こうした重要な役割を担っている、国の研究機関ですが、実は国からの予算だけでは研究ができないことが最大の問題となっています。国の予算である研究費（人件費、備品費、光熱水料など）は、研究所の運営費にもなっています。そのため、実際の研究にはほとんど使えません。とくに最近は物価高騰のため、電気代に消えて薬品も購入できない状況になっています。では、どうやって研究のための費用を獲得しているのかというと、職員が個人で獲得しています。これは競争的研究費と呼ばれるものです。つまり、国の研究機関と言いながら実はそのための予算がほとんど確保されていないので研究者は困っている状況なのです。これで国が国民のいのちを守ろうとしているといえるのでしょうか。責任を果たしているといえるのでしょうか。職員である研究者任せになっているのではないでしょうか。

もう一つが人員の問題です。これは国家公務員全体の話でもあります。国家公務員定員合理化計画により定員削減が求められています。そのなかで増員要求となると新規業務が必要になり既存の業務にかかる人員は減らされてしまいます。予算削減のためとはいえ職員の負担が増えるだけでこうした体制では国民のいのちや健康をまもることは困難です。感染症が流行すると、国民のいのちや健康が脅かされるだけでなく、経済を中心に国そのものが弱体化してしまうのはみなさん新型コロナウイルス感染で実感しているのではないでしょうか。つまり安全保障の視点からも感染症研究や対策にもっと人的措置を含めた予算

が必要ではないでしょうか。軍備などの防衛予算は増大されますが、感染症対策も重要な「国防」です。

(2) 組織再編の問題

政府は、2022年9月2日の新型コロナウイルス感染症対策本部で、「次の感染症危機に備えるための具体策」を決定しました。それが、国立感染症研究所と国立国際医療研究センターを統合して新たに専門家組織（いわゆる「日本版CDC」）を創設することです。2023年3月7日には法案が提出され、特殊法人「国立健康危機管理研究機構」を設立する準備が進められています。国民から見れば感染症対策がよくなるように思えますが、実際働いている職員からすると、この組織再編には疑問があります。

まず、なぜ国の機関とせず特殊法人（民間型）とする必要があるのでしょうか。特殊法人とは、総務省のHPの説明には、「その業務の性質が企業的経営になじむものであり、……できる限り経営の自主性と弾力性を認めて能率的経営を行わせようとする法人を指します。」とあります。この説明を読むと能率的な経営という言葉が目につきます。もともと国が行っている研究であるため経営とは無関係のはずです。そこから、感染研の職員が不安に感じているのは、特殊法人化により研究業務が縮小される恐れがあることです。感染研では、民間ではやらない、採算が取れないような分野でも裾野をひろげ、国民のいのちを守る最後の砦として研究しています。それが維持できるのか今後国民のいのちを守れるのかを危惧しています。

国は感染症対策を強化するように国民にアピールしていますが、実のところ責任を放棄しているのです。新型コロナウイルス感染において、日本はワクチンを外国から購入しました。これは、平時から感染症研究の体制が脆弱であり専門家の育成が出来ていなかったからでもあります。こうした現状を訴えていくために、研究者はより団結が求められると思います。お互いがライバルである一面を乗り越え大きな問題に立ち向かうべく協力を広げていくことが問題解決に必要だと考えます。

3 社会福祉事業

厚生行政のなかには、社会福祉事業というものがあり、社会復帰をめざす障がい者への支援等を行っています。国の福祉施設には、視力障害者センターや重度障害者センター、リハビリテーションセンターなどがあります。そこでは医師、看護師、介護福祉士、児童指導員、保育士、理療科教官など多くの職種の職員が働いています。それぞれの職種の専門性を生かして、障がいの有る利用者への支援を行っています。

コロナ禍においてエッセンシャルワーカーとしての介護や福祉労働者の重要性が見直され、その待遇改善や職場環境の見直しが求められるようになりました。しかし、国の福祉施設ではいまだ当たり前のように予算が削られ、恒常的な人員不足、または施設の老朽化によって利用者に十分なサービスを提供できない状態にあります。

施設の状況は、長雨になるとあちこちで雨漏りがしたり、施設の廊下が波打っていたり、剥がれてたりしていて、車いすや足の不自由な利用者では、廊下を行き来することさえ思ったとおりにいかないほど老朽化がひどいです。また空調設備も毎日のように不具合が発生し、頸椎損傷で体温調節ができにくい利用者の方にはいのちにかかわる問題さえあります。こんなひどい状態にあるにもかかわらず、施設の修理や建て替えする予算が国から認められずに、長年放置されたままです。国の施設に申し込もうとしていた障害者の人が、施設見学に来て老朽化のひどさに驚き、申し込みを取りやめて民間の別の施設に行ったという笑えない話もあるぐらいです。本来なら、施設環境を十分に整え、民間では対応できないような困難なケースでも十分に対応できるようにすることが必要だと思います。

また、人員体制についても、利用者が施設の利用を希望し承諾されても、人手不足のため訓練開始まで長期間待機状態が続いているのが現状です。これでは施設を利用しようと思っても躊躇してしまうのではないでしょうか。必要な予算を確保して安心して利用者がサービスを受けられる施設となるように国は責任を持って対応する必要があります。

おわりに——いのちや暮らしを守るための予算を削っている

　厚生行政は、いのちや暮らしに直結する公務・公共サービスです。憲法25条には「すべての国民は、健康で文化的な最低限度の生活を営む権利を有する」と書かれています。その責任を今の政府はどう受け止めているのでしょうか。軍備には湯水のごとく予算を使う一方で、いのちや暮らしを守るための予算を削っているのはおかしいのではないでしょうか。むしろもっとも充実すべきは公務・公共サービスではないでしょうか。今後の先行きが不安な情勢が続いているなかで、国民が安心して生活できる社会こそが求められているのではないでしょうか。

　厚生行政に携わる職員がそうした国民の要望に応えられるような人員体制や職場環境であることが国民サービスの拡充につながっていくと考えます。

　国民のいのちと暮らしを守る使命とそこに働きがいを感じる職場を取り戻すためにも、私たち全厚生労働組合は公務・公共サービスの拡充を求め運動を進めていきます。

国民のための経済・産業・エネルギー政策を担う

全経済産業労働組合

はじめに——経済産業省が担う政策

経済産業省は中小企業対策、通商交渉、産業開発、エネルギー安全保障、消費者保護など、経済・産業・エネルギー政策を幅広く担当しています。また、イノベーションの促進にも重要な役割を果たし、産業技術総合研究所は日本における科学技術の発展に寄与しています。近年、経済産業省はグローバルな経済外交に力を入れ、海外での日本企業の発展を促進しています。

(1) 中小企業政策

2020年度にコロナの影響で経営が悪化した中小企業に対する「持続化給付金」「家賃支援給付金」を迅速に給付しました。また、2021年度からはコロナで影響を受けた中小企業、個人事業者の事業の継続・回復を支援する「事業復活支援金」を給付しています。なお、中小企業庁の職員数（定員）は200名弱であることから、こうした補助金制度は外部委託契約による事業運営に頼らざるをえない状況です。

日本の企業（421万）の99.7%が中小企業であることから、中小企業支援は日本経済発展の柱です。さまざまな補助金や融資のメニューを揃えており、また、特許庁は日本企業の新しい技術やアイデアである知的財産を守っています。

(2) エネルギー政策

日本で使うエネルギーの約80%が外国から輸入されています。1970年代に2度起きたオイルショックを教訓にして、家電、自動車などの省エネルギーを推進し、省エネ対策では世界のトップランナーに押し上げました。

2011年の東日本大震災による原発事故を契機に原子力発電の依存度を下げる政策を進めてきましたが、2022年岸田政権は原子力発電の依存度を高める政

策に舵切りをしました。

　経済産業省の外局に、原子力発電所の安全確保を目的とした原子力安全・保安院が設置されていました。2011年の東日本大震災において福島第一原発事故が発生したことから、原子力発電所の「安全神話」は脆くも崩れ去りました。

　震災直後、被災地や住民が避難している市町村に経済産業省職員が派遣され、被災住民の日常生活支援や本省への情報提供の任務を行いました。

　最初に派遣される職員に対し経済産業省幹部は、「君たちは、住民の方に対して加害者としての気持ちを持って支援活動に当たって欲しい」と訓示を述べました。

　原子力安全・保安院の作業服を着て、支援活動をしていた職員が被災住民に、「みなさん、私たちに対して非難しないのですか？」と聞いたところ、「わたしたちが大人しくて、声を挙げないから原発をつくったんでしょ」と言われました。

　福島第一原発事故を契機に、原子力発電を推進する経済産業省のなかに、原子力発電所の安全・保安を担う組織があるのは、アクセルとブレーキが同じ組織にあることと同じで、ブレーキが効かなかったという批判を招いたことから、原子力発電所の安全・保安を担う組織として、2012年9月、環境省の外局として原子力規制委員会が設立され、事務局として原子力規制庁が設立されました。

　設立される原子力規制庁にはプロパー職員がいないことから、各省庁から職員が集められましたが、元の省庁には戻ることのできない「片道切符」としての出向でした。

　しかし現在、原子力規制庁の幹部は経済産業省からの出向者が占めており、経済産業省の外局だった原子力安全・保安院のように、経済産業省のコントロール下に置かれていると言っても過言ではありません。

　事実、福島第一原発事故から11年が経った2022年には原発の運転期間の見直しをめぐり、原子力規制委員会事務局の原子力規制庁職員が、経済産業省職員と非公開の場で日常的に情報交換していたことが判明しました。

　さらに2022年12月、福島第一原発事故の反省もなく、政府は経済産業省の思惑どおり原子力発電所の再稼働だけでなく、新設容認まで決定しました。

　実は原子力規制委員会・原子力規制庁が環境省の外局になったことから、経済産業省は原子力発電所の推進を行うだけの組織となり、原子力発電所の規制

や安全・保安は原子力規制委員会に移行したことから、万が一原発事故が起きても2011年の福島第一原発事故の時のように責任を負うこともなく、批判の矢面に立つこともなくなりました。

全経済産業労働組合では、原子力政策を担っている組合員が在籍していた当時は、原子力発電については議論を避けてきましたが、福島第一原発事故から12年が経過し、経済産業省が原子力発電所に対する政策を国民の生命を軽視する方向に逆回転させたことから、真正面から原子力政策・原子力発電政策への見直しを求めていきます。

(3) 地球温暖化対策

地球温暖化を防ぐため、温室効果ガスを出すエネルギーの消費を抑えることが必要であり、使用するエネルギーを減らすための「省エネルギー製品」の購入・使用や、2009年11月よりスタートした固定価格買取制度（FIT）により、温室効果ガスを出さない「太陽光発電」などの新しいエネルギーの活用を進めてきましたが、2019年度に終了しました。しかし、IEA（国際エネルギー機関（International Energy Agency）の2021年版の最新データによると、太陽光発電の導入量は中国、アメリカに次いで日本は第3位になっており、これからの「太陽光発電」の普及が課題となっています。

(4) リサイクル政策

限りある資源を有効に使うため、ごみを減らし、繰り返し使うことを目的に、「モノ」を「つくった人」「売った人」「使った人」が協力できる、「リサイクル政策」を進めています。

また、海洋汚染の要因の一つとされている廃プラスチックにも取り組んでいます。

(5) 製品の安全確保

独立行政法人製品評価技術基盤機構は身近な製品を安全に利用するために製品検査を行い、事業者、消費者に注意を喚起しています。

1 経済産業省の地方支分部局・主な外局

(1) 地方経済産業局の概要

　地方経済産業局は、札幌市、仙台市、さいたま市、名古屋市、大阪市、広島市、高松市、福岡市に設置されています。

　経済産業省の地方支分部局として、担当地域の最前線で活躍されている企業、消費者、大学、自治体、関係機関等に対して、成長産業の創出や育成、起業・創業の促進、中小企業の経営力強化や取引の適正化、地域資源の活用による稼ぐ力の強化、地域の特性に応じた産業振興とまちづくり、地域エネルギーの振興やエネルギーの安定供給、消費者が安全に暮らせる社会の実現などをめざし、さまざまな経済産業政策の実施に取り組んでいます。

　また、政策を実施するだけでなく、現場のニーズや要望をキャッチし、使い勝手の良い政策への改善や新たな政策提案に努めています。

(2) 産業保安監督部の概要

　産業保安監督部は、原子力発電所を除く電力、都市ガス、火薬類、高圧ガス、鉱山等の保安確保に関する事務を行うため、札幌市、仙台市、さいたま市、名古屋市、大阪市、広島市、高松市、福岡市に設置されています。

　経済産業省の地方支分部局として電力、ガス、火薬、高圧ガス、鉱山の採掘による事故防止のため、さまざまな規制、指導、立入り検査、事故情報の収集・提供を行っています。

　近年の異常気象による豪雨被害によるガスの供給停止や停電時には、全国のガス事業者と電気事業者を現地に派遣させて、早期の復旧を指揮し、緊急発電装置の設置を行うなど、被災地復旧に大きな役割を担っています。

(3) 特許庁の概要

　特許庁は、産業財産権制度（特許、実用新案、意匠、商標制度を総称して産業財産権制度と呼びます）である、発明、デザイン、商標などの知的創造の成果を保護（特許権などの権利化）・活用し、産業の発達に寄与することを目的とし、活動しています。

2024 年度からは、経済安全保障推進法に則り内閣府と連携した「特許出願の非公開化」関連業務も担います。

2 経済産業省における「働き方」問題

(1) 経済産業省の定員問題

2006 年度から定員合理化計画が始まり、2006 年度の経済産業省定員は 8113 人ですが、2022 年度の定員は 7959 人にまで純減しました（**図表Ⅱ-36**）。

この間、経済産業省内局、資源エネルギー庁、中小企業庁、特許庁が増員または微減に留まっているなかで、経済産業局は 269 人、産業保安監督部は 49 人削減され、定員削減が地方支分部局に偏ったことにより、地方経済の疲弊に拍車がかかっています。

全経済産業労働組合では、業務量・行政需要に見合う定員確保を要求し続け、2020 年度に初めて定員維持が実現しました。さらに、全経済産業労働組合が長年要求し続けた結果、2022 年度の定員は 7959 人と、合理化計画後初めて定員が純増しましたが、業務に見合った増員とはなっていません。

図表Ⅱ-36　経済産業省の定員の推移

経済産業省	06 年度	11 年度	16 年度	21 年度	22 年度
本省内局	2,419	2,399	2,448	2,510	2,513
経済産業研修所（研究所）	23	19	13	10	10
経済産業局	1,956	1,819	1,691	1,689	1,690
産業保安監督部	359	329	305	309	310
資源エネルギー庁	447	462	448	444	445
中小企業庁	193	205	199	194	197
特許庁	2,716	2,895	2,804	2,793	2,794
省内合計	8,113	8,128	7,966	7,949	7,959

(2) 経済産業省の残業（超過勤務）問題

経済産業省は、通商産業省の時代から「通常残業省」と揶揄されるほど、霞が関のなかでも残業の多い職場であり、管理職・職員のなかにも、長時間残業が優秀さを示しているとする文化が根強い職場でした。

全経済産業労働組合では、残業削減を含む長時間労働の改善・残業手当の完

図表Ⅱ-37　経済産業省残業実態アンケート結果

	2009 年実績	10 年実績	11 年実績	12 年実績	13 年実績
アンケート数	290 人	303 人	396 人	360 人	349 人
月平均残業時間	45.9 時間	50.5 時間	56.0 時間	57.7 時間	50.1 時間
残業手当の一部不払	173 人	181 人	237 人	215 人	209 人
過労死の危険を感じたことがある	89 人	93 人	121 人	110 人	107 人
月 80 時間以上残業の経験がある	57 人	60 人	77 人	70 人	68 人
	2014 年実績	15 年実績	16 年実績	17 年実績	18 年実績
アンケート数	431 人	467 人	539 人	364 人	481 人
月平均残業時間	48.2 時間	46.8 時間	43.8 時間	48.1 時間	44.6 時間
残業手当の一部不払	258 人	350 人	387 人	264 人	312 人
過労死の危険を感じたことがある	132 人	181 人	225 人	157 人	187 人
月 80 時間以上残業の経験がある	84 人	77 人	79 人	71 人	77 人

全支給の実現に向け、本省支部とも協力し、本省職場の残業実態アンケートに取り組みました。

　また、アンケートには、残業が減らない要因として「業務量が多いため」・「人員配置が不適切」・「国会対応業務」の三つが挙げられました。

　これらのアンケート結果を基に、全経済産業労働組合は残業削減を含む長時間労働の改善・残業手当の完全支給を要求し、経済産業省は 2014 年 10 月「経済産業省女性職員活躍とワークライフバランス推進のための取組計画」を策定、「残業の縮減」「定時退庁の促進」「管理職員等の意識の改革」を柱とした改善を進めました。

　経済産業省は 2017 年 1 月、国会対応業務の効率化として、定時後のテレワーク対応の運用を開始しました。テレワーク対応の概要は以下のとおりです。

・答弁作成とメモ出し：シンクライアント PC を利用
・合議、総務課・秘書官のクリア、修正指示：CACHATTO、Web メール等
　を利用

これらの効率化により、国会対応の職員の負担は軽減されています。

さらに、2021年7月より残業手当の完全支給が実現し、2022年度も完全支給は継続されています。

3　本省出向問題

経済産業省は20年以上前から地方経済産業局・産業保安監督部に採用後、2年目・3年目の若手職員の本省出向が常態化しています。

表向きの理由は「本省での予算・政策立案手順を学ぶ、人的ネットワークを築く、それらの経験を地方経済産業局業務に活かす」というものですが、実態は総括ラインの庶務業務で大量の業務と長時間労働およびパワハラに耐える2年間の出向です。これにより、出向する若手職員の2割近くがうつ病を発症し休職していました。

全経済産業労働組合は「出向者対策」を重点要求に掲げたたかってきた結果、出向者が業務外の内容を含めた相談ができる「メンター」、業務の進め方を相談できる「トレーナー」を、それぞれ1対1で配置することができました。

しかし、当初はメンターの配置が出向2か月後に遅れるなど、出向して一番大変な時期に配置されていない問題を追及し、現在は出向初日にメンターを紹介できています。

これまでの活動により、当局も真剣に出向者に対応するようになり、出向者がうつ病を発症する件数は激減しましたが、ゼロにはなっていません。

以前は、うつ病発症後は、出向元に戻るというケースが多い状況でしたが、近年は、本人が不調の兆しを感じたら、職場の上司や労働組合にすぐに相談できる体制も整い、業務量の縮小や本人の希望に則った本省内異動により、うつ病発症に至らないケースも増えています。

うつ病は完治までに時間を要するケースが多く、治療を施している状態で症状がほぼ消失すると「寛解」の状態であっても、心の傷にかさぶたができた状態のため、いつそのかさぶたが剥がれ、うつ病が再発するかわかりません。20代でうつ病になれば、人生の大半は重荷を背負っていくことになります。

全経済産業労働組合は若い時に出向してうつ病にならないように、これからも彼らに寄り添っていきます。

おわりに──経済産業省の課題

(1) 国民サービスをより向上させる補助金制度とは

　従前、経済産業省の補助金、助成金の交付事業は地方経済産業局が行っていましたが、16年間で270人近くが削減され、補助金業務を行うだけの人的資源が不足してしまったことから、企業に委託せざるをえない状況になりました。この結果、2020年の「持続化給付金」に象徴されるように、委託先が何重にも再委託をした結果、業務全体をマネジメントできず、不正受給を見逃したり、逆に申請書の不備の原因が示されないまま、何度も不備が続く「不備ループ」となったり、真に困っている事業者に給付金が届かないなど、地方経済産業局が補助金・給付金業務を行っていた時には考えられないことが起きました。

　再発防止のためには、地方経済産業局の人員を増やして、従前のように直接補助金等の業務を行うことがベストですが、そうすると職員が長時間労働をすることになることは必至なので、現在のような単なる補助金・給付金の相談業務ではなく、委託事業者に対する業務の指示、監督権限を付与して、審査業務から交付決定までのマネジメントをさせることが、国民サービスの向上になります。

(2) 間違った規制緩和

　小泉内閣の「民間でできることは民間に」という規制緩和の政策に対し経済産業省はトップランナーとして、経済産業省が行っていた自家発電設備、ガス施設等の使用前検査を民間検査機関に移譲し、都市ガス、高圧ガスなどの産業保安・安全管理も事業者の自主保安に転換しました。

　これは、原子力発電所の保安・安全も事業者の自主点検に転換したことから、国の調査で津波の危険性を指摘しても、国には強制的に対策を取らせることができず、事業者が対策しなかったことが、東日本大震災による福島第一原発事故を引き起こしたと言っても過言ではありません。

　経済産業省は、電気やガスの事故件数が少ないのは、国が規制をしてきたからという事実を間違って解釈し、事故件数が減少しているから規制を緩和するという間違った方向に走り出し、今でも止まろうとしていません。

産業保安監督部の人員を削減し、安全・保安をないがしろにした「ツケ」は国民が負うということを付け加えておきます。

(3) 民主的な職場運営のために

東日本大震災後の2012年に民主党政権から第二次安倍内閣になると、経済産業省の官僚が官邸の補佐官（官邸官僚）として、権力を誇示しはじめました。

経済産業省は予算が少ないので、政策立案能力に長けたアイデア官庁であるという自負から、これまでも他省庁の領域にまで分け入ってきましたが、安倍政権下の官邸官僚として、他省庁の政策に対して大手を振って介入できるようになりました。

また、安倍・菅政権が終わり岸田政権になり、経済産業省はその権力を失いつつあるなかでも「原子力政策」だけは維持しています。

しかし、「国民の命と財産を守り、持続的な成長を可能とする経済社会の実現」をめざすために、国家公務員として真に国民の奉仕者であるという原点に立ち返る必要があります。

経済産業省がアイデア官庁だと誇った時代は、新入職員でも仕事や政策に対して「なんでも言える職場」が存在し、ボトム・アップ型で政策を決めていました。それは、私的な感情が入る評価制度もなく、民主的な職場運営が成されていたからです。それに寄与したのが全経済産業労働組合であることを誇りを持って言いたいと思います。

これからも全経済産業労働組合は、経済産業省職員が、安心して働き続けられ、真に国民のための行政サービスを考え、実行できる職場環境の改善に向け、活動を続けます。

第Ⅲ部

公務員の働き方・あり方
を考える

公務・公共サービスの現在

　第Ⅲ部では、非常勤職員をめぐる現状と課題、また、公務の市場化・民間化の問題を取り上げたうえで、本書の締めくくりとして、公務・公共サービスの担い手をめぐる問題の背景・要因を整理し、今後めざされるべき方向性を展望する。

＊

　第Ⅲ部第１章では、非常勤職員あるいは「非正規公務員」をめぐる問題を取り上げる。

　第Ⅱ部においては、さまざまな「公務員」が存在していること、また、彼女ら・彼らによって担われる公務・公共サービスの実態、そして、直面している課題について、現場の視点から明らかにすることを試みた。しかし、「公務員」をめぐる重要課題はそれにとどまるものではない。現実には、同じ「公務員」であるにもかかわらず、雇用の不安定さや処遇格差に晒されている人々、とりわけ、非常勤職員あるいは「非正規公務員」と呼ばれる人々が存在している。

　非常勤職員あるいは「非正規公務員」の問題を主として——**第Ⅱ部**ではなく——**第Ⅲ部**で取り上げることとしたのには、以下の背景がある。

　まず、「非正規公務員」には、典型的な公務員とは異なる法制度あるいは運用の生成・展開があると同時に、「正規」公務員では顕在化しない、雇用の不安定さや、低処遇あるいは「正規」との処遇格差といった特有の雇用問題が存在している。こういった固有の問題状況があることを考慮し、本書では公務員全体に横たわる共通課題として位置づけ、独自の項目として括りだすこととした。

　また、「非正規公務員」は、「正規」公務員と同様、公務・公共サービスの重要な担い手であるとともに、「正規」公務員の立場からは意識されにくい切実な雇用問題を抱えているにもかかわらず、いまだナショナルセンターにおける「組合運動」において中心的なアクターとなるまでには至っていない。

　「非正規公務員」は、公務員全体の約２〜３割を占めるに至っており、もはや「例外的存在」などではない。しかし、一方では、不安定な地位にあるがゆえに、表立って声を上げることが困難であるという法制度上・事実上の問題が存

在している。これに加え、他方では、伝統的な組合運動の中心的担い手が「正規」公務員によって占められてきており、その基本構造が——徐々に変化も生じているものの——いまだ抜本的変化には至っていないという組合組織内部の問題もまた存在している。

　こういった複合的な背景事情のもと、本書では「非正規公務員」が「書き手」として、現場の声を如実に伝えるまでには至らなかった。とはいえ、本書でも、極力現場の声を交えた内容を届ける必要があるとの認識は共有しており、非常勤職員を対象としたアンケート結果の内容等も随時取り込みつつ、これを制度的・運動的課題と関連付けて伝えるという形で対応を試みている。「**1　国の非常勤職員制度の経緯と課題**」「**2　国の職場で非正規公務員として働くこと**」では、本書の中心的なアクターである国家公務員を、「**3　地方自治体の非常勤職員（会計年度任用職員）**」では、国家公務員とは異なる制度・運用の展開のある地方公務員を取り扱っている。

　もちろん、現場で切実な雇用問題を抱えている人々からすれば、本書における記述は、いまだ「表面的である」といった批判も想定されるところである。しかし、本書でも、非常勤職員ないし「非正規公務員」の問題につき、公務員全体をめぐる重要課題の一つとして明確に位置づけたことの背景には、ナショナルセンターにおける運動的課題の前進に向け、一歩を踏み出す必要があるとの認識があることをご理解いただければ幸いである。

　今後、ナショナルセンターを中心とした公務労働運動においても、現場の声をより積極的に発信し、また、「非正規公務員」が単なる「保護の客体」にとどまることなく、運動における「積極的主体」としての立場を確立していくことが重要な課題となる。

＊

　続いて、**第Ⅲ部第2章・第3章**においては、公務の市場化・民間化に関連した問題を取り扱っている。

　公務・公共サービスの担い手は、「公務員」だけにとどまるものではない。現実には、公務の市場化・民間化の流れのなかで、「公務員」としての地位は有さないものの、国家・地域の維持・発展、また、国民・住民たちの生活の維持・向上のために日々奮闘している人々がいる。

　第Ⅱ部でも、その一端として、かつて国の機関であった社会保険庁——現在

では特殊法人となった日本年金機構、また、かつて国の機関であった国立病院・国立療養所——現在では独立行政法人となった国立病院機構などが登場している。これら組織における課題は既出の諸論考を参照されたいが、**第Ⅲ部第2章・第3章**では、**第Ⅱ部**でみた課題をより敷衍すべく、実務家・研究者の視点から、いくつかの組織の例を取り上げつつ、公務の市場化・民間化全体の動向を俯瞰した分析を行っている。

＊

最後に、**第Ⅲ部第4章**では、現行制度における「タテマエ」と現実の乖離という視点を軸に、本書全体の内容に横たわる問題の背景と課題を整理するとともに、公務・公共サービス、また、その多様な担い手の持続可能な発展に向けた展望を試みることによって、本書を締めくくっている。

＊

第Ⅲ部においては、いくつかの事象を例示的に取り上げ、現場目線とは異なる観点もふまえた分析を試みている一方、いまだ断片的な検討にとどまるという限界があることも確かである。しかし、現場から上がっている切実な声を受けての分析・検討の試みとして、今後の議論の発展になんらかの端緒を提供することができれば幸いである。

〔早津裕貴〕

第1章　非正規公務員をめぐる現状と課題

はじめに──「官から民へ」の果てに

　国や地方自治体の仕事は、国民・住民の財産や税金を使い、国民・住民の負担で行っているため、しばしば行政機関のあり方やそこで働く公務員の体制の問題が取りざたされ、新自由主義にもとづいた「行政改革」が進められてきた。その中身は、省庁再編や民営化・民間委託化、独立行政法人化、過剰な定員（人員）削減であった。「行政改革」においては、やがて行政の役割やその質の議論を抜きに効率化自体が目的とされるようになり、国民の権利保障を担うという機能が十分果たせないまでに、組織や体制がそぎ落とされた。さらに、公共部門さえも市場原理に委ねようとする「官から民へ」が推進されてきた。

　他方、新型コロナウイルス感染症対策や頻発する自然災害などへの対応をはじめとして、国民・住民からの行政に対するニーズは日を追うごとに高まっている。行政ニーズの増大とこの間の定員（人員）削減が相まって、職員一人あたりの業務量が増加し、業務も高度・複雑・困難化している。そうしたなかで、脆弱になった行政体制を補完し、増加する行政ニーズに対応するため、本来は常勤職員を雇用して対応すべきところ、**第Ⅰ部**で触れたように、国や地方自治体では多くの非常勤職員（期間業務職員、会計年度任用職員等）を採用し、公務・公共サービスを維持しようとしてきた。こうした非常勤職員は、常勤職員と同様に行政を支えているが、処遇は劣悪で、雇用も不安定な状況に据え置かれている。民間では法律で義務づけられている均等・均衡待遇措置も十分とは言えず、無期転換申込の権利すらない。こうした実態が行政の専門・継続性に負の影響を及ぼしている。

　公務の職場で働く非正規労働者の劣悪な労働環境の問題は、「非正規公務員」「官製ワーキングプア」などの言葉で以前より頻繁に報道されるようになり、認識が広がってきた。その背景には、非正規公務員として働く当事者たちの、労働組合員としての労使交渉等への参加、各種メディア上での発言、アンケートや署名活動の展開などの主体的・積極的な行動がある。彼女ら彼らを行動に

駆り立てる思いには、たんに自らの労働条件向上への望みだけでなく、国民・住民の労働力を買い叩き、使い捨てることによって成り立っている現在の「公共」のあり方への根本的な疑念がある。

本来、国や地方自治体などの行政機関は、「model employer（模範的雇用者）」として社会に範を示すべき立場にある。日本の労働社会全体が抱える、不安定雇用の拡大、上がらない賃金、長時間労働や過労死、ケア労働の社会的評価の低さ、ジェンダー差別などの複合的な問題を、公務の労働現場から一歩ずつ改善し社会へ波及させていくことが model employer の今日的な使命である。しかし、公務職場は、正規・非正規ともに、民間の労働法制の動きにも追いついておらず、これらの問題に対して的確な政策を打ち出せていない。とりわけ日本の非正規公務員に関しては、労働者としての基本的な権利保障すらされていない。

ここでは、国民・住民のくらしや命、権利を守るために不可欠な存在となっている非正規公務員にスポットを当てて現状等を紹介したい。

1　国の非常勤職員制度の経緯と課題

(1) 非常勤職員の定義と数

国においては、常勤職員と非常勤職員との区分は、勤務形態により行われており、常勤職員は「常時勤務に服する職員」、非常勤職員は「常時勤務をすることを要しない職員」とされている。

非常勤職員は、一般職の国家公務員であり、給与法の適用を受ける。しかし、給与法上の俸給表が適用になる非常勤職員は、再任用短時間勤務職員、育児短時間勤務に伴う任期付短時間勤務職員（育児短時間勤務職員は常勤職員）で、これらの職員は、その他の処遇についても基本的に常勤職員と同様の法律の適用を受けている。

ここで言う非常勤職員は、給与法の俸給表の適用を受けていない非常勤職員であり、そのなかでも、「期間業務職員」[1]と「その他の非常勤職員（パートタイ

---

1)　相当の期間任用される職員を就けるべき官職以外の官職である非常勤官職であって、一会計年度内に限って臨時的に置かれるもの（1週間当たりの勤務時間が38時間45分の4分の3を超えないものを除く。）に就けるために任用される職員（人事院規則8-12第4条第13号）。

ム職員)」2) に分類されている。

また非常勤職員は、「内閣の機関（内閣官房及び内閣法制局）、内閣府及び各省の所掌事務を遂行するために恒常的に置く必要がある職に充てるべき常勤の職員」3) ではないことから「行政機関の職員の定員に関する法律」が適用されず定員外職員に分類される。

なお、臨時職員も配置されるが、臨時的任用職員、任期付職員、特定任期付職員、再任用職員（フルタイム）は、いずれも常勤官職であり、定員内職員である。

内閣人事局「一般職国家公務員在職状況統計表」によれば、2022年7月1日時点の国の非常勤職員数は15万8555人である。そのうち定型的公務労働の枠組みから外れる委員・顧問・参与等職員、保護司、水門等水位観測員を除く8万5035人が、常勤職員と同じ職場で働く非常勤職員のおおよその母数と考えられる。同時点の常勤職員数は26万9093人で、一般職国家公務員に占める非常勤職員の割合は24%である。厚生労働省が非常勤職員の数（4万625人）・割合（55.8%）とも最大で、その大半が全国のハローワークなどの労働行政で働いている。

国の非常勤職員のうち「期間業務職員」の数は3万8949人（女性割合77.6%）で、そのうち勤務時間がフルタイム（1日7時間45分・週38時間45分）の期間業務職員が1万2542人（女性割合79.1%）、4分の3超フルタイム未満の期間業務職員が2万6406人（女性割合76.9%）である。

(2) 非常勤職員制度の歴史と定員管理

非常勤職員については、国家公務員法では何の規定も設けられていない。それは、国家公務員法で常勤職員と非常勤職員とを区別する必要がないからである。すなわち、非常勤職員も一般職の国家公務員であり、換言すれば、憲法で保障された労働基本権が制約され、労働基準法等の労働法の適用を除外された労働者である。

非常勤職員の任用や労働条件等については、国家公務員法ではなく人事院規

---

2) 1週間当たりの勤務時間が38時間45分の4分の3を超えない職員（人事院規則15-15 第2条）。
3) 行政機関の職員の定員に関する法律第1条。

則でわずかに規定されているだけで、法律上の位置づけがあいまいであり、それ故に多くの問題が発生している。そのうえ、労働基本権制約の代償措置である人事院勧告も、常勤職員の労働条件が中心であり、非常勤職員の労働条件、とくに給与については、事実上埒外におかれている。

それにもかかわらず、国家公務における非常勤職員制度について、政府や人事院、各府省等が責任を押し付け合い、根本的な改善が先送りされている現状にある。

非常勤職員制度の歴史的変遷をみると、国家公務員の定員管理と密接な関連があることがわかる。

1949年6月に国家行政組織法が施行され、これにもとづいて行政機関職員定員法（以下、定員法）が制定され、常勤職員の定員の枠が厳格に運用されたため、常勤以外の臨時職員は定員外職員として、新たに人事院規則8-7(現在8-12)で新設された「非常勤職員（常勤職員の一週間の勤務時間の3/4を超えない範囲の短時間勤務者）」として任用された。

さらに、増加する公共事業等で短時間勤務の非常勤職員のみでは労働力を確保できなくなったため、1950年2月8日に人事院規則を改正し、「日日雇用職員（一日8時間を超えない範囲）」を非常勤職員に付け加えた。この日日雇用職員は、任期を1日として自動更新が可能な仕組みであり、翌年には事務職にも適用された。

各省は常勤職員を増加させることが困難ななかで、急激に増加する業務に対応するために日々雇用職員制度を活用し、①非常勤職員を常勤職域に進出させ、常勤職員の勤務形態をとる、②短期雇用者の雇用期間を無制限に更新し「常勤労務者」という公務員を採用するなどの対応をとった。そのため、1953年頃より、実態として常勤職員と同様の勤務形態で長期に勤務する非常勤職員が増加した。

政府は、こうした状態を解消するために数次にわたり定員法を改正し、常勤化した非常勤職員を定員に繰り入れるとともに、1961年4月1日に定員法を廃止して、国家行政組織法で「常勤職員」の定員を確定した。

非常勤職員の定員への繰り入れにともない、政府は1961年2月28日、「定員外職員の常勤化の防止について」を閣議決定した。その内容は、①会計年度の範囲内で任用予定期間を定めること、②任用予定期間が終了したときには、そ

の者に対して引き続き勤務させないよう措置することなどが盛り込まれた。

その後も、各省庁は常勤化防止を意識しながら非常勤職員を採用するとともに、政令で別途定員を増加させ、これを既成事実として正規の定員を増加させるという方法をとったため、政府は、1969年に行政機関の職員の定員に関する法律（以下、総定員法）を制定し、恒常的に置く必要のある職にあてるべき常勤職員の定員の総数を法律で決めた。

総定員法で常勤職員の採用が困難となる一方、相次ぐ定員削減や新規業務に対応するため、各省庁は、日々雇用職員という非常勤職員を採用し続けた。

日々雇用職員の雇用をめぐっては、常勤化防止の閣議決定によって、雇止め問題が日常化する一方で、公務職場に不可欠な存在であることから、年度を超えた雇用が実態化するなど、職場では矛盾を深めていた。

こうした問題を解決するため労働組合の長年のたたかいの結果、2010年10月1日から期間業務職員制度が導入された。この制度は、従来の「日々雇用」の任用形態を廃止し、任期は一年限度の有期雇用とされたものの、更新が可能な制度であり、日々雇用という特殊な雇用形態が解消されるとともに、常勤化防止の閣議決定が空文化することになった。

しかしこの制度も、後述のとおり、過剰な公募や乱暴な雇止めなど、管理者の運用によって職場で新たな雇用問題が生じている。

(3) 国家公務員法と人事院規則における非常勤職員の任用規定

前述のとおり、国家公務員法上、常勤と非常勤という区分はされていない。しかし、国家公務員法附則13条「一般職に属する職員に関し、その職務と責任の特殊性に基いて、この法律の特例を要する場合においては、別に法律又は人事院規則を以て、これを規定することが出来る」という規定をよりどころに、人事院規則8-12（職員の任免）が制定され、そのなかで非常勤職員の特例の規定を設けている。

人事院規則8-12（職員の任免）46条の特例において、期間業務職員の採用にあたっては、インターネットの利用、公共職業安定所への求人の申込み等による告知を行い、できる限り広く募集（公募）を行うことと定め、公募の応募者のなかから、面接および経歴評定その他の適宜の方法による能力の実証を経て採用を行うことができるとしている。この特例を設けた背景には、非常勤職員

制度は、臨時的業務や一時的業務に従事することを想定したものであり、常勤職員とは異なり、容易な方法で採用する必要があったことがある。

この公募規定は、一会計年度内の任期が終了し、同一の者が引き続き期間業務職員として同様の官職に任用される場合にも適用されるが、公募の例外として、①「官職に必要とされる知識、経験、技能等の内容、官署の所在地が離島その他のへき地である等の勤務環境、任期、採用の緊急性等の事情から公募により難い場合」、および②「能力の実証を面接及び期間業務職員としての従前の勤務実績に基づき行うことができる場合であって公募による必要がないときとして人事院が定めるとき」の二つの場合について、公募によらない採用ができるとしている。

上記②の「人事院が定めるとき」という要件の内容について、人事院は事務総長通知[4]で、「前年度において設置されていた官職で、補充しようとする官職と職務の内容が類似するもの（補充しようとする官職の任命権者が任命権を有していたものに限る。）に就いていた者を採用する場合において、面接及び当該職務の内容が類似する官職におけるその者の勤務実績に基づき（中略）能力の実証を行うことができると明らかに認められる場合であって、面接及び当該勤務実績に基づき当該能力の実証を行うとき」と定めている。

そのうえで、人材局長通知[5]において、「国家公務員法に定める平等取扱の原則及び任免の根本基準（成績主義の原則）を踏まえ、任命権者は、これらの規定による公募によらない採用は、同一の者について連続2回を限度とするよう努めるものとすること」とした。

つまり、期間業務職員として類似の職務の継続で「任用更新」をするとしても、公募なしの更新は連続2回までが限度であり、3回目の更新（4年目の採用）にあたってはインターネットやハローワークなどを通じた「公募」によって他の一般求職者（応募者）と競わせるよう求めている。局長通知は「努めるものとする」という努力規定だが、人事院は労働組合との交渉で「強い意味」であると繰り返し回答しており、実質的な強制として受け止めている各府省当局が多い。

---

4) 2009年3月18日付事務総長通知「人事院規則8-12（職員の任免）の運用について」（人企−532）。
5) 2010年8月10日付事務総局人材局長通知「期間業務職員の適切な採用について」（人企−972）。

職場では、この制度と運用を指して「3年公募（要件）」などと呼ばれ、任用更新時の公募によって期間業務職員が被っている心身の負担、被害の実態から「人権侵害」「パワハラ公募」と指摘されている。

(4) 不十分な身分保障による恣意的な採用手続きと雇止め

国家公務員の採用手続きについては、国家公務員法33条で「受験成績、人事評価又はその他の能力の実証に基づいて行わなければならない」とされ、その方法について36条で「競争試験によるものとする」とされている。すなわち、人事院が行う採用試験に合格することが必要ということである。これは、国家公務員の採用が個人的感情や一部の圧力等に左右されないよう客観的基準によって「能力本位の原則」で行うことを規定したものである。

しかし、非常勤職員の採用は、国家公務員法の規定ではなく、前述のとおり、人事院規則8-12で「非常勤職員の特例」を設けている。そのため、非常勤職員の採用や更新にあたって、管理者の恣意的な運用が解消されないのが実態である。

国家公務員には、不当な圧力に左右されず、法令にもとづいて公正・中立な職務の遂行を確保するために、人事院規則11-4で身分保障規定を設けている。規則は、1条で「官職の職務と責任の特殊性に基づいて」規則を定めるとして、2条で国家公務員法27条の「平等取扱の原則」、74条の「分限の根本基準」、108条の7の「職員団体にかかわる不利益扱いの禁止」の規定に違反して、いかなる場合も「職員を免職し、又は降任し、その他職員に対して不利益な処分をしてはならない」と規定している。

この身分保障は、非常勤職員にも適用されているが、現実に身分保障が十全に及んでいるのは常勤職員だけである。というのも、非常勤職員の身分は、1年以内の有期雇用であり、採用や更新が実態上、任命権者の掌中にあるためであり、労働法が適用されている民間の労働者以上に不安定であるといえる。また、労働契約法の無期転換ルールが適用されないため、非常勤職員は、雇止めや更新にかかわる雇用不安を常に抱えざるをえない。それが、非常勤職員が常勤職員に対して「自由にものが言えない」職場環境をつくりだしているもっとも大きな要因となっている。

そもそも国家公務員の任用（任命）が民間労働者の労働契約と同等に扱うこ

とができないことが雇用不安を増幅させる要因でもある。労働契約は、労働契約法3条で「労働契約は、労働者及び使用者が対等の立場における合意に基づいて締結し、又は変更すべきものとする」とされているとおり、労使対等の契約である。しかし、国家公務員の任用は、採用、昇任、降任、転任などをすべて包含しており、公法における契約ではなく、「特定の人を特定の官職に就ける行為」として公務員の身分を付与する「行政行為＝公権力の行使」とされている。すなわち任命権者は、非常勤職員に対しては、採用も、雇止めも、一方的に行うことが可能である。事実、毎年度末には、管理者の恣意的な乱暴な雇止めが後を絶たないのが実態であり、一部の府省では、更新が可能な期間業務職員についても一律3年もしくは5年で雇止めを行っている。

このことは、「国家公務員の勤務関係は、公法上の権利義務の関係であって、殊にその開始及び終了は任免に関する事項として法規による厳格な規制を受けるものであることから、非常勤職員である臨時雇への任用を私法上の雇用契約の締結とみることができない」[6] など判例でも繰り返し確認されている。

しかし、法律上はともかく、職場の問題点を解決するために、一方的な任用ではなく、身分保障の確立と労使対等の仕組みをつくることが必要である。

(5) 法的保障の脆弱な労働条件

国家公務員の給与は、国家公務員法で給与の根本基準として「職員の給与は、その官職の職務と責任に応じてこれをなす」（62条）という職務給の原則を定めている。また、情勢適用の原則（28条）で「この法律及び他の法律に基づいて定められる職員の給与、勤務時間その他勤務条件に関する基礎事項は、国会により社会一般の情勢に適応するように、随時これを変更することができる。その変更に関しては、人事院においてこれを勧告することを怠つてはならない」と人事院勧告制度を定めている。

この国家公務員法をもとに、常勤職員の給与については、給与法で詳細に定められている。しかし、非常勤職員については、給与法22条2項で「常勤を要しない職員については、各庁の長は、常勤の職員の給与との権衡を考慮し、予算の範囲内で、給与を支給する」と規定されているだけである。しかもその運用は、各府省任せであり、「常勤職員との均衡」よりも「予算の範囲内」が優

6) 名古屋高判昭54（1979）.3.16。

先され、国家公務員法で定められた「職務給の原則」や「情勢適応の原則（人事院勧告）」という原則は、非常勤職員の処遇にはほとんど活かされていない。そのため、非常勤職員は、雇用が不安定なうえに、業務の責任や質・量とは均衡のとれない劣悪な労働条件のまま長年放置されてきた。

こうしたことから国公労連は、非常勤職員の処遇改善を長年求めてきており、その取組みもあって、人事院は、2008年8月26日、「一般職の給与に関する法律第22条第2項の非常勤職員に対する給与について（通知）」（以下、給与指針）[7] を発出した。給与指針では、①給与決定にあたっては、「類似する職務に従事する常勤職員の属する職務の級の初号俸」を基礎として「職務内容、在勤する地域及び職務経験等の要素を考慮して決定、支給すること」、②通勤手当に相当する給与を支給すること、③相当長期にわたって勤務する非常勤職員に「期末手当に相当する給与を、勤務期間等を考慮の上支給するよう努めること」、④各庁の長は非常勤職員の給与に関する規定を整備すること、などが盛り込まれた。

また、2017年5月24日には、政府・内閣人事局が「国家公務員の非常勤職員の給与に係る当面の取扱いについて（人事管理運営協議会幹事会申合せ）」（以下、申合せ）を確認し、非常勤職員の給与について、①職務内容をふまえ、その職務遂行上必要となる知識、技術および職務経験等を考慮して決定するものとする、②期末手当／勤勉手当に相当する給与を支給するものとする、③給与改定について、常勤職員の給与改定に係る取扱いに準じて改定することを基本としつつ、当面は、遅くとも一般職の職員の給与に関する法律等の改正に係る法律が施行された日の属する月の翌月の給与から改定するものとする、とし、人事院も7月12日に同様の内容の給与指針[8] の改定を行った。

さらに人事院は、「短時間労働者及び有期雇用労働者の雇用管理の改善等に関する法律（以下、パート有期法）が2021年4月から中小企業も含めて全面施行され、同一企業内の正社員と非正規社員の不合理な格差が禁止されるもとで、21年7月16日に、非常勤職員の一時金について「職務、勤務形態等が常勤職員と類似する非常勤職員に対する当該給与については、常勤職員に支給する期末手当及び勤勉手当に係る支給月数を基礎として、勤務期間、勤務実績等を考

---

7) 2008年8月26日給実甲第1064号。
8) 2017年7月12日給実甲第1227号。

慮の上支給すること」を追加する給与指針[9]の改定を行った。2023年3月22日には、人事院勧告を受けた23年度以降の非常勤職員の給与改定について、常勤職員と同じ4月遡及改定を原則とする給与指針・申合せの改正が行われた。

このように、常勤職員と非常勤職員の格差の解消が少しずつではあるもののすすんできている。しかし、「予算の範囲内」という制約があり、均等・均衡待遇にはひと山もふた山も越えなければならない実態にある。休暇制度についても常勤職員との不合理な格差が多く存在しているが、それは後述する。

2 国の職場で非正規公務員として働くこと

国公労連が国で働く非常勤職員等を対象に実施したアンケート（2022年秋実施、1568人分）では、時給1500円以上で働く人が29.3％いる一方、時給1000円以上1500円未満が50.8％、時給1000円未満が18.9％など、地域・職場・職種によって賃金単価に大きな幅があることがわかっている。

同アンケートの「職場で不満に感じていること」（三つ以内選択式）という設問に対しては、「雇用契約を更新されないのではないか」との回答が59.2％と多数を占め、次いで「職場や仕事がなくなるのではないか」（28.6％）、「退職金がない・少ない」（26.2％）、「賃金が安い」（25.1％）、「正社員との賃金・労働条件の格差」（15.1％）等の回答となっている。

「もっとも実現したい要求」という設問への回答についても、「期間業務職員の『3年公募要件』見直しなど、雇用の安定をはかる制度整備」が47.3％、「一律年数での雇止め中止」が27.2％、「時給1,500円未満の労働者をなくすこと」が24.3％などとなっている。

職場では、賃金・退職金などの労働条件の悪さ、常勤職員との処遇格差もさることながら、それ以上に、雇用不安の解消、雇用の安定を求める声が大きい。

国の非常勤職員の労働の特徴は、その職務が常勤職員の職務と明確に区分されておらず、実態として職務と任用形態との関係が曖昧で、常勤職員が担ってきた職務を非常勤職員に担わせる「置き換え」が可能な仕組みになっていることである。それゆえ、新自由主義的な「小さな政府」が志向され半永続的な定員削減政策が続けられるもとで、それまで常勤職員が担ってきた恒常的・専門

9) 2021年7月16日給実甲第1288号。

的・継続的な公務が、非常勤職員の雇用を大幅に増やすことで補われてきた経緯がある。

本節では、労働組合に寄せられた当事者の声を中心に紹介し、国の非常勤職員制度の運用実態と解決すべき課題などを検討する。

(1) 職務の実態

職務については、非常勤職員から「一会計年度内に限って臨時的に置かれる官職」（期間業務職員）という官職の定義と職務の実態が乖離していると指摘されている。

現行の国家公務員法等の解釈において、「官職」という言葉は「一般職の職」を示す用語として用いられ、ここでいう「職」とは、「原則として一人の職員に割り振られるべき職務と責任の総体を示す概念である」[10]と解説されている。国の非常勤職員の公募に応募した労働者は、求人票や採用時に交付される人事異動通知書において「非常勤職員」という官職名によって募集・採用される。それにもかかわらず、具体的な職務としては「常勤職員の行う事務・業務の補助業務」「電話対応、窓口対応、データ入力、資料作成」などと恒常的に必要とされる職務内容が書面上示されており、働き始めてすぐ官職名と職務内容が一致していない現実に直面する。

　「実際の業務は恒常的なものであり、人事院は現場をしっかりと見るべきだ」（国土交通省・期間業務職員）
　「11年働き続けても『期間の決まった一時的な仕事』と言われるのはおかしい」（厚生労働省・期間業務職員）
　「本来、常勤職員が担うべき職務を非常勤職員が担っている。常勤職員を増やせないからといって、非常勤職員が『臨時的だ』というのは実態とかけ離れている」（厚生労働省・期間業務職員）

人事院は近年、これらの主張に対して「期間業務職員の官職が恒常的に運用されているのであれば、それは本来的には常勤職員を配置すべきであり、本件の本質は定員問題である」という趣旨の回答を行うようになった。制度自体で

---

10) 森園幸男・吉田耕三・尾西雅博編『逐条国家公務員法〈全訂版〉』（学陽書房、2015年）。

はなく各府省の運用が制度の趣旨を逸脱しているのであり、人事院が期間業務職員制度を見直すのではなく、国家公務員の定員管理を所掌している政府・内閣人事局が恒常的な業務を担っている期間業務職員を常勤化・定員化すべきであることを示唆する回答である。これは労働組合から見れば、労働基本権制約の代償措置を担う機関である人事院の責任転嫁といえるが、人事院がここ数年、とりわけ長時間労働是正の課題で職場の人員不足が要因であることを認め、政府への定員措置の働きかけを宣言するに至った姿勢の変化と関連しているとも考えられる。

　また、2022年8月12日の河野太郎国家公務員制度担当大臣の記者会見での発言を受け、内閣人事局は同8月15日に「常勤職員と非常勤職員との間の業務分担について（依頼）」を各府省等に発出し、「現在常勤職員が行っている業務内容を改めて精査し、効率化を検討していただいた上、期間業務職員をはじめとする非常勤職員による対応がより適切と考えられる業務については、非常勤職員が担うこととするよう、予算の増額に向けて取り組んでいただきますようお願いします」と依頼した。河野大臣の発言趣旨は、現在常勤職員が担っている「データの取りまとめ」などの業務を切り分け、期間業務職員に担わせるべきという内容である。当該業務は、恒常的・継続的・専門的な業務であるからこそ常勤職員が担っているのであり、これを非常勤職員に担わせるべきとの大臣の発言は、非常勤職員制度と実態との矛盾をさらに深めるものである。恒常的な業務を担う期間業務職員の問題を「定員問題」と述べた人事院の見解にも対立する。2022年末の時点で、人事院はこの大臣発言および内閣人事局の「依頼」文書について公式に意見を表明していない。

(2) 再度の任用を行う（任用更新）時の公募

　常勤職員の不満・不安が集中しているのが、再度の任用を行う（任用更新）時の公募の問題であり、それを解消するための要求が「3年公募」の撤廃と労働契約法同等の無期転換ルールの制度化、常勤化・定員化である。

　「経産省の場合、雇用年限は最大5年になっている。5年経過以降は半年間を空けないと公募に応募できない。私は20歳から様々な官庁で働いているが、それが果たして合理性のある働かせ方なのか。非常勤職員の実際の働き

方を直視して雇用のあり方を見直すべき」（経済産業省・期間業務職員）

　「私はシングルマザーで、公的機関の非常勤職員として、六つの職場で勤務してきた。これまでの職場も勤務年数に上限があり、半年前になると、生活への不安を抱えながら次の職場を探し、何とか採用されるということを繰り返してきた。2013年の労働契約法改正により、民間企業では無期雇用への転換が認められるようになったが、今の職場は、その制度を逆手にとって5年目以降は採用しないという理不尽な対応をしている。ぜひとも早期に改善してほしい」（国土交通省・期間業務職員）

　「昨年度、私が担当していた専門相談員のポストが定員数削減の影響で削られることになり、11年間働いていた専門相談員が雇止めを受けた。彼女と私は現実を受け止めるまで1か月かかった。突然の通告に酷いショックを受けていたが、そのような状況でも気丈に業務を続けていた。去った彼女の担当を私が引き継いだ。今年は私が公募の対象だ。担当する障害者の雇用はハローワークのなかでも専門性が高い分野である。精神障害のある求職者の就職件数を上げることが日々求められている。この厳しい状況下でやっている私たちをこれ以上不安に陥れないでほしい。民間企業では無期転換制度が措置されている。安心して働ける職場にするため、3年公募の撤廃、無期雇用化を求める」（厚生労働省・期間業務職員）

　「仕事の経験を積み重ねていくなかで、正規の職員と同等のスキルが身についた。ハローワークの相談・支援業務は、相談者の人生を左右する重要な仕事だ。しかし、私たち非常勤職員は常に雇止めを心配しなければならない。産業カウンセラーやキャリアコンサルタントの資格を自費で勉強して取得する非常勤職員が多いが、必要な知識・経験・スキルは、勉強や資格だけで身につけられるものではない。年間を通してなくなることのない仕事であるにもかかわらず、なぜ更新の際に公開公募をするのか。私も公開公募を3〜4回経験しているが、本当に辛く、『さらし首』にあうような感覚で過酷である。こうした1年任期・3年公募の仕組みで、行政の質を保てるのか疑問だ」（厚生労働省・期間業務職員）

　「2013年から現在までハローワークの非常勤職員として勤務し、現在はキャリアアップ助成金を担当している。有期雇用労働者を正社員にすると一人につき57万円支給される『正社員コース』が最も活用されている。非正

規を正規にすることで、労働者が定着し、会社側も離職を防げる。人件費増額分の補助として国が税金を投入して正社員化を促進している制度だ。しかし、その業務を担う私たちはずっと非正規労働者のままで、毎年雇止めの不安に脅かされ、公募にかけられている。安心して働きたい。政府は『非正規労働者を少なくしていこう、希望する方は正社員化しよう』という方針だが、私の職場は明らかに非常勤職員が増えており、政府方針と矛盾している」（厚生労働省・期間業務職員）

また、次のように、任用更新時の公募については公平性に対する疑念も大きい。

「恣意的に選考が行われることもある。3年公募を利用して、私的に気に入らない相談員を雇止めしたり、私的にそのポストに就かせたい相談員を採用したりするなど、恣意的に操作する管理者がいる。特定の相談員をターゲットにして雇止めにするなどの『パワハラ公募』が後を絶たない」（厚生労働省・期間業務職員）

「コロナ禍で、常に感染する不安を抱えながら相談窓口で対応している。正職員は雇用が安定し、身分保障されているが、非常勤職員は、新型コロナウイルスに感染したら首を切られるかもしれないという不安を抱えている。現に近隣の職場では、公募の対象ではない3年目の非常勤職員が新型コロナウイルスにかかり、職場が閉庁に追い込まれたという事情により雇止めされたと聞いた」（厚生労働省・期間業務職員）

「3年公募にかけられた非常勤職員は、『今年の更新はありません』という一言だけで職場から追放される。あるいは『指定日に電話があったら採用、なければ不採用だと思ってください』と言われ、理由についていっさい伝えられない。更新しないのであれば、理由とその根拠の明示を任命権者に義務付けるべきである。雇止めされた非常勤職員の仲間は、更新されなかったというトラウマをその後も抱え続けている」（厚生労働省・期間業務職員）

「常勤職員である上司との相性で簡単に雇止めをされる実態がある。客観的な能力の実証がまったくされないもとで、『この人は生意気だから辞めさせる』といった意図による雇止めが発生している。職場のハラスメントを告

発したくとも、こうした職場実態では怖くなって思わず言葉を飲み込んでしまう。一人の人間の尊厳を奪い、働き口を奪う、裁量権の逸脱である」（厚生労働省・期間業務職員）

(3) 常勤職員との処遇格差

常勤職員との処遇格差について、採用時には非常勤職員に適用される制度のみを説明されるため、ほとんどの非常勤職員は働き始めてから常勤職員との格差の大きさに気づく。

「非常勤職員は4月1日採用直後では年次有給休暇が付与されない。そのため、子どもの入学式、通院、病気の際は欠勤するか無給休暇をとるしかない。早期の改善を求める」（厚生労働省・期間業務職員）

「一番困るのは、住んでいる北海道は冬の暖房費が高いのに、非常勤職員には寒冷地手当や住宅手当などが支給されず、1～2月など出勤日数が少なく給与が下がる月に高額の暖房費がかかること。暖房費を抑えるために水で食器を洗ったり、風呂を沸かすのを週1回にしたりしても、暖房費だけで月2万円を超える。月給では払えず、一時金で補填している状況だ。寒冷地手当が支給されるようになってほしい。また、非常勤職員の病気休暇は10日間の無給休暇しかなく、常勤職員との格差が大きい」（国土交通省・期間業務職員）

「非常勤職員も当然、病気になることはあるが、常勤職員とは違い、休むと無給となる。病気休暇を有給休暇にすべきだ。非常勤職員は高齢の方も増えている。糖尿病やガンなどの治療には定期通院が必要だ。安心して休み、質の高い仕事をするためにも、疾病に対しては有給休暇の措置を求めたい」（厚生労働省・期間業務職員）

労働組合と現場の非常勤職員の要求・運動により、休暇・休業制度の面では近年、結婚休暇の新設・忌引き休暇の取得要件緩和（2019年）、夏季休暇の新設（2020年）、産前産後休暇の有給化と配偶者出産休暇・育児参加のための休暇の新設（2022年）、出生サポート休暇の新設（2022年）、育児休業・介護休暇等の取得要件緩和（2022年）、子が1歳以降の育児休業の取得の柔軟化（2022

図表Ⅲ－1－1　常勤・非常勤職員間の主な休暇・手当の格差（2022 年）

休暇制度	常勤職員	非常勤職員
採用年度における年次休暇	20 日 [※1]	6ヶ月経過後 最大 10 日 [※2]
病気休暇	90 日以内（有給）	10 日（無給）[※3]
公務上の負傷・疾病休暇	必要と認められる期間 （有給）	必要と認められる期間 （無給）
生理休暇	必要と認められる期間 （有給）	必要と認められる期間 （無給）
保育時間	1 日 2 回各 30 分以内（有給）	1 日 2 回各 30 分以内（無給）
子の看護休暇、短期介護休暇	1 年に 5 日以内（有給）[※4]	1 年に 5 日以内（無給）[※5]
手当制度	常勤職員	非常勤職員
住居手当	最高 28,000 円	支給せず [※6]
扶養手当	配偶者 6,500 円／子 10,000 円 等	支給せず [※6]
寒冷地手当	1 級地で最高 26,380 円	支給せず [※6]

※1　1 月 1 日〜12 月 31 日の期間
※2　1 週間の勤務日が 5 日以上とされている職員、1 週間の勤務日が 4 日以下とされている職員で 1 週間の勤務時間が 29 時間以上であるもの及び週以外の期間によって勤務日が定められている職員で 1 年間の勤務日が 217 日以上であるものが、雇用の日から 6 月間継続勤務し全勤務日の 8 割以上出勤した場合
※3　常勤職員について定められている勤務時間で勤務する日が 1 週間当たり 5 日以上とされている職員で、6 月以上の任期が定められている職員又は 6 月以上継続勤務している職員のみ
※4　養育する小学校就学の始期に達するまでの子、要介護者が 2 人以上の場合は 10 日
※5　1 週間の勤務日が 3 日以上又は 1 年間の勤務が 121 日以上であって、6 月以上の任期が定められている職員又は 6 月以上継続勤務している職員のみ
※6　支給の根拠となる法規なし

年）など、少しずつ改善がはかられている。

　しかし、常勤職員との処遇格差は依然として広範囲に残り、民間事業所に求められている同一労働同一賃金ガイドラインの内容に照らしても、ただちに改善すべき労働条件が多い。本稿執筆時点（2022 年末）の主な処遇格差をまとめたものが**図表Ⅲ－1－1**である。

　非常勤職員から強い要求があるのは、病気休暇の有給化、年次有給休暇の採用当初付与（現行は採用半年後付与）、住居手当・扶養手当・寒冷地手当など「生活関連手当」と呼ばれる手当の支給などである。こうした要求に対し、制度を所管している人事院は「民間の状況等を考慮」していると回答し、具体的には「民間企業の勤務条件制度等調査」の結果における各制度の導入状況（率）が不十分であること等を理由にして措置を見送ってきている。

たとえば、有期雇用従業員の休暇制度を調査した令和元年の同調査では、私傷病休暇の制度がある企業は 27.7%、そのうち有給の制度としている企業が 30.4%、無給の制度としている企業が 69.6% という結果であった。つまり、最新の数字でも、有期雇用従業員に有給の病気休暇を措置している民間企業の割合は、有期雇用従業員を雇用する仕組みがある企業全体の約 8.4%（27.7% × 30.4%）しかなく、人事院はこれを主な根拠にして、国の非常勤職員の病気休暇を有給化した際に国民から広く納得を得られる「民間の状況等」になっていないとの認識を示している。

　非常勤職員の労働条件制度の改正の判断にあたり、人事院は従来から、こうした民間企業の有期雇用労働者における制度ごとの導入率を重視してきた。しかし、この考え方自体がすでに現在の情勢に適応していないといえる。以下、病気休暇を例にそれを検討する。

　同調査の結果においては、有期雇用従業員に私傷病休暇（無給または有給）がある企業について、正社員と「制度の内容に違いがない」と答えた企業の割合は 73.7% にのぼっている。有期雇用従業員に無給の私傷病休暇がある企業の多くでは正社員の私傷病休暇も無給であることが推察できる。その他の各種休暇についてもおおむね 8 割以上の休暇制度が正社員と有期雇用従業員の間で「制度の内容に違いがない」との結果になっている。

　厚生労働省「令和 4 年就労条件総合調査」における特別休暇（法定休暇以外の休暇）の導入状況を見ると、病気休暇を導入している企業は 22.7% であり、民間企業ではそもそも病気休暇の導入自体が十分に進んでいないことがわかる。なお、常用労働者 30 人以上の民間企業を対象としたこの調査においては、夏季休暇を導入している企業も 41.5% にとどまり、過半数に達していない。

　国家公務員の常勤職員に措置されている有給の病気休暇制度は、その始まりを明治時代の勅令まで遡り、官吏俸給令（1944 年）を経て戦後〜現在まで受け継がれている。夏季休暇制度については 1991 年から現行の形で導入され、先述のとおり 2020 年に非常勤職員にも同等の措置がされた。常勤職員に長らく定着している休暇制度の不利益変更はあり得ない以上、現在人事院が注視するべき「民間の状況等」は、有期雇用従業員の導入率のみを切り取った数字ではなく、パート有期法などを通じてすべての事業主に要請されている同一組織内における均等・均衡待遇の状況である。

パート有期法が国や自治体で働く有期雇用労働者に直接適用されない（同法29条）からといって、公務職場で同法の趣旨に沿った取組みが不要なわけではない。事業主への指導、援助、広報、啓発など「必要な施策を総合的かつ効果的に推進する」努力義務（同法4条）が定められている国や自治体においては、自ら雇用する労働者に対して民間の事業主以上に模範的な取組みが求められていると理解すべきであろう。

つまり、公務の非正規労働者と民間の非正規労働者の状況を直接比較すれば足りた時代は終わり、公務の常勤職員と非常勤職員の間に「不合理と認められる相違」「差別的取扱い」がないかが問われる時代に入り、社会的公正さの枠組みが変わったのである。加えて、政府・厚生労働省が民間企業に対して病気休暇制度の導入を促進している点をふまえても、国が非常勤職員の病気休暇の有給化を措置していない現状は不合理である。まずは、人事院規則において、非常勤職員にのみ措置されていないすべての休暇・手当制度を常勤職員に合わせることを基本に改正すべきである。

なお、2021年の人事院勧告時の報告では、非常勤職員の両立支援制度の拡充について、「妊娠、出産、育児等のライフイベントが生じ得ることは常勤、非常勤といった勤務形態で変わるものではないことから」と説明し、民間企業における導入率にとどまらない、踏み込んだ考え方を示している。この考え方を今後の判断の基本に据え、私傷病などが生じうることとその際の有給休暇の必要性、生活関連手当の必要性についても同様に「常勤、非常勤といった勤務形態で変わるものではない」と整理すべきである。

（4）求められる政策の方向性

以上述べてきた非常勤職員の声や現場の実態をふまえて、国の非常勤職員制度を現代にふさわしい持続可能なものに改善するうえで必要な政策の方向性は次のようなものである。

非常勤職員も一般職の国家公務員であり、憲法で保障された労働基本権が制約され、労働基準法等の労働法の適用を除外された労働者である。しかし、労働基本権制約の代償措置である人事院勧告では、事実上非常勤職員が埒外におかれている。したがって、非常勤職員の労働基本権制約の代償機能を確保することで権利を確立することが重要である。同時に労働基本権回復と労使対等の

交渉によって労働条件を決定する仕組みも検討していくことが必要である。

国家公務員法では、恒常的・専門的かつ継続的業務については、常勤職員で対応することが原則である。必要な定員を確保して常勤職員の配置を基本とするとともに、恒常的・専門的な職務を担う非常勤職員を常勤化・定員化すべきである。

そのため、政府の総人件費抑制政策をあらためさせ、総定員法の廃止と定員削減計画の中止・撤回など定員管理政策を抜本的に見直させることが必要である。

また、国家公務員の給与は、職務給の原則があり、もともと同一価値労働同一賃金を適用する素地がある。非常勤職員の職務評価を公正に行い、給与について給与法で定められている「常勤職員との権衡」を確実に履行させることが必要である。民間企業ではパート有期法で同一社内の正規社員と非正規社員の不合理な格差が禁止されていることをふまえて、労働条件すべてに「均等・均衡待遇原則」を確立すべきである。その際、労働条件は「予算の範囲内」という制約があることから、政府・財務省の取組みが重要になる。

非常勤職員は、常勤職員と同様に身分保障を確保すべきであり、そのために任用を更新しないことが当初から確定している場合を除いて、任命権者には任用更新の義務が課せられるべきである。

当面、喫緊かつ切実な課題として、更新にかかる公募要件の撤廃や要件緩和などが必要であり、さらに労働契約法に準じた無期転換権を非常勤職員に保障するとともに、解雇権の濫用防止の仕組みを確立することなどが求められる。

3 地方自治体の非常勤職員（会計年度任用職員）──現状と課題

(1) 住民サービスの最前線で働く自治体非正規公務員

自治体のいわゆる「非正規公務員」は、保育園、学童保育・児童館、学校、図書館、市民窓口、消費者・女性・児童相談など、住民サービスの最前線で働いている。そして、その約8割が女性であることに大きな特徴がある。

これら自治体非正規公務員には、大別して臨時職員と非常勤職員の二つの類型があり、非常勤職員はさらに「一般職」と「特別職」とに区分されている。臨時職員とは「（1年以内に廃止が予定されている）臨時の職」に従事する者であり、非常勤職員とは「常勤（フルタイム）職員のおおむね3/4以下の労働時間

の職（パートタイム）」に従事する者である。

　しかし自治体の現場では、臨時ではない恒常的な業務に臨時職員を充て、「1年以内で打ち切る」という理不尽な雇用と低位の賃金・労働条件のもとに置き続けてきた。恒常的な業務に従事することを前提としている「非常勤職員（≠臨時職員）」に対しても、公務員法の原則である「無期雇用」ではなく「1年の有期雇用」としてきた。本来フルタイム勤務が必要であっても4分の3程度に勤務時間を設定されることも多く、非常勤職員も不安定な雇用と低位の賃金・労働条件のもとに置かれ続けてきた。

1）増え続ける一方の自治体非正規公務員

　自治体臨時・非常勤職員は、1980年代以降の「行政改革」のもとで、業務の外部委託化とともに増え続けてきた。その数は総務省調査によれば、2008年49万9302人⇒2012年60万3582人⇒2016年64万4752人⇒2020年69万4473人と、この12年間で1.4倍と増加の一途をたどっている。その原因は大きく二つ、①常勤職員削減の代替と②新たな行政需要への対応、である。いずれも人件費削減政策がもたらした結果である。

　とくに、新たな行政需要について、非常勤職員採用で対処するケースが多い。人の手を必要とする福祉関係と教育関係がその主要な部分を占めている。たとえば、保育園や学童保育では長時間保育実施のため、福祉事務所関係では「就労支援員、面接相談員、メンタルケア支援員、資産調査員」、女性へのDVや児童虐待への対応では「婦人相談員、家庭児童相談員」と、住民の生活を支える切実な業務を数多くの非常勤職員が担っている。学校教育の多様化と教員の過重負担軽減のためにも、多職種の非常勤職員が教育現場で働いている。「ALT（外国語指導助手）、特別支援教育、スクールソーシャルワーカー、部活動指導員、学校図書館司書」などである。

2）「官製ワーキングプア問題」への取組みの前進

　2008年のリーマン・ショックを契機とした「非正規労働者問題」の一環として、これら増え続ける「官製ワーキングプア問題」への取組みが進められた。これらの運動の前進もあり、総務省も増え続ける非正規公務員の「処遇改善」を打ち出さざるをえなくなってきた。それが2017年の地方公務員法改定によ

る「会計年度任用職員」制度の創出である。

　総務省は法改定の趣旨を「任用の適正化」と「期末手当支給などの処遇改善」と説明している。しかし私たちは、期末手当支給は大きな前進としつつも、「1年ごとの雇用＝毎年度ごとの新たな採用」との考え方によるいっそうの雇用不安定化が最大の問題であると捉えている。

3) 国と自治体との違い

　自治体での非正規公務員は臨時職員と非常勤職員の2本立てで、その運用も各自治体ごとにバラバラであった。そのバラツキを整理する今回の会計年度任用職員制度は、先行する国の期間業務職員制度に倣って制度設計され、ほぼ同様なものとなった。この意味において、国と自治体の労働組合が協力して取り組む必要性はいっそう高まったといえる。

　ほぼ共通する制度とはいえ、一部には異なる点もある。主要な違いは以下の点である。

　ⅰ）そもそもの違いとして、労基法の適用と現業職員の存在がある。
　①　国家公務員に労働基準法は適用されないが、地方公務員は一部の規定を除き原則適用となる。したがって自治体非正規公務員には、労働契約関係の諸規定（14条2項と3項を除く）、休業手当や36協定などの規定が適用される。
　②　自治体の現業職員は、清掃職場、学校・保育園（用務・給食調理・介助）、本庁（巡視）、などに存在している。これらの職員には労基法が全面的に適用され、「地方公営企業労働関係法」の適用により「労働組合」が結成できる。
　ⅱ）制度上、国の「3年公募制」は期間業務職員に限定され、常勤職員の4分の3以下の勤務時間である「短時間（パートタイム）非常勤」には及ばない。しかし総務省はこの点に触れず、助言を受け入れた自治体は、短時間勤務を含め、すべての会計年度任用職員を対象としている。
　ⅲ）労働基本権の代償措置とされる人事委員会が設置されているのは、47都道府県と20政令指定都市・東京特別区、和歌山市の69自治体にすぎない。それ以外の約1700もの自治体には公平委員会があるのみである。

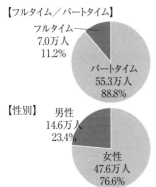

図表Ⅲ－1－2　非正規地方公務員における会計年度任用職員が占める割合

【フルタイム／パートタイム】

フルタイム
7.0万人
11.2%

パートタイム
55.3万人
88.8%

【性別】

男性
14.6万人
23.4%

女性
47.6万人
76.6%

	R2.4.1	H28.4.1	増減数	増減割合
会計年度任用職員 （H28：一般職非常勤職員）	62.2 万人	16.7 万人	+45.5 万人	+272.6%
臨時的任用職員	6.8 万人	26.0 万人	▲ 19.2 万人	▲ 73.7%
特別職非常勤職員	0.4 万人	21.6 万人	▲ 21.2 万人	▲ 98.3%
計	69.4 万人	64.3 万人	+5.1 万人	+8.0%

出所：2020 総務省調査：「別添1」1枚目の表とグラフより

(2)「会計年度任用職員制度」の現状

2020 年 4 月 1 日、大多数の臨時・非常勤職員がこの会計年度任用職員に切り替えられた。この会計年度任用職員は地方公務員法の一般職非常勤職員として位置づけられ、2020 年 4 月現在の総務省調査によれば、69 万 4473 人の非正規地方公務員のうち、会計年度任用職員が 62 万 2306 人と 89.6% を占める（**図表Ⅲ－1－2**）。今回初めて調査対象とした「6 か月未満の雇用期間」と「19 時間25 分未満／週の勤務時間」の 43 万 1273 人を加えると非正規公務員の合計は112 万 5746 人となる。同時期の正規地方公務員が 276 万 2020 人であるから、非正規率は 30.0% にのぼっている。

1）現場の声──「はむねっと」アンケートから

2021 年春に立ち上げられた「はむねっと（公務非正規女性全国ネットワーク）」が 4～6 月にかけてインターネット・アンケートに取り組んだ。女性非正規当事者を中心に、予想を大きく超える 1305 件もの回答が寄せられた。結果は 7 月にホームページ（https://nrwwu.com/）で報告され、当事者の切実な声として、大きく報道された。その自由記述欄からごく一部を引用する。

・契約更新は 3 年まで、それ以降はもう一度試験を受けなければならない。再来年の自分の生活がどうなっているかいつも不安。手取りが少なく、厳しい生活の中で正規職員の試験勉強を続けるのは精神的にしんどい。せめ

て人並みの生活がしたい。（関東・甲信、20代、女性）

・圧倒的な将来不安を感じる。手取りが生活保護と変わらない。とりあえず明るい未来はどこにも見えない。（東海、30代、女性）

・来年度の雇用があるか、大病をしたらどうなるかなどはいつも心配。年度末ギリギリまで、次年度の雇用について詳細を聞かされない。（関東・甲信、30代、女性）

・職員からのパワハラがあっても更新に影響するため耐えるしかない。同じ立場の仲間内でも更新枠をめぐって争わねばならず、チーム環境が悪くなっている。仕事を覚えても非正規を理由に雑務に回されたり、あえて成長させないような人事管理が導入され、仕事ができることより職員に好かれることに注力する人が増えている。（関東・甲信、50代、女性）

・子供を産みたくても産める環境ではない。給与やボーナスもとても少なく、手当も正規職員と比較にならない位安い。休みにも格差がある。でも、辞めたら生活出来ないから働く。（北海道・東北、女性、30代）

・公の仕事に真面目に取り組めば取り組むほど、正規の公務員との待遇の差に虚しさを感じる。取り組むミッションとの矛盾がつらい。この国の本音と建前に無力感を感じる。（九州・沖縄、40代、女性）

2）2020年総務省調査から

　総務省は2005、2008、2012、2016年に「臨時・非常勤職員に関する実態調査」を行ってきた。2020年には新設された会計年度任用職員制度の詳細な労働条件を含めた調査を行い、改善に向けた助言を行った。翌2021年には、この助言への対応状況について調査し、一方的な勤務時間短縮や空白期間設定、期末手当支給に伴う月額賃金切り下げなど、さまざまな脱法行為を改めるよう通知を発出した。現状は制度矛盾が噴出していると言っても過言ではない。

　ここでは、私たちの最大の関心事である「再度任用の方法」の実施状況に絞って報告したい。「毎回公募する」が1254自治体で42.2％、「公募を行わない回数等の基準を設けている」が1255自治体で42.3％で、「毎回公募を行わず再度任用する」は460自治体で15.5％となっている。とくに都道府県と指定都市を合わせた67自治体中、「毎回公募を行わず再度任用する」自治体は1か所のみ（1.5％）で、雇用不安定を促進する総務省による「助言」が大規模自治体ほ

図表Ⅲ-1-3　会計年度任用職員の「再度任用の方法」の実施状況
（単位団体数）

区分	回答団体数	毎回公募を行い再度任用する		公募を行わない回数等の基準を設けている		毎回公募を行わず再度任用する	
都道府県	47	5	10.6%	42	89.4%	0	0.0%
指定都市	20	0	0.0%	19	95.0%	1	5.0%
市区	795	212	26.7%	489	61.5%	94	11.8%
町村	926	498	53.8%	276	29.8%	152	16.4%
一部事務組合等	1,181	539	45.6%	429	36.3%	213	18.0%
合計	2,969	1,254	42.2%	1,255	42.3%	460	15.5%

出所：2020 総務省調査：「別添 2」P5 より

ど浸透していることがわかる（**図表Ⅲ-1-3**）。

3）法改定の問題点

ⅰ）「雇用のブツ切り」によるいっそうの不安定化

　総務省は 1 年雇用を法定化し、従来の「更新」を認めず、「再度の任用（毎年の雇止めと公募選考を経て、毎年改めて任用する）」との解釈を自治体に助言した。この強引な解釈変更は、だれが考えても不合理な「毎年の条件付き採用期間（試用期間）」を生み出している。その一方で、「毎年の雇止め〜公募選考」の膨大な事務量を考慮してか、国に倣って「3 年公募制」を推奨した。この結果、東京都内 23 区・26 市＝49 自治体においては、2016 年総務調査で公募を経ない再度の任用に「上限なし」だった 25 自治体が、2020 年には 5 自治体（50%から 10%）へと激減している。

ⅱ）賃金の抑制

　総務省は「賃金の適正化」を助言しつつも、マニュアルで上限を「大卒初任給程度（東京 23 区では時給換算で 1,450 円）」と例示して抑え込みを図った。総務省の意向を超えて、新制度移行時の期末手当支給に伴い月例給を引き下げた自治体も少なくない（都道府県と指定都市では 50% を上回る）。それまでフルタイム勤務だった人を 1 日 15 分短くしてパートタイム勤務に押し込み、諸手当支給や共済組合加入・退職手当支給を逃れる脱法行為も横行している。

ⅲ）労働基本権剥奪

　2020年の改定地公法施行以前、非正規地方公務員の3分の1を占める「特別職非常勤職員」は労働基本権を有していた。地方公務員法の適用を受けなかったからである。1990年代に入って、この労働基本権を活用した合同労組の結成が相次ぎ、大きな成果を獲得してきた。とくに、総務省が2009年通知で打ち出した「再度の任用論」に対抗して、「翌年度の労働条件」や「雇用継続要求」が「義務的団交事項」であることを最高裁で確定（2014.2.7東京公務一般労働組合、2015.3.31大阪教育合労労働組合）させてきた。この意義は限りなく大きい。総務省の依拠する「再度の任用論」が、労働基本権＝労働法を全面活用した闘いにより掘り崩されたことを意味するからである。総務省がこの成果の波及を恐れたことは想像に難くない。個別自治体の枠を超え、委託先や民間労働者と共に団結することも可能な労働基本権を剥奪することに舵を切ったのである。

　今回の法改定により、ほとんどの「労働組合」が「職員団体」への衣替えと「登録」を余儀なくされ、従前と同様の活動を行うことが困難となっている。

(3) 2022年の年度末に向けた運動の前進

1)「ストップ！　3年公募」に向けた全国各地での取組み

　会計年度制度導入から3年、「3年公募制」による年度末の多数の雇止めが予測される2022年度が始まった。はむねっとはホームページに"会計年度任用職員「3年目公募問題」特集"を掲載、11月には院内集会、12月には全1789自治体あてに要請書を送付した。7月には北海道で「無期転換」をテーマとしたシンポジウム、東京では「省庁（総務省・厚労省・内閣府）懇談会」、10月には東京と大阪ではそれぞれ「なくそう！官製ワーキングプア」集会が開催された。秋には、自治労が「勤勉手当支給に向けた法改正」を求める署名を総務大臣に提出、自治労連は「2022会計年度任用職員の実態アンケート」と「緊急提言」を記者会見で発表、両産別の取組みも活発化した。

2) 2022年末の総務省・厚労省の動き

ⅰ）12.23総務省通知

　昨年末に総務省から「会計年度任用職員制度の適正な運用等について（通知）」が発出された。注目すべきは以下の2点である。

① 「再度の任用について」マニュアルを修正・追加

公募について「地域の実情の応じつつ、適切に対応されたい」と強調した点が特徴である。合わせて「前の任期における勤務実績を考慮して選考を行うことは可能」、「（不採用者には）他に応募可能な求人を紹介する等配慮」など、年度末を意識した内容となっている。

② 2024年度から勤勉手当支給へ

2023年3月3日に地方自治法の改定案が国会に提出された。気になるのは財政措置である。財政措置を伴った期末手当支給でも、月例給の切り下げが行われた。自治体によっては、勤勉手当が支給されなかったり、削減されたりする危険性があるようにも思われる。国会での質疑に注目していきたい。

勤勉手当支給は、均等待遇の観点からは前進と言えるものの、「勤務成績」による数段階の支給率があり、「人事評価制度」との関係など、検討が必要である。

ⅱ）国と自治体の「大量離職通知」提出義務

① 厚労省がホームページを刷新

昨年11月8日、厚労省はホームページの「『再就職援助計画』と『大量離職届・大量離職通知書』」を刷新した。国・自治体向けのリーフレットを作成し、通知書のひな型と一緒に掲載するよう改訂したのである。

「1事業所で30人以上の離職者が見込まれる」場合は、「1ヶ月以上前に」、「都道府県は厚労大臣に、市町村はハローワークに」通知しなければならない（労働施策総合推進法27条2項）。ところが、この義務を履行している自治体は、ほぼ皆無といえる。

② 「大量離職通知」提出の意味

残念ながらこの通知提出自体は、雇止めの回避を促すものではない。目的は「地域の労働力需給に影響を与えるような大量の雇用変動」に対して「ハローワークが迅速かつ的確に対応を行えるようにする」ことにある。しかし、地域最大の雇用主である自治体に対して、その雇用主としての責任を自覚させ、非正規公務員を一方的に切り捨てることへの一定の歯止めにはなるのではないだろうか？

この大量離職通知問題については、昨年から今年にかけて国会で伊波洋一参

院議員（2022.11.14 行政監視委員会）、倉林明子参院議員（2023.3.9 厚生労働委員会）、田村智子参院議員（2023.4.5 決算委員会）が取り上げ、自治体議会でも取り上げられ始めている。

労働組合の早急な取組みが必要である。

(4) 今後の課題

1) 安定雇用を実現するために

ⅰ) フルタイム勤務が必要な職務の正規職員化

現在でも、フルタイム勤務者は約10万人いる。1日の勤務時間を15分だけ切り縮められた人を含めれば、20万人程度となる。切り縮められた人たちは、事務職、保育士など広範囲にわたっている。各種相談員や図書館司書など、当初から4分の3程度の勤務時間に押し込められてきた人たちも少なくない。これらの人たちをフルタイムの正規公務員化するべきである。

ⅱ) 無期雇用の一般職非常勤制度の創設

全国の自治体組合に共通する目標は「任期の定めのない短時間公務員制度」の実現である。雇用の安定と均等待遇を実現するために、いっそうの力を集めていく必要がある。ここで、2019年の倉田箕面市長のチャレンジに触れておきたい。市長の提起は「任期の定めのない短時間勤務職員制度は条例で定めることが可能なはず」と要約できる（「官製ワーキングプア研究会」レポート NO.30）。この提起を受け止め、発展させることができなかったことが悔やまれる。現行法制度内でも「一般職非常勤条例」を制定すれば実現できるはずである。

ⅲ) 無期転換制度の導入を

労働契約法の無期転換制度が公務員にはない。「労働契約ではなく任用だから」というのがその理由である。民間では当たり前の「労使対等原則」が公務員にはなく、「政府・自治体の意思が優先する」という前近代的な「任用論」が裁判所の追認によって権威づけられてきたからだ。雇用安定に向かう法制度整備に逆行し、敢えて「再度の任用論」による雇用不安定化政策＝雇止め規制逃れを推進する総務省・自治体に対して、無期転換を求めていく必要がある。

iv）「パワハラ公募制」の廃止

　多くの自治体で「3年〜5年公募制」が導入された。「毎年公募」の自治体も4割を超える。非正規当事者にとって、雇用継続はもっとも切実な課題である。産休や病休の取得を理由とする雇止めも出始めている。そもそも産休・育休や病気休暇・休職中は、公募選考（筆記や面接）に出席困難な場合がほとんどである。まずは「パワハラ公募」廃止の取組に全国の力と知恵を集めていくことが重要である。

v）更新の確保

　なによりも重要なことは、毎年の「事実上の更新」を確実に行わせることである。本来あってはならない「産休・育休雇止め」が「勤務成績不良」や「協調性不足」などを表向きの理由として行われることがある。組合や職場での日常的な注視が欠かせない。東京都では「傷病・育児・介護」などの欠勤が勤務日数の1／2以上となると更新されず、病気休暇や休職を取得中であっても「任期満了時においておおむね三月以内に回復する見込み」がなければ更新されない条項がある。

2）均等待遇実現に向けて
i）賃金

　大多数の自治体が常勤給料表を基礎として賃金を決定しているものの、低賃金に留め置かれている。賃金を引き上げていくための課題は大きく四つある。

　①　初任給決定時の前歴加算と昇給制度（再度任用時の経験加算）

　前歴加算と昇給制度のある自治体は全体で7割を超える。一方、都道府県では4割を切っている。財政規模の大きい都道府県での実施率が低い原因は様々あるようだが、これまで昇給制度を認めてこなかった総務省の統制が強く働いていることが考えられる。

　②　上限撤廃と級格付けの拡大

　総務省マニュアルでは、「1級1号給を基礎として、大卒初任給に当たる1級25号を上限」とすることを例示している。正規職員は主任で2級、係長になれば3級となる。上限撤廃とともに、少なくとも2〜3級への道を開かせていくことも大切である。

③　パートタイムへの手当不支給

　パートタイムには期末手当と（2024年度からの）勤勉手当以外の諸手当が支給されない。この「勤務時間による差別」の法定化は、直ちに撤廃させる必要がある。

④　フルタイムへの住宅手当と扶養手当の不支給

　総務省はマニュアルで、フルタイム会計年度任用職員であっても住宅手当と扶養手当については支給不要の立場をとっている。「非正規には生活給は不要」との考え方に基づくものだ。しかし郵政20条裁判で、住宅手当と扶養手当の支給を勝ちとっている。現行制度下においても、少なくともフルタイムの会計年度任用職員には支給するべきである。

ⅱ）休暇

　多くの自治体が「国並み水準」に押さえ込まれている。病休、産休や子の看護休、介護休などの早急な有給化は切実な課題である。郵政20条裁判では病休について「（継続的な勤務が見込まれるのであれば）有給と無給の相違を設けることは不合理」と判示している。

　2021年人事院意見を受けて、2022年1月、国は産休・子の看護休・介護休などを有給化した。総務省も自治体での有給化を通知しており、自治体段階での取組みにより、有給化が進んでいる。

ⅲ）社会保障と公務災害

①　2022年10月から、共済組合「短期」加入

「週20時間以上勤務・月額8.8万以上・2ヶ月超の勤務見込み」を要件に共済組合「短期（健康保険などに該当)」加入することとなった。「長期（共済年金)」への加入を求めていくことも必要である。

②　公務災害補償の一本化

　非正規地方公務員の公務災害補償の法適用は、労働者災害補償保険法、地方公務員災害補償法、地方公務員災害補償法に基づく自治体条例、と三分化している。手続きも労基署、地方公務員災害補償基金、首長、とそれぞれに分かれており、取り違えた運用が行われることも少なくない。

　一方、国の場合は正規・非正規問わず、国家公務員災害補償法に一本化され

ている。「職権探知主義」の問題があるとはいえ、地方公務員災害補償法に統一することが現実的な選択ではないだろうか?

3）労働基本権確立に向けて

ⅰ）ILOへの取組み

2011年、連合と全労連が「公務員の労働基本権回復」に向けてILOに提訴し、11次に及ぶ勧告を引き出してきた。2017年には独立系4労組が「特別職非常勤職員からの労働基本権剥奪」を提訴して、これに続いた。

これらの取組みにより、2018年ILO総会の「基準適用委員会」において、日本政府に対して「（労働基本権保障に向けた）期限を区切った行動計画」の策定を促された。しかし政府は、一向に「行動計画」を策定しようとしない。2022年7月、ILO議連の尽力もあり「105号強制労働廃止条約」が批准された。このことも追い風に、労働団体の力を合わせた取組みにより、政府に「行動計画」の策定を求めていくことは重要な課題である。

ⅱ）地公労法の活用

現行法制下でも、次善の方策として非正規地方公務員に地方公営企業労働関係法の適用を求めていくことも必要である。地方公営企業労働関係法が適用されれば、スト権はないものの「自由な団結権」と「労働協約締結権」が確保され、労働委員会を活用できる。窮屈な職員団体とは大違いである。具体的な道筋は二つ。総務省が「非正規公務員は「補助職」」と言っているだから「単純労務職員」に含まれる、と解釈する道と、正面から地公法57条に「臨時・非常勤職員」の文言を追加させることである。簡単ではないが、追求されるべき課題と言える。

ⅲ）首長が労基署の役割を果たすことの不合理

人事委員会を置かない1700もの自治体では、首長が労基署の役割を担っている。使用者である首長が労基署の役割を同時に担うことは、大きな矛盾である。原則通り労基署に戻すべきである。それが難しいなら、最低限、公平委員会に担わせるべきだ。

また、労基法違反には刑事罰がある。しかし地方公務員法により、人事委員

会は「司法警察職員」としての役割を持たないこととされている。自治体が刑事罰から逃れる仕組みを法定しているようにも見え、大きな疑問が残る。

(5) 働きやすい職場づくりに向けて

非正規公務員にとって、大切なのは雇用と賃金・労働条件だけではない。ひとりの働き手として尊重されないことが、どれだけ彼女・彼らを傷つけているのかを直視しなければならない。非正規差別と女性差別とが複合的に絡み合った職場状況下にあることを忘れてはならない。「はむねっと」アンケートに見られるような、職場でのパワハラや孤立感・疎外感などは、これらの差別が基底にあるからこそ生じていると考えられる。

1) 差別的な職場風土
i) 身分差別

非正規差別は官民を問わず、雇用形態による身分差別的なものとなっている。身分制的傾向の強い公務員社会ではなおさらである。この身分制的傾向は「非正規公務員は一時的・補助的業務」、「長期継続雇用は好ましくない」、「非正規は家計補助労働」という固定観念として表れる。しかし現実は「恒常的・基幹的・専門的」業務に従事し、唯一の収入源である人も少なくない。フルタイムはもちろん、パートタイムであっても「主要な家計収入」となっている。「非常勤報酬（賃金）は勤務の対価であって、生活給ではない」との言説がコンメンタールなどでまことしやかに語られる。しかし、そもそも「勤務の対価＝労働の対価＝賃金」であって、生活を成り立たせるための重要な収入である。地公法も「生計費」を賃金決定の原則の一つに掲げている。「生活給ではない＝生活が成り立つかどうかは関知しない」という傲慢な考え方は改められなければならない。また、恒常的業務である限り長期継続雇用が必要なはずだ。にもかかわらず、「長期継続雇用にならないよう」人を入れ替えることを合法化する「公募制」は、身分差別＝「名ばかり公務員」と言えるように思える。

残念ながら、正規職員のなかには「非正規は補助＝正規に従属する者」という考えの人も少なくない。この考え方が言わば「由らしむべし知らしむべからず」との姿勢に結びつく。各種会議に止まらず日常的な打ち合わせからも排除されることが指摘されている。このような職場の風土が、非正規当事者の働き

手としての尊厳を傷つけ、パワハラの温床となっているのではないだろうか。

ii）女性差別

2020年総務省労働力調査によれば非正規労働者2066万人のうち、女性が1407万人と68.1%を占める。非正規地方公務員の女性割合は、同年の総務省調査で76.6%と全体平均を8.5%上回っている。保育園、学童保育、給食調理、図書館、各種相談員などは女性が大多数を占めている。非正規という雇用形態での差別は、女性への間接差別でもある。産休や育休取得、「世帯主ではないから」などの理由での雇止めされたケースさえある。パワハラも女性差別の反映と考えられるケースが多い。

2）複合的差別も含めた職場風土の改善を

専門職とされている、女性（婦人）相談員は約85.9%、消費生活相談員は97.9%、が非常勤職員であり、会計年度任用職員に切り替えられた。複合的差別はこれら女性が多数を占める専門職において典型的に現れる。これらの相談員のほとんどは、発足当初「特別職非常勤」として位置づけられてきた。これらの業務が「基幹的業務（政策形成や許認可）ではない」、「女性や子供のことは（ボランティア的に）女性に任せるのがよい」などの考え方が根底にあったからだと指摘されている。これら相談業務は「周辺的業務」に位置づけられ、管理部門重視・現場部門軽視≒ゼネラリスト重視・スペシャリスト軽視の傾向とも結びついて公務員社会の風土を形成している。正規職員が短期で入れ替わる職場での方針決定や会議の場から、長年にわたり知識・経験を蓄積してきた非正規専門職員が排除されるケースも少なくない。

私たちは住民と身近に接し、住民生活が安定的に維持されるための業務こそが自治体の「基幹的業務」であり、担っている正規・非正規職員の別なく業務体制を整えること、非正規職員の尊厳を尊重することこそが必要なのだと、自戒を込めてそう思う。　　　　　　　　　　　〔西口　想／安田真幸〕

第2章　公務の市場化・民間化

1　公務の市場化・民間化が公務員と公務に及ぼす影響

　近時、公務の市場化・民間化の動きが、国家公務員のみならず地方公務員も含めてますます加速している。

　毎年のコロナ災禍のもとで、公立病院はとても大事な公務だが、東京都は2022年7月に都立8病院・公社6病院の独立行政法人（資金調達に都の保証がない、所得税・固定資産税の納税義務がある）化を断行した。ただでさえ医療崩壊の危険があったのに、独立行政法人化で公共サービスが維持できるのか、いざという時、十分な医療が受けられるのか、現在も不安である。

　思えば、筆者が未成年であった1980年代から市場化・民間化の動きが始まった。弁護士になってからは、公務の市場化・民間化に関わる事件に遭遇した。

　1999年、筆者は弁護士となってすぐに国立大学の学生寮の廃寮に伴う明渡訴訟の学生側代理人となった。同訴訟は、国立大学の独立行政法人化という市場化・民営化の流れのなかで現れた事件であった。2001年からは、国鉄分割民営化の際に解雇された国鉄労働者の解雇撤回を求める国鉄闘争に取り組んだ。2009年からは社会保険庁の廃止と年金機構への移行に伴う大量分限免職撤回を求めるたたかいに取り組んだ。2011年には、民営化された郵政における65歳以上の有期雇用労働者一斉雇止めの無効確認を求める裁判を提訴した。地方自治体の公務の民間委託に関わる争議にも取り組んだ。2019年には国立病院職員の非公務員化に関わる雇止めの争議にも関わった。そうした個人的経験もふまえて、公務の市場化・民営化の経緯、および公務と公務員に及ぼす影響について概観したい。

(1) 市場化・民営化の経緯

　公務の市場化・民間化は、多様な形態でなされてきた。主だったものを挙げると、以下のとおりである。

1) 国の機構・国家公務員関係

　まず、80年代の中曽根政権の臨調行革のもとで、電電公社、専売公社、国鉄など、公社の株式会社化、日本航空の政府保有株放出という形で直接的な民営化がなされた。

　中曽根政権は、民間活力導入を呼号し、その後、財界の利益を優先するために農業の保護を弱め中小企業に打撃となる消費税の導入を行うなかで従来の自民党の支持基盤を掘り崩した。その結果自民党は下野し、民営化路線は頓挫したように見えた。

　しかし、90年代後半から再び自民党が政権に復帰し、橋本政権の行政改革のもとで、中央省庁から現業・サービス部門を切り離す独立行政法人（資金調達に国の保証がない、所得税・固定資産税の納税義務がある）化がなされた。

　さらに、2001年からの小泉政権の「構造改革」のもとで、民間活力導入として、2003年から2004年にかけては主に特殊法人現業部門の独立行政法人化が次々と行われた。緑資源公団、石油公団などの公団、宇宙開発事業団などの事業団、理化学研究所などの研究開発部門などである。2004年には、国立病院の国立病院機構への独立行政法人化、国立大学の国立大学法人化がなされた。このうち、国立大学法人は非公務員化された。国立病院機構は2015年に非公務員化された。

　また、2004年から2005年にかけては、特殊法人であった道路公団、営団地下鉄などが株式会社化された。

　2006年に施行された「競争の導入による公共サービスの改革に関する法」にもとづき、市場化テスト（公共サービスについて、「官」と「民」が対等な立場で競争入札に参加し、質・価格の観点から総合的に最も優れた者が、そのサービスの提供を担う仕組みとされている）により、法務局の登記業務などの民間委託がなされた。

　2007年には、郵政公社が民営分割され株式会社化された。2008年には公庫、金庫、特殊銀行（日本政策投資銀行など）といった政府系金融機関が株式会社化された。

　2009年末には社会保険庁が廃止され年金業務が日本年金機構に移管された。日本年金機構は特殊法人であるが、職員は非公務員とされた。

2) 地方自治体の機構・地方公務員関係

同時に、地方自治体でも市場化・民間化が進行していった。

1999年にPFI法が成立した。PFI(Private Finance Initiative)とは、公共サービスの提供に際して公共施設が必要な場合に、従来のように公共機関が直接施設を整備せずに民間資金を利用して民間に施設整備と公共サービスの提供をゆだねる手法である。その後の改定も含めて、PFI制度により、地方自治体は公の施設の設計から維持管理・運営まで一括して民間企業などに発注することが可能になった。

小泉構造改革のもと、2003年に地方自治法の一部改正により、指定管理者制度が導入された。それまでの管理委託制度では、地方公共団体が公の施設の管理を委託できるのは、地方公共団体が出資する法人(公社・財団)や公共的団体(社会福祉法人等)などに限定されていた。それが、指定管理者(地方公共団体が期間を定めて指定する団体＝株式会社をはじめとした営利企業・財団法人・NPO法人・市民グループなど法人その他の団体)に公の施設の管理・運営を包括的に代行させることができるようになった。これにより、公立保育所など、公の施設の管理の民間委託が進むようになった。

公立保育所については、これを廃止し、在園児を新設する民設・民営保育所に包括転園する手法が採られているところもある。

同年、地方独立行政法人法が成立し、地方自治体においても、公営企業の独立行政法人化が進められてきた。病院事業が独立行政法人化されている自治体が多い。また、同法により公立大学の公立大学法人化も進められている。

さらに、2006年に施行された「競争の導入による公共サービスの改革に関する法律」にもとづき、官民競争入札による市場化テストにより、地方自治体の窓口業務、国民健康保険料・公営住宅家賃・公立病院の医療費未収金の徴収、水道施設の維持管理などの民間委託が進められてきた。

2018年には、まさに住民の生命線である水道に関する水道法改定(水道民営化法)が成立した。これは、すでに2011年のPFI法改正時に盛り込まれていたコンセッション方式による民営化を推し進めるものである。コンセッション方式とは、料金徴収する公共施設の所有権を地方自治体が保持したまま、運営権のみを民間企業に売り渡せる仕組みである。

(2) 公務の市場化・民間化の問題点

　こうした公務の市場化・民間化には、以下の点から問題となる。

　第一に、公務員は、憲法15条2項に「全体の奉仕者」と規定され、そのことにもとづく職務を遂行するために、国家公務員法27条（平等取扱原則）・74条（公正原則）・75条（身分保障）、地方公務員法13条（平等原則）、27条（公正原則・身分保障）で身分保障がなされている。しかし、公務の市場化・民営化により、この公務員の身分保障が潜脱される危険が生じる。その典型例が、社会保険庁の大量分限免職事件であった。

　第二に、公務とされてきた事業は、本質的に競争原理の働く市場化・民営化に馴染まないものがほとんどである。すなわち、身分が保障された公務員が安定した雇用体制のもと、長期間をかけて業務を学び習熟していくことにより、円滑かつ高度な公務サービスを提供できる体制がとられていた。そのような体制が、民営化や民間委託により瓦解し、経験の不足した新参入の民間会社の職員や、多くの非常勤職員が公務を担う事態が生じ、円滑かつ高度な公務サービスの提供に悪影響を及ぼし、ときには個人情報の漏洩など重大な事故をも引き起こす事態を生じている。

　後に述べるように、労働者の権利と公共サービスの守り手であるべき労働組合が弱体化され、そのもとでは、労働条件の悪化と公共サービスの低下が対をなして進行した。

　郵政の職場では、パワハラ・セクハラ・過労自殺などがあいつぎ、少なくない訴訟が起こされていた。年賀状の自腹営業などがなされる反面、郵便物の貯め込み・未配達や簡保不正など、儲け主義の歪みによる許されない事件も起こった。官の上意下達と民の儲け優先の悪い所取りと評される事態である。

　JR西日本では、日勤教育（ミスに対する精神主義的な研修）などで労働者が委縮させられたもとで、2005年4月25日、107名の死者を出した福知山線尼崎脱線事故という戦後最悪の事故も生じた。分割民営化しても国民の足は守ります、と中曽根首相（当時）は公約したが、各地のJRでは多くのローカル線が廃止され、とくにJR北海道ではかつての鉄道網は見る影もない。北海道は冬には雪に閉ざされ路面は凍結し自動車運転は極めて危険であるにもかかわらずである。他方で、JR東海は国から3兆円の財政投融資を受けて自然環境破壊の

リニアモーターカー路線建設を行なおうとしている。

　第三に、民営化・民間委託は、公共の施設・組織や不動産を一部の民間企業に売り渡すものという点である。国鉄の所有していた多くの施設・不動産を一部民間企業に売り渡したのが国鉄分割民営化であった。郵政の民営化は簡易保険の利益を狙ったアメリカ系保険会社を背景とする在日米国商工会議所の圧力があった。

　自治体窓口業務の民間委託でも一部の企業が独占的に引き受けている。

　水道民営化については、今後本格化することが予想されるが、海外では、水メジャーと言われる一部の企業が水道事業を独占した。その結果、水道料金が高騰するなどして反対運動が起き、2000年から2015年までに、37か国235都市で再公営化された。

　第四には、市場化・民営化の隠された狙いとしての労働組合に対する攻撃である。この点については、取り組んできた事件との関係でとりわけ感慨がある。

　1980年代の労働戦線再編のもとで、すでに労使協調路線に転じていた全電通労組に組織されていた電電公社は1985年に民営化され、全電通労組出身の山岸章は、総評が解体された後の労働組合のナショナルセンター「連合」の初代会長となった。

　電電公社の2年後1987年になされた国鉄分割民営化について、雑誌『文藝春秋』2005年12月号に掲載された「結党50年自民党十大事件」という座談会で、中曽根元首相は以下のような発言をしている。

　「国鉄民営化は、国鉄労組を崩壊させました。国鉄労組の崩壊は総評の崩壊、つまり社会党の崩壊につながります。だから国鉄改革は、日本の基盤に大きな変化を与えたんですよ。もちろん私はそれを認識して実行に移しました。私が三木内閣の幹事長をしていた時、国鉄労組が8日間のゼネストをやった。私は徹底的に戦ってストを破った。そして202億円の損害賠償を要求して以後、法廷闘争となった。その時以来、国鉄の民営化と総評・国鉄労組の壊滅を狙っていたのです。」国家的不当労働行為の自白である。

　この座談会で、国正武重（政治評論家）に「森さんは今の郵政改革もそれだけの重みがあるとお思いですか」と問われて、森前首相は以下のとおり語った。

　「あるんですよ。全逓（現JPU）、全郵政に関わることですから。民主党を支える組織というのは連合でしょ。その連合の左系中心勢力は日教組と自治労の

二つです。この二つがつぶれたら民主党は大きく変化せざるを得ません。」

　後述する社会保険庁の職員を組織していたのは、全労連傘下の全厚生労働組合とともに、連合傘下の自治労社会保険関係労働組合連合（社保労連）であった。しかし、社保労組は、社会保険庁解体に先立つバッシングを受けて、職員の分限免職に当たっても組織的闘いを作ることはできなかった。

　東京都の清掃局の清掃業務は各区に移管され、住民へのゴミ出し指導などを行っていた公務員の作業員は、半分以下の賃金水準の、労働者供給や派遣業の労働者に置き換えられた（筆者は、この労働者供給を行う組合の執行部の問題点と対峙する訴訟にも取り組んだ）。

　そのもとで、清掃公務員を組織していた東京清掃労組は組織人員を大幅に減少させた。

　こうした民営化の背景にある思潮は新自由主義である。新自由主義は、アメリカの経済学者ミルトン・フリードマンに代表される。1962年、彼は「資本主義と自由」を著し、義務教育、国立病院、郵便サービス等への競争原理の導入・市場化と産業の規制緩和、道路公団の廃止などを提唱した。公共事業による景気対策を行うケインズ政策を社会主義だと批判した。チリの革新アジェンデ政権をクーデターで倒した軍事独裁のピノチェト政権を支持し、フリードマンの弟子のシカゴ学派が、ピノチェト政権のもとで公共部門の民営化などの新自由主義の実験を行った。アメリカではレーガン政権を支持し、レーガンの行った新自由主義政策を主導した。日本を含めた各国に経済政策を提唱し、1986年に中曽根康弘内閣から「勲一等瑞宝章」を受賞した。日本の民営化・市場化の過程は、このフリードマンの提唱に沿っている。

　しかし、近時、この新自由主義自体の是非が問われる状況になってきている。「官から民へ」ではなく、実態は「公共から私利へ」であったことが、多くの人に認識されるようになってきたのである。

　以下には、国家公務員が担っていた社会保険庁の民営化と、地方公務員が担っていた職業能力開発機構のCAD科の民間委託を例に、上記問題点を論じていくこととする。

2　民間化の具体的事例を通した検討

(1)　社会保険庁の民営化と公務員の身分保障・公務への影響

2009 年末で廃止となり日本年金機構へ民営化された社会保険庁（以下、社保庁）の問題は、公務組織の民営化による公務員の身分保障の潜脱と、公務サービスの混乱を招いているので、ここで紹介する。

1)　闘いは社保庁解体前から始まっていた

2009 年末、社保庁解体とともに、525 人もの大量解雇者（分限免職処分者）が出た。この大量解雇に対しては、日本弁護士連合会、日本労働弁護団から違法不当であるとの声明が発表されるものであった。しかし、この大量解雇が現実化する前から、それを阻止する闘いは始まっていた。

まず、社保庁解体の 1 年半前である 2008 年 5 月 28 日、消費税増税による年金財源化に反対し、安心して暮らせる年金制度の確立をめざすため、公務労組連絡会や国公労連、中央社労協、自由法曹団（弁護士団体）など幅広い団体のよびかけで、「国責任で、安心して暮らせる年金制度をつくる連絡会」（略称：安心年金つくろう会）が発足した。そして、「安心年金つくろう会」では、同年 6 月 20 日、年金業務・組織再生会議と厚生労働省および社保庁に対して、官から民へと安易な業務委託は行わず、業務に精通した職員の雇用確保など、国の責任で年金業務を安定的に担う体制を確保するために、緊急申入れを行った。同申入れに再生会議事務側は、参事官および参事官補佐が対応した。

はじめに「安心年金つくろう会」側から、「再生会議では、新組織の定数や社保庁職員からの採用などが議論されているが、外部から大量に採用した場合に安定的な運営がなされるのかといった問題や、民間委託では個人情報の流出などが危惧される。国民的な立場での議論が求められるのではないか。」と基本的な問題点が指摘され、さらに「年金記録の整備は遅々として進んでいない。統合されても支給までには半年以上かかっているのが現状だ。こうした状況の中で組織を解体していったい誰が責任を持って行うのか。」「日本年金機構には、1,000 人を外部から採用する計画が出ているが、その代わりに専門的な知識・経験を持った社保庁職員を外に出してしまって一体どう対応するのか」「人員

の問題が強調され、業務をどうするのかと言う本来の議論が欠けているのではないか」「年金記録の相談に行ったら何時間も待たされたが手続は5分で終了した。このまま2009年末に社保庁を解体していいのか。十分な国民の合意は得られていない。」「日本年金機構の在り方は、当然、記録問題ともかかわっている。そのことが基本にあるべきだ。」などと日本年金機構への移行の問題点とともに、政府による記録問題の早期整備とそのための体制確立が求められた。これに対し、再生会議側として参事官は「再生会議は国会の議論を踏まえ、有識者の意見を反映するために設置された会議であり、事務局として応えられる立場にはない。記録問題は再生会議の書証ではないが、実態や進捗状況等については、そのつど厚労省や社保庁から説明を受けており、その上で議論の俎上にはなっている」などと述べつつ、申し入れは再生会議の委員には報告できないとの対応に終始した。これに対し「安心年金つくろう会」側が「国民の声を無視するつもりか、申し入れの趣旨を何らかの形で会議に反映させるべきだ」と強く求めると、参事官は、ようやく「対応については、再生会議の座長と相談する」と述べ、後日、再生会議事務局から、全委員に申し入れ書を渡すとの回答を得た。

　その後の厚労省・社保庁への申入れでは、「安心年金つくろう会」側は、「業務の安定的な運営など、国民が安心できる中身を示して欲しい。また、今進められているせい御議論の状況についても明らかにして欲しい。日本年金機構では業務は引き継ぐが職員は引き継がれない。一方、記録問題ひとつ見ても大変な状況にある。日本年金機構がこうした問題にきちっと対応できるのか。国民の信頼に応えられるものと考えるのか」と厚労省・社保庁の基本的な考え方について問うた。これに対し、厚労省年金課事務官は、「制度問題では皆年金を原則とし、社会保険方式のもと、免除制度など納めやすい環境整備を行っている。年金だけではなく社会保障全体の財源、公平性の確保など十分な議論が必要と考える」と回答した。また、社保庁の運営部企画課の室長補佐と総務部総務課の事務官が「残った業務は日本年金機構が引き継ぐことになるが、職員の適正配置や派遣社員など必要な要因で対応することになる。皆さんの指摘はもっともであり、懸念が生じないよう努力していきたい」と述べた。しかし、このような曖昧な回答でとうてい「安心」できるはずはなく、「安心年金つくろう会」からは、さらに、「記録問題の重要性から見れば大変な状況である。

こうした中での新組織の発足は、受給者の立場からはきわめて心配だ。再生会議等にも十分説明しているのか」「職員の適正配置というが、分限免職まで言われているなかで、職員の不安は、業務遂行にも影響する。国民全体にかかる問題であり、厚労省は説明責任を果たすべきだ」などと問題点を指摘し、最後に「記録問題を見ても現状での新組織機構は全く無責任と言わざるを得ない。安心・信頼のためにも厚労省・社保庁として国民の立場に立った行政運営に努力して欲しい」と求め、申入れを終えた。

「安心年金つくろう会」は、その後も関係箇所に申入れを続け、当局らは「決して国鉄のようなことにはしない」などとも述べていたが、結局、その場しのぎの対応で誤魔化しを行っていたことが、2009年末の大量解雇の事実で明らかとなった。

今、あらためて、この当時の申入れ記録を読み返し見ると、申入れで語られた問題点や不安が、その後、後述のとおり、現実化している。このようなことは当局側にも容易に想定できていたはずであるにもかからず、なぜ止めることができなかったのか。止めることができない大きな力、自民党や政府の力に翻弄させられたとしかいいようがないが、その結果、不利益を被るのは国民である。いいかげん、このような正論の通らない民営化は終わりにしなければならない。

「安心年金つくろう会」は、集会、シンポジウムに取組み、併せて、この大量解雇を闘う全国弁護団を集め、その後の人事院闘争・裁判闘争へと続いたのである。

2）社会保険庁の民営化に至る経緯──「基本計画」の理由

2000年代に入り国民には将来の年金不安から保険料納付率低下、一方で政治家や高級官僚主導の年金福祉施設等への保険料の無駄遣いが発覚したことにより国民の年金制度への信頼が揺らいでいた。大臣や国会議員の保険料未納も報道された。加えて、大量の宙に浮いた年金記録問題でも公的年金制度に対する不安がいっそう高まった。

このような問題が続出するなか、2007年7月、日本年金機構法が成立し、2009年12月31日をもって社保庁が廃止され、年金業務の大半は新たに設立される日本年金機構（以下、年金機構）に委託されることとなった。

日本年金機構法は、社保庁職員がそのまま年金機構の職員となるという身分承継規定を設けず、年金機構への採用を希望する職員の中から選考するという「新規採用方式」がとられた。このような事実に加え、前述の「安心年金つくろう会」による再生会議等への申入れ内容、再生会議や厚労省・社保庁側の回答にもあるように、「（社保庁）外部から1,000人という大量の採用」「民間委託と情報漏えいの問題」「年金記録問題の整備体制の問題」等が指摘されていたのである。だからこそその前述の「安心年金つくろう会」からの申入れだったのである。

　にもかかわらず、さらに政府は、2008年7月29日、年金機構の職員数や採用基準などの「基本計画」を閣議決定し、既存の社保庁職員数からの人員削減と、かつ、民間から約1000名もの職員を採用するとして、ベテラン職員を排除する仕組みを作るとともに、過去に懲戒処分歴のある職員は理由のいかんを問わず年金機構の職員として採用しないものとした。このため、1000名を超える社保庁職員が年金機構への採用の途を閉ざされた。

　以上のような「基本計画」を決定した政府の「理由」は、年金記録問題を含む国民の年金制度に対する不安・不信に対する「信頼回復」にあるとした。すなわち、職員の承継規定が設けられなかったのは、国民の信頼に応えることができる組織にするためには、独自の人事制度および人事方針のもとで、勤務成績等にもとづき公正な採用が行われる仕組みを設けることが求められ、社保庁職員を年金機構に漫然と移行させない措置を講ずべきであるとする国会審議の結果にもとづく、とする。

3) 公的年金業務に対する国民の信頼を失ったのは職員の責任ではない

　しかし、年金問題に対する国民の批判は、社保庁職員の資質ではなく、年金の保険料負担の重さと受給水準の低さに対するもの、ひいては受給できるかという年金制度そのものに対してであった。また、政治家の未納問題が社保庁職員の責任でないことは言わずもがな、である。そして、年金記録問題は、第二次世界大戦時以来の政府の無責任でその場凌ぎの対策と人員不足によるものであって、個々の職員の問題ではなかった。

4) 国家公務員の身分保障の原則を蔑ろにする民営化

国家公務員法 78 条は「職員が次の各号に掲げる場合のいずれかに該当するときは、人事院規則の定めるところにより、その意に反して、これを降任し、又は免職することができる。」として、4 号で「官制若しくは定員の改廃又は予算の減少により廃職は又は過員を生じた場合」と規定する。国は、この国家公務員法 78 条 4 号の「廃職又は過員を生じた場合」によるとして、社保庁職員の免職の根拠としている。

しかし、国家公務員法 75 条は「職員は、法律又は人事院規則に定める事由による場合でなければ、その意に反して、降任され、休職され、又は免職されることはない。」として国家公務員の身分保障を規定している。公務員の身分保障は、憲法 15 条にもとづく「公務の民主的かつ能率的な運営」を確保する（国家公務員法 1 条）ための原則であるとともに、公務員の生存権（憲法 27 条）を保障するための原則である。

国が主張するように、社保庁の廃止がただちに「廃職又は過員」にあたるとすると、国は、公務を担う特定の組織を廃止し、他の法人にこれを委ねてしまうことによって、当該公務の担当公務員の意に反する免職を自由自在に行うことが可能となる。これでは国家公務員の身分保障規定の趣旨が完全に没却され、画餅に帰することになってしまう。

社保庁職員の分限免職取消を争った訴訟における晴山一穂専修大学教授（肩書は当時）の意見書にも以下のように記載されている。

「もし本件のような社保庁の廃止と年金機構への組織改編までも法 78 条 4 号の廃職に当るとされ、それを理由とする分限免職が正当化されるということになれば、業務の必要性自体は変わらない場合であっても、既存の職員を排除することだけを目的として組織改編を行うことを許容することになり、このことは先に見た公務員の身分保障の観点から見て重大な問題を引き起こすことになるであろう。仮に業務の必要性は変わらなくとも何らかの理由で組織改廃が必要になる場合には、法律に身分承継規定を設けるか、もし規定を設けない場合でも、職員の新組織への移行や他の行政組織への配置転換等による職員全員の地位の引継ぎを現実的に保障することが、身分保障の原則をゆるがさないための不可欠の要請ということになる。」

しかしながら、社保庁民営化の結果がもたらしたものは、525 名の職員の分

限免職処分であった。まさに、民営化によって国家公務員の身分保障が蔑ろにされたのである。

5）ベテラン職員の大量退職・免職の結果がもたらした公務サービスの混乱

　国は、年金記録問題を含めた社保庁不祥事の責任を個々の職員の責任に押し付け、人員減とベテラン職員の分限免職を導いたが、それは上記のとおり誤った見解にもとづくものであるばかりか、むしろ、もっとも大きな問題ともいえる年金記録問題の解決には、本来、人員増と業務に精通したベテラン職員の継続した業務承継が必須であったにもかかわらず、それと逆行する決定を行ったのである。その結果、民営化後の年金機構では、以下のとおり、さまざまなトラブルが頻発した。

ⅰ）日本年金機構をめぐるトラブルが頻繁に発生

　2015年には、年金情報の大量流出が生じ、約125万件の個人情報が流出した。具体的には「年金加入者の氏名と基礎年金番号」が約3万1000件、「氏名と基礎年金番号、生年月日」が約116万7000件、「氏名と基礎年金番号、生年月日、それに住所」が約5万2000件である。

　2017年9月には、厚生年金加入者の配偶者が65歳から受け取る基礎年金において、一定の条件を満たせば支給される加算金が約10万6000人に支給漏れとなり、その総額は約598億円であった。

ⅱ）年金データ入力の外部委託に伴う問題の発生

　2018年3月、年金機構が年金データの入力を委託した東京都内の情報処理会社が、契約に反して中国の業者に作業をさせ、他にも入力ルールを守らないなどの契約違反もしていたことが判明した。この問題を発生させた委託先の会社は、東京都豊島区の「SAY企画」である。「SAY企画」は、年金受給者が所得税の控除を受けるために年金機構に提出した「扶養親族等申告書」1300万人分のデータの入力業務を、年金機構の発注を受けて1億8200万円で受注し、2017年10月に作業を始めた。しかし、「SAY企画」は委託契約上は、約800人で作業を担当することとしていたにもかかわらず、年金機構が2017年10月中旬に確認したところ、作業を担当する者は百十数人しかいなかった。内部告発も

あり、2018年1月に特別監査を実施した。その結果、受給者約500万人分の扶養者名のデータ入力を、中国・大連の業者に再委託していたことが判明した。年金機構は、委託に際して、一般には再委託を禁止しておらず、海外の事業者への再委託や、年金機構に無断で再委託することを禁止していたが、このような委託契約に際しての条件は、まったく歯止めにはならなかった。また、決められたシステムを使わずに入力するルール違反もあった。

さらに、年金の所得税の控除をめぐっては、年金受給者約130万人分について正しく控除がなされず、2018年2月支給分の年金が本来より少なくなってしまう問題が発生した。受給者の書類提出の不備もあったが、一部には「SAY企画」の入力ミスが原因となるものだった。

iii）委託先に対する年金機構の杜撰な管理

年金機構は、2018年、中国の「SAY企画」関連会社について調査をしているが、その調査をしている間も、委託のためにデータを4回にわたって渡し、入力を続けさせた。契約違反した業者に仕事を続けさせていたのである。

6）年金機構の非正規化でも増大する個人情報流出の危険

年金機構は、外部委託だけでなく、内部の職員についても、有期雇用が拡大し、このことが個人情報流出の危険を増大させている。

旧社会保険庁時代は正規職員が6割であったものが、年金機構ではそれが逆転し6割が有期雇用の非正規職員となっている。非正規職員は1年契約を4回更新し、5年で雇止めになる。しかし、仕事で触れている個人情報は正規も非正規も違いはなく、雇止めによる情報流出のリスクもあると指摘されている。

年金機構の業務は「個人情報の塊」である。たとえば滞納者に督促状を出すような部署では、著名人や老舗の人気料理店が実は滞納しているなど、人に話したくなるような情報にも触れる。非正規職員は昇給も退職手当もなく、給料は最低賃金程度と言われる。それも5年で放り出され、職場への不満が思わぬ形で出る可能性もある、と指摘される。2013年の労働契約法の改正で、2018年4月からは、有期労働契約の期間が通算5年を越えれば、無期契約に転換できるルールが適用されているが、年金機構では2018年3月末に、雇用契約期間が5年に達した非正規職員が、1356人いるが、無期転換になったのは、わずか235

人にすぎず、約8割の非正規職員が雇止めされている。

　このように、知識経験を有する旧社会保険庁職員を大量に分限免職しながら、年金機構で非正規職員を増加させた業務を続ければ、重要な個人情報が雇止めを機に流出する危険が著しく増大しているのである。

7）年金機構の外部委託化と非正規化で増大する誤支給、情報流出等の危険

　社保庁の廃止に際して、知識経験を有する職員を多数分限免職にし、その一方で公的年金業務を引き継いで新たに発足した年金機構は数百名の欠員を抱えたまま発足し、職員の大幅な削減と非正規化、そして、業務の外部委託を進めた。大幅な業務を外部委託して低コストで業務を行おうとする年金機構の業務方針は、2008年7月の政府による「基本計画」以降、引き継がれてきたものである。これは知識経験のある旧社会保険庁職員を大量に分限免職する一方で、実際の業務は知識経験の乏しい、非正規職員や委託先に委ねられ、不備を早期に是正することができず、過少支給や情報流出などの国民の年金権に対する重大な問題を生じさせ、その是正にかえって膨大な労力と経費が必要となるものであったことをあらためて、明らかにするものであった。

8）年金業務の再建を

　公務の民営化は、それが国民への公務サービスの向上につながるのか、かつ、民営化によって公務員の身分保障が蔑ろにされないかが問われなければならない。

　両者は、公務の継続性による公務サービスの質の維持という、連動した課題である。

　安易な民営化は、民間企業の利益追求の理念が優先し、公務員の首切りや、待遇低下、ひいては公務サービスの質低下という悪循環を引き起こす危険性が潜んでいることを十分に理解し、そのような民営化の動きには是正を求める動きが必要である。

　社保庁の民営化に関しては、分限免職の取消を求めて、40名以上の分限免職者が全国の人事院への審査請求を行った。この人事院審理は裁判所の審理より柔軟な対応であり、東京事案などでは、重要証人の尋問において裁判所におけるような容赦ない時間制限はなく、夜の8時まで尋問が行われたり、政府側の

官僚が証言に必要な資料を準備してこなかったことについて追及し、翌日に尋問を持ち越し、資料を一晩で準備させるなど成果も得た。そして、最終的には、人事院審理において全国で 25 名もの分限免職処分を取り消すという画期的な判定を得た。

　他方で、人事院判定によって救われなかった分限免職者は、再び決起し、全国各地で分限免職取消訴訟を提起した。しかし、東京地方裁判所で 1 人の分限免職処分の取消を認める判決が出たものの、それも東京高裁において逆転敗訴となり、最終的には、全国の原告は全員高裁段階までに敗訴となり、基本計画を違法とした裁判所もなかった。前代未聞の大量首切りであり、公務員の身分保障が根底から問われた裁判であったにもかかわらず、最高裁は、全国で出ている高裁判決について統一判断をする気すらなく、次々と、請求棄却の判決を連ねて、たった 1 人の救済者も出さず、かつ、なんらの問題意識も示さなかった。

　社保庁の民営化は、せめて、2008 年 7 月の「基本計画」の呪縛から解放され、知識経験のある旧社保庁職員の復帰を実現することにより、年金業務を専門性のある職員が担うという、当たり前の年金業務を再建する契機とすることが求められているのである。

3　非常勤公務員と民間委託
──東京都産業労働局職業能力開発センターCAD 事件

(1)　非常勤公務員任用論の壁に挑む裁判

　「これは大変なことだ」と思った。2015 年早々、筆者の所属する東京自治労連弁護団会議の席上、職業訓練校（東京都の産業労働局雇用就業部能力開発課公共訓練系都立職業能力開発センターの学校）の講師 31 名が、4 月には解雇される、という事件を知らされたときのことである。

　「解雇」と書いたが、当事者は公務員なので厳密には解雇ではない。しかし、公務員ならではの分限免職でもない。講師は「特別職非常勤公務員」といって、1 年の期間限定の勤務なのである。そのため、一般職の公務員のような身分保障はない。他方で、民間の有期雇用のような、雇止めの制限（労働契約法 19 条）の適用もない。法的には当局から「任用」という行政行為がなされなかっ

ただけである。要するに、一般職の公務員や民間有期雇用労働者と比べて、首が繋がるか、という点ではまったく無権利状態に置かれている。しかし、「解雇」（任用拒否）の理由は何か、というと、当事者らが授業していた職業訓練校の CAD 製図科が民間企業に委託され別の場所・人員で行われることである。勤務先は民間委託されるのに、自分たちは特別な公務員として首を斬られる、というこのアンバランス。

　しかも、これまでは、技術の進歩により多少科目が変わっても、当事者は任用され勤務を継続してきたという。原告中嶋は 41 年、他の 2 名の原告も 20 年以上である。なぜ、そんなことができたのか、というと、職業訓練校でも毎年講師が変わって教える内容がぶれると困ってしまう、そして、非正規の公務員や公務関連の労働者を組織してきた東京公務公共一般労働組合（「公共一般」）の闘いと団体交渉を通じて、とのことだった。実は、任用拒否された当事者の一人は、公共一般の中央執行委員長（中嶋祥子）であり、CAD 製図科は、職業訓練校における公共一般の拠点職場だった。とすると、この任用拒否は組合差別の不当労働行為ではないか？　特別職非常勤公務員（地公法 3 条 3 項 3 号）は、一般職の公務員とは異なり、労基法・労働組合法が適用され、労働組合で団体交渉ができ、ストライキ権もあり、労働委員会への申立てもできる。とすれば、この面では無権利ではない。ここに、突破口があるのではないか。

　そんなことが、組合と弁護団の会議で話し合われた。そこで、まず、東京都労働委員会に不当労働行為救済申し立てをすることになった。

　しかし、相手は強大な東京都。労働委員会だけでは足りない。公務公共一般は、過去、中野区の非常勤保育士の問題で、労働委員会と裁判を共に闘い、交渉と和解で、職場復帰を勝ち取った経験があった。そのこともふまえて、東京地裁への裁判も提訴することになった。二正面作戦である。

　もっとも、非常勤職員の任用拒否の裁判については、これまで、判決で地位が認められたことは無い。連戦連敗である。すでに述べたように、任用であって雇用ではない、というドグマ＝任用論の厚い壁が立ちはだかっていた。そのことを宣言した最高裁判決もあり、そこで認められたのは損害賠償のみであった。

　しかし、公務公共一般が取り組んだ事件としては、特別職非常勤職員であった消費生活相談員の次年度の労働条件に関する、東京都の団体交渉拒否を不当

労働行為とした行政訴訟の東京高裁判決があった。

　他方で、最高裁判決は、労働組合法の適用されない一般職非常勤国家公務員に対するものである。労働組合が労働条件について団体交渉できるのに、しかも、職場は民間委託されるのに、なぜ、公務員だから地位確認できない、ということになるのか。しかも、最高裁の判決は、行政事件訴訟法が改正され、行政に任用などの作為を義務付ける訴訟形式が法定される前のものである。そうした違いを強調して挑戦する、さらに、団体交渉、ストライキなどあらゆる手段をとって地位を回復する、という、任用論の壁に挑む裁判（地位確認・仮の義務付けおよび損害賠償請求）を、組合員3名が原告となって提訴した。

　弁護団も、この挑戦のため多人数が結集した。消費生活相談員の訴訟の経験のある平和元、後藤寛と、三澤麻衣子、青龍美和子、山添健之、そして筆者であった。

(2) 職業訓練教育と CAD の意義

1) 職業訓練教育の意義

　しかし、職業訓練教育とは何なのか、弁護団にとっては未知の世界であった。

　そこで、この分野の専門家である依田有弘千葉大学名誉教授に意見書を書いてもらうことにした。依田名誉教授もこの事件に入れ込んでくださった。意見書に反論する東京都の書面が出されたり、都側の東京都産業労働局雇用就業部能力開発課長が証言したりするたびに、さらにそれに反論する意見書を書くなど、訴訟や労働委員会の進行に応じて3通もの意見書を作成してくれた。その内容によれば、以下のとおりである。

　職業訓練教育の根拠法は職業能力開発促進法である。同法は、国および都道府県の責務の一つとして、職業を転換しようとする労働者その他職業能力の開発および向上についてとくに援助を必要とする者に対する職業訓練の実施、事業主、事業主の団体等により行われる職業訓練の状況等にかんがみ必要とされる職業訓練の実施等に努めること（4条3項後段）をあげている。

　同法は、職業訓練が教育の範疇に入ることを前提として立法されている。労務行政研究所編『改訂8版　職業能力開発促進法』（労務行政、2017年）では「職業能力開発促進法は、日本国憲法の規定する職業選択の自由、健康で文化的な最低限度の生活を営む権利、能力に応じてひとしく教育を受ける権利、勤

労の権利等の基本的人権の実質的な内容の実現に寄与するものである。」（121頁）。職業能力開発局も、職業訓練が教育を受ける権利の保障の一環に位置付くとしているのである。実際、職業訓練においても教授学習過程があり、学習者はある能力を獲得し人格を形成している。

　このように、職業訓練は、教育を受ける権利、勤労の権利の一環として位置づけられ、それらの権利を保障するために、職業能力開発促進法は上記の責務を国や都道府県に課している。だからこそ、都も公共職業能力開発施設である都立職業能力開発センターを設置し、さまざまな科目の職業訓練教育を行ってきた。CAD製図科もその一つである。

2) CAD製図科の教育

　しかし、CAD製図というのは何か、弁護団にはますますわからなかった。この点については、当事者や依田名誉教授にうかがうとともに、CAD製図を行なっている高等専門学校の見学調査を行うなどして、実態把握に努めた。それにもとづき、裁判と労働委員会の両方の尋問で、中嶋委員長がわかりやすく証言した。

　まず、CADの定義としてはJIS B3401に記載があり「製品の形状、その他の属性データからなるモデルを、コンピュータの内部に作成し解析・処理することによって進める設計」であり、製図の手法である。

　そもそも製図とはこれから製作しようとする物を図面として描き表すことである。図面にもとづいて見積もりや注文がなされ、必要な工具・労働手段・材料が準備され、人員が配置され、製作プロセスが準備され、製作がなされる。さらに使用段階でも、その製品が部品等であれば無論のこと、たとえば機械等であれば図面なしには使用が成り立たない。このように製図は、物の製作において、その設計段階から製作段階さらに使用段階に渡って必須のものであり、それゆえ、機械、電気、建築、土木などの教育における基礎中の基礎である。

　こうした製図の基本的な性格から、民間委託する前の『東京都職業能力開発センター入校案内』でも、CAD製図は機械関係科目，建築CADは建築関係科目としての位置を占めていた。また「東京都公共職業訓練実施要領（都立城東職業能力開発センター江戸川校CAD科）」（以下、実施要領）において示された「訓練教科目の内容」には、機械工学、材料・工作、電気基礎、電子基礎、メ

カトロニクスの基礎、電気設備、電気工事基本作業、原価管理、などが入っている。職業訓練機関ではどこでも製図は機械の学習や、建築の学習の一環に位置づけられている。このCADについて職業訓練教育を行う意義は大きいのである。

(3) 職業訓練の民間委託

1) 職業能力開発促進法15条の7第3項の規定

こうした公共的な職業訓練教育をどうして民間委託できるのか？

職業訓練の民間委託の根拠法は職業能力開発促進法15条の7第3項である。しかし、同条項は民間委託を無秩序に許しているわけではなく、「職業を転換しようとする労働者等に対する迅速かつ効果的な職業訓練を実施する必要」がある場合には、「職業能力の開発及び向上について適切と認められる他の施設」により行われる教育訓練を公共職業能力開発施設の行う職業訓練と見なすことができるとしている。この法の規定を受けて、東京都立職業能力開発センター条例はその6条で、法と同じ内容の規定を設けている。

この「職業を転換しようとする労働者等に対する迅速かつ効果的な職業訓練を実施する必要」とは何か？

前掲『改訂8版　職業能力開発促進法』では、「本項により、離転職者の発生状況等に応じて、積極的に委託訓練を活用することができる」ようにしたと解説している（同246頁）。また「国、都道府県及び市町村が公共職業能力開発施設を設置して職業訓練を実施する場合には、施設及び設備の整備、あるいは職業指導員の養成確保のための時間が必要であり、一度に大量の離職者が急に発生した場合には対応に遅れることも懸念されるが、この点委託訓練にあっては迅速な職業訓練が可能である」とされている（同251頁）。

つまり、離転職者が多く発生するなどし、それに対応する必要があるような場合に委託訓練を活用するというのである。

CAD製図科の民間委託は、はたして、この必要な場合に応えるためのものだったのだろうか？

しかし、その点を検証しようにも、具体的なデータなどについては、当事者にも組合にもわからない。そこで、私たちは、裁判や労働委員会で、そうした疑問点を明らかにせよ、という求釈明を繰り返した。東京都は、さすがに公共

団体なので、それなりに開示してくれた。また、都議会議員を通じて、情報を開示させた。

その結果、職業訓練校の民間委託の問題点が浮かび上がってきた。

2）東京都における職業訓練の民間委託は失敗してきた

まず、東京都の職業訓練の民間委託化は、不合理な結果を導き「失敗」となりうるということが、過去の実績にから明らかになったのである。

すなわち、公共職業訓練の民間委託の問題点について審理された 2014（平成 26）年 11 月 18 日開催の都議会経済・港湾委員会において、民間委託訓練を受けた訓練生の就職率について、2009（平成 21）年度から 2013（平成 25）年度までの 5 年間の平均で 40% 程度であることが答弁されている。このように、本件 CAD 製図科民間委託化以前に、他の科目における公共職業訓練の民間委託化後、訓練生の就職率の低下が生じるという問題が明らかになっていた。

他方で、本件民間委託化に先立ってかかる問題点解消のための施策が検討されたと認められる事情はなかった。

3）不適切な施設への委託

ⅰ）当初の 6 校ですらない施設への委託

2014（平成 26）年 6 月 26 日の東京都公共職業訓練運営委員会に先立ち能力開発課で CAD 製図科の民間委託の可能性についての検討が行われていたことも判明した。このときに受託可能であると判断された 6 校自体、そのホームページの閲覧情報のみからしても CAD 製図の職業訓練教育を行ってきた実績に乏しく、民間受託先として問題だが、その 6 校ですら入札してこなかった。

東京都が適切だと判断した 6 校が入札してこなかった時点で、すでに CAD 科の民間委託化の合理性が失われており、その時点で中断すべきであった。

それなのに、それら 6 校ですらない民間の就職予備校が受託先に決定されたのである。

ⅱ）CAD 科の民間委託に際して委託先に求められるもの

東京都が開示した民間委託のための決定文書の「実施要領」では、「訓練科の概要」として「機械製造業や電気設備関連業、建築・土木関連業において、

設計現場での設計補助やCADトレース業務に携わることができるよう、CADに必要な実務的知識と技能を習得する。」と書かれている。「訓練教科目の内容」に示された委託先で行われるべき訓練内容は、職業能力開発促進法施行規則別表第2で定めている普通課程の普通職業訓練の機械系機械製図科の訓練基準に倣って、一定の幅のある基礎的な知識と技能の上に専門性を築くという構造になっており、製図教育の教育課程として一般的なものである。

「訓練教科目の内容」で、「機械工学」24時限、「材料・工作」36時限等が必修で入っている。

「実施要領」の「訓練に使用する施設、設備等」では次のように書かれている。

「(1) 訓練施設、設備等については、職業能力開発促進法施行規則第11条の規定に基づき、訓練を適切に実施することができると認められるものであること。

(2) 訓練基準の『6設備基準』を参考にすること。なお、別添『訓練機器の最低基準』を満たすものであること。」

施行規則11条は、短期課程の訓練基準についての規定であるが設備については、「教科の科目に応じ当該科目の訓練を適切に行うことができると認められるものであること。」となっている。「6設備基準 機械系CAD科」には、製図教育を行ううえで、また訓練教科目である「機械工学」「材料・工作」等の教授を行うのに最低限必要なものが掲げられている。

ところが、委託先の一校では、機械系の講座は設けられておらず、CAD製図の講座もなかった。工業系の教育は行っておらず、ノギスも当初なかった。もう一校ではCADの講座が開設されているが、ここも機械系や工業系の講座開設はなく、同校での開設講座名「CADオペレーター養成講座」が典型的に示しているように、CADソフトの使い方の学習を提供しているのみであった。これでは実施要領にある訓練教科目の内容を教育できる見込みはない。

このように、CAD科は、他には事務系のコースしかなかった就職予備校に委託されており、製図教育の上記のような教育上の位置について考慮されていない。その結果、製図教育にとって必要な教育的環境を欠き、教育効果を著しく減ずることが懸念された。

4) 迅速かつ効果的な職業訓練を実施するための必要性が認められない

しかも、東京都総務局では職業能力開発促進法15条の7第3項の限定の規定を自覚していたこともわかった。東京都版市場化テストモデル事業の取組みで、公共職業訓練業務を対象として選定した理由として、職業能力開発促進法や厚生労働省の法解釈により民間開放が進まないとしていたのである（総務局行政改革推進部「東京都版市場化テストモデル事業の取組」2008（平成20）年8月、4頁）。

CAD科の民間委託が行われたのは第九次東京都職業能力開発計画の計画期間中（2011（平成23）年度から2015（平成27）年度）であるが、この計画では法15条の7第3項を配慮して、民間委託訓練の活用に関して次のように記載されている。

○民間委託訓練の活用による必要な訓練規模の確保
・求職者の再就職を支援する離職者向け訓練は、民間教育訓練機関等による委託訓練の活用により必要な訓練規模を確保し、雇用情勢の変動等に的確に対応します。……
○求人ニーズの高い分野での委託訓練の実施
・都内の求人求職動向や民間教育訓練機関等における教育訓練の実施状況を踏まえながら、医療・福祉、営業・販売など求人ニーズの高い分野での委託訓練を実施します。（60頁）

こうした第九次東京都職業能力開発計画における職業訓練の民間委託についての方針に、CAD科の民間委託は反している。利用者定員を240人から120人に半減しての民間委託であるから、当局は求人ニーズの高い分野と考えているはずはない。職業能力開発センター全体で見ても、CAD科の民間委託の結果、15名の利用者定員減となっているのである。

5) 定数半減の不合理性

たしかに、民間委託前のCAD科の実績を見ると、2010（平成22）年と比べて2011（平成23）年は入校生が89名減っている。しかし、三つあった訓練校の講座のうち多摩校が廃校になった分が減ったのであり、その後はほとんど変わっていない。

CAD 製図科の民間委託における対象業務の要求水準としては、訓練終了後
3 か月間の就職率 70% 以上を目標としている。また、2007（平成 19）年度に行
われた東京都版市場化テストモデル事業においても就職率 70% が実施要項上
の要求水準とされていた。

　CAD 製図科の東京都直営の時の就職率を見ると、2010（平成 22）年度は 61.6%
と低いが、2011（平成 23）、2012（平成 24）、2013（平成 25）年度とも 70% を超
えている。CAD 製図科の民間委託が検討された 2014（平成 26）年度の前の 3 年
間は 70% を超える就職率があり、かつ、定員を相当程度超える応募者がある。
民間委託における要求水準を超える就職率が示されていた。それなのに、なに
ゆえ定員半減のうえ、民間委託を行ったのか、東京都版市場化テストモデル事
業の評価などと比べても、きわめて不可解である。

　しかも、東京都の資料によれば、民間委託後の平成 27 年度の CAD 科の関連
業務への就職者数は 26 名、関連業務への就職率は 57.8% であって、民間委託前
と比べていっそう下がっていた。平成 27 年度 10 月入校生、平成 28 年度 4 月入
校生のいずれも、CAD 科の応募は定員を下回っている。

　このように、民間委託後の CAD 科の実績は、応募人員、就職率ともに不良で
あった。これは、CAD 科の民間委託が効果的でなかったことを示している。

　大田校は入校数が少なかったが、2014（平成 26）年 9 月にはその対策として
パソコンを整備したにもかかわらずその半年後に民間委託を行ったというのも、
施策の一貫性を欠いている。

　尋問でも都側の証人はこれらの点について的確に説明することができなかっ
た。

6）民間委託の評価について

　CAD 製図科の民間委託について外部委員による評価の実施は不明であった。
　東京都における民間委託の評価は、2006（平成 18）年度から始められ、2007
（平成 19）年度に実施され、2008（平成 20）年度に評価がなされた「東京都版市
場化テストモデル事業の取組」（総務局行政改革推進部が公表）で行われただけ
だった。これは、東京都総務局行政改革推進部のホームページに掲載されてい
る東京都版市場化テスト管理委員会の開催記録でも確認できた。同委員会は、
市場化テストの対象事業を決めたり、事業実施後の評価などを行うのだが、な

んと、2008（平成20）年8月に市場化テストモデル事業の評価をまとめた上記の報告をして以降には開催の記録が載っていなかった。2017（平成29）年4月1日当時委員は未選任となっており、2008（平成20）年8月以降の活動は不明であった。

　毎年度評価し引き続き民間委託でやっていくのかを判断しているならば、その評価を公表すべきである。ところが、低い実績にもかかわらず、民間委託先の選定は当初の一般競争入札からプロポーザル方式（企画競争入札。入札業者が企画力のある業者に限られる）に変えられ、委託先も変わらないままであった。

　このように、必要性・合理性が認められないのに、民間委託と定員の半減を強行し、その後プロポーザル方式に変えてまでしてこれを維持していた。これは、非常勤職員の地位向上のために先進的に闘ってきた公務公共一般の委員長を狙い撃ちにするという組合つぶしの不当労働行為に違いないと私たちは確信した。

(4) 非常勤公務員の「任用」論

1) 非常勤公務員をめぐる状況

　2017年の地方公務員法22条の2の改正（2020年4月1日施行予定）などにより、特別職非常勤公務員の殆どは、一般職非常勤公務員である会計年度職員に整理されることとなった。東京都ではそれを先取りして、専務型労働者については一般職への編入も行われたが、短時間の講師など非専務型については特別職非常勤公務員として残っていた。

　職業能力開発センターの講師は、この非専務型の特別職非常勤公務員労働者であり、有期1年の勤務であった。前述のとおり、その任用拒否についてはこれまで「任用論」（公務員の勤務関係は雇用ではなく行政行為であるとする）の厚い壁があった。

　この点については、前田達男金沢大学名誉教授に、ドイツ公務員法との比較の観点からの意見書を書いていただいた。それに加えて、晴山一穂専修大学教授（肩書は当時）のご紹介で同氏が主導する非常勤公務員研究会に参加させていただき、同氏や早津裕貴准教授らから重要なご意見を得た。それらをふまえて私たちは以下のように主張した。

2) 原告らと東京都との勤務関係は労働契約関係である

　本件の当事者らは特別職非常勤公務員だから、地方公務員法はほとんど適用がない（地公法4条2項）。他方、前述のとおり、労基法、労組法が適用されて争議権・労働協約締結権も認められている。

　さらに、公務員の勤務条件は条例で決める、という条例主義の観点では，地方自治法203条の2で、特別職非常勤職員の報酬、費用弁償等の額と支給方法は条例で定めなければならないとされている。しかし、あとは一定程度、再任用も含めて要綱（法的拘束力がない）で決められている。

　よって、それ以外は、労使対等の原則にもとづき労働条件が決められることになる。これは労働契約と一緒ではないか。しかも、CAD製図科の廃止と民間委託自体、議会で決定したものではなく、行政の施策にすぎないから、それによる原告らの更新拒否も勤務条件条例主義にもとづくものではない。

　加えて、CAD製図科の廃止と民間委託の結果、公共職業訓練事業の非常勤講師は民間企業と労働契約を締結し雇止め法理が適用されるようになったが、そのために任用を打ち切られた講師には地位確認を実現する法的保障がない、というのは、矛盾であり、公平とはとうてい言えない。また、原告たちの任用辞令には「有期労働契約」と明記されていた。そこに当事者の意思が示されている。よって、民事訴訟法上の地位確認、労働契約についての雇止め法理の適用が認められるべきである。

　実際のところ、職業能力開発センターの講師の業務は、年度途中で生徒が入校し、年度をまたいで受講するなど、年度を越えて継続していく。その授業科目が継続する間は「公募によらない再度任用」を繰り返してきたし、その手続はきわめて形骸化したものであった。申込書は履歴書と理解され、その提出は2年に一度であったし、任用辞令は更新後の交付であった。科目の廃止・変更の場合にも、労使交渉によって、公募によらず内部選考による配置転換がされて、講師は勤務を継続してきた。その経緯は、小林雅之副委員長が尋問で詳細に証言した。

　また、公務公共一般労組は、本件雇止めに関する産業労働局との交渉のなかで、産業労働局から「希望者のリストを出せば、実績・経験を考慮する」との言明もえた。この言明も加えて考えれば、原告らは、本件契約期間満了時において、雇用契約の更新を期待することについて合理的な理由を有していた。

少なくとも、公法上の契約として、公平と信義則および権利濫用法理にもとづき、実質的当事者訴訟による地位確認を検討すべきである。

(5) 本件の解決

公務公共一般労組と原告ら、弁護団は、このような批判を裁判、労働委員会で繰り広げ、非正規公務員など多くの労働者と連携し、五次に及ぶ各職場一斉統一ストライキも行なって闘った。ストライキの際の都庁前集会には、原告中嶋の教え子も参加し、教わったことが生かされていること、そして原告中嶋の復職を切々と訴えた。

労使交渉を継続するなかで、裁判原告3人は、職業能力開発センターにおける就労についての合意を得て、雇止め前よりも時間数は削減されたものの、一定の就労の回復を得た。

その後も、労働委員会の勧試もあり、労使交渉が繰り返された。裁判所には、実に3回も判決の延期をしてもらい、ついに、3年余の審理を経て、9月27日、都労委調査期日において、東京都と組合は、和解協定を締結した。そして、労働委員会への救済申し立てと東京地裁への地位確認などの訴えを取り下げた。

この和解協定は、当事者3名についても、今後の任用や委嘱の拡大を都が事実上約束するとともに、都は、それ以外の職業訓練講師についても、その重要な役割を認め、再度任用されない場合についての公募の紹介やきめ細かな配慮などをする内容となっている。任用論に風穴を開け、地方公務員の非常勤職員の大半を占めるに至った会計年度職員制度を突破する足がかりとなったものと評価できる。また、「任用論」を盾に本件の団体交渉での解決を拒んだ東京都に対し、今後誠実に協議することを約束させたことは、非常勤の公務員の労働条件向上のために意義がある。

和解調印の場で公益委員から、本件の本質は民間委託の問題であり、和解が成立しなければ、その点について継続して調査するつもりであったと告げられた。この問題での追及が、都をも追い詰めたものと考えられる。この公務の民間委託や民営化の問題点については、引き続き追及していかなければならない。

4 国立大学法人における教育研究の変質

はじめに

1998（平成10）年制定の中央省庁等改革基本法において新たに独立行政法人制度が創設され、その翌年、独立行政法人通則法（以下、通則法）が成立した。これにより、2001（平成13）年4月に国の事務事業を担っていた国の機関が各々の設置法にもとづき独立行政法人（以下、独法）へと移行し、その後、特殊法人及び認可法人の独法化、国立大学法人法（2003（平成15）年10月施行、以下、法人法）による国立大学・大学共同利用機関等の法人化が順次実施された（国立大学法人・大学共同利用機関法人の発足は2004（平成16）年4月）。

独法は、「国民生活及び社会経済の安定等の公共上の見地から確実に実施されることが必要な事務及び事業」で、「国が自ら主体となって直接に実施する必要のないもののうち、民間の主体にゆだねた場合には必ずしも実施されないおそれがあるもの……（後略）」（通則法2条1項）などを担うとされている。しかし、一義的に確定し難い用語（「直接に実施する必要のない」、「必ずしも実施されないおそれ」）を羅列することで、その内容はきわめて可動的・流動的な解釈を許容するものとなり、実際に、そうした解釈をつうじてその後も独法の廃止（民営化を含む）や統合が進められてきた[1],[2]。とくに、通則法が、いわゆる準公共財として行政が提供してきた公益的サービスを市場に委ねる方向性を明確に

---

1) 独法が発足した直後から、自民党政権、民主党政権を問わず、政府による独法のさらなる合理化の促進は重要な施策であった。独立行政法人合理化計画（2007（平成19）年12月）、独立行政法人の抜本的な見直しについて（2009（平成21）年12月）、独立行政法人の事務・事業の見直しの基本方針（2010（平成22）年12月）、独立行政法人の制度及び組織の見直しの基本方針（2012（平成24）年1月）、独立行政法人改革等に関する基本的な方針（2013（平成25）年12月）等が次々と閣議決定され、政府は独法の整理を推進した。

2) 現在までに民営化ないし廃止された独法の業務が、それ以降どのように処理されているのかを明らかにすることも、政府の「独法政策」を評価するに当たって重要な主題であるが、本稿ではそうした考察を行うことができない。なお、前掲注1）の独立行政法人合理化計画においては、同計画策定過程で、政策評価・独立行政法人評価委員会、規制改革会議、官民競争入札等監理委員会および資産債務改革の実行等に関する専門調査会等の議論についての報告を聴取した旨の記載がされており、通則法2条1項の「民間の主体にゆだねた場合には必ずしも実施されないおそれがあるもの」の範囲をできる限り縮小して解釈しようとした取組みが見てとれる。ちなみに、総務省による「独立行政法人一覧」（2012（平成24）年4月1日）では102法人あった独法が、2022（令和4）年4月1日版では87法人とされている。

打ち出したことで、国立大学法人もまた、他の独法と同様に、その教育・研究活動において、業務の非効率性ないし競争原理の不徹底を理由とする批判や、厳格な業務実績の評価と中間目標期間終了後の業務見直しの要求に直面している。同時に、運営の基盤的経費である運営費交付金の削減が進行した結果、業務実施体制が不安定化するとともに、大学研究者の研究論文数の減少や研究水準の低下までもが指摘されるような現状にある[3]。

そこで本稿では、独法制度の発足から 20 年が経過した現在、国立大学法人が担う公務の水準や内容がどのような変質を被ってきたのかの考察を行う。独法の発足当時は、国の行政機関の独法化がいかに不可避であるかを強調する議論が主流であったが[4]、今日、そこで目論まれていた独法化による各種政策の「達成度」を、各々の独法が担当する事務事業の実態、法人運営方法などに即して明らかにし、独法制度が表向きにメリットとしたものが実際に何をもたらしたのかを示す必要性が高まっている。本稿は、とりわけ、教育・研究に携わる国立大学法人や独法化後の国立の研究機関がどのような状況にあるのかに焦点を当てたいと考えるが、同時に、国立大学法人教職員[5]や国立研究機関の研究職員等に生じている労働条件や労働環境の問題点にも関心が寄せられねばならない。

なお、この課題の検討に当たっては、教育・研究を担う国立大学法人・国立研究機関を取り巻く環境が刻々と変化しつつある点も押さえておく必要がある。すなわち、2010 年代以降、政府が進めてきた累次の法制度改革、たとえば、産

---

3) これらの状況の詳細については、後述 (1) 2)、3) および (3) を参照。

4) 政府が設置した行政改革会議の「最終報告」(1997 (平成 9) 年 12 月) では、「行政機能の減量 (アウトソーシング)」、「行政を簡素・効率化」、「民間能力の活用」、「渾然一体となっている政策立案機能と実施機能の組織的分離」といった要請から独法の創設を根拠づけていた。また、特殊法人等整理合理化計画 (2001 (平成 13) 年 12 月・特殊法人等改革推進本部) のなかでは、事業の意義の再検討、非採算性の有無、効率化からの民営化要請などの視点から、廃止、民営化の選択肢とともに、38 の特殊法人を 36 の独立行政法人に切り替えるものとしていた。

5) 国立大学法人化の時点では、教育公務員特例法 (以下、教特法) の適用ないし準用による教職員の身分保障の要請と、新しい大学運営に資する柔軟な人事制度の実現との対比がクローズアップされるという構図で議論が行われた。参照、大場淳「国立大学法人化と教職員の身分保障」(広島大学高等教育研究開発センター、COE 研究シリーズ 8、2004 年)。しかし、この評価枠組みを適用して非公務員化を選択した結果、それぞれの職場で深刻な問題が多発している点を公表・公開し、根本的に是正していくことが現在の差し迫った課題である。

業競争力強化法の制定（2013（平成25）年）、通則法および法人法の改正（2014（平成26）年）、研究開発力強化法から科学技術・イノベーション活性化法（いずれも略称）への改正（2018（平成30）年）ならびに科学技術基本法（1995（平成7）年）を改正した科学技術・イノベーション基本法の制定（2020（令和2）年）等がどのような方向性をめざすものであり、それらが現在ないし今後の国立大学や国立研究機関をどこに「誘導」しようとするのかを考察することも不可欠である。この観点から、これら法律群の運用が、国立大学法人が担う教育・研究の「公務」性に、さらに異質な歪みを与えることになっていないかについても問題を指摘したい[6]。

（1）法人化が国立大学の業務とその教職員に与えた影響

1） 国立大学、国立大学共同研究機関、国立高等専門学校[7]等の教職員は、法人化に伴いそれまでの国家公務員身分を失い、現在の教育公務員は、教特法2条が規定するとおり、地方公務員のうち公立学校の学長、校長、教員および部局長ならびに専門的教育職員のみである。また、公立大学は、地方独立行政法人法において公立大学法人として取り扱われ（同法第7章参照）、その教職員は、国立大学と同じく非公務員である。

ところで、国立大学法人の教員が教特法の適用外となり、法人法により国立大学法人と教職員との間の身分法制が定められたが、同法の大学の運営に関す

---

6)　本稿は、国立大学法人が従前どおり国家公務員身分を有する教職員に担われるべきか否かを直接に検討しようとするものではないが、国立大学の本分とされる教育・研究活動が、法人化以後その役割をどのように変化・変質させられているのかを見ることにより、大学をめぐる各種政策を、その組織のあり方を含めて批判的に考察しようとするものである。なお、本来の教育・研究を語る場合に、通常想定されるそれぞれの狭義の活動に加えて、若手研究者の養成（いわゆる理系の女性研究者の増大等といった要素も含む）、大学が立地する各地域の社会・経済等への貢献、研究の国際連携強化等への包括的な目配りはもちろん、法人化した大学等の教育・研究者の良心の自由がいかに保障されるべきか、あるいは大学等における軍事研究との密接な関係強化の現状をどう考えるべきかなど、多面的な検討が併せて必要となってこよう。そのような現状を捉えた一例として、池内了『科学者と戦争』（岩波新書、2016年）、同『科学者と軍事研究』（同、2017年）を参照。

7)　国立高等専門学校の独法化についても簡単にふれておく。独立行政法人国立高等専門学校機構法は、国立大学法人法と同日に公布され、55の高等専門学校を同機構が設置するものとされた（後に、宮城県、富山県、香川県、熊本県で従前の二校が一校に統合され、2022年12月時点で51高専55キャンパスが設置されている）。国立高等専門学校は、実践的技術者の養成を目的とする高等教育機関であるにもかかわらず、国立大学法人と異なり、機構を純然たる独法として位置づけており、機構法上は教育法令が断片的に準用されるにとどまっている（同法16条、同法施行令2条1項22号参照）。

る根本的な仕組みは、新たな歪みを生み出すことになった。

　たとえば、政府は、教職員が教特法および国家公務員法の適用外となったことにより公務員としての身分保障が失われる反面、民間の労働関係と同様に労働三法が適用されるとともに、大学が国の機関ではなくなったことで大学運営の自由度が飛躍的に高まり、大学の自主的な改革が進められやすくなるとのイメージを定着させようとした。また、通則法等にもとづく独法がもともと行政改革を目的としたものであり[8]、業務の効率化を図る点では国立大学法人も共通性を有するものの、独法のような整理・統廃合が想定されているわけではないなどと説明してきたが[9]、法人法が組織運営の重要部分については通則法を準用するものであることから（法人法 35 条）、その建前とは逆に、現実には大学の自主性や自由度が高まるとの趣旨に反する結果を生み出している。

　第一に、国立大学法人にも、独法と同一ではないが、民間的なマネジメントによるガバナンス改革が強く求められている。これは、学長と大学法人ごとに法人法で割り当てられた一定数の理事からなる役員会を設置し、学長が理事会の議を経ながらトップマネジメントの大学運営を行うという枠組みが置かれたことに示される。

　第二に、法人経営に学外者が強力に関与すべきことを必須とした。法人の経営に関する重要事項を審議する機関として経営協議会を置き、委員の総数の 2 分の 1 以上を法人の役員または職員以外の者から選ばなければならないとし（20 条 2 項 3 号、同 3 項）、併せて学長選考会議を設置して、ここにも経営協議会で選出された一定数の者を加えるべきものとした（12 条 2 項）。また、前記役員会においても、理事または監事には「任命の際現に当該国立大学法人の役員又は職員でない者が含まれるようにしなければならない」（14 条）とするなど、学外者による関与・監視は不可欠の手法と位置づけられた。

　第三は、大学評価の仕組みである。法人の業務実績評価を行う国立大学法人評価委員会（9 条）が、一般的には事後チェックと称される第三者評価の機関として、主務省である文部科学省に設置された。同委員会の権限には、以下の

8)　前掲注 4) 参照。
9)　ただし、この（大学の統廃合が必ずしも視野に入れられているものではないとの）見方は、法人化以降強調されることとなった自主的な大学のガバナンス改革の評価いかんにより、今後、とくに地方国立大学が生き残れなくなることもやむを得ない、とする論調が強まることと必ずしも矛盾しないであろう。

場面で求められた際に意見を述べることが含まれる。すなわち、法人業務の実績等の評価（9条2項1号）、国立大学における技術に関する研究の成果の活用を促進する事業で政令で定めるものを実施する者に出資することを、文部科学大臣（以下、大臣）が認可する際（22条1項6号、同3項）、大臣が中期目標を定めるとき（30条3項）、同じく法人等が作成する中期計画を大臣が認可する際（31条3項）、法人が業務の財源に当てるため積立金を処分しようとするときの大臣の承認時（32条2項）、法人が長期借入金の発行等、またその償還に充てるための債権発行等を認可する際（33条3項）、そしてそれらの償還計画の認可の際（34条2項）である（以上の法人法の規定はすべて同法制定時点のもの）。中期目標を定める時点から業務実績の評価、さらにその評価をふまえて大学運営の重要な局面における大臣の処分判断に際してのごとく、きわめて広範囲に渡り評価委員会の意見具申が認められており、国立大学法人の自己評価が前提とはされているものの[10]、上記のとおり、法人法上、それに対する形式的な事後チェックにとどまらない非常に強力な関与が行われることになったのである。

　2）これらの仕組みのなかで、大学の自治を基本とする大学の自立性の保障は、法人法にどのように反映されているといえるであろうか。第一に、独法とは国から「独立」した法人格をもつ存在であり、大学法人もかつての国の施設等機関ではなく自立的な存在となったことは、根拠法から自明であるとされる。第二に、教員の身分は非公務員となり、その任命権は文部科学大臣から学長に移行しているので、これまで教特法が教員人事の自主性を保障するために教授会の議を経て決定する仕組みを法人法では置かないこととしたのも、大学の自立性が担保されていることの証左であることになる[11]。第三に、法人には通則法を全面適用せず、別途法人法を定めたこと自体が「配慮」の現れであるとの

10）教育研究評議会の審議事項として、教育および研究の状況について「自ら行う点検及び評価」に関する事項（法人法28条3項7号）が、また経営協議会の審議事項として、組織および運営の状況について「自ら行う点検及び評価」に関する事項（同27条4項5号）、が規定されている。

11）参照、第186回国会衆議院文部科学委員会第22号（平成26年6月6日）吉田大輔高等教育局長発言。このような発想法によれば、教員人事手続以外の場面で大学の自主性が確保されていると評価できるのは、まさしく学長のリーダーシップが発揮できるための法規定が整備された点にこそ求められるのかもしれない。その反面で、後述する、教授会の審議事項を制限する法改正が大学の自治、自主性の重要な要素を損なうことにならないかといった危惧、感覚が国会審議や政府側の説明・答弁においてきわめて稀薄であるのは、特異な現実を表していると思われる。

理解の上に、重ねて「国立大学及び大学共同利用機関における教育研究の特性に常に配慮しなければならない」との規定（3条）が置かれた点である[12]。しかし、これらはいずれも、いわばお決まりの説明にとどまり、「自立性」の理解、および同法が備える構成や内容が、実際に大学の教育研究の特性に十分な省察を示したうえでの説明であるのかは疑問である[13]。

　結局、頻繁に用いられる「自主性」、「自律性」は、大学改革の方向性と法制度に国立大学法人が服することを余儀なくさせる過程で発揮されるべき、いわば「相剋する概念」となっており、上記3条の「配慮」概念とともに、現実には実現を妨げられた空疎な標語に陥っていると解さざるをえない。

　3）国立大学法人に対して、法人法上の仕組み以上に深刻な足かせとなったのは、運営費交付金の減少である。当初、法人の財務会計マネジメントの特徴は、国から費目別でない渡し切りの交付金であることから法人の裁量による使用が可能となること、学生の授業料を収入として、文科省が定める標準額から

12）法案作成に至る過程で、文部科学省に設置された「国立大学等の独立行政法人化に関する調査検討会議」による「新しい『国立大学法人』像について」（2002（平成14）年3月26日）では、「中期目標については、大学の教育研究の自主性・自律性を尊重する観点から、あらかじめ各大学が文部科学大臣に原案を提出するとともに、文部科学大臣が、この原案を十分に尊重し、また、大学の教育研究等の特性に配慮して定める。」としながらも、法規定上は、文部科学大臣に対する大学の意見（原案）への配慮義務、あるいは文部科学大臣に対する大学の教育研究等の特性への配慮義務、といった語を使用した（本文も含め、傍点は筆者による。以下同じ）。その意味で、尊重と配慮との法的性格付けの差違は、ニュアンス上は別としてきわめて曖昧である。結果的に、法人法は、「尊重」ではなく、一元的に「配慮」規定を採用した。なお、法人化前の国立大学時代に制定された「大学等における技術に関する研究成果の民間事業者への移転の促進に関する法律」（1998（平成10）年）においても、実施指針のなかの、「大学における学術研究の特性（中略）に際し配慮すべき事項」を定める旨の規定（3条2項3号）や、大学と民間事業との連携協力の円滑化に際しての「大学における学術研究の特性に常に配慮しなければならない」（9条）といった規定が慣用句のごとく使用されており、法令上、より具体的に国が大学に対して取るべき「配慮」の内容を明確に充填しておこうとする姿勢は、一貫して欠如している。

13）たとえば、自主、自律および自立の語は、法人法上は皆無であるのに対して、通則法には、「独立行政法人の事務及び事業の特性並びに独立行政法人の業務運営における自主性」が「十分発揮されなければならない」（3条3項）と規定されている。また、2014（平成26）年の同法改正により導入された、中期目標管理法人および国立研究開発法人の類型に対しては、「一定の自主性及び自律性」の「発揮」を求めている（2条2項、3項）。これらの規定を、組織運営・業務等の効率性の観点や各独法の主務省からの規制の存在を前提に、注意規定として採用されたものと解するなら、法人法の場合は、国立大学法人に「自主性」「自律性」を要請すればむしろ大学の自治等の法原則からも問題になると判断されたと推測する余地もある。しかし、「自立性」も含めて、実際にこれらの原則が法人法上いかに軽視されているかは、前記（1）1）で掲げた法人法上の仕組み、および政府答弁中の狭隘な用語理解から明らかである。

一定比率で法人が値上げ設定できること、法人の取組みにより外部資金（寄付金、委託研究費、科学研究費間接経費等）の多様化を図れること等により、法人の自由度が高まると繰り返し言い広められてきた[14]。

　しかし、運営費交付金は、2004（平成16）年度の1兆2415億円から2020（令和2）年度の1兆1070億円（うち264億円は高等教育就学支援制度の授業料等減免分であり、法人の使途は特定される）と減少が続き[15]、潤沢な外部資金が得られる研究分野は別にしても、大学の基盤的運営にかかる経費は圧迫されざるをえず、前述した法人の裁量的使用の余裕すらない状況も生まれている。経常費用で率が高いのは人件費（附属病院がある法人ではその人件費を含む診療経費も高比率）であり[16]、法人が毎年の人事院勧告に則り職員給与等の手当を行うと、必然的に、教職員の昇任等や新規採用、非常勤教員の採用等に財政上、負の影響をもたらさざるをえない実態がある。さらに、法人化以前からの定員削減要求を受けて減少し続けてきた職員に対して、通常業務に加え、大量かつ頻繁に対応しなければならない大学評価に係る各種作業等が教員に対するものも含めてその業務量を増大させており、教務・学生に対応するための事務処理においてもパート職員や派遣職員を恒常的に配置せざるをえない状況である。そのため、大学の職場では、業務の適正処理の確保はもちろん、職員の健康管理が不安定化しつつある実態にいかに対処していくべきかが深刻な課題として現れている。

　基盤経費に充てるべき運営費交付金の減少は、当然ながら、研究面における最大の不安定要因である。たとえば、外部資金の導入が困難な研究分野にあっては、実験設備・検査機器装置等の旧式化や経年劣化に対応した機器の適時の更新が行えず、さらには電気料金・水道代等をいかに節約するかを全学で検討しなければならなくなるなど、研究環境の悪化はきわめて顕著になってきた。大学図書館の雑誌、書籍・電子資料類を継続購入するための費用も、むしろどの雑誌、資料の購入契約を打ち切るかが検討の中心になっており、学生に対する教育・学習条件の低下も甚だしい。したがって、学長裁量経費から、あるいは獲得された外部資金から一定割合の費用を基盤的な経費に回すための工夫や

14）国立大学法人経営ハンドブック（1）」（独立行政法人　国立大学財務・経営センター、2004年5月）1-9、1-10頁参照。
15）第四期中期目標期間における国立大学法人運営費交付金の在り方に関する検討会第1回資料3、4頁参照。
16）前掲注15）資料、5頁参照。

ルール作りが必要となるなど、財務上の問題が山積している。また、運営費交付金とは別に措置されることとなっている施設整備費補助金も法人化以後減少している点も見逃せない。研究棟・教育棟などの建物の老朽化や教室・会議室等拡充の要請への対応は各大学の財政では困難であり、災害時における学生・院生、教職員等の安全確保の面を含めて、施設・備品等の長寿命化という名目での文部科学省による弥縫策が続けられるのみである。

(2) 政府の政策における国立大学の位置づけ

1) ここで改めて、国立大学法人が設置する教育研究機関としての大学が、現時点での法制度上および文教政策の観点から、どのような位置づけをされてきたのかに焦点を当ててみたい。

現行の教育基本法が改正されたのは、国立大学法人化後の2006（平成18）年であったが、そこでは旧法にはなかった「大学」の見出しを有する第7条が創設され、「大学は、学術の中心として、高い教養と専門的能力を培うとともに、深く真理を探究して新たな知見を創造し、これらの成果を広く社会に提供することにより、社会の発展に寄与するものとする」（傍点執筆者）と規定された。一見すると常識的な定めにも見えるが、従前の学校教育法（旧52条）の大学の目的規定には傍点を付したような表現は含まれておらず、翌2007（平成19）年の学校教育法改正に際して、本規定と同主旨の83条2項が付加された[17]。したがって、大学が学術の中心として社会的任務を果たすべく期待される一方で、前述のような法人化された大学を取り巻く環境や大学内の状況がその任務そのものにどのような影響を及ぼしてきたのかを明らかにしなければならない。そこで、文部科学省に限定せず、政府の大学政策の動向を、以下、概略する。

2) 第一に、第二次安倍内閣が発足した2012（平成24）年以降、教育政策、とくに大学の役割ないし機能の特定の側面への関心が政治的課題として取り上げられ始めた。その先鞭を付けたのは、教育再生実行会議の第三次提言「これか

---

17)「大学は、その目的を実現するための教育研究を行い、その成果を広く社会に提供することにより、社会の発展に寄与するものとする」（現行の83条は、本改正法により旧52条を移行したもの）。内閣による同法の改正理由は、「教育基本法の改正を踏まえ（中略）学校の種類ごとの目的等に係る規定を整備する（後略）」こととされていたが、前年の教育基本法改正理由では、「教育をめぐる諸情勢の変化にかんがみ、時代の要請にこたえる」ことを挙げていた。後述する内容3)は、同条が規定した「その成果」の「提供」を、具体的に示したものと見られる。

らの大学教育等の在り方について」(2013(平成25)年5月28日)である。同提言は、「教育を集大成し社会につなぐ」大学の役割を念頭におくとしつつ、取り上げられた対象は大学の研究分野や産学官の連携強化等の課題に及んだ。グローバル化に対応した教育環境づくり、大学等における社会人の学び直し機能の強化などと並行して、「社会を牽引するイノベーション創出のための教育・環境づくり」を進め、かつ「大学のガバナンス改革、財政基盤の確立により経営基盤を強化する」という柱立てが行われ、前者においては、新産業創出を促進する手法として、研究開発の事業化を目的とした投資会社および大学発ベンチャー支援ファンド等への国立大学による出資可能化の制度化提案が、後者においては、運営費交付金・施設整備費補助金等の財政基盤の確立を図るとする一方で、大学内で運営費交付金の戦略的・重点的配分を行うことや、学長の全学的なリーダーシップ体制の整備、学長選考方法のあり方・教授会の役割の明確化等、抜本的なガバナンス改革が提唱された。

  3) こうした内容の提言と相互的かつ密接に連携した政策展開を示したのが、「教育振興基本計画」および「日本再興戦略」(いずれも同年6月14日。以下、それぞれを計画、再興戦略とよぶ)の二つの閣議決定である。計画は大学におけるガバナンス機能強化とともに、「機能強化」に向けた国立大学改革推進を掲げるが、その例として、機能別・地域別の大学群形成、大学の枠・学部の枠を越えた連携・再編成等の促進等を挙げており、そこでの改革の視点は、明らかに独法一般の合理化目標と接近していた。さらに踏み込んで、「全大学のそれぞれの専門分野ごとに強みや特色、社会的役割」の明確化を要求する点において、大学の教育・研究を個別的に切り出し、「社会的役割」の名で研究の序列化を図る端緒としたと見ることができる。再興戦略は、教育再生実行会議の提言に直結し、さらに産業競争力強化の観点を明示したうえで、世界トップレベル大学群の形成を目標とし、産業界との連絡を強めて「理工系人材の確保」を推進する戦略の策定と、「大学発新産業創出」をめざし、イノベーション機能を強化するために大学発ベンチャー支援ファンドへの国立大学による出資を可能とする法案整備を進めるものとした。そして、国立大学法人をこのような方向に動員させる手法を、従前のガバナンス改革の継続強化に求め、その中心的施策を、①教授会の役割見直し、部局長の職務、理事会・役員会機能見直し、監事の業務監査機能強化等の推進、および②文部科学省に置かれている「国立大学

法人評価委員会等の体制を強化し、大学改革の進捗状況を細かくフォローする」[18]取組みに求めた。

　4）文部科学省は、これらの提言の直後に「今後の国立大学の機能強化に向けての考え方」（同年6月20日）を提示し、11月には「国立大学改革プラン」（以下、改革プラン）を公表した。改革プランは、基盤的経費である運営費交付金の減少を出発点としたうえで、前記計画および再興戦略に忠実に応えるための「大学改革」の具体像を示したものといえる[19]。これら計画、再興戦略及び改革プランを基礎として、独法化以降の国立大学政策は、新たな「役割」を付与され、現在もその継続と極限化[20]が進行しつつあると捉えることができる。

(3) 行政改革と成長政策を融合させた大学政策・産業政策の開始

　1）さて、前記改革プランの第一の特徴は、国立大学法人の類型化をつうじて国立大学間で「役割」を切り分け、それらの「能力」に応じた格差の開始を制度化した点である。すなわち、「第三期に目指す国立大学の在り方」において、「各大学の強み・特色[21]を最大限に生かし、自ら改善・発展する仕組みを構築することにより、持続的な『競争力』を持ち、高い付加価値を生み出す国立大学へ」とのタイトルで、各大学の改革の方向性として三つのモデルを提示した。それが、①世界最高の教育研究の展開拠点、②全国的な教育研究拠点、③地域活性化の中核的拠点、であった。この直接の目的は、「ミッションを踏まえ、学部・研究科等を越えた学内資源配分（予算、人材や施設・スペース等）の最適化、大学の枠を越えた連携、人材養成機能強化等の改革を改革加速期間中に実施する大学に対し、国立大学法人運営費交付金等により重点支援」を行うことにあった。また、改革の取組みへの配分等の運営費交付金額を3〜4割

18）再興戦略、16頁。
19）法人法によれば、文科大臣は、法人化した国立大学に6年ごとに国立大学法人等が達成すべき業務運営に関する目標を中期目標期間として定めるものとされており（30条1項）、本プランが提示されたのは第二期（2010〜15（平成22〜27）年度）の途中であった。本来は、第三期（2016〜21（平成28〜33）年度）全体をつうじて本プランを適用する予定であったが、本プランの「大学改革」路線は、その後急きょ、大学の「機能改革」を目的にするものへと変化することになる。
20）本稿「おわりに」参照。
21）本プランは、強み・特色に加えて「社会的役割」を挙げ、これをミッションと称している。文部科学省はすでに平成24年度から、各国立大学法人と意見交換をするなかで、大学側に、自らに課せられるミッションの再定義をするよう求めていた。

に増やすこと、国立大学評価委員会による改革進捗状況を毎年度評価することも明示され、国際水準に関しては今後10年で世界大学ランキングTOP100に10校ランクイン、大学発ベンチャー支援については今後10年で20の大学発新産業の創出を掲げた。文科省のこの政策は、大学が、多数の研究者・研究組織により多種多様で複合的な課題に取り組む研究共同体であることから目を背け、かつ大学の教育研究の「成果を広く社会に提供する」[22]意義を、主として競争による付加価値の提供へと一元化した点で、大学政策を大きく変貌させる転換点となった。これは一面では、国立大学間での運営費交付金配分を、大学の類型化と教育研究の成果、学内運営改革の達成度等の評価結果をつうじて差別化していく手がかりとしたものであり、同時に国立大学を国の成長産業に寄与させるための一翼を、文科省が積極的に担うという立場に与したことを意味する。そして、その際、大学の強みや特色という表現のもとで、成長に積極的に貢献できる国立大学グループを選抜し、他との差別化を図ることで、大学支援における国立大学相互間の格差を決定づけた。

　2)　教育再生実行会議の第三次提言以降、改革プランに至る大学改革、とくにそのガバナンス改革は、すでに見てきたとおり、大学発のイノベーションないし新産業の創出を視野に入れた提案であった。ただし、提案当時、その射程範囲ないし目的実現への接近方法ないし工程がどの程度準備されていたのかはなおも明確ではなかった[23]。新産業、イノベーション、ベンチャーの創出といった産業政策上の各種提言も、当初は、それに見合う高度な能力をもつ人材の育成を求めて大学改革を進める側面のみが意識されていたと思われる。

　3)　しかし、この内容は、本プラン策定後から政策の具体化が急がれる過程で、国際競争力の強化、成長政策を推進するために、国立大学（さらには公

---

22)　前掲注17)参照。

23)　当時、安倍晋三総理大臣が教育に関連して述べる内容も、成長戦略との密接な連結を必ずしも意識していたようには見えない。たとえば、「我が国の教育を立て直し、世界トップレベルの学力（中略）を取り戻すため、教育の再生を進め」る（平成25年1月1日念頭所感）、あるいは大学教育を変えたいとの主張の流れで、「世界の『優秀大学百傑』に、せめて10校、日本の大学を入れたい」などとしながらも、その手法としては、国が運営に携わる大学で、外国人教員の数を倍増する程度の提案でしかなかった（平成25年6月19日経済政策に関する講演）。しかし、翌年になると、「ノーベル賞の山中教授が実用化への道を大きく拓いた再生医療にも、今後、とてつもない規模の資本が投下されるはず」であるとか、「学術研究を深めるのではなく、もっと社会のニーズを見据えた、もっと実践的な、職業教育を行う」（平成26年5月6日OECD閣僚理事会基調演説）などの表現が散見する。

立・私立を問わず大学全般）および国立研究機関自体を積極的に動員する政策指向を強めてくる。

　前記（2）3）で紹介した再興戦略は、産業競争力会議における検討が素案として閣議決定へと至ったものであるが、さらにその後、産業政策分野からの具体的な要求を従前の大学支援政策に接合することにより、大学への「期待」とその役割は変遷を見せ始める。再興戦略公表の半年後に成立した産業競争力強化法には、国立大学法人と国立大学共同利用機関の技術的な研究成果を事業活動において活用する者に対し、その活動への助言、資金供給等の支援を行う事業を特定研究成果活用支援事業としてメニュー化した（2条7項）。さらに、上記国立大学法人等の業務に、技術に関する研究成果の活用を促進するため、認定を受けた特定研究成果活用支援事業者が特定研究成果活用支援事業計画に従って実施する特定研究成果活用支援事業の実施に必要な資金の出資等を行えることを含めた（22条）。同法は、最先端技術を有する企業に、安全性確保措置を講ずることを条件として企業単位で規制改革を行うことを認め、ベンチャー企業に対する資金供給の円滑化、リスクの高い先端設備投資を促進するための措置等を5年間の集中実施期間を設定して行う等の内容をもつものであった。そして、前記ベンチャーへの出資の特例を「産業競争力の強化に資するその他の措置として」[24] 設けたものであって、国立大学法人は、新規産業人材育成という役割とは別個の成長戦略の一の仕組みと位置づけられたことになる。すなわち、公費によるイノベーション技術の研究開発に、その成果を活用したい民間部門を引き込むことで、国立大学法人と民間双方にメリットが生まれる関係作りを構築することが、社会（の一部門である民間産業分野）へのミッションに大学が応えることであり、教育研究の「成果を広く社会に提供することにより、社会の発展に寄与する」任務を実行したものとして、大学の新たな機能改革が評価されることになる。実際に、2014（平成26）年9月の第19回産業競争力会議以降、文部科学大臣は同会議のメンバーとして参加が認められ、成長政策の着実な実行と進化をめざす一翼を担う役割が確定した。そこでは文部科学大臣が、国立大学がイノベーション創出の原動力であり、あるいは特定研究大学制度の創設を検討する旨の発言を行っており、他の会議メンバーは、

24）第185回国会衆議院経済産業委員会第3号（平成25年11月6日）における茂木経済産業大臣の発言。

さらに「公的研究機関（研究開発法人）」の活用にも言及している[25]。

4）以上の流れを受けて、国立大学法人を成長政策に組み込むいっそうの法改正が進行した。平成26年の国立大学法人法改正（法律第88号）は、大学をイノベーションの拠点と位置づけ、戦略的な大学運営により教育、研究機能を発揮できるのは学長のリーダーシップ強化にあるとしつつ、学長選考方法規定において、選考基準に従来の人格高潔、優れた学識等以外に「学長選考会議が定める基準」によるものを追加した（12条7項）[26]。これは、第一に、なお多数の国立大学で実施されている大学教職員による意向投票の結果に選考会議がとらわれるものではないとの姿勢を制度上担保することになる。第二に、各大学のミッションを踏まえて、それを実現するのに適任とされる人物を選考会議が決定することに寄与する役割への期待である。逆に選考会議が、意向投票を行う、あるいはその結果を重視する等といった基準を設ける場合について、文科省は、それ自体可能であるとしても、かかる基準は「過度に学内の意見に偏るような選考方法」であり、「学長選考会議の主体的な選考という観点からは適切でない」[27]と否定的な姿勢を明らかにしている。また、他の改正点として、経営協議会の学外委員をこれまでの「二分の一以上」から「過半数」へと改めた（27条3項。現在は20条3項）。これは、地域や社会の多様なニーズに応えた大学運営のため、より多くの学外委員の参加を促進しようとするものとされている[28]。なお、関連して、学校教育法上の教授会の「重要な事項を審議する」規定を、学生の入学、卒業及び課程の修了などの列挙にとどめ、その他「教育研究に関する重要な事項で、教授会の意見を聴くことが必要なものとして学長が定めるもの」等に限定する改正も行われた（同法93条）。

5）ところで、これら二法の成立ないし改正とほぼ同時に、通則法の改正および同法施行に伴う関連法律整備法が公布された。主な点のみ挙げると、①独法を三種類に分類し、そのうちの一つを「国の科学技術水準の向上を通じた国民経済の健全な発展その他の公益に資するため研究開発の最大限の成果を確保

25）産業競争力会議第20回議事録（平成27年1月29日）9頁における下村文部科学大臣発言と、6頁の橋本議員発言。

26）この定めは、令和3年の同法改正により、学長選考会議が学長選考・監察会議となった現在も存続している（同条6項）。

27）第186国会衆議院文部科学委員会第20号（平成26年5月27日）、同第21号（平成26年6月4日）下村文科大臣発言。

28）前掲注27）、同第21号吉田大輔文部科学省高等教育局長発言。

することを目的とする法人」[29] として、これを国立研究開発法人としたこと[30]、②それまでの目標管理を5〜7年の中長期的なものとする一方、総合科学技術・イノベーション会議が研究開発の事務・事業の指針作成（29条の3）、業績評価への関与（28条の2第2項）を行うこと、③各省に置かれていた評価委員会を廃止し、総務省に第三者機関として独法評価制度委員会を置き（12条）、同委員会が、総務大臣、各独法の主務大臣に意見具申や勧告を行えること（12条の2）、また各独法の監事、会計監査人の権限を強化して、法人業務や財産調査を行えるとしたこと（39条、39条の2）、④とくに国立研究開発法人に対しては、業績評価の結果により業務運営への改善命令や違法行為是正命令（35条の3）を発出できるとしたこと等があり、いずれも独法への監督強化を目的とする重要な改正であった。国立大学法人に対しては常識的に行いがたい関与が、独法である研究開発法人に対して当然のごとく可能とされた点は注意すべきである。とりわけ、前記②において、総合科学技術・イノベーション会議が指針により、特定の研究開発分野を選択することで、そこに重点を置いた国家的研究がより具体的に進められていけば、それが当該研究領域の研究者・研究機関の同意の下であっても、研究開発への国の介入、統制の拡大が当然視される前例となるからである[31]。

以上に付け加えると、国立大学法人とともに国の成長政策に正面から動員されるものとなった国立研究開発法人の今後のあり方にも、注意が払われなければならない。2018（平成30）年に、いわゆる研究開発力強化法から改正・改称された科学技術・イノベーション創出の活性化に関する法律は、「研究開発等、研究開発等であって公募によるものに係る業務又は科学技術に関する啓発及び知識の普及に係る業務を行うもののうち重要なものとして別表第一に掲げるもの」（2条9項）と、公募型研究開発（国の資金により行われる研究開発等であって公募によるもの）（25条1項）に係る業務を行う研究開発法人で別表第二に掲げるもの（25条1項、27条の2第1項）の二類型を新たに定めた。後者は、研究開発等に係る競争の促進を図るとともに研究開発法人、大学等及び民間事業者の

29）第186国会衆議院内閣委員会第17号（平成26年5月9日）稲田行政改革担当大臣発言。
30）法律上の定義は、通則法2条3項参照。
31）現実に、改正通則法公布後、総合科学技術・イノベーション会議の議論にもとづき閣議決定された「科学技術イノベーション総合戦略2014」（平成26年6月24日）では、二つの「国家重点プログラム」を創設し、科学技術イノベーションが取り組むべき政策課題が6項目設定されていた。

研究開発能力の積極的な活用を図るため、国及び民間事業者のそれぞれの資金を組み合わせて行われる研究開発等の方式の適切な活用を促している。行政上の任務を基礎として、多様な構成員からなる社会の需要を捉えつつ、研究開発業務を遂行してきた各独法＝国立研究開発法人が、今後、その機能を民間事業者の需要に応じた業務へとシフトさせていくことにより、研究領域も、そこから生み出される技術も、投入できる予算、研究開発に要する時間、研究に伴うリスク、イノベーション技術が民間活用されることによる付加価値や利益等の判断・評価に強く拘束されて、より公共性を帯びた業務はこれらに劣後することになる危険を想定しなければならなくなるおそれが生じよう。

おわりに

1) 紹介したとおり、国立大学法人、国立研究開発法人等を問わず、国家ないし社会からのミッションと称されるものに応じて要請される研究開発は、圧倒的にイノベーション技術に係る分野に集中されてきた。したがって、折りにふれて、このような状況を危惧するノーベル賞受賞者のみならず多くの分野の科学者から、とくに基礎研究の重要性を訴える声が挙げられてきたのは周知の事実である。しかし、政府からはそれへの積極的な反応がほとんど見られないのは異様なことといわなければならない。

また、国立大学法人も、運営費交付金配分の三つの類型中、「主として、卓越した成果を創出している海外大学と伍して、全学的に卓越した教育研究、社会実装を推進する取組を中核とする国立大学」によるイノベーション技術開発を促進する制度改正が進められてきた一方で、他の二つの類型（「主として、地域に貢献する取組とともに、専門分野の特性に配慮しつつ、強み・特色のある分野で世界・全国的な教育研究を推進する取組を中核とする国立大学」、および「主として、専門分野の特性に配慮しつつ、強み・特色のある分野で地域というより世界・全国的な教育研究を推進する取組を中核とする国立大学」）の大学への有効な支援策は取り残された状況に置かれている。

2) しかし、こうした政策の推進にもかかわらず、日本の研究力の国際的地位の低下に関するさまざまな指標は速やかな改善傾向を示すに至っていないとの指摘がある[32]。

---

32) 科学技術白書により、大学に関係するものとして、大学からの特許出願件数、大学発ベ

そこで、文部科学省は第四期中期目標期間に向けて指定国立大学法人構想を進めており、2017（平成29）年度以降10の国立大学が指定を受け、すでに活動を開始している。同法人が受ける特例は、研究成果の活用を促進するための出資対象範囲拡大、国際的卓越人材確保の必要性を考慮して役職員報酬や給与の基準を設定できることなど、規制緩和の手法によるものであるが、国立大学法人一般と同じく、指定国立大学法人も法人法上の毎年度の業務実績に係る評価を受けており、申請時の構想調書記載の取組みの進捗状況が評価対象とされている。いずれにせよ、ここでは取組みの成果が問われ続けるのであり、教育研究活動の拠点として成長政策・イノベーション向上が実現されるかが端的に求められることとなる。

　もう一つは、注目を集めつつある国際卓越研究大学[33]の行方である。政府が設置した10兆円の大学ファンドが、国立研究開発法人である科学技術振興機構に設置され、その運用益を利用して大学支援を行うとされるが、2023年4月時点で、国立、私立併せて10校が申請を行っている。当然ながら、ファンドの運用益から支援を受けるためには、難度の高い目標、その達成方法等を記載した計画の提出[34]と文部科学大臣の認可が必要となり、指定を受けた後も当該大学には厳しい実績の追求とそれへの評価が待ち受けることになる。

　3)　本稿が概観した一連の国立大学支援策、国立大学法人改革、大学・国立研究機関を組み込んだ産業政策は、日本の学術・研究開発に公費を投入することになぜ消極的であったのかを明らかにするものではない代わりに、国立大学、国立研究機関がどのような現状にあり、他方で国家、社会からどのようなミッションを課せられている（とされている）のかを、裏側から示してきたといえるであろう。

　そのなかで、研究費の獲得のためにすぐにでも着手しなければならない課題

ンチャー設立数、研究者数、論文数・Top10%補正論文数等の現状と変化が見られる。今後、中長期的に、組織別研究費使用割合や性格別研究開発費割合がどのように推移していくのかは、本稿で扱った政策の評価、適否につながるのではなかろうか。参照、平成30年版科学技術白書25-27頁。なお、依然として、日本は研究開発費や科学技術予算の対GDP比は高い水準にあるとしつつも、近年、大学部門、公的機関部門等の研究開発費は停滞しているとされる（令和4年版科学技術白書第1章第4節　研究開発費）。

33）国際卓越研究大学の研究及び研究成果の活用のための体制の強化に関する法律（2022（令和4）年5月公布、11月施行）参照。

34）認可に際しての基本方針において、大学の財務戦略を問うものがあり、大学は外部資金獲得の増加をもとにして、継続的な事業成長を果たすことの蓋然性を示す必要がある。

に対して具体的な対策が必要であることを前提にしたとしても、大学のあり方
としては、異なる視点や価値判断から、より多くの選択肢を模索する必要が
あったのではないか。少なくとも、失われた論点の一つは、国立大学のミッ
ション再定義を基礎にした国立大学の三分類が、社会の各主体によって、大学
へのミッションは多種多様であり続けていることと矛盾していた点であろう。
学生・院生等に対する研究活動にもとづくイノベーション技術教育のなかには、
地域における多分野にわたる技術者を育成する教育も、当面、応用・技術開発
には時間を要するが将来的なイノベーションに不可欠な、時間と検証を要する
地道な研究教育も当然に含まれている。人文科学、社会科学等々を含む教育研
究の対象、方法、内容等に視点を広げるなら、「大学」の名で、それを産業政
策の一の主体としてのみ位置づけて他を顧みないのは、冗談のようなものであ
る。つまるところ、それらの活動の集合体が大学であり、その各分野の間で均
衡のとれた改革や支援策を模索するという着眼点に立ち戻ることがなければ、
現状の、高度なイノベーション技術開発の道筋も遠くない時期に朽ちていき、
国立大学の基盤はさらに急速に失われるのではないかと危惧される。

〔萩尾健太／三澤麻衣子／恒川隆生〕

第3章　行政・公務の民営化・市場化が公務労働（公務員制度）に及ぼす影響

はじめに

20世紀末からの今日までの30年以上にわたり、行政は法的、政策的に、つまり体制的に民営化・市場化（以下単に、民営化）を進めてきた。行政諸領域に行政自体が民間事業者を参入させ、支援する。これを行政・公務（以下単に、行政）の民営化と呼ぶ。行政が個別事務・事業に特別法や業務委託契約の形で、行政による民間活用は古くから行われてきた。ただ本章でいう民営化は、その前史に加え、新自由主義政策により体制的民営化であり、それは従来の業務委託などとは目的や手段が異なる新自由主義民営化である。

新自由主義民営化は、1998年制定の「中央省庁等改革基本法」（以下、「基本法」）の基本法規によって方向付けられた（「基本法」32条「行政組織の減量、効率化等の推進方針」）。

「基本法」制定を受け、「民間資金等の活用による公共施設等の整備等の促進に関する法」（以下、「PFI法」）（1999年）が制定され、"効率的、効果的社会資本整備と低廉かつ良好なサービスの提供"を謳って、税以外に財政資金にも民間資金を誘導・活用し、金融・サービス業にも行政参加を促すように、多くの参入手段が設けられた。

2006年には「競争の導入による公共サービスの改革に関する法律」（以下、「市場化テスト法」）が制定され、国や地方の各種公共サービス自体を民間企業等に担わせ、"事業者の創意と工夫"を行政運営に活用することを試みた。民営化推進過程では、官と民および関連の民間企業にも直接競争を広げ、"サービスの質の維持・向上および経費削減"をめざした。2011年には「PFI法」を改正し、公共施設等に「運営権」を設定し、施設運営の権利・権限の委任（コンセッション事業）等も可能にした。

かくて行政の民営化は、多面かつ多様化された。行政執行の諸過程、すなわち行政の手続き、施設整備、制度運営の民営化は、行政組織運営にも民間方式

を取入れ、行政事務・事業の執行を民間企業等の外部に委任・委託や外注など
を拡げ、公務を外部化した。

　行政自体が体制的に行政を民営化し、また民営化をしやすい法規制に転換さ
せた。民営化移行の総過程は、行政の組織と運営を民営化に適するように変更
した。その司令塔には行政組織トップの内閣府が座り、トップ・ダウンで国か
ら地方、そして公営企業にも拡げた[1]。

　ところで行政民営化の結果は、従来の行政運営とは当然違う結果を生んだ。
すなわち、行政執行に必要な組織、財政、公務員等の行政資源の運用方式が変
わる。とくに行政の人的資源、公務員の運用・活用を変質させた。公務員には
特段の影響と新たな負荷を生み、また公務員の定数削減以外にも公務労働への
就労希望者（公務員候補者）や非正規公務員の増加による官製ワーキングプア
も生んだ。新自由主義民営化は、行政や公務員制度へ誤った公務員バッシング
をも追風に活用した。

　行政活動は、行政保有のヒト、モノ、カネ、情報、ノウハウ、組織などの諸
資源を活用する。ただ行政保有の資源には限りがある。だから資源不足を一定
の条件で民間資源を活用して行政需要を満たす。それ自体は容認される。新自
由主義民営化は公共サービスを体制的に変質させ、公・民の組織とその活動様
式を企業運営型に変質させようとした。民営化が行政の真の目的、法規定に適
うサービスを向上させるのか否か、この吟味が本章の検討課題である。

1　行政民営化の拡張と背景

　行政が任用した公務労働者により公務が遂行されるほか、行政を民間事業者
が担うことは古くからあった。ただ本章の民営化は、現代日本の民営化すなわ
ち、20世紀末から開始された福祉国家の解体を企図した新自由主義による民営
化とそれによる行政・公務の変質、とくに公務労働や公務員制度の変質等の検
討に焦点がある。

---

1)　民営化は、公的な組織や事業を民間事業に転換すること、公社・公団を企業化、株式会
　社化などをいう。市場化は本来、営利を目的としない公的組織の事務・事業も有料化し、
　公的組織の事務・事業を企業の事業形態に転換することをいう。行政の一部分を委託、請
　負わせる等の形態もある。本章はこれら事象を「中央省庁等改革基本法」と規制緩和を伴
　う法的行政形態の転換を民営化とする。

ここでの主題は、①新自由主義政策に特有な行政運営、②行政の外注化等の法的促進、③財政の金融市場依存（金融資本との合体）、④国民にリスクが及ぶ行政保有の諸資源や情報を民間事業者への提供・利活用、⑤行政に固有の資源である公務員に民間雇用者と"交流"すると公務労働の変質・変化、これらが検討課題である。

(1) 政府主導の民営化と政策方向

　1980年代初頭から進行する新自由主義[2]化政策は、当初、国営・公営企業の民営化・株式会社化から出発した。先陣を切ったのが日本国有鉄道（国鉄）の分割・民営化。続いて日本専売公社（現JT）、日本電電公社（現NTTとそのグループ）、日本郵政の株式会社への移行等であった。その間も公共調達を拡大し、民間のモノ、カネ、ヒト、情報・技術などを積極活用した。

　これらを推進した法的基礎が「基本法」であって、その方法は国有企業の民営化の他に、国と地方の事務・事業を民間市場に転換し、公共の関与を縮減した。行政・公共の縮減は多方面、多段階にわたった。国の事務・事業を廃止または独立行政法人化や地方自治体へ移譲・移管、廃止しない事務・事業も行政から切離して独立行政法人とし、"自律的および効率的な運営"を図り、国が実施する必要が乏しく、民間委託が効率的と考えるならば民間に「委託」し、必要があれば規制の撤廃や規制緩和をしてまで実行した。また補助金等の削減・合理化を推進した（「基本法」32条）。まさに"小さな政府"等の実現を狙いとした。

　"小さな政府"の実現内容は、国営企業を分割・民営化し、続いて「基本法」に添う諸政策、すなわち公共施設の建設・運営、物品、情報・システム構築等

---

2)　新自由主義は、思想的、組織的には1947年、経済学者F.ハイエク、M.フリードマン、ジャーナリストのW.リップマン等が金融機関の寄付で設立したモンペルラン協会を起点にする。この集団のF.フリードマン教授は1972年、アメリカが関与したチリ陸軍クーデターでチリ・アジェンデ政権を打倒した。世界政治ではヨーロッパ・ロシアの社会主義体制崩壊、冷戦終焉後、サッチャー政権、レーガン政権、中曽根政権でより大規模な民営化と労働運動弾圧等が実行された。国民福祉国家を冷戦構造の産物と見、それを否定し、市場優位と大企業利益優先（トリクルダウン）を基本とし、経済成長、生産性向上を重視する。他方、福祉とその実施を担う行政を非効率、成長阻害要因と見、政策転換を図る。中曽根行革から始まり、橋本行革に至って本格的新自由主義へ体制転換した。法的に「中央省庁等改革基本法」制定で広く、長期に新自由主義政策を実施した。この体制はいまも継続する。

に関して外部調達を増やし、公務員制度“改革”等を推進した。

とくに公務員制度に関連した民営化・市場化は、①公務を担う公務員を政策の企画・立案とその実施機能との分離、②「多様な人材の確保及び能力、実績に応じた処遇の徹底」（「基本法」48条）、③人事院の「人事行政の公正の確保及び職員の利益の保護機能に集中」（機能の縮小——筆者注）、④内閣総理大臣が「各行政機関が行う国家公務員等の人事管理に関する事務の統一保持上、必要な機能を担い（機能強化——筆者注）、総合的かつ計画的な人事管理、国家公務員全体についての“整合性”のとれた人事行政を推進するために必要な総合調整権能の充実を図る」（「基本法」49条）。つまり人事院機能の縮小と内閣総理大臣の権能を強化した。

この方向付けが後に安倍政権による「内閣人事局」設置に繋がる。さらに公務従事者の公・民交流制度を導入し、公務員以外の民間労働者を行政に活用し、行政の事務・事業に係る組織の減量化、公務員数削減手段を広げた。また「基本法」に沿い、民営化は国や地方自治体の事務・事業を民間企業、市場向け事務・事業の仕様に変更した。

(2) “小さな政府”政策の結果——財政膨張と公務員の大量削減

では民営化の結果、“小さな政府”は実現したのだろうか。“小さな政府”の行方を財政規模や公務員数の指標で見てみよう。

2000年度以降の一般会計歳出規模をたどる。2000年度からリーマン・ショックがあった2008年度までは毎年度一般会計歳出規模は80兆円台で推移した。ショック後、2009年度からは景気対策で100兆円台に乗せ、また2011年3月11日東日本大震災もあり、2010年度から2019年度までは90〜100兆円台で推移した。その後新型コロナ感染症対策のため、2020年度に147.6兆円と一気に150兆円に近づくが、21年度は142.6兆円、22年度は当初予算で139.2兆円に減額した。2023年度は防衛費増額で、114.4兆円の新たな“高み”に達した。財政規模は緩やかだが、“小さな政府”とは逆に着実に“大きな政府”になった。

公務員数はどうか。一般国家公務員の在籍者数は長期に80万人台での推移から、「基本法」実施時の2000年度に初めて70万人台の79万7553人に減じ、04年度は63万9075人と60万人台に、07年度には35万9659人と一気に30万人台に減少させた。この急減は日本郵政公社の民営化で24万人以上の大幅減

図表Ⅲ-3-1　国家公務員の「定数削減計画」の略史

閣議決定年月	定員削減計画と目標	目標と実績			増員数
		目標数	実績数	純減	
① 1968.08	第1次'68年度途中～'71年度3年間で5%、44,935人削減	44,935	43,935 (4.86%)	4,566	39,369
② 1971.08	第2次'72～'74年度の3年間で5.01%、44,752人削減	44,752	43,088 (4.82%)	+606	43,694
③ 1974.07	第3次'75～'77年度の3年間で3%、26,640人削減（計画変更、2年間で2.42%、21,327人削減	26,640 (21,327)	21,527 (2.42%)	2,847	18,680
④ 1976.08	第4次'80～'84年度の5年間で3.2%、28,286人削減（計画変更、3年間で2.4%、21,224人削減）	28,286 (21,224)	20,081 (2.27%)	+6,610	26,691
⑤ 1979.09	第5次'80～'84年度の5年間で4.2%、37,605人削減（計画変更、2年間で1.76%、14,970人削減）	14,970	14890 (1.66%)	871	14,019
⑥ 1981.09	第6次'81～'86年度の5年間で5%、44,886人削減	44,886	49,934	18,092	31,548
⑦ 1986.08	第7次'87～'91年度の5年間で5%、43,980人削減	43,980	48,901	16,353	32,548
⑧ 1991.07	第8次'92～'96年度の5年間で4.52%、39,048人削減	39,048	42,362	8,724	33,638
⑨ 1996.07	第9次'97～'01年度の5年間で4.11%、35,122人削減（計画変更、省庁再編で'00年度まで）	35,122	34,249	14,193	20,056
第9次までの合計			318,743	54,430	260,313

出所：『国公調査時報』No.623（2014年11月号、pp.27～42）、鎌田一「国家公務員の定数削減問題を問う」より作成。

による。2015年度は27万8107人で、ついに20万人台にまで減じた。ただ2015年度を"底"に、2016年度から上昇に転じ、2021年度は28万4105人と前年度比5998人と微増した。公務員数を2000年度から見れば、2021年度までには何と51万3448人もの大量減となった（**図表Ⅲ-3-1**）。

　行政需要が拡大するなか、財政規模を膨らませたが、公務員数削減は突出した。業務量の増加に比し、大幅人員減量で要員不足が深刻となり、不足する要員の穴埋めは非正規（非常勤）公務員で賄われた。2013年度に6864人であった非正規（非常勤）公務員は、2021年度には1万6838人と約2.5倍のハイペースで増加した（人事院『長期統計等資料』）。

(3) 民営化の経済効果と行政 DX の "連敗"

1) 国鉄分割・民営化と JR の経済効果

　新自由主義政策が標榜する "小さな政府" 政策は、経済の成長・効率化を果たしたであろうか。民営化政策の先頭を切った国有鉄道の民営化は鉄道事業を再生し、路線地域の経済を活性化したであろうか。身近な例として JR 駅整備とその駅周辺を思い浮かべてみよう。旧国鉄が公営事業のモデルからではなく、公共性から評価してみよう。

　旧国鉄駅の役割はヒト、モノ、情報の複合交流（通）の集積、すなわち広域的な集散・結節機能を担った。それが本来の公共交通事業であり、"駅" は地域外の社会経済関係の形成と拡大、社会経済の成長を担った。その運営方式が駅周辺に商業、物流施設、金融、宿泊・飲食、情報関連の事業・ビジネスを集積し、駅周辺に賑わいを生んだ。"駅" が業務機能を集積し、地域の産業、経済社会の成長を促してきたのである。

　国営企業国鉄の民営化で "駅" はどう変わったか。株式会社、収益事業の "JR 駅" は、"駅" の集散・結節の機能から "収益事業の駅"、私企業収益事業に転換された。駅舎は新・改築され、交通事業のほか、増床した駅ビルは不動産事業化した。「駅ビル」、「駅中店」、隣接地の JR 系ホテル等が設置された。駅は大型店・チェーン店の集合ビルになったが、駅周辺に集積した宿泊・飲食、各種商業が退場し、賑わいは衰え、貧困化を象徴するサラ金、遊戯・ゲーム施設や自動販売機群の設置空間に変わった。JR 事業は多角化、拡張したが、それは民営化の一面であって、JR 成長の影に、"駅" 周辺の産業集積の衰微、失業・半失業者の増加という負の面がある。民営化の評価には JR 拡大だけでなく、"駅" 周辺の衰微も含むべきである。JR 北海道の経営危機・事業縮小は、民営化が地域社会の衰微を速めた結果の象徴である。民営化という新自由主義行政が社会経済に多くの負の効果をもった現実も見つめるべきであろう。

2) 行政 DX の急展開とその "敗戦"

　さらに、今日の民営化では行政デジタル化（行政 DX）が闇雲に推進されている。民営化に絡んで行政 DX も検討領域である。行政 DX[3) に限らず行政が新

---

3)　DX の基本は情報、データなどを言語、文章を電子情報、データへの置換をベースにす

技術を活用することはそれ自体が誤りではない。

　郵便事業の先進国スイスのDXと比べよう。スイスは国営郵便事業に金融、税制機能を組み込んでいた。決済システムはDX以前から郵便通帳で医療・薬局等、国民生活の記張と決済、会計・税務行政に活用されていた。郵便事業に集積・集中される資金が他の公営事業運営に活用され、郵便（観光）バス、鉄道、航空、通信等の公益事業システムを構築した。山間地までの観光事業支援、核シェルター付き住宅の建設推進のために利子補給等の支援をした。公営事業で社会経済の基調・金融の基礎を築いていた。行政DXは、技術革新だけでなく、強固な公共性基盤がDXにより社会経済システム総体を効率化する。デジタル化で行政を効率化するのでなく、公営事業の国民生活や地域経済の支援効果という基礎が効率的DXを可能にする。この点が肝要である。公営事業運営方式を継続することが行政に新技術を適切かつ効率的に導入・活用する基礎なのである。

　もちろん日本政府も20年以上も前から声高にDXを唱導した。すなわち"電子政府"創設のため、2000年に「高度情報通信ネットワーク社会形成基本法」（以下、「IT基本法」）を制定し、2001年に「e-Japan戦略」を策定した。行政手続き・事務処理のオンライン化目標を掲げ、また光ファイバー網、携帯電話網など通信ネットワーク基盤も整備した。

　だが20年以上の努力でも、"デジタル敗戦"、"失われた20年"が続く。直近では2020年から新型コロナ・パンデミックに対応する厚労省ＤＸ基幹プロジェクトであった"HER-SYS"、"COCOA"、"G-MYS"等、これらすべてのシステムも機能不全に終わった。それ以前にも特許庁システム（2006年）、消えた年金事件の年金記録大量情報漏洩事件（2007年）と社会保険庁解体・年金機構への移行後のDXも"失敗の連続"であり、マイナンバー制移行においてもさらなる機能不全が生じつつある。ここには根の深い問題が潜む。

　今日でも行政DXは目標を達していない。事務は依然、対面の書面処理、捺

───────────────

る。これを基礎に情報・システムを一度DX置換すると、行政の意図、判断、協議・調整等の行政過程はそれ運用するアルゴリズムによって策定・運用される。行政過程を元に回帰するのは原則に困難となる。行政の硬直化、専制化が進み、個人では軌道修正が不能になる。日本はEUのGDPR（一般データ保護規則）のような個人情報保護規定（個人本人に属するという本人合意）がない。保護規定なき標準化、効率化は、政策執行に専権の弊害が危惧される。保護規定原則を外したDX化は、問題蓄積に陥る危険があり、マイナンバー制度の拡張策がすでに保護なき利・活用拡大の弊を表している。

印作業もある。ただこの「失敗」、「敗戦」はDX軽視の結果ではない。相応の努力のうえでの結果なのである。民間でも大手金融機関、通信事業者の中核でも情報処理障害が繰り返される。マイナンバー制度も国民の理解、賛同を得ていない。行政DXは民営化と深い係わりをもち、立法（政治）・行政・司法、すなわち国家組織と国民・民間企業、市場主体との適正な関係構築が行政DXの鍵を握る。行政DXだけでなく、社会風土、文化に潜む課題解決が問われている。

新型コロナ感染症対策DXに対し、感染拡大期の2020年9月15日、6人の会員の任命拒否にあった日本学術会議が感染拡大前の2020年3月、「感染症対策に関するみなさまへのお願い」、同年7月、「第二部大規模感染症予防・制圧体制検討分科会」と「情報学委員会ユビキタス状況認識社会基盤分科会」の共同検討を経、両部会が新型コロナ対策に向けた「感染症対策と社会変革に向けたITC基盤強化とデジタル変革の推進」を提言した。提言はコロナ対策に生じた根本問題を"敗戦"前から多くを指摘していた。福島第一原子力発電所の津波防護壁かさ上げ提言を無視した東電の結末と同じ失態に重なる[4]。

ただ民営化の一環で推進される行政DXは、行政の事務・事業の手続・事務処理のDX化にとどまらない。デジタル化された行政の執行過程は、内蔵されたデータ化機構によって行政活動がアルゴリズム（手続きと計算システム）で処理される。行政DXは執行が不可視化され、国民からは操作不能な行政システムに転換され、国民の行政への従属性が高まる。

行政過程の不可視化に加え、その活動に民間の経営資源（システム、機器装置、

---

4)　コロナ感染症対策のDX政策導入の機能不全に対し、日本学術会議以外の専門家の評価では、西垣通『超デジタル世界―DX、メタバースのゆくえ』（岩波新書、2023年1月）で次のように指摘する。デジタル敗戦の要因には、「医療を支援する政治的主体がどこなのかが明確でないこと」に加え、省庁間のデータ・フォーマット標準化の不備のほか、より深い病巣を指摘する。それは、①既存のクローズドシステムからオープンなインターネット・ベースの統一的システムへの移行は容易な刷新作業ではない（HER-SYS、特許庁、年金システムの欠陥の事例）、②完成した後にも不具合が露顕するICTシステム商品は開発と保守との作業を整然と切り離せない、つまりシステム商品は"best effort"、すなわち"不完全（未完成）商品"での納入が普通である。使用しながらの補正、是正商品（COCOAの失敗事例）、③ICT処理の前にある基本設計段階で国と地方との連携等の不可欠な検討を実施せず、行政業務全般とICT処理の双方に通じた人材育成を省いたこと（G-MISにおける国と地方との連携不足）、これらの根本的なDX作業へのアクセスに存在する基本的欠陥を指摘している。デジタル敗戦を真に検討できない条件も指摘する。それは行政官僚制の風土、縦割り行政の弊害のほか、技術官僚の位置や機能低下（専門性の軽視）、「基本法」による人事管理刷新の的外れ等、第二次大戦から繋がる行政の「失敗の研究」が政治に阻まれてできない。それもDX敗戦を"再生"すると指摘する。

操作が企業の労働者）の利・活用が増大する。行政執行に係る情報の収集・保管・利活用の基幹が行政組織を離れ、企業組織に編入される。国民が行政の点検・修正等を必要とするときに、行政執行のアルゴリズムの維持・管理が契約・委託先企業に移管され、企業秘密に移され、行政の手を離れる可能性がある。行政が実質的に行政自身、公務員の手から、業務契約先の元請・下請重層企業群とその労働者に置換され、行政監視システムからの隔離も危惧される。

　行政 DX は行政が"公から民"へ部分的分担の置換に終わらない。行政 DX は業務の標準化、デジタル化、これらを統合して"公が民"へ移管される。標準化、デジタル化の行政が行き着く先は、究極の民営化になりかねない。行政の民間事業への吸収も憂慮される。行政 DX は、行政の形式、実質双方での民営化に至る。行政 DX を市場用語で言えば、行政サービスが表面上、国民の「お客様」（行政サービスの買手、顧客）に変えられ、行政サービス供給者が商品・事業ビジネス事業者になる。この転換劇で行政は企業と同じ利潤動機を共有する組織体制にもなりかねない。

2　行政の新自由義政策・民営化の核心

　新自由主義を浸透を図る行政が、形式・実質ともに進める民営化は、行政自体を新自由主義行政の遂行に向けた"自己変革"を図る。以下、新自由主義政策の歴史と展開、新自由主義を主導した経緯等から、新自由主義行政の要点を検討するとともに、それが"革新思想"と思わせる手法にも言及する。

（1）新自由主義行政の脱法定主義

　新自由主義は、まず市場原理を法規制より上に位置づける。極言すると市場原理が法の上にくる。法による権力行使を前提する行政を新自由主義から見れば、行政を法から別の規準、すなわち市場原理を体現する"民営化基準"に転換させる。資本主義体制下で法と市場原理の位置関係を逆転させる。新自由主義実現を推進する規制緩和は、既存法規から行政を切り離し、法の軽視と市場原理優先を押し付け、行政の市場依存を強めて、立法府の政治論議等も割愛する強権型政治を伴いつつ、行政運営にも企業統治と同じトップ・ダウン型国家運営に変える。

民営化、行政改革の進行は、新自由主義行政の規範を、法規よりも市場原理を体現する経済計算、企業運営に準じた投資効率、費用対効果等の量的指標に変える。行政執行の評価も法規定を離れ、税・財政等に絡む経済計算、費用削減の多寡、費用対効果を重視する。行政執行の事業評価、公務員の人事考課も法規定から費用対効果、収益効果をふまえた貨幣計算基準に転じる。

　新自由主義行政には、法基準と違う"新規性"があるかのように見せる。納税者には新自由主義が"改革"、"革新"だと錯覚させる。逆に法定主義が市場機能を妨げる規制悪、市場機能の低減、成長のマイナス要因と思わせる。また行政運営を法規定から乖離させ、国民の法（権利）意識、とくに公と民の組織が持つそれぞれの法規区分を弱める。企業運営の評価と同様の尺度で行政評価も可能だと錯覚させる。企業会計と同じ貨幣計算基準評価で行政が法規から"解放"されると思わせ、"透明性"あるいは"見える化（可視化）"された合理性をもつと錯覚させる[5]。

　数量評価が法的、質的規制の評価よりも簡明だと思わせることは、真の行政目的を国民から切り離し、企業経営運営手段が法規制評価よりも費用（歳出）削減等が"可視化"される"改革"だと思わせる。売上高が同じならば費用が小さいほど収益が増えるから、企業の"理想郷"は費用ゼロだが、この"理想郷"は行政を支える国民にとっては"地獄"への道なのである。行政の廃止、国家消滅の可能性を含むのにである[6]。

---

[5]　新自由主義政策が法意識から乖離した企業行動を生む。収益計算原理を上位とする傾向が民間に浸透した。たとえばトラックメーカー日野自動車の排気ガスや燃費検査不正で国交省から型式規制を取り消された。この事案は規制緩和論者が"信奉"する大企業が品質検査基準の軽視、法軽視が生んだ錯誤の代表例であり、他にも民間企業技術信仰が規制緩和策で国営化信仰の行政が生んだみじめな結果に至った例が多い。

[6]　一般に費用は小さいほうが良いと思われている。だが改めて費用とは何かを考える必要がある。というのは、個人や組織が希望する費用や価格を自己決定できない。個人、組織に不要な費用、費用対効果基準での非効率事象はある。しかし行政だけでなく企業にも必須の費用、エッセンシャル・コストがあり、これを削減すると製品、サービスの品質の低下、劣化が生じ、さらに切り詰めると不具合、不良品を生む。安全や円滑な活動に必要な「予備」要員、機材・部材が無駄な費用に見られがちだが、組織運営に職員の欠勤、休暇・休養等に必要な予備要員を必要とするし、設備・同部備品も同様に予備（休止・点検）を要する。これらは正常な費用のうちに包括される。これを削減すると事故、業務障害の可能性が高まる。行政、公務も同じで、法的費用を費用削減の価値観を優先して運営すれば、品質劣化、機能不全が生じる。だから行政費用の吟味、評価は必要だが、行政、公務を費用削減基準で捌く評価方法は必要な範囲に限るべきである。

(2) 行政領域に多様な競争を導入

　新自由主義行政は、行政領域に広く、多様な競争形態を導入する。これまでも行政活動には競争はあった。企業誘致競争には税制優遇や補助金が利・活用された。事業所誘致に法人税率の減免措置などの競争があった。

　新自由主義行政では競争政策の裏技も使う。ある地域に成長を保証するため規制に特別の区域を設定する。「特区制度（現在の戦略特区）」である。特区制度は米国の民間金融機関が、メキシコ政府に対して国債がデフォルトした代償に、民間資金回収の目的でメキシコに「マキラドーラ（maquiladora de exportacion）」を設けた[7]。特区という新自由主義モデルは、国際的な法人税低減競争を煽り、"底辺への競争" も起こした。近年、OECD（経済協力開発機構）は "底辺への競争" を修正するため、国際最低課税基準を設け、課税軽減競争の是正を図っている。国内の自治体間競争でも "底辺への競争" が増え、「ふるさと納税」が地方交付税制度に抜け穴を生む。

　行政内部や行政組織間競争のほか、行政経費削減手段には公と民との競争も強める。2006年制定の「市場化テスト法」による「市場化テスト」は、公共施設の管理・運営事業を公・民間競争で法的費用引下げを追求した。新自由主義は、市場競争こそ "革新" を生み、市場経済体制を "進化" させるという強い信心があるからである。競争に関して経済学は企業間競争を前提するから、同一商品、同一産業間の競争が基本となる[8]。

---

7)　マキラドーラ（maquiladora）は1960年代後半、米国の金利上昇などで返済不能に陥ったメキシコが債務返済のために経済特区を設け、争議禁止、賃金規制などを条件に海外企業を誘致し、上がる収益から債務返済を実行した。後に中国の改革開放政策、そして日本も今でも国家戦略特区など都市再開発などに特区制度を活用している。

8)　資本主義国家は経済政策として始めから市場競争原理を有してはいなかった。また資本主義国家が市場競争原理から再編されたのでもなかった。経済学も競争を社会経済運営の基本原理とする説は多くない。A.スミスが「見えざる手」によって自然（適正）価格と市場価格の形成を捉え、需給均衡の解明を試みた。その見解を経済運営に "自由競争" 原理が基本だとするとの見解があるが、それは誤解である。スミスやK.マルクスなど古典派経済学者は、商品が一定の品質、使用上の安全、信頼性等をもち、適正なサービス提供が事業運営（医療、金融、運輸・保管等）の前提であって、その条件で価格設定と競争過程での価格の合意形成を可能にし、したがって短期・長期の価格の変動、動揺を経た市場関係維持が "市場原則"（ルールないし秩序）であると考えた。つまり商品、サービス、業務等の品質と価格（量）の両面で、二重の有効条件を市場参加の要件とした。この二重条件は競争の前提でもあって、価格のみの競争は市場の歪みを生むと見ていた。この原則は資本主義が質の面では古い体制である封建制を引き継ぎ（ギルド的生産・労働［訓練］組織な

ただ現代では企業が内的関連のない事業も抱える多様な組織形態をとり、異部門事業も抱えた"鷲の翼"のような事業形態（＝conglomerate、コングロマリット、複合企業）をとれるように規制緩和された。その結果、新自由主義企業形態には古典的公正取引規制（日本では独占禁止法とそれによる下請取引法等）の競争規制、市場秩序法規を逃れられる企業組織形態が追求された。金融持株会社も解禁され、競争規制、市場秩序法規を免れる競争形態の時代に至った[9]。複合企業形態の増加は、競争法規制から離脱した競争、競争規制が緩み、競争が大規模かつ複雑になった。

　競争の強化は、企業間競争に加え、行政組織の内・外に競争を組織した。競争強化は公共調達、税制、人事管理（労働行政）等まで広げられた。行政間競争や公・民間競争は、企業成長への貢献、企業が支払う行政経費削減等、企業収益増を図る競争政策を基軸とする。競争規制は緩み、M&Aの増加、寡占・独占化が進んだ。

　では、競争強化はよい結果を生んだであろうか。企業と同じく、行政も競争強化に飲み込まれ、経費削減が集中的かつ長期に実行された。結果、競争強化策は国民に格差と貧困拡大の主要な要因となった。新自由主義がめざす経済成長、生産性向上とは逆の効果を生んだ。すなわち、ミクロの事業費用縮減策をマクロ市場経済や国家行政、国民経済にまで拡張すると（すなわち多数事業者や全国規模に及ぶと）、一方的な費用削減で収益や生産効率の向上の狙いとは逆に、関連部門の縮減、総付加価値縮減に至る。費用縮減一辺倒は労働生産性の低下、経済成長の制約要因になる。時間短縮なき生産性向上、生産性向上なき費用削減、これらが日本に"失われた30年"をもたらした。日本経済の長期低迷、デフレ継続は過当競争体質とともに費用削減一辺倒で継続してきた政策

ど）、そのうえで"自由"な価格競争を行う資本主義体制で急速な成長を遂げた。これが資本主義市場の基礎である。新自由主義者はその競争の一面しか見ない"偏向"がある。本来、社会経済的な"競争"概念は、一定のルール、規制、参加要件等の枠組みがあって初めて持続可能な市場秩序となる。それは自明とはいえないが、十全ではないが合理がある。

9)　会社形態の多様化、設立の規制緩和、持株会社形態等は競争形態を変質させるだけではない。多国籍企業の多くが知的財産権、ブランド、ノウハウ、ライセンス使用権等の国際分業の組織展開を通じて、価格形成をブラック・ボックス化し、利益移転の容易さを活用して、事実上のタックス・ヘイブン（租税回避）を組織化するなど、新自由主義下の会社法制を構築した。本章の直接の課題ではないが、グローバリゼイションやサプライチェーン形態の収益構造分析が国民経済、社会保障、貧困や格差是正政策にとって重要な課題を含んでいる。

による負の成果である。誤った競争政策への偏重が国力を削いだのだ。競争は事業内容や適正な目的に限定して取られるべき政策手段との認識が欠落した競争至上主義は経済の活動を削ぐのである。

(3) 民営化に適応した事務・事業形態の再編

新自由主義下の行政に生まれたもう一つの特質は、行政の組織と運営を民営化に馴染ませる政策変質にも注目すべきである。行政の事務・事業を分割・再編し、連続し、関連した部分業務を独立業務単位に細分し、部分業務の市場取引を可能にする。一纏まりの事務・事業を部分工程（部門）に分割し、"商品化業務"にする。行政業務を取引対象、市場取引可能な業務に変更する。

たとえば、労働、医療・介護、法務等には多くの対面業務がある。この業務を、告示・広報の制作、受付、面談内容に標準化し、記録、点検、保管などに区分する。すると行政業務が民間業務と同じかそれに近い業務に見える。業務の細分化、業務遂行方式を分割・再編し、企業業務に馴染む業務として公と民との違いを縮めた、標準化業務にする。かくて民営化対象業務が広がる。

市場取引対象者も広げ、民営業務市場を増やす。細分化された業務内容を簡素化、基準化・標準化し、作業結果も均質にする手順を定める。作業結果に至る手順、遂行方法を定めて「基準化」・「標準化」のされた業務単位とする[10]。

市場取引の行政業務が増え、業務委託、外注・請負等で受注する業務執行組織は、"中抜き下請重層構造"の構築に役立つ。業務の細分化、簡素化、標準化は受託・請負事業者にとっても受託、請負契約後の再委託、再々下請等、業務遂行事業執行組織に重層的業務組織の編成にも活用できる。

---

10) 標準化はアメリカ経営（学）の大きな特徴である。テーラー方式を編み出したF.テーラーは、ヨーロッパ大陸型ギルド的労働組織（労働組合）を否定・解体を意図した。そのうえ能率と所得の上昇、生産・労働に経営（者）主導権を確立し、それを基本に「科学的管理法」の中核概念に作業、各種の道具・機械を対象にした組織的「標準化」とその実行を据えた。多様な能力を持つ人間社会である"移民社会"アメリカで、種々の移民で組織される工場労働者をヨーロッパ大陸型のギルド的労働組織から離脱させ、それに代わる新型労働（組織）とその管理原理に「標準化」の設定・活用を置いた。「標準化」はトヨタ型"自主管理型"ボトム・アップの対極との評価もあるが、生産性向上、収益増加策の運営が前面に出て、利益重視を持つ点で両者は共通し、対抗関係ではない。また、現場労働者の改善、工夫の提案、「ヒヤリ、ハット」などの情報収集にもとづく安全や衛生条件の改善・向上、労働生産性向上に対する寄与は小さくない。だから「標準化」の導入・設定・運営に伴う成果の分配いかんでは、労務・人事管理の体制強化に繋がる。とはいえ、「標準化」は一定の範囲で労働強度を高めるなど、労働効率向上の可能性がある。

(4) 公務労働、公務員制度における人事・労務管理の民営化

　新自由主義的行政は、公務労働市場を変え、民営化対応の人事・労務管理を進める。本来、行政行為は公務を担う公務員が法規制のもとで実施され、だから公務員は公務遂行に必要な各種法規の知識・理解と運用、直接・間接の経験等を要する。公務に従事するには公務員試験への合格を要する。公務員は法制度のもと、各種の職場・職域に配置され、職務・職階に即して執行する。公務労働とその評価や処遇は、原則的に人事院規則等によって組織管理に委ねられている。

　ただ、現実には継続されてきた行政組織規定（省庁設置法と総定員法）と国家財政予算措置による定員が削減されてきた。その上に新自由主義行政下の削減が進められた。他方で行政業務量は増大するから、定員削減は当然、公務員の要員不足に陥る。民営化で事務・事業を縮減しても、業務量が着実に増加するなか、人員縮減の継続で慢性的要員不足となった。要員不足の埋合せは、非正規（非常勤）公務員ないし退職公務員の採用で賄うしかない。新自由主義政策下でも非正規公務員数は増加した。彼らは正規公務員とは異なり、採用・解雇が容易で、調整しやすい。外注、委託の増加と公務員数削減は、公務遂行ノウハウの退化・劣化、民営化による行政組織外への情報・機密の漏洩危険の増大、専門性喪失等の要因となる。

　正規公務員の減少、非正規（非常勤）公務員の増加、業務の外注・委託の増加に対応し、公務労働組織も変質する。公務現場の労働組織内に非正規（非常勤）公務員の増加、外注とその下請、委託等の形で行政が民営化・企業化され、法規による行政に必要な労働内容と労働量に適う公務員が不足する。公務労働組織が公務員の職務・職能構造と乖離し、歪みを広げる。

　新自由主義行政による公務労働とその担い手の構造変化は、公務労働評価の方法も変える。本来の職務・職階ごとの法規基準による評価が、基準を離れ、民間型評価に変わる。労働組織に新たに軋轢や矛盾を生む。人事評価、昇進・昇格等、キャリア形成が乱れ、短期の人事異動、法基準の業務・職務遂行に必要な専門性、課題処理能力重視から民間型の目標管理、管理職優位の人事考課、組織への順応性・協調性などの恣意的判断が入りやすい評価要素が強まる。人事（物）評価・人事考課等が民間型に変わる。それらが不適切な統計処理に示

図表Ⅲ-3-2　省庁再編後の「定数削減計画」の推移

閣議決定年月日	定数削減目標	目標数	主な削減事由
① 2000.07	'05 年度までに 5.07%、42,665 人削減	42,665	民営化・独法化による削減
② 2005.10	'06〜'09 年度までに 10%、33,284 人	33,284	27,681
③ 2006.06	'06〜'10 年度までに 5.7%、18,926 人に修正	18,926	17,473［社保庁を含むと 29,740］'07〜'10 年度で地方支分部局で削減実施
④ 2009.07	「新たな定員合理化計画」、'10〜'11 年度までに 10%、30,229 人削減目標。別に採用	30,229	抑制方針を '11〜'14 年度まで実施
⑤ 2014.07	「新たな定員合理化計画」、'15〜'19 年度までに 10%、29,672 人削減目標	29,672	

出所：各年度の閣議決定による計画を取りまとめた。

された行政現場労働の劣化・悪化等を生む背景となる。小田原市生活保護行政職員の例では、生活保護担当職員が人権無視から生活困窮者を行政対象から排除する行為にまで至った。その基礎は法規から人事制度の乖離がある。

　行政の事務・事業の業務総量に対応して公務労働者の必要数を配置すべきである。公務員数は行政業務総量を一人当たり平均業務遂行量（能力）で割り、必要公務員数を形式的には概算できる。採用公務員は、組織管理上、職務・職階制のもと、業務遂行に関する指揮・命令に従い、判断業務等に配慮した人員が配置され、その処遇を賄う人件費予算等を基礎に遂行される。公務員は人事院基準で採用・配置され、それを基本に各省庁の行政業務執行に応じて配置されるべきである。

　ただ現実の公務員数は、現存する行政需要、それに対応した業務量との対応とはほとんど別の基準に委ねられている。新自由主義導入の前、すなわち1960 年代末の「総定員法」制定（1968 年）前後から、政治的理由で公務員の定数削減計画体制に移行した。実際は、公務労働者処遇に必要な人件費予算もつ財務省（旧大蔵省）の強い人件費抑制策が持続し、1980 年代初期の第二臨調下での「第六次定員削減計画」実施で、定員削減が継続した。

　その経過に加え、90 年代後半には「行革会議」が「中央省庁再編の提言」（1996〜97 年）、「公務員官民交流の提言」（1999 年）が出され、これら提言が 21世紀に進められる新自由主義公務員制度に継承された。2000 年代からは新自由

主義的民営化対応の定員削減に移行する。その経緯は**図表Ⅲ－3－2**のようである。行政の事務・事業の変動に直接対応する政策でなく、公務員制度の根幹に公務事業量との根拠なき新自由主義人事の政策となってしまった。

3　新自由主義的定員削減がもたらす行政の劣化

　すでに触れたように国は戦後一貫して公務員の定数削減が進めた。定員削減は行政需要と業務量の拡大に逆行する方策であって、定員削減策は政策論として理解不能である。公務員定数は行政の社会経済との関係、すなわち行政の質と量に適応する公・民関係として考えるべきである。日本は先進諸国中、最も"小さな政府"なのである。ただし近代日本国家の歴史に照らせば再考すべき点もある。

　欧米諸国に比して明治政府は後進の軍国（「強兵」）国家をめざした。日・清、日・ロとの両戦争に勝ち、第一次世界大戦後は英、米等とともに中国進出、さらに満州国"建国"、中国侵攻を図り、第二次世界大戦に至って敗戦した。軍国（「強兵」）国家推進を公・民関係のうえで見ると公の肥大化であった。軍国国家を是正すれば、公の組織や機能が減り、民の比重が増える。平和・非（反）戦争国家の定数減少は理解できる。その意味で戦後の行政組織減量は当然といえる。とはいえ公務員削減は「もはや戦後ではない」（1955年）から今日に至るまで継続する。戦後といっても本章の課題は1980年代以降が対象である。

(1) 定数削減を目的化した新自由主義公務員政策

　公務員定数削減は、第二次大戦後、継続的に進められた。企業では必要要員数は業務総量を一人当たり平均業務処理能力量で割り込み、算出する。この要員数は、現有要員数（退職者±新規採用者）に加え、一定の余裕要員（死亡、病欠・休暇・休養補充）を含める。だから「要員数」は絶えず変わり、調整が必要である。だが公務員数は継続的に削減され、削減が行政目的と化している。その経緯と仕組みをざっと見ておこう。

　公務員定数に関して政府は労使関係を持ち込ませたくない。1969年、「行政機関職員の定員に関する法律」（以下、「総定員法」）を制定し、この法規で各省

庁の「定員」数を専権的に定めることができる体制を築いた。

　この「定員」には業務量と必要要員との関係と異なる次元の"国家予算"が絡む。国家公務員の定員は、行政需要対応の定員でなく、予算編成過程における予算額確定までの期間に、予算要求から確定までの各レベルでの「定員」がある。それは、①予算の概算要求時の人件費予算の定員（「概算予算」時定員）、②予算要求の精査時の定員（「要求精査」時定員）、③予算編成までの人員査定（「予算案編成時」定員）を経て、④各省庁組織の定数決定（定数決定の「訓令」時定員）という４段階の「定員」がある。すなわち予算上の「定数」は架空の定員であって、予算編成過程に労使関係を持ち込ませないこと、それが行政権限との関係で交渉事項から除外されている。とはいえ、開かれた参加型民主主義からいえば、頑なな管理・運営権行使は行政の民主化、公正化、真の効率化を切り捨てる専権的姿勢に転じやすい。

　各省庁の必要定員と財務省予算の定員そして人事院の定員が絡む関係で、実際の定員数が規定される仕組みである。現実の行政需要に対応する各省庁、予算管理の財務省、公務員制度管理調整の人事院の協議のなかで決定されるのであって、現実の行政需要対応の定員ではない。公務員定員は行政需要の必要量とは別の判断で動かされるのであって、国家予算の都合で常に"定員不足"になっている。「総定員法」は財務省が権限を持つ予算編成権による影響を受け、現実の行政需要とかけ離れた"架空の定員"である。

　「総定員法」のもと、60年代から各省庁の定員は毎会計年度に機関別最高限度を閣議決定する方式が採られた。80年代からは行政改革路線に添う「総定員法」以外に公務員資格なき非正規（非常勤）公務員が活用された。しかし非正規（非常勤）公務員であっても一定期間経験を積むと、無資格公務員とはいえ職務能力は向上する。一定期間を経ると職務経験者の中から正規公務員と同じ職務遂行能力を獲得する。そこから正規労働者への登用要求が生まれる。同じ労働能力を基礎に持つ非正規の"臨職問題"（非正規公務員の正規労働者への任用要求）が広がった。「臨職問題」は「総定員法」を維持する限り必ず発生する。そこに要求発生の基礎がある。

　非正規労働者とはいえ、同一労働・同一賃金原則から正規職員化要求は理のある主張である。ただし増員が各省庁の理解を得ても、実施に必要な予算編成権限を持つ財務省の予算制約も立ちはだかる。必要定員確保と予算制約とのジ

レンマは、職場運営に不公正、均等待遇原則との乖離を生む。このジレンマは法規遵守を原則とする公務労働組織にとって不具合のシンボル事象である。

　これら基本的課題を抱えたまま 80 年代からの民営化に加え、1996 年に組織された「行政改革会議（行革会議）」が、中央省庁組織再編の提言後、公務労働者に限定された行政・公務従事労働者に"公民交流"を提言した。公・民混成による公務労働組織は、企画、調査・分析などの専門分野に取入れられた。

　"公民交流"は行政業務量に連動せず、現場無視の「定員」不足を放置した"公民交流"である。「総定員法」が公務員定数不足を未解決のまま、民間労働者活用の提言が出され、「総定員法」下の定員削減と民間企業労働者の活用は、公・民混合公務労働組織体制が生む危険を拡大する恐れがある。公務労働組織の公・民混成、正規労働者対非正規労働者との混成、これらは予算の壁を固持したまま、それと別に公・民の正規労働者間の競争化のほか、公務員の守秘義務、公正・公平な情報提供に不公正競争を生むも危険が広がる。

(2) 民営化と視界不良の行政現場

　民営化は多様な形態をとり、いまでは公営企業にも広がり、多くの業務が一部ないし全面的に企業形態に移行された。継続的に実行された民営化の全貌をみることは困難だが、一定の事務・事業での民営化の実態は把握できる。以下、典型的事業を見ておこう。

1）PPP／PFI 事業

　内閣府 PFI 推進室によると PFI（民間資金等活用）事業が始まった 2000 年度から 2020 年度までの累積事業契約額は 6 兆 9706 億円（ただしコンセッションは含まれない）。この 21 年間の年度平均で 3913 億円、約 4000 億円／年で積み重ねてきた。

　契約事業件数累計は 875 件、同じく 1 年度平均契約件数は 41.6 件である。1 件当たり事業金額は 96.2 億円になる。1 件当たり契約額は約 100 億円台である。この事業規模で進捗状況の評価はできないが、「骨太の方針」（2022 年）では、PPP／PFI を「新しい資本主義の中核となる『新たな官民連携』」とし、今後 5 年間に抜本的強化との方針である。その到達度合いは不十分で、抜本的強化の姿勢には進捗が不十分だとの認識が透ける。

国と地方で推進されたPFI事業は、「教育と文化」が292件（全体の33.4%）、「まちづくり（道路、公園、下水道、港湾等）」が220件（25.1%）、「健康と環境」が131件（15.0%）、「庁舎と宿舎」が76件（8.8%）などで合計73.5%、ほぼ4分の3を占める。

　民間資金活用事業とは事業収入から株式出資者への利潤配分を前提する。行政サービスの執行とは別に収益基準運営に変わるから、サービスの質を同水準とすると、事業収入から利潤を捻り出す負荷がかかる。民営化が官製ワーキング・プアの発生源になるか、さもなければ提供するサービス低下の結果に導く。

2) 民間委託、指定管理者の実施状況

　民間委託も多様な形態、委託された部分業務等を捉えた総務省調査は、都道府県レベルでの本庁舎の清掃・夜間警備、案内・受付、学校給食（運搬）、水道メーター検診、道路維持補修・清掃、情報処理・庁内情報システム維持、ホームページ作成・運営、調査・集計等はほぼ100%近くが委託を含んでいる。

　市区町村でも同様だが、し尿処理、ごみ処理、ホームヘルパー派遣、配食サービスも100%近い委託実施率になっている。これら業務は業務量が小さいために専任職員を配置せず、非常勤職員等での対応自治体を除いた数値だから、数値以上に委託率が表示される。

　公共施設の指定管理者制度の導入も広がる。都道府県、指定都市、市区町村の指定管理者制度導入施設数は、2021年4月現在の調査では7万7537施設に上る。このうち半数弱の43.1%が民間企業（株式会社、NPO法人、企業共同体等）の指定管理者である。指定管理者制度が民営化の足場になっている。

3) 民間への業務委託

　2020年初から始まった新型コロナ感染症のパンデミックでは感染症対策の外に、公衆衛生行政から事業者に強制的休業、事業活動を制限した。その代償に政府は「持続化給付金」を支給した。給付金支給事業は、一般社団法人「サービスデザイン推進協議会（以下、「サ推協」）」を元請に全面（業務）委託した。事業履行体制は**図表Ⅲ−3−3**のとおりで、この事案はオリ・パラ事業と類似の実施内容に見える。

　元請の「サ推協」は、電通グループ3社を含む8社員と2会員で構成された

図表Ⅲ-3-3 持続化給付金事業における最終の履行体制図

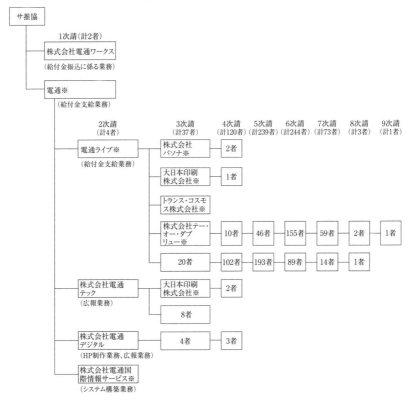

注（1）　事業参加者の数は、契約数であり、同一の事業参加者に対する契約が2件ある場合には、2
　　　　者として記載している。
注（2）　1次請及び2次請の事業参加者に係る括弧書きは、各事業参加者が行う業務の範囲である。
注（3）　サ推協の社員又は会員である事業参加者には「※」を付している。
注（4）　3次請については、サ推協の社員又は会員ではない事業参加者は一括して記載している。
出所：会計検査院「特定検査対象に関する検査状況について」（2020年度）275頁による。

サービスデザイン、プラットフォーム機能を持つ形だけの“協議体”であり、
「サ推協」所在地の住所表示はあるが空室事務所で、業務機能のない文字どお
り名目組織（＝トンネル機関）である。「サ推協」の一次下請企業も電通および
電通ワークス2社が同じ電通グループで、実施業務は振込業務のみ。二次下請
は電通ライブ、電通テック、電通デジタル、電通国際サービスの電通グループ
4社。すべて受託業務を実施できない。二次下請はオール電通グループ会社で
ある。つまり“二段仕掛けの中抜き”体制である。

「サ推協」自体が電通の"隠れ蓑"で、業務実施は三次下請企業群以下である。三次下請企業はパソナ、大日本印刷、トランス・コスモス、テー・オー・ダブリュー等、大手企業の他 37 社。三次下請企業も BPO（Business Process Outsourcing、業務外注）、EC（ｅ－コマース）、コールセンターなど"中抜き"と労働者派遣業の兼業で、実務は四次下請 120 社あまりとそれ以下九次下請までの 680 社に及ぶ重層企業群である。事業は"中抜き・下請重層企業群"の四次下請企業群が担う。

　行政業務請負は、"中抜き・下請重層構造"で実施され、電通グループの他、パソナ、パーソルテンプスタッフなど労働者派遣業者や日本 BPO 協会（Japan Business Process Outsourcing & Staffing Association）、日本生産技術労務協会などの労働者派遣事業、製造業（構内）請負、コールセンターなど業務請負業者の連合態勢（一種の受注カルテル）を中核に構築される民営化推進コンソーシアム（カルテル）組織と重層下請企業群の複合体で実施されている。行政実施の別動隊がすでに広く構築されている。

　行政業務遂行の民間組織は公務遂行とはいえ、利潤を前提に受注・実施する組織であることをふまえ、"中抜き・下請重層構造"という行政執行の民営化組織の性格は、極論すれば 19 世紀の苦汗制度や現代も残る管理費用削減（ピンハネ）の多段階"現代型中抜き体制"（以下、"中抜き"）である。"中抜き"自体は初期資本主義の問屋制および場内下請制に共通していた。同じ手法が現代日本の民営化で広範に実施される。旧型下請制は機械化資本主義によって淘汰され、労使関係も職種別（旧労務親方）関係から産業別（労働組合）関係に移行し、職業訓練（職業学校）制度、工場管理法等による職能育成組織や社会的職能評価制度という縦から横の水平的、社会的評価体制に移行した。がそれも現代の中抜きは IT 化等で揺らぎを抱えるが、労働能力の社会的評価は闇に閉ざされている。

　日本の民営化は時間軸を 2 世紀も巻戻され、"中抜き・下請重層構造"が活用されている。公共の発注業務体制と民間の受注業務体制は、低賃金・不安定雇用者の活用（その存在を前提）抜きに成立せず、低賃金・不安定雇用者を再生産する構造である。これは行政発の官製ワーキングプア拡大再生産の体制であって、公務執行、適正な公共サービス提供に対応する職能、責任、士気を備え、職務遂行に適切な労賃水準を支払う体制ではまったくない。本来ならば業

務遂行能力を伴った執行体制であるべきだが、"中抜き・下請重層構造"では業務遂行企業が独禁法・下請法違反で摘発された事例からも、発注者・受注者ともに不適切な取引体制である。急を要する給付金支給事業だから違法、錯誤が許されれば、行政機能自体の崩壊に連なる。政府が10年来の課題であるデフレ克服、またいま不可避のインフレ対策も、デフレ下のインフレ対策も民営化体制での成果は望み薄である。

「持続化給付金」業務に対する会計検査院の2021年度「特定検査対象に関する検査状況」は、「持続化給付金」給付業務の検査報告を厳しく指摘する。すなわち、この事業では、予定遂行遅延、受託者選定から入札までの契約実施事項・業務内容の記録の不備・不足、「サ推協」任せとその手続き未確認、「デロイトトーマツファイナンシャルアドバイザリー合同会社」と「サ推協」との「事前接触」記録の喪失で、一者入札に至る情報・記録の欠落（入札要件の不公正）、予定価格策定での電通関与の過程精査記録不在（証拠隠滅か？）、一般競争入札における業務再委託条件の不明確さと再委託理由書の不備、委託費の把握が四次以下は把握不能であった。加えて多数の過誤受給、不正受給等も指摘され、ずさんな運営が明らかである。

業務委託における全的民営化の持続化給付金支給事業の例は、公共工事事業の予定価格が上限拘束性を持ち、片務性を持つ「一式発注・責任施工」体制から、発注・受注双方の双務性に移行に10年近い改善を進めた「担い手3法」体制に比べ、行政DXや大型業務委託の執行体制と間に大きな不釣合がある。

内閣府「新しい資本主義実現本部事務局」の基礎資料（2023年2月）は、主要職種別の日本の内外賃金格差が表示された。平均賃金水準は、日本が米国、ドイツ、フランス、イタリアカナダ、英国はもとより、中国、韓国、シンガポールより低い。アジアで日本（100）が中国より高い職種は総務（96）、生産（79）だけで、経営／企画（中国125、韓国133）、財務経理（同103、130）、IT（同115、129）、データアナリティクス（同133、150）、プロジェクトマネジメント（同136、132）、技術研究（同102、126）等で、いまや日本は移民送出国（海外へぽ移民増加）に沈みつつある。これは20年超にわたる民営化の結果を反映する。国内投資額も日本は現在、中国はもとよりシンガポール、韓国、インドネシア、ベトナム等より少額で、マレーシア、フィリピンと同一水準に止まる。労働も資本も日本脱出の時代といえる。行政・公務の組織運営、執行にも抜本的

な軌道修正を要する。

4 民営化の改革方向
——公契約法制定、公契約条例制定の拡張と公・民労働条件改善環境の創出

　民営化の経緯に見たように、民営化の有効性は乏しく、企業人材の活用・交流、ノウハウ移転、高い技術・技法の効率化も十分に発揮されていない。むしろ旧型低労働条件での収益志向が強く、民営化業務の劣化、退嬰色が濃い。民営化を止め、内製化も検討すべきである。

　しかし、検討結果からは発注・受注双方に量・質両面に基本的改革課題がある。行政執行を内製化しても、行政の劣化を改善できるか。それ以外の改革も考慮すべきだ。新自由主義の民営化で歪んだ産業組織が膨張し、多くの不安定・低所得雇用者を抱えた"中抜き・下請重層構造"も行政以上に改革課題を抱える。公共回帰で生じる民間の失業、不安定雇用者を雇用保険制度等の救済だけでは済まされない。労働者とさえみなされない働き手、低賃金・不安定雇用とその担い手である労働者派遣事業等が巨大に集積されている。その公・民依存の改善策こそが求められている。

　ちなみに行政DXの失敗連鎖の根源は、多くの要因を孕むが、責任をとる行政の人材不足の解消（公務員定数増と労働条件引上げ）が欠かせない。民営化を止め、直営に回帰しても、改革にはさらなる20年を要するだろう。このままでは官製ワーキングプア解消は難しい。現在、前進も後退もできない。改革方向はどこにあるか。

(1) 公契約における発注・受注の対等性、公平性、公正性とそれを確保できる人材育成

　近代日本は海外の技術・ノウハウ、資金および人材や組織運営を国家主導で輸入・移植し、軍需重視の経済構造に傾斜した。その過程は公契約（公共調達）に発注者優位の制度・慣行が生れ、会計法、予・決令等のもと、予定価格という上限拘束性等の縛りで公契約市場が歪んだ。だが民営化の拡大、公の民への傾斜で、技術、人材、ノウハウで公（＝発注者）の優位性は喪失し、発注者の技能劣化、管理力不足、資金難で、"中抜き・下請重層構造"執行依存からの脱却不能を露呈した。

2010 年、千葉県野田市に公契約条例が制定され、川崎市や東京都区部に徐々に制定された。条例制定の趣旨は公契約就労者労働条件の改善、最賃制水準以上への賃上げであった。最賃制の機能不全は政労使や審議会の責任で、関係組織の機能不全は深刻である。法的、公的な最低生活費設定は不可欠で、その上に最賃制改革、生活保護制度改革が欠かせない。立ち遅れの負荷を自治体任せに委ねる姿勢は国の不作為である。公契約法を ILO 第 94 号条約批准により広げ、労働および事業（者）改革をも推進すべきである。加えて大都市部から地方へも改善を上乗せする支援体制をとるべきである。

(2) 公契約の労働者と事業者双方の水準向上への環境整備

　民営化が生む公契約市場で就業する労働者・自営的（型）就業者（フリーランサー、一人親方等）の就労条件の改善とともに、民営化への発注者側の業務企画・設計（とくに委託業務の基本設計、発注内容の向上）と適切な予定価格を積算する公務労働者の確保（「事前接触」方式では官製談合の可能性）、公正かつ透明な入札・契約過程の確立、業務執行過程の検査能力の向上が欠かせない。

　加えて、業務委託に対する法令遵守を強め、賃金水準改善と同時に労働時間の正確な記録、それを基準にした管理が欠かせない。この改革には発注者と受注者元請双方のトップ・ダウン型統治を改め、ボトム・アップおよび水平的改善を可能する必要がある。行政執行過程に国民が眼を向け、民間事業者の委託業務にも公的性格を持たせるべきである。民間事業も公共性を明確にし、とくに公務執行では公・民の執行力格差をなくすことが妥当だと考える。

〔永山利和〕

第4章　多様な公務・公共サービス、また、その担い手の持続可能な発展に向けて

はじめに

「公務員」という言葉を耳にするとき、何をイメージするだろうか。

普段の生活のなかでは、「役所の窓口」をイメージする人がいるかもしれない。あるいは、「民間」とは違う「就職先」として「公務員」をイメージする人もいるかもしれない。日々の報道に目をやると「官僚」という存在をイメージする人がいるかもしれない。

「役所の窓口」というイメージを抱く人は、コンビニやスーパーの店員のように、普段の消費生活で出会う人々と変わらない印象を持つのかもしれない。「就職先」というイメージを抱く人は、「勤め先」としての「安定」や「やりがい」を「民間」と比較するのかもしれない。「官僚」というイメージを抱く人には、「厚遇」や「不祥事」ばかりが目に付くのかもしれない。

他方で、「役所の窓口」で応対する人々には、本書**第Ⅲ部第1章**でもみた、多くの「非正規公務員」がいることを知っている人がいるかもしれない[1]。また、「就職先」あるいは「官僚」という意味では（また、義務教育を担う「学校の先生」——公立学校教員についても）、「ブラック」な労働環境が問題となっていることを知っている人がいるかもしれない[2]。

現在、（正規）公務員は国家・地域の礎を担う職業に誇りを持ちながらも「ブラック」な労働環境に身を投じるなかで、また、「非正規公務員」は「公務員」と呼ばれ「正規」と同様に国民・住民の生活に寄与しながらも地位の不安

1）「非正規公務員」をめぐる雇用問題については、たとえば、上林陽治『非正規公務員』（日本評論社、2012年）、同『非正規公務員の現在—深化する格差』（日本評論社、2015年）、同『非正規公務員のリアル—欺瞞の会計年度任用職員制度』（日本評論社、2021年）参照。
2）　たとえば、「官僚」につき、千正康裕『ブラック霞が関』（新潮社、2020年）、NHK取材班『霞が関のリアル』（岩波書店、2021年）を参照のほか、公立学校教員につき、髙橋哲『聖職と労働のあいだ—「教員の働き方改革」への法理論』（岩波書店、2022年）、地方公務員一般につき、「特集 自治体職員の長時間労働問題」労働法律旬報2027号（2023年）6頁以下参照。

定さや「正規」との処遇格差に晒されるなかで、懸命に奮闘しつつも、いつしか疲弊し、なかには限界に達して職を離れる者もいる。

　さらに、国家・地域の礎を支える公務・公共サービスの担い手は、先に挙げた「目に触れやすい」人々にとどまるものではない。

　本書が伝えようと試みたのは、普段の生活ではなかなか「目に触れにくい」、しかし、国民・住民のために多様な公務・公共サービスを担っている人々が存在しているという事実、また、労働環境の悪化のなかでも、なお懸命に公務・公共サービスを維持・向上させようと努力している姿、そして、彼女ら・彼らが直面している課題である。

　以下では、本書の締めくくりとして、日本の公務員をめぐる課題、また、その背景を整理したうえで、持続可能な公務・公共サービスの実現という観点をふまえつつ、今後必要となる視点を示していくこととしたい。

1　日本の公務員をめぐる課題

(1)「安定」というイメージのなかで

　「公務員」という職には、「安定」のイメージが付き物であるが[3]、他面では、「安定」した地位を持続困難にする過酷な労働実態が知られている。冒頭でも挙げた「官僚」や公立学校教員は、過剰な業務量のもと、十分な人員が確保されないなかで、過労死ラインにまで及ぶ長時間労働に従事せざるをえない状況に身を置き、心身が日々擦り減らされている。

　もちろん、国においても、このような事態を完全に放置してきたわけではない。後にもみるように、民間の「働き方改革」に倣って、勤務時間管理や勤務時間の上限設定を行うなどの「公務員版・働き方改革」も行われている。しかし、民間と決定的に異なるのは、公務員制度の枠組みにおいては、労働基準監督署のような監督機関による是正や罰則の適用が予定されていないなど、あくまで「目安」としての意味合いが強く、労働環境の悪化に対する十分な歯止め

---

3)　他方で、国家公務員新規採用職員においては、「公共のために仕事ができる」、「スケールの大きい仕事ができる」、「仕事にやりがいがある」が志望動機の上位三つを占めており、職業としての魅力が重視されている点も含め、人事院「2022年度の新規採用職員の就業意識―総合職試験等からの新規採用職員に対するアンケート調査の結果の概要」人事院月報880号（2022年）28頁以下参照。

として機能していない点にある。

　また、異常な長時間労働の常態化は、もはや周縁的な業務の精選などでは対処しきれない程度にまで及んでいる。しかし、過少人員の改善、あるいは、定員・定数の改善といった抜本的な取組みには十分踏み切られていない[4]。

　こういったなかで、「官僚」や公立学校教員の過酷な労働実態が世に知れ渡り、社会問題化され、その改善の必要性が認識されたにもかかわらず、抜本的な改善策が講じられないために、国家・地域の礎を支える人々が疲弊し、さらには、将来の担い手候補にとっても、公務労働の魅力低下を招き、「公務員離れ」につながっているという憂慮すべき現実がある。

　そして、こういった基本構造は、国民・住民の「目に触れやすい」ところだけではなく、実にさまざまな形で公務・公共サービスを支える人々の現場でも同様に生じている。

(2)「非正規公務員」という存在

　「公務員」の多忙化の一方で、そもそも「安定」的ですらない「公務員」も増加している。それが「非正規公務員」であり、公務部門全体の約2〜3割を占めるに至っている[5]。

　もっとも、「非正規」なのだから「不安定でも仕方がない」と思う人もいるかもしれない。

　しかし、「正規」と同じ職場で「正規」とともに、同様の、あるいは、「公務

---

4)　たとえば、人事院「超過勤務の縮減に係る各府省アンケートの結果について（1. 業務量に応じた要員確保の状況、2. 人事・給与関係業務の超過勤務への影響）」（令和5年4月）（https://www.jinji.go.jp/kinmujikankyuuka/choukakinmu/youinjinkyu_survey.pdf）では、「恒常的な人員不足が生じていた部署の理由（令和3年度）としては、『定員が不足していたため』を挙げるものが多い」、「定員が特に不足していた部署としては、特例業務（上限を超えて超過勤務を行うことができる業務）として整理されている業務を行う部署が多い」、「定員に係る要求結果（令和4年度）としては、『定員管理を担当する部局（内閣人事局等）へ要求し一部措置がなされたが、それでも定員が不足している』が多い」ことなどが示されている。なお近時、人事院主導のもと、「テレワーク等の柔軟な働き方に対応した勤務時間制度等の在り方に関する研究会—最終報告」（令和5年3月）（https://www.jinji.go.jp/kenkyukai/kinmujikan-kenkyukai/saishuuhoukoku.pdf）が公表され、「より柔軟なフレックスタイム制等による働き方、テレワーク、勤務間インターバルの在り方」を基軸に、先進的な取組みを含む提案が示されているほか、人事院規則15-14（職員の勤務時間、休日及び休暇）の改正もなされているが、人員不足という根本問題が解消されない限り、このような方策も十分な効果を発揮することは困難であるように思われる。

5)　詳細については、前掲注1）掲記の各論考を参照。

員採用試験」を突破した「正規」では習得困難な知識や資格・経験、また、国民・住民との信頼関係等を基にして働く「非正規公務員」も多く存在している。継続的に蓄積されるノウハウを基に、公務・公共サービスを提供しているのにもかかわらず、野放図に不安定な雇用状況に置かれている人々がいる――また、その多くが女性である――事実は看過すべきでない[6]。

　そもそも公務員制度は、国民・住民のために、良質な公務・公共サービスを安定的に提供することを重視して、「無期」雇用による人材確保を原則形態としている。

　ところが、行政の担う役割が年々多様化・複雑化を続けているにもかかわらず、「正規」の人員が十分に確保されないなかで、「正規」の穴埋めをすべく、「例外」であるはずの「有期」の「非正規公務員」が増大を続けている。この「非正規公務員」は、「公務員」であるにもかかわらず、「正規」であれば享受できる「公務員」としての保障を十分に享受できていない。さらに、「民間」では、「非正規」雇用の安定化（労働契約法19条の「雇止め法理」や同法18条の「無期転換制度」）、また、「正規」・「非正規」間の均等・均衡処遇の実現（パートタイム有期雇用労働法8条、9条）をめざす法制度の整備が進展しているにもかかわらず、今度は「公務員」であるがゆえに、これらの保障も享受できていない（労働契約法21条1項、パートタイム有期雇用労働法29条）。公務員法と労働法の「法の狭間」に捨て置かれているのである。

　もちろん、「非正規公務員」の問題についても、国は完全に放置してきたわけではない。近時、公務員制度の枠組みのなかで「公務員版・働き方改革」も行われている。しかし、雇用の安定化や処遇改善を実現するには程遠く、かえって「改革」前よりも状況を悪化させる事態までもが生じている[7]。

(3) 小括

　一方では、「安定」的と考えられてきた（正規）公務員についても、その持続可能な就労を困難とする労働環境の悪化が相次ぎ、他方では、その「穴埋め」のために、「安定」的ですらない（非正規）公務員が増大し、多くの雇用

---

6)　たとえば、上林・前掲注1）（2021年）の第一部・第二部・第四部所収の諸論考を参照。
7)　特に地方公務員につき、上林・前掲注1）（2021年）の第三部所収の諸論考を参照。なお、ドイツ法制度との比較研究にもとづいた法学的見地からの批判については、早津裕貴『公務員の法的地位に関する日独比較法研究』（日本評論社、2022年）の第2編を参照。

問題が生じている。しかし、それにもかかわらず、抜本的な「働き方改革」がなされることはなく、問題状況に改善の兆しがみえていない。

なにゆえにこのような事態が生じているのであろうか。以下では、公務員制度の「タテマエ」と現実の乖離という視点を軸に整理を進めていくこととしたい。

2 特別な法制度としての公務員制度の基本構造──「タテマエ」

公務員制度の特徴は、公務員関係法令によって特別な仕組みの整備を行い、これに応じて民間労働者であれば適用される労働関係法令の一部または全部を適用しない点にある（なお、国家公務員と地方公務員には労働関係法令の適用除外の範囲に一部相違もあるが[8]、以下では国家公務員に関する記述を中心に行い、地方公務員に特殊な場合については、一部本文で触れるほかは、注で言及することとする）。

民間とは異なる特別な仕組みが設けられる背景には、一つには、（戦前の「天皇の官吏」のように）一定の者に身分的に隷属することなく、また、租税等によって給与等の原資が賄われることにも鑑み、国民・住民の意思のもと、民主的過程を経た「法律（地方公共団体においては「条例」も含む）」によって、その地位を規律するという考え方が、もう一つには、公務員が国民・住民のために公正かつ能率的に職務を全うすることのできる体制を整備するという考え方がある（国家公務員法1条1項、地方公務員法1条参照）。

そのうえで、民間労働者であれば適用される労働関係法令の一部または全部が適用されないのは、このような特別な仕組みによって、公務員たる地位の特殊性に合わせた、適正な、あるいは、民間法制に代わる内容が定められているという「タテマエ」、労働条件との関係でいえば、必要十分な保障内容が定められているという「タテマエ」があることによる。

たとえば、公務員には基本的に最低賃金法が適用されない（国家公務員法附則6条、地方公務員法58条1項）。しかし、これはもちろん、公務員の給与が最

---

8) とくに労働基準法につき、渡辺賢「なぜ国家公務員には労働基準法の適用がないのか──あるいは最大判平17・1・26民集59巻1号128頁の射程」日本労働研究雑誌585号（2009年）42頁以下参照。

低賃金額を下回ってよいという意味ではない。公務員制度の特別な仕組みのもと、必要十分かつ最低賃金額以上の給与が定められていることを当然の前提としている（国家公務員法28条、62条以下、地方公務員法14条、24条以下等）[9]。

　また、国家公務員には基本的に労働基準監督署による監督行政や労働基準法違反を理由とする罰則の適用もない[10]。国であれば、人事院、地方公共団体であれば、人事委員会といった専門性・独立性を有する第三者機関などが代替的な機能を果たすことが想定されている（国家公務員法3条、同法附則6条、給与法2条、地方公務員法8条、58条5項等。ただし、地方公共団体につき、人事委員会がない場合には「長」がこれに当たるとされ、使用者たる「長」自らが監督することになるという構造上の欠陥があり、この点は早急に改められる必要がある[11]）。これについても、国や地方公共団体は適法に運用を行うはずであり、仮に問題が生じた場合にも、自浄作用あるいは専門性・独立性を有する特別な第三者機関によって常時是正が図られるという「タテマエ」が前提とされている。

　問題は、こういった「タテマエ」が現実に十分機能を果たしているか、ということにある。

　結論を先取りすれば、「タテマエ」が十分に機能していない例、あるいは、「タテマエ」と現実が乖離している例は随所にみられる。一例として、地方公共団体では、最低賃金という、ごく初歩的かつ基本的な事柄ですらも、漫然とこれを下回る例が存在していたことが報道されている[12]。

　以下では、このような「タテマエ」と現実の乖離という視点を基に、本書で

---

9)　たとえば、橋本勇『新版 逐条地方公務員法〔第5次改訂版〕』（学陽書房、2020年）1076頁参照。

10)　他方で、一般の地方公務員については、労働基準監督官が労働基準法違反の罪について司法警察官の職務を行うとする規定（労働基準法102条）は適用除外とされているが、労働基準法上の罰則規定は適用除外とされていない（地方公務員法58条3項）。また、国家公務員についても、給与の違法な支払拒否に関する罰則（一般職の職員の給与に関する法律〔給与法〕25条）などが別途設けられている場合がある。

11)　たとえば、公平委員会の権限とすべきとの提案も含め、橋本・前掲注9) 1074-1075頁を参照のほか、人事委員会が行いうる労働基準監督も含め、現行法上の問題点を指摘するものとして、晴山一穂＝西谷敏編『新基本法コンメンタール 地方公務員法』（日本評論社、2016年）282頁〔恒川隆生〕参照。

12)　たとえば、東海林智「非正規公務員の最低賃金割れを解消へ　茨城4市、年度内に差額支給」『毎日新聞』2023年2月12日付（https://mainichi.jp/articles/20230212/k00/00m/040/018000c）、NHK北海道 NEWS WEB「函館市教育委員会が最低賃金下回る報酬　1年にわたり61人に」（2023年4月7日）（https://www3.nhk.or.jp/sapporo-news/20230407/7000056583.html）参照。

も随所で指摘された「長時間労働」や「定員・定数」といった問題を例にとり、また、労働基本権の問題も含めて検討を進めていくこととしたい。

3　公務員制度の課題と展望
──「タテマエ」と現実の乖離を埋めるために必要となるもの

(1)　長時間労働をめぐって

1)　民間法制の現状

民間労働者であれば、1日8時間・週40時間が労働時間の上限とされ（労働基準法32条）、この「例外」となる時間外労働については、主に36協定の締結および25％（休日労働は35％、1か月60時間超の時間外労働は50％）以上の割増賃金の支払いが必要となる（同法36条、37条等）。

また、近時の「働き方改革」によって、36協定を通じた時間外労働の上限規制も導入されている（同法36条2項以下）。そして、これらに関する違反には、労働基準監督署による行政指導のほか、罰則の適用が予定されている（同法119条1号）。

2)　公務員制度の「タテマエ」

これに対して、国家公務員を例にとると、その勤務時間は、原則として1日7時間45分・週38時間45分とされ（一般職の職員の勤務時間、休暇等に関する法律〔勤務時間法〕5条1項、6条2項）、「例外」たる超過勤務については、「各省各庁の長は、公務のため臨時又は緊急の必要がある場合には、正規の勤務時間以外の時間において職員に……勤務をすることを命ずることができる」（同法13条2項。人事院規則15-14第16条以下も参照）、「正規の勤務時間を超えて勤務することを命ぜられた職員には、正規の勤務時間を超えて勤務した全時間に対して、勤務一時間につき……人事院規則で定める割合……を乗じて得た額を超過勤務手当として支給する」（給与法16条1項。人事院規則9-97も参照）とされている。

また近時では、「公務員版・働き方改革」によって、「超過勤務を命ずる場合」の上限時間の設定もなされている（人事院規則15-14第16条の2の2）。ただし、その内容においては、国会対応等の特殊性を「他律的業務（業務量、業務

の実施時期その他の業務の遂行に関する事項を自ら決定することが困難な業務……)」という例外の形で整理したり（同条1項2号）、「特例業務（大規模災害への対処、重要な政策に関する法律の立案、他国又は国際機関との重要な交渉その他の重要な業務であって特に緊急に処理することを要するものと各省各庁の長が認めるもの……)」につき、上限を超える余地が認められたりしている（同条2項）。また、超過勤務の管理等に関しては、基本的には各省庁自身での対応が念頭に置かれ、人事院による一定の関与も予定されているものの、特段の罰則規定は設けられていない（ただし、給与の違法な不払いには、罰則の適用余地がある〔給与法25条〕ほか、地方公務員については、民間と同様のルールも一定程度妥当しうる点に留意が必要である[13]）。

　ここで確認される必要があるのは、公務員制度において特別な仕組みが設けられている本来の意図、「タテマエ」である[14]。

　公務員制度が労働時間の問題につき、労働基準法による規制に直接的に依拠することなく、独自の仕組みを整備しようとした意図は、無論、公務員に際限のない無定量の奉仕を求めるなどといったことにあったわけではない。むしろ、その特徴は、長時間労働が業務の能率を低下させ、職員の健康を害するという真っ当な認識のもと、「正規の勤務時間（現在では、1日7時間45分・週38時間45分）」内に業務が収まることを「原則」としつつ、「例外」たる超過勤務の余地を「公務のため臨時又は緊急の必要がある場合」に限定しようとしていた、つまり、民間よりも厳しく時間外労働の発生を抑制しようとしていた点にある。

　実は、同様の考え方は、「ブラック」であることが知れ渡った公立学校教員について、よりいっそう強調されていた。法の「タテマエ」においては、教師が（真に）自主的・自発的かつ創造的に教育活動に勤しむことができるよう、時間外労働が生じる余地を通常の公務員よりもいっそう限定することが意図されていたのである（公立の義務教育諸学校等の教育職員の給与等に関する特別措置法6条1項、公立の義務教育諸学校等の教育職員を正規の勤務時間を超えて勤務させる場合等の基準を定める政令参照）。

---

13) たとえば、橋本・前掲注9) 1077頁、1083頁以下のほか、地方公務員に関連した法的課題については、近時のものとして、山口真美「職員のいのちと健康を守るとりくみと労働基準法33条問題」労働法律旬報2027号（2023年）17頁以下も参照。

14) 以下については、早津裕貴「公立学校教員の労働時間規制に関する検討」季刊労働法266号（2019年）58頁以下参照。

3)「タテマエ」と現実の乖離

　しかし、現実には「タテマエ」に反する実態が存在している[15]。

　たとえば、国家公務員については、――民間であれば行政指導や罰則の対象ともなりうる――「<u>上限を超えて超過勤務を命ぜられた職員</u>」（下線筆者）に関する調査結果が公表されている[16]。もちろん、先述のとおり、「特例業務」に該当すれば「例外の例外」として上限を超える余地もあるのが現状である。このこと自体も上限設定を骨抜きにしかねない点で問題であるが、さらなる問題は、定義が曖昧で各省庁の一存にも左右されうる「その他の重要な業務であって特に緊急に処理することを要するものと各省各庁の長が認めるもの」に相当する場合が「特例業務」の大部分を占めている点にある[17]。これでは、時間外労働の上限設定という歯止めの機能が、安易な形でいっそう減殺されてしまうことになるであろう。

　また、人事院によれば、「超過勤務の状況について、令和4年国家公務員給与等実態調査によると、令和3年の年間総超過勤務時間数は、全府省平均で217時間であった」、「組織区分別にみると、本府省では383時間、本府省以外では179時間となっていた」とされている[18]。これは月平均にすると全府省平均で約18時間、本府省では約32時間、本府省以外では約15時間であり、「ブラック」というイメージとは少々ギャップもある。

　しかし、注意を要するのは、この数字は、「国家公務員給与等実態調査」を基礎としている、つまり、「超過勤務手当が支払われた」時間のみを示しているという点である。つまり、「正規の勤務時間を超えて勤務することを<u>命ぜられた</u>」（下線筆者）場合であり、かつ、それに応じて実際に超過勤務手当が支

15) 以下に言及するもののほか、たとえば、地方公務員につき、黒田兼一「コロナ禍の自治体職員の労働実態―長時間〔ママ〕労働の常態化と過労死問題」労働法律旬報2027号（2023年）6頁以下、公立学校教員につき、文部科学省「教員勤務実態調査（令和4年度）の集計（速報値）について」（令和5年4月28日）も参照。

16) 人事院「上限を超えて超過勤務を命ぜられた職員の割合等について（令和3年度）」（令和5年3月）（https://www.jinji.go.jp/kisya/2303/jogengoeR3.pdf）。

17) たとえば、人事院・前掲注16）によれば、「他律部署」における「上限超え」の要因の割合につき、「大規模災害への対処」が2.4%、「重要な政策に関する法律の立案」が10.5%、「他国又は国際機関との重要な交渉」が9.4%であったのに対し、「その他の重要な業務であって特に緊急に処理することを要するものと各省各庁の長が認めるもの」に相当する場合は、各省庁に共通的な業務を取り上げるだけでも計49.1%となっている。

18) 人事院「令和4年度　年次報告書」（令和5年6月）161頁。

払われた場合のみが把握されている。このため、民間の場合であれば、明示の命令がなかろうが、業務への従事が客観的に義務付けられていると評価できるならば、労働基準法上の労働時間として把握され、時間外割増賃金等の支払対象ともなるのに対し[19]、上記調査では、たとえば、業務量が過多で処理に時間を要しているものの「上司に命じられてはいない」場合や、「予算」などを理由として「サービス残業」となっている場合については、必ずしも数字に表れない。もちろん、人事院もこういった事態を認識しており、対応を進めてはいるものの[20]、なお現実には多くの「数字に表れない残業」が存在していると理解するのが自然であろう[21]。

法の「タテマエ」は、決して「残業を見えにくくすること」など意図しておらず、むしろ、民間よりも時間外労働に対して厳しい姿勢で臨もうとしていた。これは、長時間労働が業務の能率を低下させ、職員の健康を害するという真っ当な認識を背景としている。それにもかかわらず、民間よりも先進的であったはずの「タテマエ」が、長時間労働に対する歯止めとして十分に機能していないという現実がある。

以上は、公務員関係法令が、民間よりも手厚く「保障」を設けようとした「タテマエ」のもと、民間労働者であれば適用される労働関係法令の一部または全部を適用しないこととしたにもかかわらず、現実には機能不全が生じ、かえって民間よりも「保障」が後退している一例である。

4）課題解決に必要となる視点

このような問題に対して、民間と同様の残業ルールを徹底させることで解決を図ることは端的であり、わかりやすくもある。

しかし、改めて考えてみる必要があるのは、時間外労働を厳しく制限しようとした本来の法の「タテマエ」自体は、決して「悪」ではなかったという点である（ただし、労働基準監督や時間外労働の上限規制のあり方、罰則の適用等については、不完全な労働時間管理や上限の超過などが現実に生じている以上、より民

19）たとえば、判例として、三菱重工長崎造船所事件（最一小判平成 12.3.9 民集 54 巻 3 号 801 頁）、大星ビル管理事件（最一小判平成 14.2.28 民集 56 巻 2 号 361 頁）。

20）人事院「勤務時間の管理等に関する調査結果等について（令和 4 年度）」（令和 5 年 3 月）（https://www.jinji.go.jp/kisya/2303/R4kinmujikanchousa_besshi.pdf）参照。

21）以上については、NHK 取材班・前掲注 2）20-21 頁〔荒川真帆〕、63 頁以下〔同〕も参照。

間に近づけた規制内容とすることが検討されるべきであろう）。

　とりわけ、時間外労働の常態化という「タテマエ」に反する状況が生じた場合には、——それを覆い隠すことなどではなく——適正な人員配置ないし定員増によって対処することが想定されていた点が想起される必要がある[22]。時間外労働の存在を漫然と放置するのではなく、業務の能率性および職員の健康の確保といった観点から、時間外労働の常態化を避けるための真っ当な対応が志向されていたのである。

　ところが、現実には、そのような対応は十分に実現されていない。続いては、こういった問題の抜本的な解決に不可欠となる「定員・定数」あるいは「予算」といった観点に焦点を当て、検討を進めていくこととしよう。

(2) 適正な人員配置をめぐって

1) 公務員制度の「タテマエ」

　日本の定員管理においては、国家公務員につき、行政機関の職員の定員に関する法律（総定員法）のもと、公務員の「頭数」を管理する（ただし、対象は基本的に無期かつフルタイムである「常勤職員」に限られ、「常勤職員」に当たる場合にのみ「1」とカウントされる）という方式が採用されている（総定員法1条1項。地方公務員につき、地方自治法172条3項参照）。その背景には、トップ・ダウンの形で公務員数のむやみな膨張を抑制する意図があったとされているが[23]、こういった方式は、「予算」を基軸として、パートタイムも含めるなどした管理を行う欧米主要国とは異なるものでもある[24]。

　もちろん、——半世紀以上前に起源を持つ——定員管理手法にも、担う業務量に見合わない公務員数の過剰な「膨張」を抑えるという意味においては、一定の意義が存在したのかもしれない。

---

22) 早津・前掲注14) 60-61頁参照。
23) たとえば、増島俊之『行政管理の視点』（良書普及会、1981年）101頁以下のほか、前田健太郎『市民を雇わない国家—日本が公務員の少ない国へと至った道』（東京大学出版会、2014年）85頁以下、160頁以下参照。
24) たとえば、吉田耕三=尾西雅博『逐条国家公務員法〔第2次全訂版〕』（学陽書房、2023年）80頁〔植村隆生〕のほか、村松岐夫編著『公務員人事改革—最新 米・英・独・仏の動向を踏まえて』（学陽書房、2018年）56-57頁〔稲継裕昭=福田紀夫ほか〕、121-122頁〔稲継裕昭=合田秀樹ほか〕、181頁〔原田久=吉田耕三ほか〕、247-248頁〔野中尚人=猪狩幸子ほか〕も参照。

もっとも、現在においては、そのような「タテマエ」は現実と乖離している。

2)「タテマエ」と現実の乖離

現実には、行政の担う役割が年々多様化・複雑化を続け、業務が増大しているにもかかわらず、定員削減が繰り返されてきた。

そして、一方では、（正規）公務員の長時間労働、つまりは、（正規）公務員数の過剰な「収縮」による現場の疲弊が生じ、他方では、定員・定数削減の「裏道」として、――（地位の不安定さの裏返しとして）クビが切りやすく、また、（処遇格差の裏返しとして）「正規」よりも「安価」であり、さらには、「常勤職員」を対象とする定員・定数管理の仕組み上、どれだけ増加しても「0」であるため、国・地方公共団体にとっては非常に「便利で好都合」な――「非正規公務員」への置換えが進行した[25]。

こういった時代の大きな変化のなかで、担う業務量に見合わない公務員数の過剰な「膨張」などといった実態は存在しておらず、むしろ、現行の定員管理が必要十分な総人員数の検証の契機を覆い隠す機能を果たしているといっても過言ではない。このことが直視される必要がある。

3) 課題解決に必要となる視点

もはや定員管理に当初期待・想定された前提が存在せず、定員削減に偏重した方針に限界が生じている現状を直視するのであれば、業務量に見合った適正な人員数を適切に管理していくボトム・アップ型の管理手法に舵が切られなければならない[26]。これによって、適正な人員配置を実現し、時間外労働の常態化を改善していくこと、また、安易に「非正規公務員」としての採用・任用継続を是とするのではなく、職に見合った安定雇用制度、あるいは、習熟に見合った「無期転換制度」を整備することで、安定的な公務人材の確保を図って

---

25)「正規」から「非正規」への置換えの実態については、たとえば、上林・前掲注1)（2015年）32頁以下参照。また、公立学校教員においても、「正規」教員における長時間労働の蔓延の一方で、「非正規」教員の増加が生じ、さまざまな問題を生じさせている点につき、たとえば、「特集 非正規教員増加による、学校現場への影響を問う」季刊教育法215号（2022年）6頁以下参照。

26) なお近時では、総務省主導のもと、「地方公共団体の定員管理のあり方に関する研究会」でも同様の関心にもとづいた議論がなされている（たとえば、同研究会の第5回〔令和2年7月3日〕配布資料〔https://www.soumu.go.jp/main_content/000701298.pdf〕参照）。

いくことこそが、公務員法体系の本来の「タテマエ」に適った方向性である。

　この点に関連しては、公務員数と人件費がトレードオフの関係にあるとの分析を前提に、公務員の労働基本権を回復させることにより、給与抑制を図りつつ、人員削減に歯止めをかけるといった方向性を示唆する見解もある[27]。公務員の労働基本権回復と人件費削減を結び付ける発想自体は、公務員の労働基本権回復を謳う「国家公務員の労働関係に関する法律案」が議論された 2010 年前後にも、時の政権側から述べられていたところである[28]。

　公務員の労働基本権に関する検討は次項でも行うが、ここでは、公務員数と人件費がトレードオフの関係にあることを前提としてしまう議論に内包される問題点を指摘しておきたい。

　この前提においては、（予算全体の配分のあり方も含め）人件費予算の規模に変更を生じる余地がないこと、あるいは、削減のみがありうることが当為とされているように見受けられる。しかし、そのこと自体の是非、あるいは変化を、国民・住民たち、ひいては、政治過程にも問うていく思考を停止することにつながりかねない点に問題はないだろうか。

　公務員制度が民間とは異なる特別な仕組みを設けていることの重要な意義は、国家・地域の礎を支え、その維持・発展を支える人々について、あるべき処遇のあり方を差し示しているところにある。もちろん、公務員の処遇に関して、真に「無駄」・「不効率」・「不合理な優遇」といえるものがあるのであれば、それは徹底して正されなければならない。しかし、現実には、国民・住民にとっての必要性・重要性を十分顧みることなく、「無駄」というレッテルを貼ることによって、「不合理な冷遇」までもが生じているのが現状ではないだろうか。こういったなかで、「官僚」や公立学校教員——また、本書で登場した様々な担い手——においても、有為人材の「公務員離れ」が始まっており、このことは国家・地域の維持・発展、ひいては、公務・公共サービスの受け手である国民・住民に対しても、決して良い影響を及ぼすものではない。

　こういった観点をふまえるならば、国民・住民一人ひとりにおいても、予算全体の適正配分、あるいは、租税等の負担のあり方の問題として真剣に考え、

27）前田・前掲注 23）263 頁以下参照。
28）一例として、第 176 回国会衆議院会議録第 7 号（平成 22 年 11 月 11 日）3 頁〔片山善博発言〕参照。

場合によっては、民主的過程を通じて、公務・公共サービスの「質」の維持・向上に必要となる方策を支持し、実現していくといった方向性もまた探究される必要がある。また、公務員も一人の国民・住民であり、消費者であり、納税者でもあるのであって、――単なる「穀潰し」などではなく――社会・経済活動における循環の一端を担っていることも看過すべきではない。

こういった観点において、公務員人件費の抑制傾向を当為としてしまうことで、議論の展開に歯止めをかけてしまいかねない考え方を前提とすることは望ましくないように思われるのである。

公務員人件費の「膨張」は、常に国民・住民による不断の監視のもと、批判にも晒されるべきことは確かである。しかし、それが果たして真に「無駄」・「不効率」・「不合理な優遇」と呼べる現状にあるのか――また、普遍的事象であるのか、それとも、ごく一部の例外的事象に過ぎないのか――、それとも、公務・公共サービスの「質」を維持していくうえでやむをえない内容のものであるのか、ひいては、「膨張」ではなく「確保」にすぎないのか、こういった点が慎重に見極められなければならない。そのうえで、過酷な労働環境に晒されている人々の現況――これは「正規」・「非正規」いずれにも当てはまる――の抜本的改善のあり方が問われるべきであり、近時みられる一部公務員の増員の兆し[29] が、なおいっそう広まりをみせていく方向性についても真摯に検討される必要がある。

以上の観点もふまえつつ、以下では、公務員人件費のあり方とも密接に関連し、公務員自身の当事者としての行動を支える最たる権利でもある労働基本権の問題について、関係する諸制度の意義とあり方とともに検討を進めていくこととしたい。

(3) 労働基本権をめぐって

1) 公務員の労働基本権をめぐる課題

典型的な公務員は、民間労働者とは異なり、労働基本権、なかでもとくに協

---

29) たとえば、国家公務員につき、内閣人事局「令和5年度　機構・定員等審査結果（概要）」（令和4年12月）（https://www.cas.go.jp/jp/gaiyou/jimu/jinjikyoku/files/satei_r5_kekka.pdf）、地方公務員につき、総務省「令和4年　地方公共団体定員管理調査結果」（令和5年3月）（https://www.soumu.go.jp/main_content/000873366.pdf）のほか、人事院・前掲注4）も参照。

約締結権と争議権を制約されている（国家公務員法98条2項、3項、108条の5第2項、地方公務員法37条、55条2項等）。このほか、団結権までをも制約される警察職員・消防職員や海上保安庁・刑事施設の職員がいる一方で（国家公務員法108条の2第5項、地方公務員法52条5項）、協約締結権は一定程度認められるものの、争議権を制約されている公務員身分を有する法人職員等も存在している（行政執行法人の労働関係に関する法律、地方公営企業等の労働関係に関する法律等）。

いうまでもなく、労働基本権は、労働者の地位あるいは労働条件の維持・向上等のための重要な権利である。しかし、先述したように、公務員の労働基本権「回復」に関連しては、権利の「回復」であるにもかかわらず、労使交渉によって労働条件を「引き下げることができる」といった見方も示されていた。現実にも、労働基本権「回復」の議論に際し、一部組合がこれと引換えに大幅な給与減額に合意するといった事態が生じており[30]、権利「回復」が労働条件「引下げ」の方向で作用する可能性は決して杞憂ではなかったといえよう。

こういった点をふまえ、公務員の労働基本権の問題を考えるに当たって検討する必要があるのは、一つには、法の「タテマエ」としての公務員に特別な「保障」の仕組み、あるいは、労働基本権制約の「代償措置」の意義をいかに評価するのか、もう一つには、公務部門における労働基本権のあり方について、組合側における実力も含め、いかに考えるのか、ということである。

なお、2010年前後に議論されたものの廃案となった「国家公務員の労働関係に関する法律案」に関連しては、勤務条件法定主義と協約締結権の関係についての整理や勤務条件の統一的規律の必要性なども問題となり[31]、このような理論的課題も引き続き重要ではある。しかし、以下では、現行制度の「タテマエ」と課題について整理したうえで、労働基本権回復を論じるに際しての組合側の課題に焦点を当てて論じることとしたい。

2）公務員制度の「タテマエ」・「代償措置」の意義と機能不全に陥ることの意味

i）人事院勧告の意義

労働基本権制約の「代償措置」としても位置づけられる人事院勧告は、現行

---

30) たとえば、労働政策研究・研修機構「国家公務員への労働基本権付与と給与削減をめぐる動向―臨時国会がヤマ場に」ビジネス・レーバー・トレンド2011年11月号24-25頁参照。

31) 一例として、下井康史「公共部門労使関係法制の課題」日本労働法学会編『講座労働法の再生〈第1巻〉労働法の基礎理論』（日本評論社、2017年）249頁以下参照。

法体系上、国家公務員に対し、憲法上の労働基本権の十全な保障という契機を欠くなかで、公務員制度の要請する給与保障の水準を独立的・専門的立場から担保する最良の標準として存在し、給与保障の趣旨との関連において、立法裁量を限界付ける重要な指標としての位置づけを有している。このため、人事院勧告を合理的理由なく下回る給与立法は違憲・違法になると考えるべきである[32]。

　もっとも、そもそも人事院勧告の内容が常に正当性を有しているか、ということについても不断の検証が必要である[33]。

　公務員の労働条件を「改善」すべき地位にある人事院（国家公務員法3条2項参照）は、「民間準拠」あるいは国民ないし納税者の側における「納得性」といった観点を基に、「引上げ」のみならず、「引下げ」の勧告も行っている。

　もちろん、社会・経済情勢の変化を無視して「引下げ」勧告がいっさい許されないとすることも問題である。しかし他方で、国民ないし納税者が「引下げ」を常に支持するものと把握し、安易に「民間準拠」の標語のもと、「引下げ」を常時貫徹することも問題である。

　公務員制度の「タテマエ」においては、公務・公共サービスの維持・向上、また、そのための優秀な人材確保といった要請も存在している。そして、こういった要請は、公務・公共サービスの名宛人である国民・住民の利益のために存在するものである。このため、国民ないし納税者の側における「納得性」について、常に「引下げ」を支持するものと捉えることには問題があり、公務員の労働条件の維持・確保という方向性もまた支持されうる点は看過されてはならない。

　人事院は、単なる数字上の均衡を超えて、公務員制度における「タテマエ」の本来的意義を広く考慮のうえ、より積極的な説明・根拠付けを伴った勧告を行うべきである。

ii）「非正規公務員」と「代償措置」

　人事院は、「非正規公務員」に対しては給与勧告を実施しておらず、（内容は

---

32) 詳細については、早津・前掲注7）の第2編第3章第1節参照。
33) 以下については、早津裕貴「人事院による『引下げ』勧告に関する検討」季刊労働者の権利348号（2022年）53頁以下参照。

徐々に拡充されているものの）「通知」レベルで「給与の適正な支給に努め」ることを要請しているにすぎない（「一般職の職員の給与に関する法律第22条第2項の非常勤職員に対する給与について」〔平成20.8.26給実甲第1064号（最終改正：令和5.4.1給実甲第1313号）〕）。これは、「非正規公務員」の給与につき、給与法22条2項が「各庁の長は、常勤の職員の給与との権衡を考慮し、予算の範囲内で、給与を支給する」と定め、各省庁に一定の裁量が認められていることを考慮したものである。

　しかし、公務員制度の根本基準を定める国家公務員法は、その基本的な給与原則の適用に当たり、「正規」・「非正規」の区別を行っておらず、等しく給与原則が及ぶことを「タテマエ」としている（この点は、国家公務員法の要請を具体化する給与法も同様である）。このため、人事院は、給与の根本原則を定める公務員関係法令の趣旨に応じ、「正規」・「非正規」の枠に過度に拘泥することなく、よりいっそう積極的な関与を行うべきである[34]。

　このほか、人事院と関連した「代償措置」としては、措置要求制度（国家公務員法86条以下）、また、給与決定審査制度（給与法21条、人事院規則13-4）も存在している。

　しかし、「非正規公務員」については、「職員」たる地位を有することが各制度の前提とされていることとの関係上、更新拒絶がなされ、「職員」としての地位を喪失した場合には、各手続が打ち切られることになるうえ、これを不利益処分として争う方途（国家公務員法89条以下）も十分に整備されていないという問題がある。

　これでは、同じ「公務員」であっても、「非正規公務員」についてはよりいっそう、（権利行使に対する「報復」も含めた）不利益取扱いを憂うることなく、不服や改善を申し立てることができない。このような権利保障の間隙を埋める立法対策が必要である[35]。

iii）「代償措置」としての人事委員会・公平委員会

　以上にみた国ないし人事院における課題に加え、より大きな課題を抱えるの

34）早津・前掲注7）297頁参照。
35）早津裕貴『「官製ワーキングプア」の是正―持続可能かつ質の高い自治体運営のためにも」住民と自治720号（2023年）9頁も参照。

が、地方における人事委員会・公平委員会である。

　地方公務員も国家公務員と同じく「公務員」である以上、（地方自治の尊重の要請があるとはいえ）公務員制度にかかる法の「タテマエ」自体は等しく妥当するはずである。

　しかし、人事委員会・公平委員会については、そもそも人事院と同様の機能を発揮しがたいこと、そして、大多数の地方公共団体に関連する公平委員会[36]には、なおいっそうそのことが当てはまることが指摘されてきた[37]。ところが、最高裁判所は、そのことを認識しつつも、単に人事委員会・公平委員会の制度が存在していることそれ自体をもって「代償措置」として足りるかのような判断を示している[38]。

　しかし現在、人事委員会・公平委員会には、従来から指摘されてきた人事院に劣る機能の問題に加え、切実な雇用問題を抱える「非正規公務員」——さらには、会計年度任用職員制度の導入のもと、従来、労働基本権を全面的に保障されていたにもかかわらず、それを失うに至った人々[39]——も含めた地方公務員の権利・利益保障を広範かつ十全に担うことがいっそう求められているという時代の大きな変化がある[40]。こういった変化を等閑視して、引き続き人事委

36）2020（令和2）年4月1日段階で、公平委員会ではなく、人事委員会が設置されているのは、47都道府県、20政令指定都市、特別区、和歌山市のみである（制度概要も含め、橋本・前掲注9）106頁以下参照）。

37）たとえば、岩教組学テ事件（最大判昭和51.5.21刑集30巻5号1178頁）は、「人事委員会又は公平委員会、特に後者は、その構成及び職務権限上、公務員の勤務条件に関する利益の保護のための機構として、必ずしも常に人事院の場合ほど効果的な機能を実際に発揮しうるものと認められるかどうかにつき問題がないではない」としている。

38）岩教組学テ事件・前掲注37）は、同注掲記の判示部分に続いて、「けれども、なお中立的な第三者的立場から公務員の勤務条件に関する利益を保障するための機構としての基本的構造をもち、かつ、必要な職務権限を与えられている……点においては、人事院制度と本質的に異なるところはなく、その点において、制度上、地方公務員の労働基本権の制約に見合う代償措置としての一般的要件を満たしているものと認めることができる」としている。

39）地方公務員法旧3条3項3号にもとづき「特別職非常勤職員」として任用されていた人々にとっては、会計年度任用職員への移行は、戦後以来の労働基本権「剥奪」も意味することになった。この点については、早津裕貴『『非正規』公務員をめぐる『法的』課題」季刊労働者の権利335号（2020年）73頁のほか、see also ILO, Application of International Labour Standards 2020: Report of the Committee of Experts on the Application of Conventions and Recommendations (International Labour Conference 109th Session, 2020), Report III (Part A), 2020, pp. 158-159.

40）総務省「会計年度任用職員制度の導入等に向けた事務処理マニュアル〔第2版〕」（平成30年10月）45頁も参照。

員会・公平委員会の機能に内実を伴わなくてもよいとするかのような論理が維持されるとすれば、それはあまりに時代錯誤の空虚な論理である。

　人事院と同様、人事委員会および公平委員会も、公務員法体系の予定する保障内容の実現のため、また、労働基本権制約の「代償措置」として、その内実においても実効的に機能を果たす必要があり[41]、最低限、人事院に比肩する機能の発揮を可能とする仕組み・体制が整備されなければならない（なお、小規模地方公共団体においても、公平委員会の共同設置や他の地方公共団体の人事委員会への事務の委託が可能であり〔地方公務員法 7 条 4 項〕、団体規模の大小は、体制整備を懈怠する理由にはならないが、公平委員会の勧告権などについては立法課題となろう）。

iv）機能不全に陥ることの意味

　以上にみた公務員制度の「タテマエ」ないし「代償措置」が十全に機能を発揮しないことは何を意味するであろうか。

　この点については、かねてより最高裁判決のなかでも指摘されてきたように、「代償措置」が「画餅」と化したものと評価され、労働基本権、なかでも争議権制約の合憲性を喪失させるに至ることを確認することで足りよう[42]。

　ここでなお問題となるのは、労働基本権回復に舵が切られれば、それで万事解決となるか、ということである。

　とくに問われる必要があるのは、人事院のような独立的・専門的機関の存在、あるいは、──現状ではいまだ不十分な面もあるものの──それらが十全な機能を発揮することについても十把一絡げに否定的に捉えることが本当によいのかどうか、見方を変えれば、公務員労働組合自身で──公務員制度の「タテマエ」によって保障されてきた側面も含めて──十分に労働条件を確保していく

41）早津・前掲注 7）297 頁も参照。
42）「代償措置が迅速公平にその本来の機能をはたさず実際上画餅にひとしいとみられる事態が生じた場合には、公務員がこの制度の正常な運用を要求して相当と認められる範囲を逸脱しない手段態様で争議行為にでたとしても、それは、憲法上保障された争議行為であるというべきであるから、そのような争議行為をしたことだけの理由からは、いかなる制裁、不利益をうける筋合いのものではなく、また、そのような争議行為をあおる等の行為をしたからといつて、その行為者……を処罰することは、憲法二八条に違反する」とした、全農林警職法事件（最大判昭和 48.4.25 刑集 27 巻 4 号 547 頁）における岸盛一・天野武一裁判官追加補足意見参照。

ことができるのかどうか、ということである。

3) 公務員労働組合の意義

公務員労働組合は、その立場を問わず、一貫して労働基本権の回復を主張してきた。そして、先述した内容からも労働基本権回復の端緒があることは確かである[43]。

しかし、改めて公務員労働組合に問われなければならないのは、権利を回復するということは、それに伴う責任が生じるということである。

とりわけ、公務員の労働基本権回復が議論されるに際しては、時の政権側からも、労使交渉によって労働条件を引き下げることができると包み隠さず述べられた。このことは、人事院を典型とした「代償措置」あるいは公務員制度の「タテマエ」が、——先述したような課題もあるものの——一定の機能を果たしてきたことの表れでもある[44]。

もちろん、この背景には、争議権という労働条件確保のための最たる闘争手段を欠いて協約締結権回復を謳った、当時の「国家公務員の労働関係に関する法律案」における基本構造の問題もある。ただし、組合側もこれを「一歩前進」と評価していたことは確かであり、現実問題として、争議権を欠いたなかで人事院勧告よりも良い成果を獲得できたかどうかは明らかではない。むしろ、ある種の妥協のもとでは、「労働条件引下げ手段としての労働基本権回復」という見方の方が現実味を帯びていたといえるかもしれない。

いうまでもなく、自律的労使関係の確立という観点からは、「代償措置」の撤廃、不当労働行為制度の導入、協約締結権・争議権双方の回復が端的な途ではあり、そのような方向性を、引き続き公務員労働組合自身がめざしていくこと自体を否定するものではない。しかし、自律的労使関係の確立を謳うのであ

---

43) 私見においては、公務員制度による「保障」が不十分な「非正規公務員」の権利制約には重大な疑義があるほか、給与等の労働条件保障が適切な司法審査あるいは法制度の拡充を通じても実効化されるとともに、公務員関連法令の立案に際して、少なくとも事前の情報提供や労使間対話の機会が十分に確保されたり、不当労働行為制度が導入されたりするなどの形で、関与権あるいは団体交渉権等の拡充がなされなければ、全面的な争議権制約が合憲性を維持することは困難であると考えている（早津・前掲注7）の第2編第3章第3節参照）。
44) この点については、前田・前掲注23）267頁も参照。

れば、少なくとも以下の点が真剣に問われる必要がある[45]。

i）権利を行使できるのか？

まず、労働基本権を回復したとして、組合側が十分に権利を行使できるのかという点である。

先述したように、争議権を欠いた労使自治の意義に関する議論の不十分さに加え、争議権を回復したとして、それを実際に用いることができるかどうかも問われなければならない。

これまで法人化あるいは民間化され、民間労働者と同様の身分となって労働基本権制約から解放された部門においても、争議行為が実施されることはほとんどなかった。

しかし、本書**第Ⅱ部**でも触れられたように、近時になって、独立行政法人である国立病院機構が運営する医療機関において、全日本国立医療労働組合（全医労）に加入する看護師らがストライキを実施したことは記憶に新しい[46]。このような変化の兆しについて、公務員労働組合全体がいかに意義付け、将来の運動につなげていくことができるのか、とりわけ、目に触れやすいエッセンシャルワーカーであるがゆえに、労働条件の改善につき、社会的関心・理解が得やすい一方、業務の停滞につき慎重な対応も必要となる分野で得られた実績を今後十分に活かしていくことができるのかが問われることとなる。

ii）交渉体制は確立されているのか？

関連して、自律的労使関係の確立に向けた体制を十分整備できているのかという点である。

（協約締結をめざさない）単なる「協議」を超えた、「団体交渉」に臨む準備ができているかという点はもとより、（「代償措置」としての機能のみならず）公務員制度につき相当な人員と労力を割いて独自に調査研究を担ってきた人事院

45）以下については、早津裕貴（聞き手・構成：西口想）「〈インタビュー〉何のための、誰のための労働基本権なのか議論しよう―非正規公務員も含めた権利保障を」KOKKO50号（2023年）54頁以下も参照。

46）関連報道につき、たとえば、NHK宮崎 NEWS WEB「国立病院の看護師ら待遇改善訴え 31年ぶりにストライキ」（2023年3月9日）（https://www3.nhk.or.jp/lnews/miyazaki/20230309/5060014939.html）参照。

のような機関を廃止することが望ましいのかどうか、ひいては、同様の調査研究体制を組合側が整備し、科学的根拠にももとづいた主張・交渉を十全に行うことができるのかは問われなければならない。この点は、公務員の労働条件の維持・向上を実現していくに際して、原資を負担する国民・住民への説明や、その「納得性」の確保、また支持獲得につながる点においても非常に重要である[47]。

iii）公務員は共闘できるのか？

さらに、多様な組合組織、また、雇用の安定すらも享受できておらず、苦境に立たされている「非正規公務員」を含めた多様な公務員が存在するなかで、公務員全体が共闘できるのかという点である。

かつて「国家公務員の労働関係に関する法律案」との関係でも勤務条件の統一的規律の必要性が議論されたが、複数組合が並列するなかで、さまざまな労働条件が併存することが望ましいと考えるのか、それとも、労働条件決定の局面においては、公務労働者全体の連帯を実現して労働条件の維持・向上を図ることが望ましいと考えるのか、また、そのなかで「正規」・「非正規」を超えた団結がいかにあるべきか、などといった基本的な姿勢・考え方が問われる必要がある。

労働者間の幅広い連帯は、権利の「回復」が労働条件「引下げ」に至ることを抑止するうえでも非常に重要であることは論を俟たない。

iv）小括

公務員労働組合においては、労働基本権につき、単なる理念・理論面での回復論議にとどまらず、労働基本権のいかなる側面を重視するのか、「代償措置」が担ってきた側面のどこまでを自身で担っていくことができるのか、また、公務労働者全体の地位・労働条件の維持・向上につなげることのできる労働運動がいかにあるべきか、といった基本的事柄を徹底的に議論のうえ、単なる理想論ではなく、現実に根差した公務労働運動の将来を描いていくことが課題とな

47）協約締結権を回復する場合であっても、協約による勤務条件決定の正当性および正統性確保という観点から、幅広い情報の収集・分析と綿密な衡量のプロセス、ひいては、一定の独立性を有した第三者調査研究組織の必要性を指摘するものとして、山本隆司「地方公務員と団体協約締結権」地方公務員月報 583 号（2012 年）2 頁以下、とくに 17 頁以下参照。

る。そのうえで、既存の公務員制度の「タテマエ」ないし「代償措置」と単に「対抗」するだけではなく、これと「協働」していくような運動のあり方もまた、視野から一掃されるべきではないであろう。

(4) まとめ

公務員につき特殊な法制度が設けられている背景には、公務・公共サービスの担い手として、国家・地域の維持・発展、また、国民・住民のために、公正かつ能率的に奉仕するうえで必要となる諸条件を設定するという「タテマエ」がある。しかし、現実には、本来想定された機能を十分に発揮することなく、むしろ、民間部門にも劣る状況までもが生じており、近時の「改革」も現状を抜本的に改善させるには至っていない。

しかし、「タテマエ」において本来想定された機能は、必ずしも遍く「悪」ではない点も見過ごされてはならない。「タテマエ」自体が決して不当ではなく、望ましい方向性を指し示していると評価できる場合には、その本来の機能を発揮できるような形での「改革」、あるいは、真に適正な運用の実現がなされなければならない。そして、これらが遅々として一向に実現されない場合には、「タテマエ」と現実の乖離は、立法・行政の外部からも捉えられる必要があり、公務員制度の抜本的改革・再構築を促すものとして、司法による違憲・違法判断も積極的になされるべきである[48]。

こういったなかで、公務員労働組合の側においても、「タテマエ」自体を一律に批判するのではなく、その機能における「悪」以外の部分を適切に見極め、その本来的機能の適正化・実効化可能性も十分検証のうえ、内実を伴った公務員制度論・権利回復論が改めて展開される必要がある。

以上のような過程を経て、公務員の労働条件を保障していくことは、決して公務員の「特権化」を意味するものではない——もちろん、「過剰な優遇」があるのであれば、それは不断の批判に晒される必要がある——。それは、国民・住民の生活、ひいては、国家・地域の維持・発展のために必要となる前提条件でもある。

ただ、以上に述べた課題は、必ずしも「公務員」だけにあてはまるものではない。現実には、本書**第Ⅱ部**および**第Ⅲ部第2章・第3章**でもみたように、民

---

48) 憲法的観点も含めた検討例につき、早津・前掲注7）の第2編第2章・第3章を参照。

間労働者と同じ地位にありつつも、国家・地域の維持・発展に寄与する公共上の事務等を担う独立行政法人（独立行政法人通則法2条参照）等で働く人々、さらには、民間委託等の形で公共サービスを支える人々が存在し、多くの雇用問題が生じている。このことは、公務員制度から離れ、民間法制のもとにあれば万事解決であるというわけでもないこと、そして、国民・住民にとって重要な価値のある業務を担っている人々すべてに横たわる課題が存在していることもまた示唆している。

　最後に、「公務員」にとどまらない担い手における雇用課題と展望について、断片的にではあるが、紙幅の許す限りで付言することとしたい。

4　「公務員」以外の担い手をめぐる雇用課題と展望

(1)　独立行政法人等をめぐって

　法人化された国立大学をめぐる課題については、本書**第Ⅲ部第2章**でも検討がなされているが、ここでは、国家の発展の重要基盤である学術研究分野ないし高等教育研究分野における不安定雇用の問題、とくに近時問題となっている、理化学研究所や大学といった日本の先端研究機関における研究者等の雇止め問題に焦点を当てる。

　通常の民間労働者であれば、有期労働契約について「5年」での「無期転換制度」が設けられており（労働契約法18条）、民間労働者と同様の地位にある独立行政法人等の研究者等にも同じルールが適用されるはずである。しかし、現実には、一定の研究開発分野の研究者等あるいは大学教員については、これを「10年」とする特例が設けられている（科学技術・イノベーション創出の活性化に関する法律15条の2、大学の教員等の任期に関する法律7条。なお、これら規定は、独立行政法人たる研究機関や国公立の大学等に限られず、私立大学等も対象としている）⁴⁹⁾。

　特例が設けられた「タテマエ」としては、日本における研究力を維持・強化するうえで、一定期間での高度研究プロジェクトの完遂のためには「5年」での無期転換では不都合があるといった点が想定されていた。しかし、現実には、

---

49)　とくに特例の解釈をめぐっては、早津裕貴「大学における『10年特例』の解釈に関する検討」労働法律旬報2011号（2022年）6頁以下も参照。

必ずしも研究プロジェクトの進捗状況とは関係なく、10 年の経過のみをもって雇止めがされたり[50]、法が当初想定した先端研究分野よりも遥かに幅広く特例が用いられたりするなど[51]、学術研究・高等教育研究機関における不安定雇用を増大させるとともに、かえって日本における学術研究の発展を危殆化させるに至っている[52]。

このような日本における研究力を維持・強化するという「タテマエ」とは異なる現実が存在することを直視したうえで、「特例」の再検証はなされなければならない（研究開発システムの改革の推進等による研究開発能力の強化及び研究開発等の効率的推進等に関する法律及び大学の教員等の任期に関する法律の一部を改正する法律〔平成二十五年法律第九十九号〕附則 2 条も参照）。

加えて、研究者等の雇止めの問題は、必ずしも個々の法人のみに帰責することができない点も看過してはならない。そもそも法人に潤沢な予算があるのであれば、あえて国家の発展に不可欠な役割を担う研究者等について、学術的な「競争」や「淘汰」の域を超えて、むやみに切り捨てる選択肢をとる必要はない。しかし現実には、本書**第Ⅲ部第 2 章**でも検討がなされたように、国から独立した地位にあるとはいえ、法人予算の多くは国からの運営費交付金で賄われており、その不十分な財政面を背景として現状に至っている側面もある[53]。

先端的な学術研究・高等教育研究という国家の発展を担う機関における雇用においても、「タテマエ」と現実の乖離、また、国・地方公共団体の支出のあり方が問われているのである。

---

50) たとえば、水口洋介「理化学研究所の研究者『10 年上限雇止め』事件の提訴と現状」労働法律旬報 2028 号（2023 年）17 頁以下参照。

51) たとえば、鎌田幸夫「学校法人羽衣学園（羽衣国際大学）事件・大阪高裁判決の意義と課題」労働法律旬報 2028 号（2023 年）22 頁以下参照。

52) See also Dennis Normile, Mass layoff looms for Japanese researchers: Thousands could see their jobs axed in the wake of labor law adopted a decade ago, Science, 6 July 2022 (https://doi.org/10.1126/science.add8251), Tim Hornyak, 'I feel disposable': Thousands of scientists' jobs at risk in Japan, nature, 19 July 2022 (https://doi.org/10.1038/d41586-022-01935-1).

53) 日本における研究関連経費につき、民間支出の割合が全体の 8 割超を占め（また、企業支出のうち約 4 分の 3 が——基礎・応用研究等の知見を活用した——新製品等の開発研究に充てられており）、主として基礎・応用研究を担う機関に充てられる国・地方公共団体による支出が全体の 2 割にも満たない点なども含め、総務省統計局「統計でみる日本の科学技術研究—2022 年（令和 4 年）科学技術研究調査の結果から」（令和 5 年 5 月）（https://www.stat.go.jp/data/kagaku/kekka/pdf/04pamphlet.pdf）も参照。

(2) 公契約領域をめぐって──より広い公共サービスの担い手として

　本書**第Ⅲ部第2章・第3章**でも検討がなされたように、公共サービスの担い手には、国・地方公共団体、また、独立行政法人等に雇われる者のみならず、民間委託等の形で国・地方公共団体から業務を引き受ける民間事業者に雇われる者なども多くいる。

　こういった領域における国・地方公共団体と民間事業者間の契約は「公契約」とも呼ばれ、ILO 第94号条約（公契約における労働条項に関する条約。日本は未批准）も当該領域を規制対象としている[54]。

　当該領域でも、国・地方公共団体が「価格」を重視するなかで、さらには業務を引き受ける民間事業者の重層下請構造や過当競争も相まってダンピングが生じ、現場で働く人々の雇用の不安定化や労働条件の悪化が問題となっている。

　これに対し、公契約をめぐっては、かねてより地域雇用の改善や地域経済の発展も念頭に置いた「公契約条例」が展開してきた。また近時では、公共サービスの「質」の確保との両立、ひいては、現場で働く人々の適正な労働条件の確保も視野に入れた関連法制・「タテマエ」の整備も進展している（総合評価競争入札制度の導入〔地方自治法234条3項ただし書、同法施行令167条の10の2〕や、公共工事の入札及び契約の適正化の促進に関する法律、公共工事の品質確保の促進に関する法律、競争の導入による公共サービスの改革に関する法律、公共サービス基本法の整備など）。

　こういった──決して不当ではない──「タテマエ」を真に実現すべく、一方では、国・地方公共団体の側における適切な価格設定・予算編成が、他方では、民間事業者の側においても、現場で実際に従事する人々への適正な利益分配がなされなければならない。

　公共サービスの展開をめぐっては、その受け手である国民・住民たち、また、現場での具体的な担い手である人々も視野に入れた、国・地方公共団体の支出のあり方が広く問われているのである。

---

54) 以下については、早津裕貴「公契約条例を通じた労働条件規制の法的意義に関する検討」季刊労働法280号（2023年）58頁以下も参照。

(3) 小括

「公務員」のみならず、国・地方公共団体と密接な関連を有する雇用領域においても多くの雇用問題が生じている。その背景に共通して存在しているのは、予算の節減・抑え込みという点である（先述した全医労がストライキを実施するに至った、独立行政法人たる国立病院機構が運営する医療機関においても同様の問題構造がある）。

公務が民間化される背景には、国家・行政ないし財政の「スリム化」・「効率化」といった観点がある[55]。しかし、ここでも問われる必要があるのは、それによって本当に必要なものまでもが削ぎ落されていないか、ということである。公務・公共サービスのすべての担い手にまたがる共通課題が存在し、その持続可能な発展のあり方が今まさに問われているのである。

おわりに

誠実に公務・公共サービスを担う大多数の人々は、決して「特権」に安住しているわけではなく、国民・住民の生活の維持・向上のために日々奮闘している——他方で、そうでない者がいるとすれば、大多数の誠実な人々を巻き込んで、国民・住民のイメージを損なっていることを厳に自戒しなければならない——。しかし同時に、過酷な労働環境のもと、日々疲弊している。

このような公務・公共サービスの担い手が持続可能な形で活躍していくうえで、改めて必要となるのは、機能不全に陥っている制度の問題点から目を背けることなく、その運営の適正化あるいは抜本的な改革に直ちに着手することである。

ただし、本章で扱ったいずれの問題にも共通して、常に「予算」・「財政」の問題が付きまとう。この点はいかに考えるべきか。

もちろん、租税を原資とするなかで、真に「無駄」や「不正」といえるものがあるのであれば、それは国民・住民の不断の監視のもと、徹底して正されなければならない。しかし、他方では、財政問題という「錦の御旗」のもと、ま

---

55) 公務の民間化の問題については、いわゆる規制緩和一般の問題も含め、たとえば、晴山一穂『現代国家と行政法学の課題—新自由主義・国家・法』（日本評論社、2012年）参照。

た、「公務員叩き」といった言葉にも代表されるように、時の政権のみならず、国民・住民——またマスメディア——の側においても、多様な公務員を十把一絡げに捉え、その労働条件「引下げ」を手放しで歓迎してきた時代があったことは確かである——し、今でもその残滓は拭い切れないであろう——。

　もっとも、時代は大きく変化している。

　「公務員叩き」一辺倒ではなく、「官僚」や公立学校教員の「ブラック」な労働環境が明るみになるにつれ、それが一人ひとりの人間の健康・人格・豊かな人生を損なわせるのみならず、国家・地域の維持・発展にも悪影響をもたらすことが広く認識され、国民・住民のための公務・公共サービスの「質」の確保をも視野に入れた労働環境・労働条件整備の必要性が真剣に議論される時代に入りつつある。

　このような時代の変化のなかで、国・地方公共団体や公務・公共サービスの担い手のみではなく、公務・公共サービスの受け手であると同時に、民主主義の担い手でもある国民・住民一人ひとりにおいても、「安ければ安いほどよい」といった方向性を支持し続けるのか、それとも、公務・公共サービスの担い手の労働条件確保が自らの生活とも密接に関連することを意識し、ときに予算全体の配分のあり方、また、コスト負担のあり方とも向き合い、これを社会・経済全体の好循環にもつなげていくことをめざしていくのかが問われている。

　こういった国民・住民たちが一体となった議論の展開を経て、国家・地域の維持・発展は実現されていかなければならない。

　本書が、このような議論の端緒となれば幸いである。

〔早津裕貴〕

編著者

晴山一穂　（はれやま　かずほ）専修大学名誉教授　まえがき、第Ⅰ部第2章

早津裕貴　（はやつ　ひろたか）金沢大学准教授　第Ⅲ部「公務・公共サービスの
　　　　　　現在」、第Ⅲ部第4章

著者（執筆順）

秋山正臣　（あきやま　まさおみ）全国労働組合総連合副議長　第Ⅰ部第1章、第
　　　　　　Ⅰ部第3章

西口　想　（にしぐち　そう）日本国家公務員労働組合連合会書記　第Ⅲ部第1章
　　　　　　1、2

安田真幸　（やすだ　まさゆき）連帯労働者組合・杉並執行委員　第Ⅲ部第1章3

萩尾健太　（はぎお　けんた）弁護士　第Ⅲ部第2章1、3

三澤麻衣子　（みさわ　まいこ）弁護士　第Ⅲ部第2章2

恒川隆生　（つねかわ　たかお）静岡大学名誉教授　第Ⅲ部第2章4

永山利和　（ながやま　としかず）元日本大学教授　第Ⅲ部第3章

第Ⅱ部執筆の労働組合（執筆順）

日本国家公務員労働組合連合会　「誰のためにどこを向いて仕事をしているのか」

全労働省労働組合　「労働者の権利を守るため労働行政を担う」

国土交通労働組合　「国民の移動から災害対策までを担う」

全情報通信労働組合　「日本の情報通信インフラを担う」

全司法労働組合　「国民のための「人権の砦」を担う」

全法務省労働組合　「安全・安心な社会の実現を担う」

全日本国立医療労働組合　「国民のいのちを守る医療体制を担う」

沖縄総合事務局開発建設労働組合　「県民のための沖縄開発を担う」

全国税労働組合　「税務行政の民主化をめざして」

全厚生労働組合　「国民の人生に寄り添った公務・公共サービスを担う―年金行政を
　　　　　　　　　中心に」

全経済産業労働組合　「国民のための経済・産業・エネルギー政策を担う」

公務員制度の持続可能性と「働き方改革」
あなたに公共サービスを届け続けるために

2023 年 10 月 10 日　初版第 1 刷発行

編 著 者　晴山一穂・早津裕貴
装　　幀　Boogie Design
編集担当　古賀一志
発 行 者　木内洋育
発 行 所　株式会社 旬報社
　　　　　〒 162-0041 東京都新宿区早稲田鶴巻町 544 中川ビル 4F
　　　　　TEL 03-5579-8973　FAX 03-5579-8975
　　　　　ホームページ https://www.junposha.com/
印刷製本　シナノ印刷株式会社